Z. 187

MÜNCHNER STUDIEN
ZUR
SOZIAL- UND WIRTSCHAFTSGEOGRAPHIE

in

MÜNCHNER UNIVERSITÄTS-SCHRIFTEN

MÜNCHNER STUDIEN ZUR SOZIAL- UND WIRTSCHAFTSGEOGRAPHIE

Herausgeber:

Institut für Wirtschaftsgeographie der Universität München

KARL RUPPERT   HANS-DIETER HAAS

Schriftleitung: Thomas Polensky

BAND 34

Information und Kommunikation als Elemente der Raumstruktur

von

Peter Gräf

VERLAG MICHAEL LASSLEBEN KALLMÜNZ/REGENSBURG

1988

Gedruckt mit Unterstützung der Deutschen Forschungsgemeinschaft
und aus Mitteln der Münchner Universitätsschriften.

Alle Rechte vorbehalten

Ohne ausdrückliche Genehmigung des Verlages in Übereinkunft mit dem Herausgeber ist es nicht gestattet,
das Werk oder Teile daraus nachzudrucken oder auf photomechanischem Wege zu vervielfältigen.
© 1988 by Verlag Michael Laßleben, Kallmünz/Regensburg

ISBN 3 7847 6534 3

Buchdruckerei Michael Laßleben, 8411 Kallmünz über Regensburg

Vorwort

Geographische Forschungsansätze können nicht statisch sein, sondern besitzen als lebendige wissenschaftliche Denksysteme Fähigkeit und Verpflichtung, veränderte gesellschaftliche und wirtschaftliche Situationen in ihre Konzeption einzubeziehen (SCHAFFER, 1986).

Die vorliegende Studie gründet auf einer Konzeption der Sozialgeographie (RUPPERT/SCHAFFER, 1969), die schon zu Beginn ihrer Entwicklung die Raumrelevanz kommunikativer Beziehungen betont hatte. Trotz der zahlreichen methodischen und empirischen Beiräge zu allen grundfunktionalen Themenbereichen, die auf der genannten Konzeption aufbauten, stand der kommunikationsräumliche Aspekt bislang nicht im Mittelpunkt einer sozialgeographisch-methodischen Forschungsarbeit. Die als Habilitationsarbeit vorgelegte Studie will diese Lücke schließen und versucht, die sozialgeographische Forschung als ergänzenden Beitrag weiterzuentwickeln.

Für zahlreiche Anregungen, nachhaltige Förderung und Unterstützung dieser Arbeit möchte ich Herrn Prof. Dr. K. Ruppert besonders herzlich danken. Sein Entgegenkommen gab mir die Möglichkeit, mich mit Hilfe eines Stipendiums und beurlaubt von meinen Dienstaufgaben ganz der Arbeit widmen zu können. Für die Gewährung eines Habilitanden-Stipendiums bin ich der Deutschen Forschungsgemeinschaft zu Dank verpflichtet, ohne deren finanzielle Hilfe die empirischen Arbeiten im vorliegenden Umfang nicht möglich gewesen wären.

Ein durch die amtliche Statistik so wenig erfaßtes Forschungsgebiet wie "Information und Kommunikation" war in besonderem Maße auf die Hilfe von Unternehmen, Behörden, Archiven, Verbänden und zahlreichem persönlichen Entgegenkommen bei der Beschaffung von Daten und Arbeitsmaterialien angewiesen. Sie alle mit Namen zu nennen, würde den Rahmen des Vorworts bei weitem übersteigen. Stellvertretend sind nachfolgend einige Institutionen genannt, deren Hilfen mit großen Mühen verbunden waren.

Im Bereich der amtlichen Statistik wurden Datenbankauszüge vom Bayerischen Landesamt für Statistik und Datenverarbeitung in München sowie vom Statistischen Landesamt Baden-Württemberg zur Verfügung gestellt, wobei mein besonderer Dank Herrn Dr. G. Scherm für seine Recherchen gilt.

Für die Bereitstellung von Arbeitsunterlagen und Daten zum Post- und Fernmeldewesen danke ich dem Bundesministerium für das Post- und Fernmeldewesen, den Post- und Fernmeldetechnischen Zentralämtern in Darmstadt, den Oberpostdirektionen in München, Nürnberg und Stuttgart sowie dem Postmuseum Stuttgart. Für seine besonderen Bemühungen um postgeschichtliche Daten danke ich dem Leiter des Postamtes Öhringen, Herrn Schwotzer, herzlich.

Auf sehr viel persönlichen Rat war die Suche nach historischen Materialien angewiesen. Dem Staatsarchiv Baden-Württemberg in Ludwigsburg, dem Stadtarchiv Schwäbisch Hall sowie den Privatarchiven Weber (Vereinswesen) in Öhringen und Koch (Postwesen) in Pfedelbach danke ich ebenso für ihre Unterstützung wie den Verlagen Leitermeier (Stuttgart) und Braun (Karlsruhe) für Auszüge aus den Telefonbucharchiven. Ferner konnten Auswertungen im Archiv der Hohenloher Zeitung in Öhringen durchgeführt werden.

Für die Analysen im Pressewesen konnten der Süddeutsche Verlag in München, der Verlag Heilbronner Stimme (Hohenloher Zeitung) in Heilbronn, der Umbreit-Pressegrosso in Bietigheim sowie die Burda-Marktforschung in Offenburg dankenswerterweise Materialien zur Verfügung stellen. Eingeschlossen in den Dank seien die Verbände IVW und ZAW für ihre umfangreichen Datengrundlagen.

Die empirischen Arbeiten im Hohenlohekreis wurden von der IHK Heilbronn, dem Landratsamt Hohenlohekreis in Künzelsau und vor allem von Herrn Bürgermeister Wecker in der Gemeinde Pfedelbach unterstützt, wofür ich herzlich danke.

Die empirischen Arbeiten in Bayern wurden von der IHK für München und Oberbayern, den Unternehmen DATEV Nürnberg, SIEMENS AG München, BMW AG München sowie BHW in Hameln durch zahlreiche statistische Sonderauswertungen gefördert, für die ich ebenfalls danken möchte.

Viele Anregungen gehen auf wissenschaftliche Kontakte, u.a. zur Studiengruppe "Geographie der Kommunikation und Telekommunikation" (Herr Prof. Dr. Chr. Verlaque, Herr Prof. Dr. Dr. K. Hottes und Herr Dr. H. Bakis), zum Arbeitskreis "Räumliche Wirkungen der Telematik" der ARL unter Leitung von Herrn Prof. Dr. H. Spehl sowie zu Herrn Univ. Doz. Dr. B. Signitzer von der Universität Salzburg zurück, die ich in in meinen Dank einschließe.

Die vorliegende Studie verdankt ihre Ausstattung mit Karten und Diagrammen ganz wesentlich den Entwicklungen der Computerkartographie durch Herrn Dr. P. Lintner am Institut für Wirtschaftsgeographie der Universität München, unter dessen Anleitung und Mithilfe von Herrn R. Borsch die Studenten B. Ruisinger und B. Harrer den überwiegenden Teil der Karten und Abbildungen erstellt haben. Die Karten zum Werberaum München sowie die Textdiagramme wurden von den Kartographen F. Eder und H. Sladkowski unter Mithilfe von Herrn H. Deger erstellt. Die Koordination der Textverarbeitung hatte dankenswerterweise Herr Dr. R. Metz mit Frau Chr. Streich und Frau V. Staiger übernommen. Allen, auch den hier Ungenannten, aus deren Gespräche und Diskussionen ich Anregungen für meine Arbeit gewinnen konnte, möchte ich herzlich für ihre kollegiale Hilfe danken.

Die Forschungsarbeit wurde im November 1987 abgeschlossen und als Habilitationsschrift an der Ludwig-Maximilians-Universiät München angenommen. Mein besonderer Dank für die Erstellung der Gutachten gilt Herrn Prof. Dr. K. Ruppert (Erstgutachten) und Herrn Prof. Dr. Dres. E. Witte (Zweitgutachten) sowie Herrn Prof. Dr. F. Wilhelm für seine Mitarbeit in der Habilitationskommission. Das Verfahren endete am 23.02.1988 mit der Feststellung der Lehrbefähigung für das Fach Geographie.

Viel Geduld mußte in diesen Monaten auch meine Familie aufbringen, der ich für ihr Verständnis ganz besonders danken möchte.

München, im November 1987

Peter Gräf

Inhaltsverzeichnis
                                                                                              Seite
Vorwort des Verfassers..V
Inhaltsverzeichnis..VII
Verzeichnis der Tabellen..X
Verzeichnis der Abbildungen...XII
Verzeichnis der Karten...XIII
Verzeichnis der Abkürzungen...XV

I.   EINFÜHRUNG..1

II. ZUR PRÄZISIERUNG DER BEGRIFFE...3
     1. Information...3
     2. Kommunikation...5
     3. Telekommunikation, Informations- und Kommunikationstechniken (IuK),
        Telematik, Neue Medien..7
     4. Internationale Terminologieprobleme..12
     5. Netze - Dienste - Anwender...13

III. FORSCHUNGSANSÄTZE ZUR RAUMRELEVANZ VON INFORMATION UND KOMMUNIKATION............15
     1. Genese eines Forschungsfeldes..15
     2. Kommunikationsinfrastruktur als Indikator....................................19
     3. Innovation und Diffusion im Kommunikationsbereich............................20
     4. Information und Kommunikation als begleitender Baustein geographischer
        Forschungsansätze..21
        a) Agglomeration, Urbanität und Kommunikation................................22
        b) Erweiterung des "mean information field".................................25
        c) Wahrnehmungs- und verhaltensbezogene Ansätze individueller
           Informationsverarbeitung..26
        d) Information und Kommunikation in sozialgeographischen Ansätzen............27
        e) Wiederaufnahme technologieorientierter geographischer Forschung in der
           Wirtschaftsgeographie...29

IV. INFORMATION UND KOMMUNIKATION ALS RÄUMLICHES SYSTEM..............................31
     1. Die Funktionalität von Information und Kommunikation.........................31
     2. Selektionszusammenhänge in IuK-Prozessen.....................................33
     3. Aktionsräumliche Formen der Kommunikation....................................40
     4. Entscheidungsorientierte kommunikative Raumsituationen.......................43

V.   HYPOTHESEN DER RAUMWIRKSAMKEIT ALS GRUNDLAGE DER EMPIRISCHEN ARBEIT..............46

VI. GRUNDLAGEN DER EMPIRISCHEN ARBEITEN..48
     1. Erläuterungen zur Datensituation...48
        a) Daten zu Informationsträgern..48

		Seite

        b) Daten zur Kommunikationsinfrastruktur..49

        c) Daten zur Telekommunikation (Telematik)......................................49

        d) Historische Daten zur Kommunikation und Telekommunikation...................50

    2. Auswahl der Untersuchungsgebiete...50

    3. Zur Erfaßbarkeit von kommunikationsräumlichen Strukturen......................52

        a) Infrastrukturerfassung...52

        b) Adoptionserfassung..53

        c) Verhaltens- und nutzenspezifische Situationen...............................54

        d) Zur Operationalisierbarkeit der Datengrundlagen............................55

    4. Erhebungs-, Analyse- und Darstellungsmethodik.................................56

        a) Datenerhebung...56

        b) Analyse- und Darstellungsmethoden...58

VII. INFORMATIONS- UND KOMMUNIKATIONSRÄUMLICHE AKTIVITÄTEN ALS EMPIRISCH-GEOGRAPHISCHES PHÄNOMEN...60

    1. Kommunikationsraum als interdisziplinäres Forschungsobjekt....................60

    2. Nutzungsmuster von Informationsquellen..62

        a) Adoption der Haushaltsausstattung...63

        b) Inhaltsspezifische Bewertungen als kommunikationsräumlicher Indikator von Informationsträgern..66

        c) Raumbezogene Folgerungen..69

    3. Kommunikationsräumliches Verhalten als haushaltsspezifisches Verflechtungsmuster 69

        a) Räumliche Kontaktmuster...69

        b) Kommunikative Intensität persönlicher Begegnungen, brieflicher und telekommunikativer Kontakte..72

        c) Der Wohnstandort als Differenzierungsmerkmal des Verhaltens................76

        d) Kommunikationsverflechtung als raumgebundenes Persistenzproblem...........76

        e) Raumbezogene Folgerungen..79

VIII. INFORMATIONS- UND KOMMUNIKATIONSRAUM ALS ANGEBOTSSTRUKTUR........................81

    1. Fallbeispiel Hohenlohekreis...81

        a) Entwicklung und Struktur des Untersuchungsraums............................81

        b) Ziel und Methodik der Untersuchung..85

    2. Elemente lokaler Kommunikation..86

        a) Vereinswesen..86

        b) Das Gaststättenwesen..89

        c) Versorgungseinrichtungen als Kommunikationsgelegenheit.....................90

        d) Raumbezogene Folgen...96

    3. Diffusion der Infrastrukturen von Post und Telekommunikation.................99

        a) Die kommunikationsräumliche Rolle des Postwesens...........................99

        b) Diffusion und Adoptoren der Telekommunikation.............................109

    4. Kommunikationsräumliche Einflüsse durch Medien..............................118

        a) Presseerzeugnisse..118

        b) Regionaler Hörfunk...125

		Seite
	5. Synoptische Clusteranalyse als methodischer Ansatz zur partiellen Gebietstypisierung..127	

IX. VERSORGUNGSVERHALTEN ALS INFORMATIONSGESTEUERTER RÄUMLICHER PROZESS............133

    1. Wandel standortrelevanter Pressewerbung - ländlicher Raum..................134

       a) Lokale Muster einkaufsspezifischer Informationsnutzung.................137

    2. Wandel standortrelevanter Pressewerbung - Verdichtungsraum.................139

X. TELEMATIK ALS ERGÄNZENDES UND NEUES ELEMENT DER RAUMSTRUKTUREN.................151

    1. Dynamik und Rahmenbedingungen des Telekommunikationsraums..................153

    2. Nachfrage nach Leistungen der Telekommunikation in der Industrie Bayerns 1986...158

       a) Raumbezogene Quantifizierung der Telekommunikationsnachfrage in bayerischen Industriebetrieben..159

    3. Diffusionsmuster der Telematik...161

       a) Diffusion der Telematik in Bayern......................................166

       b) Telematik als regionales Diffusionsmuster in der Region München........167

       c) Diffusionsindizes zur Beschreibung branchenspezifischen Adoptionsverhaltens..170

    4. Unternehmensbestimmte Diffusionsmuster.....................................174

       a) Die funktionsbedingte Reichweite.......................................176

       b) Unternehmensinduzierte, subventionierte Diffusion......................177

       c) Unternehmensinduzierte, organisationsbedingte Diffusion................178

       d) Unternehmensinduzierte, gekoppelte Diffusion...........................178

    5. Städtespezifische Entwicklungen der Telematik..............................181

XI. NEUE MEDIEN IM WIRKUNGSFELD VON INFORMATIONS- UND FREIZEITRAUM.................185

XII. ZUSAMMENFASSUNG, BEWERTUNG DER HYPOTHESEN UND KONZEPTION EINER "GEOGRAPHIE DER KOMMUNIKATION"...192

    1. Bewertung der Hypothesen...192

    2. Zur Konzeption einer "Geographie der Kommunikation".......................195

Anmerkungen..197
Summary..199
Résumé...201
Zusammenfassung in russischer Sprache..203
Fragebogen..XVII
Literaturverzeichnis...XIX

Verzeichnis der Tabellen

Seite

Tabelle 1:	Entscheidungsorientierte Raumsituationen von Kommunikationspartnern bzw. Kommunikatoren und Rezipienten (Auswahl) A: Individualkommunikation (Kommunikationspartner) B: Massenkommunikation (Kommunikatoren und Rezipienten)	44
Tabelle 2:	Strukturmerkmale der Erhebung	63
Tabelle 3:	Korrelation Lebensalter und Nutzungsdauer in Jahren	63
Tabelle 4:	Korrelative Zusammenhänge von zeitlicher Adoption, Berufsschichtung und Schulbildung des Haushaltsvorstands	65
Tabelle 5:	Schichtenspezifische Bewertung der Inhalte von Tagespresse und Fernsehen (Interessenshierarchie) nach Bildungsabschluß	67
Tabelle 6:	Schichtenspezifische Bewertung der Inhalte von Tagespresse und Fernsehen (Interessenshierarchie) nach Stellung im Beruf	67
Tabelle 7:	Häufigkeit der güterspezifischen Nutzung von Werbeinformationen als schichtenspezifisches Phänomen	68
Tabelle 8:	Stellenwert von Informationsquellen bei Wohnungssuche	68
Tabelle 9:	Intensitäten persönlicher Begegnung und telekommunikativer Kontakte a) Differenzierung nach Haushaltsgröße b) Differenzierung nach Alter des Haushaltsvorstands c) Differenzierung nach höchstem Schulabschluß d) Differenzierung nach Stellung im Beruf	70
Tabelle 10:	Kommunikative Reichweiten im Spiegel der Ausbildungssituation (höchster Schulabschluß)	71
Tabelle 11:	Relativer Anteil von häufigster und zweithäufigster Verflechtung im Kommunikationsraum privater Haushalte	72
Tabelle 12:	Persönliche Begegnungen als kommunikative Intensität a) Differenzierung nach dem Alter des Haushaltsvorstands b) Differenzierung nach höchstem Schulabschluß c) Differenzierung nach der Stellung im Beruf	73
Tabelle 13:	Nutzungsintensität des Briefverkehrs für private Kontakte a) Differenzierung nach dem Alter des Haushaltsvorstands b) Differenzierung nach höchstem Schulabschluß c) Differenzierung nach der Stellung im Beruf	74
Tabelle 14:	Nutzungsintensität des Telefons für private Kontakte a) Differenzierung nach dem Alter des Haushaltsvorstands b) Differenzierung nach höchstem Schulabschluß c) Differenzierung nach der Stellung im Beruf	75
Tabelle 15:	Wohnstandort und kommunikatives Verhalten	76
Tabelle 16:	Relative Verteilung von Geburts- und Wohnort der Familienmitglieder	77
Tabelle 17:	Schichtung und Altersstruktur der Familienmitglieder	77
Tabelle 18:	Ausstattung der Haushalte mit IuK-Einrichtungen im Generationenvergleich	78
Tabelle 19:	Haushalte ohne abonnierte Tageszeitung 1986	78
Tabelle 20:	Durchschnittliche Adoptionsreihenfolge von IuK-Einrichtungen	78
Tabelle 21:	Kontakte zum Nahbereich des Geburtsorts nach der Wanderung	79
Tabelle 22:	Vereinsstruktur in der Stadt Öhringen 1986	87
Tabelle 23:	Relative Anteile der Quell- und Zielräume der Briefpost im Königreich Württemberg 1876	100
Tabelle 24:	Historischer Vergleich des Briefaufkommens 1890, 1910, 1985	103
Tabelle 25:	Diffusionszeiträume im Fernsprechwesen 1881 bis 1987	110
Tabelle 26:	Räumlich-funktionale Typisierung von Presseerzeugnissen	119
Tabelle 27:	Wandel der Verbreitung von Tageszeitungen im Hohenlohekreis 1975 - 1985	120
Tabelle 28:	Der regionale Nachrichtenraum der Tagespresse in der Region Franken (Baden-Württemberg) Ausgabe: 16.6.1986	126
Tabelle 29:	Faktormatrix Wandel der Kommunikationsinfrastrukturen	128

		Seite
Tabelle 30:	Faktormatrix aktueller Infrastrukturdaten der Information und Kommunikation	129
Tabelle 31:	Synoptische Typisierung der partiellen Clusteranalyse	132
Tabelle 32:	Wandel der Anzeigeninhalte der Hohenloher Zeitung 1955 - 1985. Stichprobe: 3. Märzwoche	134
Tabelle 33:	Haushaltsbefragung Pfedelbach - Vergleich Stichprobe und Grundgesamtheit	137
Tabelle 34:	Wahrnehmung von Einzelhandelsbetrieben und Gaststätten	137
Tabelle 35:	Schichtenspezifische Beeinflussungspotentiale für die räumlichen Versorgungsbeziehungen	138
Tabelle 36:	Wohnstandortabhängige Nutzung von Werbeträgern	139
Tabelle 37:	Räumliche Präferenzen für regionale Einkaufsstandorte	139
Tabelle 38:	Standortverteilung von Geschäftsanzeigen in München 1955 bis 1985	140
Tabelle 39:	Werbebeilagen in der Süddeutschen Zeitung 1979 und 1985	145
Tabelle 40:	Verbreitung von Fernmeldediensten der Deutschen Bundespost 1986 (Anschlüsse)	151
Tabelle 41:	Ermittlung des Betriebsstrukturtyps	160
Tabelle 42:	Telematikadoption nach siedlungsstrukturellen Kreistypen Bayern 1985 - Teletex, Telefax, Bildschirmtext	167
Tabelle 43:	Trendtypisierung des Diffusionsprozesses von Telefax Region München 1984/1986 - Industrieunternehmen	170
Tabelle 44:	Vernetzung Handel-Vertrieb - Bayerische Motorenwerke AG Nutzung von Btx und Computerverbund (Datex-P)	177
Tabelle 45:	Standortmuster der Datel-Nutzung bei BHW-Bausparkasse. Stand: August 1985	178
Tabelle 46:	Unternehmenstypologische Gruppen gleicher kommunikationsräumlicher Zielstellung	180

Verzeichnis der Abbildungen

Seite

Abb. 1: Zeitlicher Entwicklungsverlauf der Telekommunikationstechniken bzw. -dienste..................8
Abb. 2: Formen vermittelter Kommunikation..................10
Abb. 3: Vergleichende Begriffsübersicht in der deutschen, englischen und französischen Sprache..................12
Abb. 4: Dienste und Netze für Telekommunikation der DBP..................13
Abb. 5: Zeitlicher Wandel der Beschäftigung mit Phänomenen von "IuK" im Rahmen geographischer Forschung..................22
Abb. 6: Selektivität von Nachrichten bzw. Informationen..................34
Abb. 7: Aktionsräumliche Formen der Kommunikation..................41
Abb. 8: Hierarchie des Informations- und Kommunikationsraums..................43
Abb. 9: Bezugsgrößenwahl für kommunikationsräumliche Darstellungen..................57
Abb. 10: Adoptionsprozeß der Haushaltsausstattung 1930-1985..................64
Abb. 11: Kommunikative Verflechtungen privater Haushalte - Raum- und Ortstypen..................72
Abb. 12: Konzentration der Bevölkerung im Hohenlohekreis 1956-1986..................85
Abb. 13: Konzentration des Einzelhandels, Lebensmittelhandwerks und der Gaststätten im Hohenlohekreis 1986..................95
Abb. 14: Konzentration der Bankgeschäftsstellen im Hohenlohekreis 1955-1986..................95
Abb. 15: Wandel des Briefverkehrs 1979-1986..................104
Abb. 16: Konzentration der Post- und Telegraphenstationen 1886/87..................107
Abb. 17: Konzentration der Postämter und Poststellen im Hohenlohekreis 1955-1985..................107
Abb. 18: Struktur der Telefonteilnehmer in München (1883) und Nürnberg (1887)..................110
Abb. 19: Strukturwandel der Telefonteilnehmer Stadt Krautheim 1966-1976..................111
Abb. 20: Strukturwandel der Telefonteilnehmer Pfedelbach 1955-1985..................111
Abb. 21: Konzentration der Telefonhauptanschlüsse im Hohenlohekreis 1955-1986..................117
Abb. 22: Konzentration der Telex-, Teletex-, Telefax- und Btx-Anschlüsse im Hohenlohekreis 1986/87..................117
Abb. 23: Geschäftsanzeigen und Geschäftsstandorte Hohenloher Zeitung 1955-1985..................136
Abb. 24: Wandel von Text- und Anzeigenvolumen 1955-1985 Hohenloher Zeitung..................136
Abb. 25: Einkaufsverhalten als informationsgesteuerter Prozeß..................149
Abb. 26: Struktur und Dynamik des Telekommunikationsraums..................154
Abb. 27: Tarifräume der Telekommunikation - Deutsche Bundespost 1987..................156
Abb. 28: Teletexanschlüsse ausgewählter Fernmeldeämter..................171
Abb. 29: Datexanschlüsse ausgewählter Fernmeldeämter..................171
Abb. 30: Regionaler Diffusionsindex..................174
Abb. 31: Bürokommunikation in der Region München Teletex-Adoption in Industrieunternehmen..................175
Abb. 32: Bürokommunikation in der Region München Telefax-Adoption in Industrieunternehmen..................175
Abb. 33: Gesprächsintensität eines Siemens-Standorts (ZN München) 1986..................176
Abb. 34: Bedarfsbezogener Diffusionsverlauf von DATEV-Kopfstellen 1974-1986..................179
Abb. 35: Typisierung von Telex-, Teletex- und Btx-Anschlüssen - Ortsnetze in Baden-Württemberg und Bayern 1986..................183

Verzeichnis der Karten

		Seite
Karte 1:	Siedlungsstruktur 1981, Zahl der Ortsteile mit mehr als 500 Einwohner	82
Karte 2:	Einzugsbereiche der Arbeitskräfte für Mittelzentren	83
Karte 3:	Die Landwirtschaft als überwiegende Erwerbsgrundlage	83
Karte 4:	Verbreitung von Vereinen 1986	88
Karte 5:	Verbreitung von Gaststätten 1986	91
Karte 6:	Verbreitung von Gaststätten und ihre Durchschnittsumsätze 1984/85	92
Karte 7:	Anteil der Speisegaststätten an den Gaststätten insgesamt 1985	92
Karte 8:	Einzelhandelsbetriebe 1986	94
Karte 9:	Geschäftslokale des Lebensmittelhandwerks 1986	94
Karte 10:	Geschäftsstellen der Banken 1955	97
Karte 11:	Geschäftsstellen der Banken 1965	97
Karte 12:	Geschäftsstellen der Banken 1975	98
Karte 13:	Geschäftsstellen der Banken 1987	98
Karte 14:	Postämter, Postagenturen und Telegraphenstellen 1886/87	101
Karte 15:	Postämter, Postagenturen und Posthilfsstellen 1922	102
Karte 16:	Öffentliche Telegraphen- und Telefonstellen 1922	102
Karte 17:	Postämter und Posthilfsstellen 1955	105
Karte 18:	Postämter und Posthilfsstellen 1965	105
Karte 19:	Postämter und Posthilfsstellen 1975	106
Karte 20:	Postämter und Posthilfsstellen 1985	106
Karte 21:	Postämter und Poststellen 1965	108
Karte 22:	Postämter und Poststellen 1986	108
Karte 23:	Telefondichte 1955	112
Karte 24:	Telefondichte 1965	112
Karte 25:	Telefondichte 1975	113
Karte 26:	Telefondichte 1986	113
Karte 27:	Gemeindliche öffentliche Sprechstellen 1955	115
Karte 28:	Gemeindliche öffentliche Sprechstellen 1985	115
Karte 29:	Räumliche Konzentration der Telexanschlüsse 1986	116
Karte 30:	Räumliche Konzentration der Telematikanschlüsse 1986	116
Karte 31:	Verbreitung der Hohenloher Zeitung 1975	121
Karte 32:	Verbreitung der Hohenloher Zeitung 1985	121
Karte 33:	Gemeindetypisierung nach der Zeitungsverbreitung 1986/87	122
Karte 34:	Erscheinungsorte der Regionalzeitungen 1987	125
Karte 35:	Kommunikationsbezogene Ortsteiltypisierung 1886-1975	130
Karte 36:	Kommunikationsbezogene Ortsteiltypisierung 1986	130
Karte 37:	Bevölkerungs- und wirtschaftsbezogene Ortsteiltypisierung 1956-1986	131
Karte 38:	Synoptische Ortsteiltypisierung 1986	131
Karte 39:	Konzentration von Werbemaßnahmen in München 1979 - Zahl der Unternehmen	141
Karte 40:	Konzentration von Werbemaßnahmen in München 1985 - Zahl der Unternehmen	142
Karte 41:	Konzentration von Werbemaßnahmen in München 1979 - Zahl der Werbebeilagen	143
Karte 42:	Konzentration von Werbemaßnahmen in München 1985 - Zahl der Werbebeilagen	144
Karte 43:	Stadtteil-Werberaum München 1987 - Schwabinger Seiten	146
Karte 44:	Stadtteil-Werberaum München 1987 - Schwabinger Anzeiger	147
Karte 45:	Quantifizierte Nachfrage nach Telekommunikationsleistungen in der Industrie Bayerns 1986	162

                                                                          Seite
Karte 46:   Anteil der Kleinbetriebe in der Industrie Bayerns 1985/86....................163
Karte 47:   Ausgaben für Datenübertragung in der Industrie Bayerns 1986.................164
Karte 48:   Telematikadoption 1985..168
Karte 49:   Telematikadoption in Bayern 1985 - Rundfunk/TV/Elektrohandel................169
Karte 50:   Telematikadoption in Bayern 1985 - Metallverarbeitendes Gewerbe.............169
Karte 51:   Produktions- und Dienstleistungsbetriebe der Branchen Elektronik und
            Datenverarbeitung in der Region München 1985................................172
Karte 52:   Standorttypisierung der Branchen Elektronik und Datenverarbeitung in der
            Region München 1985...173
Karte 53:   Teletexadoption in der Bundesrepublik Deutschland 1984/85 (Städte über
            50.000 Einwohner)...182
Karte 54:   Lokaler Rundfunk und lokales Fernsehen privater Anbieter Bayern -
            Planungsstand 1987..186
Karte 55:   Nutzungsquote der Breitbandkabelanschlüsse 1986.............................187
Karte 56:   Lokale und regionale Zeitungen in der Bundesrepublik Deutschland 1986.......189
Karte 57:   Verbreitung von Abonnement-Tageszeitungen 1985..............................190

Verzeichnis der Abkürzungen

Abb.	= Abbildung
A.d.V.	= Anmerkung des Verfassers
AFAG	= Ausstellungsgesellschaft mbH, Nürnberg
AG	= Aktiengesellschaft
AK	= Arbeitskreis
ARL	= Akademie für Raumforschung und Landesplanung, Hannover
Aufl.	= Auflage
Bd.	= Band
BfLR	= Bundesforschungsanstalt für Landeskunde und Raumordnung, Bonn - Bad Godesberg
BTX	= Bildschirmtext
BLM	= Bayerische Landeszentrale für Neue Medien, München
BMFT	= Bundesministerium für Forschung und Technologie, Bonn
BMW	= Bayerische Motorenwerke
BVerG	= Bundesverwaltungsgericht
BHW	= Beamtenheimstättenwerk
Cah.	= Cahier
CAM	= Computer-Aided-Manufacturing
CIM	= Computer-Integrated-Manufacturing
CNC	= Computer-Numeric-Controlled
CONTEST	= CONTEST-Census Forschungsinstitut, Frankfurt/Main
dass.	= dasselbe
DBP	= Deutsche Bundespost
ders.	= derselbe
DFG	= Deutsche Forschungsgemeinschaft, Bonn
dies.	= dieselben
DISP	= Dokumente und Informationen zur Schweizerischen Orts-, Regional- und Landesplanung
EKM	= Expertenkommission Neue Medien, Baden-Württemberg
et al.	= und andere
ETH	= Eidgenössische Technische Hochschule
e.V.	= eingetragener Verein
FAST	= Forecasting and Assessment in Science and Technology
FTZ	= Fernmeldetechnisches Zentralamt, Darmstadt
Fg	= Freiheitsgrade
FuS	= Forschungs- und Sitzungsberichte der ARL
GETAS	= GFM-GETAS, Gesellschaft für Marketing-, Kommunikations- und Sozialforschung m.b.H., Bremen
GID	= Gesellschaft für Information und Dokumentation mbH, Frankfurt/Main
GMA	= Gesellschaft für Markt- und Absatzforschung, Ludwigsburg
gzm	= Gesellschaft für Zeitungsmarketing, Frankfurt/Main
hektogr.	= hektographiert
HGZ	= Handels- und Gaststättenzählung
HHV	= Haushaltsvorstand
Hrsg.	= Herausgeber
hrsg. v.	= herausgegeben von

HZ	=	Hohenloher Zeitung, Verlag Heilbronner Stimme, Heilbronn
IBZ	=	Institut für Internationale Begegnung und Zusammenarbeit
IDATE	=	Institut De l'Audiovisuel Et Des Télécommunications En Europe
IFAK	=	IFAK-Institut GmbH & Co, Markt- und Sozialforschung, Taunusstein
IGU	=	Internationale Geographische Union
IHK	=	Industrie- und Handelskammer
Ill.	=	Illinois
ISI	=	Fraunhofer-Institut für Systemtechnik und Innovationsforschung, Karlsruhe
IuK	=	Information und Kommunikation
IVW	=	Informationsgemeinschaft zur Feststellung der Verbreitung von Werbeträgern e.V., Bonn
KtK	=	Kommission für den Ausbau des technischen Kommunikationssystems
lfd.	=	laufend
MA	=	Media-Analyse Arbeitsgemeinschaft e.V., Media Micro-Census GmbH, Frankfurt/Main
MANTO	=	Forschungsprojekt der ETH Zürich und Lausanne. Chancen und Risiken der Telekommunikation für Verkehr und Siedlung in der Schweiz
Mass.	=	Massachusetts
MMA	=	Media-Markt-Analysen, Frankfurt/Main
MSSW	=	Münchner Studien zur Sozial- und Wirtschaftsgeographie, Kallmünz/Regensburg
N	=	Zahl der Fälle
net	=	Nachrichten elektronik + telematik
netcom	=	Notes-Etudes-Traveaux, Groupe d'Etude, Géographie de la communication et des télécommunications, Comité National Francais de Géographie, CNET - Issy-les-Moulineaux/Frankreich
N.F.	=	Neue Folge
NIK	=	Neue Informations- und Kommunikationstechniken
OPD	=	Oberpostdirektion
PA	=	Postamt
PTT	=	Post und Telegraph (Schweiz)
PTZ	=	Posttechnisches Zentralamt, Darmstadt
P.U.F.	=	Presses Universitaires de France
Red.	=	Redaktion
RuF	=	Rundfunk und Fernsehen
RuR	=	Raumforschung und Raumordnung
Ser.	=	Serie
Sign.	=	Signifikanz
TK	=	Telekommunikation
TV	=	Television
u.a.	=	unter anderen
unv.	=	unveröffentlicht
VDI	=	Verein Deutscher Ingenieure
VGH	=	Verwaltungsgerichtshof
WGI	=	Institut für Wirtschaftsgeographie der Universität München, Vorstand: Prof.Dr. K. Ruppert
WIK	=	Wissenschaftliches Institut für Kommunikationsdienste der Deutschen Bundespost, Bad Honnef
ZAW	=	Zentralausschuß der Werbewirtschaft, Bonn
ZN	=	Zweigniederlassung

I. EINFÜHRUNG

Sozialwissenschaftliche Forschungsansätze - gleich in welcher Disziplin - haben sich häufig plakativer Etiketten für gesellschaftliche Entwicklungsepochen bedient. Nach agrargesellschaftlicher, industrieller und postindustrieller Phase soll sich nun mit der Neige des 20. Jahrhunderts das Tor zur Informationsgesellschaft öffnen. Plakatives verkürzt in der Regel die Wirklichkeit erheblich. Auch in den entwickelten, dienstleistungsorientierten Staaten ist mit dem Übergang zu einer neuen gesellschaftlichen Phase keineswegs eine Loslösung von den früheren Entwicklungen gegeben (RUPPERT, 1984, S. 169). Ganz im Gegenteil sind gerade die Relikte aus den vorangegangenen Phasen die eigentlichen Hemmnisse einer sozial verträglichen gesellschaftlichen Evolution. Die Agrarstrukturprobleme in der EG, die Struktur- und Arbeitsmarktkrisen in den europäischen und nordamerikanischen Bergbau- und Schwerindustrieregionen sind ein beredtes Beispiel für solche Prozesse.

Der klingende Name einer Informationsgesellschaft ist genau besehen eigentlich eine Tautologie. Eine Gesellschaft, menschliches Leben schlechthin, ist ohne Information, ohne Kontakte und ohne Kommunikation nicht denkbar. In historischem Bezug wie in der Gegenwart sind die Möglichkeiten der Informationsgewinnung, -verbreitung und -nutzung bei globaler Betrachtung räumlich außerordentlich unterschiedlich verteilt. Dabei stehen heute nicht allein technologische Entwicklungsunterschiede kausal im Vordergrund, sondern gesellschaftliche, staatspolitische und soziale Einflüsse tragen mindestens ebenso zu solchen Differenzierungen bei.

Das epochale Element zum ausgehenden 20. Jahrhundert läßt sich vielleicht dadurch charakterisieren, daß der Umgang mit Informationen im unternehmerischen Bereich aus dem eher latent Unbewußten zum permanent Bewußten sich wandelt, um zu einem ergänzenden Produktionsfaktor neben den klassischen nationalökonomischen Faktoren "Boden, Arbeit und Kapital" mit teilweise substitutivem Charakter zu werden. Informationen als Basiselement betrieblicher und privater Entscheidungen nehmen dann aus dem Blickwinkel ihrer Verfügbarkeit auch den Charakter von Macht- und Statussymbolen an.

Information ist untrennbar mit Kommunikation verknüpft. Erst in dieser Kombination zeigt sich das neue, möglicherweise gesellschaftsprägende Potential. Reduziert man die Betrachtung auf einen technologischen Diffusionsprozeß, dann haben die Entwicklung und Anwendung von Mikroelektronik die Innovations- und Diffusionszeit der Kommunikationstechnologie und Datenverarbeitung im Vergleich zur Eisenbahn, zum Automobil oder zum Flugzeug auf einen Bruchteil verkürzt. Diese hohe Dynamik hat in allen Bereichen hochentwickelter Industriegesellschaften zu Irritationen und Unsicherheiten über Wirkungen und Folgen geführt. Ihre zunächst vor allem emotionale Bewältigung äußert sich in einer Lawine von Statements, Szenarien und Forschungsansätzen, die Wirtschaftsexperten, Politiker, Kommunal- und Landesplaner, Gewerkschaften und Kirchen in Zusammenarbeit mit Ingenieur- und Sozialwissenschaften erarbeitet haben.

Die kaum noch überschaubare Flut von Publikationen zu den Entwicklungs- und Wirkungsperspektiven von Information und Kommunikation, genauer eigentlich der Technologie dieser Bereiche, zeigt Mitte der achtziger Jahre deutliche Schwerpunkte. Beiträge mit ingenieurwissenschaftlich-industriellem Hintergrund (in weitesten Sinne Informatik und Nachrichtentechnik) dominieren in der Vielfalt aktueller Publikationen.[1] Nicht zuletzt wegen des daraus resultierenden Marketingcharakters ist die überwiegende Zahl dieser Veröffentlichungen als geradezu entwicklungseuphorisch zu charakterisieren. Im sozialwissenschaftlichen Bereich steht einer Vielzahl von Szenarien, die gängige Theorien der Innovation und Diffusion häufig mit wohlfahrtstheoretisch-ökonomischen Ansätzen verbinden, eine geringe Zahl explorativer, empirischer Studien gegenüber.

Mit Ausnahme der Kommunikationswissenschaft haben sich sozialwissenschaftliche Ansätze fast nur mit Diffusions- und Wirkungsfragen technologischer Entwicklungen im industriell-gewerblichen bzw. beruflichen Bereich beschäftigt, während Analyseansätze zu Auswirkungen in den privaten Haushalten stark vernachlässigt erscheinen.

Zwei Kernbereiche der aktuellen Entwicklung werden, obwohl technisch, inhaltlich und wirkungsspezifisch eng veflochten, nahezu getrennt analysiert und diskutiert: Telematik und "Neue Medien". Den wirtschaftlichen und standortspezifischen Effekten des Zusammenwachsens von Informations- und Kommunikationstechniken (Telematik, NORA/MINC 1979) stehen die eher verhaltensspezifischen Effekte der "Neuen Medien" (Kabel- bzw. Satellitenrundfunk und -fernsehen sowie Videotechnik) in den privaten Haushalten gegenüber. Beide zuvor genannten Teile sind Elemente gesamtgesellschaftlicher, kommunikativer Systeme mit vielfältigen raumwirksamen Bezügen. Die Wurzeln dieser Systeme gründen nicht erst in der "elektronischen Revolution" (BALKHAUSEN, 1985), sondern weisen zahlreiche persistente Merkmale auf, die teilweise bis zum Ende des 19. Jahrhunderts zurückreichen.

Wirtschafts- und Sozialgeographie haben sich nur marginal mit Phänomenen der Information und Kommunikation beschäftigt. Im wesentlichen waren zwei geographische Forschungsfelder berührt: Die Innovations- und Diffusionsforschung, die im überwiegenden Teil ihren (geographischen) Ursprung in der Schule HÄGERSTRANDs hat sowie die Indikatorenlehre, soweit sie für zentralörtliche Abgrenzungen herangezogen wurde, nicht zuletzt auch in Anlehnung an CHRISTALLERs Modell der zentralen Orte. Lediglich unter den französischen Geographen (GALIBERT 1965; BAKIS 1982, 1984; VERLAQUE 1985) und in den USA (JAKLE/BRUNN/ROSEMAN 1976; ABLER 1987) sind Ansätze einer allgemeinen Analyse von Informations- und Kommunikationsprozessen für räumliche Wirkungen im Sinne einer "Geographie der Kommunikation" zu finden.

Die vorliegende Arbeit versucht einen theoretischen, empirischen und methodischen Beitrag zum Verständnis der Raumwirksamkeit von Information und Kommunikation zu leisten. Die Ergebnisse sollen die analytischen Möglichkeiten der Wirtschafts- und Sozialgeographie erweitern helfen und Ansätze für eine planungsbezogene Umsetzbarkeit bieten, da die Landesplanung bis heute bestenfalls marginal nachrichtentechnische Infrastrukturnetze als planungsrelevanten Gegenstand berücksichtigt.

II. ZUR PRÄZISIERUNG DER BEGRIFFE

Jede definitorische Präzisierung eines Begriffs, der in unterschiedlichen Wissenschaftsdisziplinen und in der Umgangssprache eine vielfältige Bedeutung erlangt hat, steht vor einem Dilemma: Einerseits ist die Definition unerläßlich zur Vermeidung einer Mißverständlichkeit daran anknüpfender Aussagen, andererseits entsteht das Unbehagen, einer Vielzahl von Definitionen nur eine weitere hinzuzufügen. Die nachfolgende Übersicht zur Genese der wichtigsten Begriffe "Information, Kommunikation, Telekommunikation, Telematik, Neue Medien" läßt jedoch rasch erkennen, daß der Versuch einer Begriffssynthese für geographische Problemstellungen insofern von Vorteil sein kann, die innerdisziplinäre Beliebigkeit der Begriffsverwendung auf eine überschaubare Grundlage zurückzuführen und auch einen Ansatz zu interdisziplinären Kontakten zu bieten. In diesem Abschnitt werden die Quellen der Begriffe und ihr interdisziplinäres Verständnis als Schwerpunkt dargelegt, während die geographischen Ansätze und Berührungspunkte ausführlicher im nächsten Abschnitt diskutiert werden.

1. Information

Der Terminus "Information" kann in seiner heutigen Verwendung und begrifflichen Spaltung nur vor dem Hintergrund verschiedener informationstheoretischer Wurzeln gesehen werden. In seinen kritischen Anmerkungen zu wahrnehmungsorientierten Forschungsansätzen der Geographie deutet WIRTH (1981, S.167) auf die Mißverständlichkeit des Begriffs "Information" hin. WIRTH will hier nicht ein im nachrichtentechnischen Sinne ankommendes Signal vor dem Prozeß der Wahrnehmung verstanden wissen, sondern das Ergebnis des geistigen Verarbeitungs- bzw. Bewertungsprozesses. Diese Auffassung steht jenen von BERTHEL (1975, Sp.1866) sowie HEINEN (1978, S. 773) nahe, die für betriebswirtschaftliche Fragestellungen Information als zweckorientiertes Wissen definieren. Diese finale Definition läßt die Ursprünge der mathematisch orientierten Informationstheorie kaum noch erkennen. Ende der vierziger Jahre entwickelten in den USA u.a. WIENER (1948) und SHANNON bzw. WEAVER (1949) einen abstrakten, statistisch-wahrscheinlichkeitsbedingten Informationsbegriff. Zunächst war WIENERs Auffassung, Information unterscheide sich wesentlich von Materie und Bewußtsein, grundlegend für eine nachrichtentechnische Betrachtung von Information. SHANNON/WEAVER gingen davon aus, daß Informationsübertragung im Kern eine Übertragung von Alternativen ist, die bei jeweils gleicher Wahrscheinlichkeit in einem einfachen "Ja/Nein-Modus" schrittweise die Unsicherheit einer Entscheidungssituation abbauen kann. BENSE (1979, Sp.271) faßt zusammen, daß "der Beseitigung von Unkenntnis eine Folge von Zweier-Entscheidungen entspricht, die dem Logarithmus digitalis des Repertoires (der Wahlmöglichkeiten a.d.V.) proportional ist." Das von SHANNON entwickelte Maß für den Informationsgehalt (identisch mit dem physikalischen Entropiemaß) einer Nachricht und deren technische Verarbeitung in Form binärer Digitalisierung war die Grundlage für den Wissenschaftszweig der Informatik, die sich auf Basis der Informationstheorie mit der Entwicklung von Hardware, Software, Informationssystemen, Datenstrukturen und der Theorie von Syntax und Automaten beschäftigt, heute häufig auch als "Computerscience" bezeichnet (LUTZ, 1983, S. 741f.).

Das nachrichtentechnische Begriffsfeld von "Information" deckt überwiegend die erkenntnistheoretischen Grundlagen nicht ab. Wie BÖSSMANN (1978, S. 186) ausführt, ist das statistische Informationsmaß nach SHANNON für die Informationsdeutung als zweckorientiertes Wissen nicht anwendbar. Dem schließt sich auch MUSIOL (1984, S. 110) an, der in Anlehnung an

FLECHTNER (1970) den Sinn einer Nachricht in der Behebung von Nichtwissen, Unsicherheit oder Ungewißheit sieht. Diese Auffassung hat für den einzelnen Informationsvorgang sicher Gültigkeit. Für sozialwissenschaftliche Entscheidungsfelder kann jedoch, wie später noch verdeutlicht wird, die Summe der verfügbaren Information partiell auch die Unsicherheit der Gesamtsituation erhöhen, nämlich dann, wenn sich Teilinformationen zum gleichen Sachverhalt widersprechen.

Die bis hier kurz skizzierten Ansätze haben noch keinen Bezug auf die individuellen Fähigkeiten von Kommunikationspartnern (Informationsaustauschpartner), seien es Menschen oder Maschinen, genommen. Aus einem philosophischen Blickwinkel verweist beispielsweise SCHÜZ (1986, S. 180) auf v. WEIZSÄCKER, der in Abhängigkeit von der semantischen Situation darlegt, daß Information nur sei, was verstanden werde oder was selbst Informationen erzeuge, somit also aktuelle von potentieller bzw. virtueller Information zu unterscheiden sei (v. WEIZSÄCKER, 1982, S. 349). SCHÜZ (ebenda, S. 174) faßt in eine vergangenheitsbezogene Komponente ("Information, die man hat") und eine zukunftsbezogene ("Information, die man bekommen kann") zusammen. CAPURRO (1978, S. 292) deutet die etymologische und ideengeschichtliche Entwicklung des Informationsbegriffs als Entfaltung des ontologischen und erkenntnistheoretischen Moments. Er führt u.a. aus: "Die Erfassung des Wesens einer Sache ist das begriffliche Aussprechen derselben, die Bestimmung ihrer Form (genitivus obiectivus), die Information. Dieses Aussprechen ist nicht das Werk eines isolierten Bewußtseins, sondern ist wesentlich Gespräch, Mitteilung, Intersubjektivität, Kommunikation" (ebenda, S. 286). Schließlich bringt CAPURRO seine methodologischen Schlußfolgerungen zum informationswissenschaftlichen Informationsbegriff auf die griffige Formel: "Information ist kommunizierbares Wissen" (ebenda, S. 289).

Für geographische Anwendungen haben solche Überlegungen keinesfalls marginalen Charakter. Gerade die bei SCHÜZ erwähnte zukunftsbezogene Komponente, also jene, die, ins Räumliche übersetzt, auf die Differenzierung von Informationsbedarf und -beschaffungsmöglichkeiten abstellt, ist vor dem Hintergrund der Vervielfachung von Medienangebot und Telekommunikationsdiensten eine bedeutende Chance zu neuem Raumverständnis.

Der finale Bezug von Information, der dem geographischen Arbeitsfeld am besten angepaßt scheint, wurde von BATESON (zitiert nach HUTTER, 1986, S. 56) so beschrieben: "The technical term "information" may be succinctly defined as any difference, which makes a difference in some later event". Das ubiquitäre Vorhandensein von "Kommunizierbarem Wissen" einerseits und die Schwierigkeit, sie in einer praktikablen Form zu fassen, bringt GOULD (1975, S. 77) zum Ausdruck: " ... that appear naively obvious until we try to handle them in any systematic way". Dies erklärt vielleicht auch, warum HÄGERSTRAND und seine Schule sich kaum terminologisch mit dem Charakter oder der Form von Informationen auseinandergesetzt haben. Auch ROGERS (1962, S. 6) verweist eingangs in "Diffusion of Innovations" nur auf eine unterschiedliche "matter energy" zur Reduktion von Unsicherheit bei Entscheidungsalternativen. Wenn man sich vergegenwärtigt, daß die frühen Diffusionsanalysen sich meist auf agrarwirtschaftliche Beispiele und fast ausschließlich auf die Bedeutung persönlicher Kontakte beschränkt haben (BORCHERDT, 1961, S. 47; HAGGETT, 1983, S. 283f), und die Telekommunikationstechnik noch relativ einfach strukturiert war, versteht man TÖRNQVIST, der ohne nähere Untersuchung feststellt: "Information flows via telecommunications and correspondance can hardly affect the location of various activities" (PRED/TÖRNQVIST, 1973, S. 88).[2]

Die erst junge Beschäftigung der Geographie mit informationsorientierten Raumsystemen zeigt das Fehlen des Begriffs in den meisten (Ausnahme: JOHNSTON, 1983 - "Informationstheorie") geographischen Hand- bzw. Wörterbüchern (z.B. Handwörterbuch der Raumforschung und Raumordnung, 1970, WESTERMANNs Lexikon der Geographie, LESER/HAAS/MOSIMANN/ PAESLER 1984, MEYNEN (IGU) 1985). Es ließen sich noch zahlreiche Publikationen der Geographie nennen, die zwar auf Informationsprozesse Bezug nehmen, ohne sich jedoch mit einer Abgrenzung näher zu befassen. Auf diese Arbeiten wird im folgenden Kapitel der geographischen Forschungsansätze eingegangen.

Zur Analyse von Informationsbedarf bzw. -versorgungsgrad empfiehlt sich für geographische Arbeiten folgende Begriffssynthese:
INFORMATION IST EINE VERFÜGBARE, VERSTANDENE UND ZUMINDEST POTENTIELL RÄUMLICH UMSETZBARE NACHRICHT.

2. Kommunikation

Mit dem zuvor für geographische Problemstellungen definierten Informationsbegriff soll versucht werden, ein entsprechendes Begriffsfeld für den Austauschvorgang von Informationen, d.h. für Kommunikation abzugrenzen. Die Vielfalt von divergierenden theoretischen Ansätzen zum Wesen der Kommunikation übertrifft jene der Informationstheorie noch erheblich. BRAUN (1979, Sp.315) spannt den Bogen von Kybernetik, Nachrichtentechnik, Linguistik, Psychologie, Soziologie bis zu Philosophie. Hinzuzufügen wäre der gesamte Bereich der Publizistik (Kommunikationswissenschaft), der Wirtschaftswissenschaft (insbesondere in den Bereichen Organisation und Marketing) und eine Reihe von Ansätzen in der Geographie. Der überwiegende Teil der Begriffsanwendung ist fast ausschließlich auf verbale, also sprachgebundene Formen der Kommunikation fixiert. Insofern ist der Einwand von HARTIG (1983, S. 363) bedenkenswert, daß ein erheblicher Teil menschlicher Kommunikation nichtverbaler Art ist (Erscheinungsbild, Blickkontakt, Gestik, Mimik). Die bislang in der Diskussion wenig erörterte Frage, welchen Stellenwert die nicht-verbale Kommunikation im Gesamtzusammenhang kommunikativer Beziehung hat, hat durchaus auch geographische Relevanz, wenn sie etwa maßgeblich die Entscheidung beeinflussen würde, inwieweit persönliche Kontakte durch technisch-telekommunikative (z.B. Videokonferenz) substituierbar sind.

Die Begriffsbildung "Kommunikation" in der Geographie ist bislang eigentlich strikt nur auf Austauschbeziehungen zwischen Menschen orientiert. LESER/HAAS/MOSIMANN/PAESLER (1984, S. 317) sprechen von Informationsübermittlung zwischen Individuen und Gruppen, das INTERNATIONALE GEOGRAPHISCHE GLOSSARIUM bezeichnet den gleichen Vorgang als "Kulturelle Prägung" eines Raumes (MEYNEN, 1985, S. 630) und HÄGERSTRAND (1978, S. 182) sowie GOULD/TÖRNQVIST (1971, S. 151) reduzieren den Betrachtungswinkel auf Kommunikation durch soziale Kontakte. Unter den deutschen Geographen ist die Einbeziehung der Mensch-Maschine Kommunikation erst im Zusammenhang mit den Forschungsansätzen zur Telematik (HOTTES, 1987, S. 178f; GRÄF, 1985, S. 287f) erfolgt, während in den Wirtschaftswissenschaften dieses Verständnis wesentlich weiter zurückreicht, z.B. bei POENSGEN (1978, S. 466), der Kommunikation als "Mitteilung von Informationen zwischen Lebewesen und/oder Maschinen" bezeichnet. Noch umfassender definieren BERNDT/HEFEKÄUSER (1985, S. 108) Kommunikation als "Austausch oder die Übertragung von Informationen zwischen Menschen, Maschinen oder anderen Systemen".

Eine praktikable geographische Begriffsabgrenzung muß für die wachsende Bedeutung technologischer Prozesse offen sein. Darüber hinaus müssen im Rahmen eines entscheidungsorientierten Ansatzes auch jene "Einheiten" im Raum Berücksichtigung finden, die durch ihren juristisch-organisatorischen Charakter selbst Entscheidungsträger sind und als Kommunikationspartner agieren. Hierzu zählen u.a. Unternehmen, Verbände, Mediensegmente (Zeitungsverlag, Rundfunkanstalt, Kabelprogrammanbieter u.a.) sowie öffentliche Körperschaften im weitesten Sinne.

Unter Berücksichtigung der dargelegten Prämissen läßt sich Kommunikation definieren als:
KOMMUNIKATION IST EIN AUSTAUSCH VON INFORMATIONEN ZWISCHEN INDIVIDUEN, GRUPPEN UND WIRTSCHAFTLICHEN, GESELLSCHAFTLICHEN ODER JURISTISCHEN ORGANISATIONEN DURCH PERSÖNLICHEN KONTAKT, DURCH NUTZUNG NACHRICHTENTECHNISCHER INFRASTRUKTUR ODER MEDIEN.
Die zuvor erwähnte Innovation des eigenständigen Informationsaustausches zwischen technischen Systemen ist ohne eine vorgeschaltete Entscheidung über eine Kommunikationsbeziehung im o.a. definitorischen Sinne nicht denkbar. Man kann also in dieser Situation von einer programmierten Delegation der Kommunikation sprechen, STRÄTER et al. (1986, S. 24) sprechen von automatischer Kommunikation.

DELEGIERTE KOMMUNIKATION IST DER NACH TECHNISCH VORGEGEBENEN RAHMENBEDINGUNGEN (Netze, Dienste, Hardware, Software, Programmbefehle) EIGENSTÄNDIGE INFORMATIONSAUSTAUSCH ZWISCHEN TECHNISCHEN SYSTEMEN (Maschinen).

Zur Verständlichkeit des Inhalts einer delegierten Kommunikation seien als Beispiele genannt: Automatisierter Text- und Datenaustausch in Fernmeldenetzen zu verkehrsschwachen und tarifgünstigen Nachtstunden oder computergestützte Verkehrserfassung und Regelung (Ampelschaltung) im innerstädtischen Verkehr.

In der o.a. Begriffsbestimmung ist das Schwergewicht auf den Vorgang, also den Austausch zwischen Kommunikationspartnern gelegt. Kommunikation besitzt aber auch eine statisch-strukturelle sowie prozessuale Komponente. Kommunikationsnetze beispielsweise sind Infrastrukturen mit einer festen und räumlich abgrenzbaren Struktur, die jedoch keinen Hinweis auf die Kommunikationsintensität, auf räumliche bzw. intersubjektive Verflechtungen oder Einblicke auf die Nutzung unterschiedlicher Dienste zulassen.

Versucht man, unterschiedliche Interpretationsebenen von Kommunikation zu umschreiben, dann wäre mit der vorgestellten Definition die physiologisch-technische und psychologische Ebene im Sinne von POENSGEN (1978, S. 467f) angesprochen. Da im weitesten Sinne (Meßwerte und Zahlen eingeschlossen) Sprache die Grundlage kommunikativer Kontakte ist, lassen sich nach HAX (1975, Sp.2170) in Anlehnung an informationstheoretische Ansätze eine syntaktische, semantische und pragmatische Betrachtung unterscheiden. Kaum geographische Relevanz besitzt dabei die Frage, wie durch Sprache eine Nachricht übertragen wird (Syntaktik) und welche Bedeutung eine Nachricht im semantischen Sinne besitzt. Dagegen ist die pragmatische Betrachtung, welche Auswirkungen eine Nachricht auf das Verhalten von Sender und Empfänger hat, der Zugang zur Raumrelevanz eines Kommunikationsvorgangs.

Der empirische Hintergrund der Pragmatik findet sich auch als Bestandteil der vielzitierten LASSWELL-Formel, die der Mitbegründer der Kommunikationswissenschaft so zum Ausdruck brachte: "Who says what in which channel to whom with what effect?" (LASSWELL, 1948). KOSZYK/PRUYS (1981, S. 124f) folgerten hieraus fünf Kernpunkte empirischer Kommunikationswissenschaft, die auch einen Überblick über mögliche Ansatzpunkte geographischer

Forschung geben können:

- Kommunikatorforschung (who)
- Inhalts- und Aussagenanalysen (says what)
- Medienforschung (in which channel)
- Publikums- und Rezipientenforschung (to whom)
- Wirkungsforschung (with what effect)

Forschungen zu Struktur, Standort und Reichweiten von Kommunikatoren und Rezipienten stehen in ihrem raumbildenden Verhalten sozialgeographischen Fragestellungen nahe, während die Raummuster der Medienverteilung und ihre inhaltsinduzierten Wirkungen in überwiegendem Maße wirtschaftsgeographischer Natur sind, vergleichbar etwa den Problemfeldern im Bereich Telekommunikation.

3. Telekommunikation, Informations- und Kommunikationstechniken (IuK), Telematik, Neue Medien

Dem Leser mag fragwürdig erscheinen, daß gleich vier Begriffe in diesem Abschnitt gemeinsam diskutiert werden. Ihr Auftreten in der wissenschaftlichen Literatur und in der Presse ist in breiter Anwendung kaum ein Jahrzehnt alt. Ihre - gemessen an der praktischen Anwendung - vermeintliche Beliebigkeit oder gar Austauschbarkeit hat zu zahlreichen Mißverständnissen über den wirklichen Diskussionsgegenstand geführt, und es erschien dem Verfasser deshalb sinnvoll, diese Begriffe gemeinsam zu klären.[3]

Man kann in der Argumentation zunächst davon ausgehen, daß jede semantische Kommunikationsform nur in zwei Erscheinungsformen denkbar ist: Entweder tauschen die Kommunikationspartner ihre Informationen zur gleichen Zeit am gleichen Ort im Gespräch (face-to-face) aus, oder der Kommunikationsvorgang bedarf der Zwischenschaltung eines Mediums. Streng genommen ist also jede Kommunikation auf Distanz eine Tele-Kommunikationsform. Historisch gesehen begann Telekommunikation mit Rauch- und Lichtzeichen, mit Boten, und im 18. Jahrhundert schließlich mit der flächenhaften Ausbreitung des Postwesens. Der Terminus einer "technisch vermittelten Kommunikation" (BUNDESREGIERUNG, 1976, KtK-Bericht) ist - wiederum historisch gesehen -, zunächst seit Mitte des 19. Jahrhunderts auf die Verkehrstechnik (Eisenbahn) zu beziehen (HEINZE/KILL, 1987), und seit Ende des 19. Jahrhunderts auf die sich entwickelnde Nachrichtentechnik Telegraphie und Telefon (vgl. Abb. 1).

Obwohl auch in den achtziger Jahren die "Gelbe Post" (Briefe, Drucksachen, Päckchen, Pakete) für Privathaushalte und Wirtschaft eine außerordentlich große Rolle spielt (vgl. u.a. WEITZEL/ARNOLD/RATZENBERGER, 1983; DEUTSCHE BUNDESPOST, 1986, STATISTISCHES JAHRBUCH), wird diese - ebenfalls vermittelte - Kommunikationsform im Diskussionsrahmen der Telekommunikation nur noch höchst selten angesprochen (z.B. LANGE/PÄTZOLD, 1983, S.50)

Die Unübersichtlichkeit der Begriffe nimmt noch zu, wenn der Terminus "Medien" einbezogen wird. BERNDT/HEFEKÄUSER (1985, S. 107) definieren "Medien" als Überbegriff, um der Notwendigkeit eines physikalischen Übertragungsmediums bei allen Formen der vermittelten Kommunikation Ausdruck zu verleihen. Wohl mit gleichem gedanklichen Hintergrund wurde in Baden-Württemberg (EKM, 1981) und Nordrhein-Westfalen die Bestandsaufnahme (überwiegend) der Kommunikationsinfrastruktur mit Medien oder Medienatlas bezeichnet. Ebenso spricht die Bundesregierung von einem "Medienbericht" zur Darstellung der aktuellen Verbreitung von Nachrichtentechnik und Trägern der Massenkommunikation (PRESSE- UND INFORMATIONSAMT, 1986).

Abb. 1: Zeitlicher Entwicklungsverlauf der Telekommunikationstechniken bzw. -dienste

1847	1877	1930	1970	1980	1990
Telegraf	Telefon Telegraf	Telefon Telegraf Telex Faksimile	Telefon Funktelefon Telegraf Telex Faksimile Datex Breitband- Daten- übertragung	Telefon Funktelefon Funkruf Telegraf Telex Telefax Teletex Bildschirmtext Datex Breitband- Daten- übertragung Fern- überwachung Fernsteuerung Kabelfernsehen Videotext Bildtelefon Videokonferenz	Telefon Funktelefon Funkruf Voice mail Telegraf Telex Telefax Teletex Bildschirmtext Telefax Sprachfax Text Mail Schnellfax Tele-Zeitung Farbfaksimile Datex Breitband- Datenübertragung Fernüberwachung Fernsteuerung Kabelfernsehen Videotext Bildfernsprechen Videokonferenz Zweiweg- Kabelfernsehen

Quelle: Dumitriu

Der Begriff "Medien" findet im Bereich der Publizistik (Kommunikationswissenschaft) auf die Träger der Massenkommunikation (Presse, Rundfunk, Fernsehen, Film) Anwendung (vgl. u.a. KOSZYK/PRUYS, 1981, S. 178; BERG/KIEFER, 1987, S. 137f). Bedauerlicherweise hat sich mit der Entwicklung der neuen Kommunikationstechniken - vor allem in der regionalpolitischen Diskussion - der Begriff "Neue Medien" etabliert (vgl. u.a. WEIHRICH, 1982; WITT, 1982, S. 117f; SÄTTLER/ WETTMANN, 1983, S. 359f; TÜRKE, 1983a, S. 455f; HOBERG/KUNZ, 1985, S. 315f). Wenn mit diesem Begriff Medien der Massenkommunikation überhaupt einbezogen werden, dann nur Rundfunk und Fernsehen, größtenteils wird er jedoch synonym zu "Telekommunikation" oder "Telematik" gebraucht.

Ein wesentlicher Ursprung neuer Begriffsbildungen der technischen Kommunikation liegt in der raschen Diffusion von Mikroelektronik in der Vermittlungstechnik und in den Kommunikationsendgeräten. Dieser Integrationsprozeß von Informations- und Kommunikationstechnologie läßt sich stark vereinfacht mit Digitalisierung, Speicherung und elektronischer Übertragung von Nachrichten umschreiben. Mitte der achtziger Jahre hatten zwei Begriffe weite Verbreitung gefunden: "Informations- und Kommunikationstechniken - IuK - (u.a. NEUMANN/WIELAND, 1983; BMFT, 1986) sowie in Anlehnung an ein französisches Gutachten von NORA/MINC (1979) der Begriff "Telematik" (eine Wortverdichtung von Telekommunikation und Informatik). Der Begriff "Telematik" scheint sich in neueren Publikationen verstärkt durchzusetzen (u.a. LANGE, 1984, S. 29f; FRITSCH/EWERS, 1985; ISI, 1986; SPEHL, 1987, S. 3f; GRÄF, 1987b, S. 337f; HOTTES, 1987, S. 178f; MÜDESPACHER/ FREPPEL/SCHWENGELER, 1987, S.40f).

Die Deutsche Bundespost hat sich der neuen Begriffsbildung nur zögerlich angeschlossen. Der "Leitfaden Telekommunikation" nutzt nur die Begriffe "Fernmeldenetz, -wesen und -atlas (OPD Frankfurt, 1986), während in den konzeptionellen Überlegungen der Bundespost zum

Netz- und Datenausbau von "Fernmeldeinfrastruktur" gesprochen wird (BM Post- und Fernmeldewesen, 1985).

Sehr verhalten stehen Landesentwicklungsprogramme und Regionalplanung dem Kommunikationsbereich gegenüber. Wenn Kommunikationsgrundlagen überhaupt angesprochen werden, dann nur in knapper Form, meist unter dem Begriff "Nachrichtenverkehr" eingeordnet, beispielsweise in Bayern im Landesentwicklungsprogramm Bayern (1984, S. 278f), im 8. Raumordnungsbericht (1986, S. 195f) und im Gesamtverkehrsplan Bayern (1985, S. 187f).

Die Verwendung des Begriffes "Telekommunikation" ist in wirtschaftswissenschaftlichen, planungsbezogenen und geographischen Beiträgen gleichermaßen zu beobachten, u.a. bei REINHARD/SCHOLZ (1983, S. 3f), FISCHER (1984a), SCHNÖRING (1985), AERNI (1986), ELSASSER/SCHMID (1986), GRÄF (1987a, S. 152f).

Parallel dazu hat seit Mitte der achtziger Jahre in deutschsprachigen geographischen Publikationen auch der Begriff "Telematik" Eingang gefunden, u.a. GRÄF (1985, S. 288f), WEBER (1986) und HOTTES (1987, S. 178f).

Bevorzugt bei geographischen Wirkungs- und Standortanalysen in Verdichtungsräumen ist der Terminus "Informations- und Kommunikationstechnologien (IuK)", teilweise in Anlehnung an HENCKEL, NOPPER, RAUCH (1984), u.a. in den Arbeiten von KÖHLER (1985, S. 308f), KORDEY (1986), MENSING (1986), WOLF/BÖRDLEIN (1987, S. 471f), für periphere Räume auch bei MAIER (1984, S. 101f), zu finden. In der deutschsprachigen Literatur der Schweiz wurde der Begriff der "NIK-Techniken" (Neue Informations- und Kommunikationstechniken) eingeführt (u.a. HOTZ-HART, 1987, S. 8).

Verkehrsgeographische Arbeiten scheinen die Begriffe "Telematik/Telekommunikation" (u.a. MILZKOTT, 1982; HOTTES, 1985; AERNI, 1986) statt "IuK-Techniken" zu bevorzugen. Ebenso sind abgeleitete Begriffe in Arbeiten zum arbeitsfunktionalen Bereich angesiedelt, etwa "Telearbeit" (u.a. SCHRÖDER, 1984; BALLERSTEDT, 1985, S. 219; DOSTAL, 1985, S. 467f; KORTE/STEINLE, 1985, S. 959f; DOSTAL, 1986a, 1986c) oder "Teleheimarbeit" (u.a. HAAS, 1986).

Im fremdsprachlichen europäischen Ausland ist die Begriffsgenese in einer ähnlichen Entwicklung begriffen. Von den Auswirkungen der "Télécommunication" berichten in Frankreich u.a. WACKERMANN (1982, S. 87f), VERLAQUE (1982a) und BAKIS (1983) (vgl. auch Abschnitt "Internationale Terminologieprobleme", S. 12).

Über "Telekommunikation und Geographie" in Schweden berichten FORSSTRÖM/LORENTZON (1986). GODDARD/GILLESPIE (1986, S. 383f) analysieren Auswirkungen der "Advanced Telecommunications" und KELLERMAN (1984, S. 224) "Telecommunications in metropolitan areas".

In Frankreich, dem Ursprungsland des Begriffes "Telematik", hat sich "Télématique" als Terminus verbreitet, u.a. GASSOT (1981, S. 25f) und LEYNAUD (1981, S. 17f), sowie VERLAQUE (1979) und PARE (1982) mit dem Begriff "Informatique". Für die Innovationen der Informationstechnik in Italien wählte LANZA (1987 S. 131f) ebenfalls den Begriff Telematik.

Im englischsprachigen Bereich sind ferner u.a. die Begriffe "Information Technology" (MARSHALL, 1984, S. 171f), "New Information Technology" (GODDARD, 1986) sowie "Public Information" (ABLER/FALK, 1981, S. 10f) verbreitet.

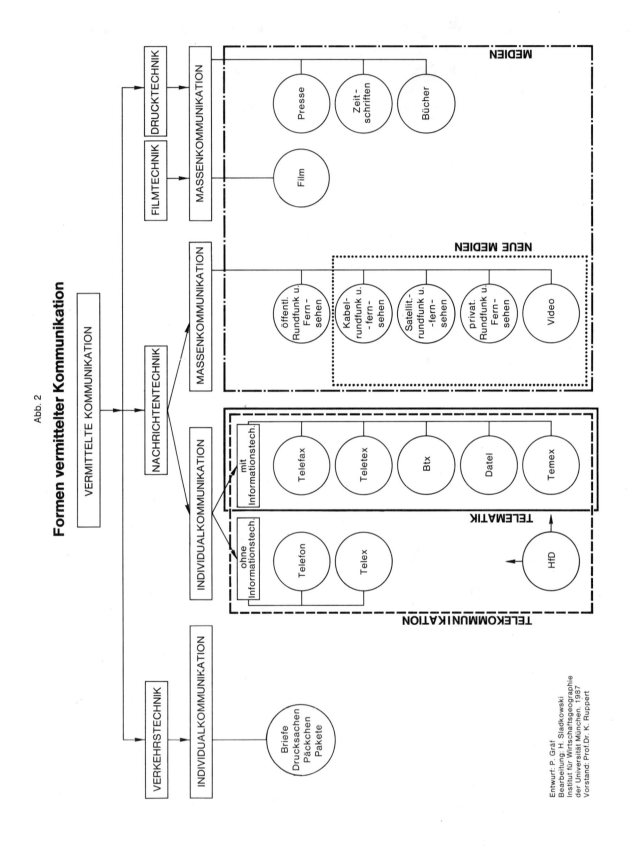

Abb. 2 Formen vermittelter Kommunikation

Zu Abb. 2: Erläuterung der technischen Fachbegriffe zur Telematik

TELEFON: Sprachübertragung im Fernsprechnetz, z.Zt. noch in analoger Technik, künftig in digitaler Technik

TELEX: Textübertragung (Fernschreiben) im IDN-Netz, Übertragungsrate 50 bit/sec

TELETEX: Textübertragung im IDN-Netz, elektronisierte Form des Fernschreibens, Übertragungsrate 2.400 bit/sec

TELEFAX: Fernkopieren im Fernsprechnetz, Übertragungsrate Gerätetyp 3: 1 Seite A4 ca. 1 Minute

BTX: Bildschirmtext, Ferninformationsdienst für Texte und Graphiken im Fernsprechnetz (Voraussetzung: Telefonanschluß und Bildschirm (Fernsehgerät, PC, Minitel); interaktiv (z.B. Telebanking, Teleshopping))

DATEL: Datenverkehr, analog im Fernsprechnetz oder digital im IDN-Netz Datex-L, schalttechnische Leitungsvermittlung Datex-P, softwaretechnische Datensatz ("Paket")-vermittlung

TEMEX: Fernwirken, Übertragung von Schaltsignalen bzw. Datenfernerfassung (noch im Erprobungsstadium)

HfD: Hauptanschluß für Direktruf (sog. Standleitung) im IDN-Netz

IDN: Integriertes Text- und Datennetz (Öffentliches digitales Fernmeldenetz der Deutschen Bundespost)

ISDN: Integrated Services Digital Network Im Aufbau befindliches digitales Fernmeldenetz, über das als schmalbandiges Netz künftig alle Telekommunikationsdienste (außer Bewegtbild) gemeinsam abgewickelt werden, zu späterem Zeitpunkt als breitbandiges Netz auch Bewegtbilder.

Die auf den vorangegangenen Seiten in knapper Form dargestellte interdisziplinäre Begriffsentwicklung und Verbreitung konnte auch bei geographischen Arbeiten nur einen kleinen Teil der Autoren berücksichtigen, die für den Überblick stellvertretend stehen sollten. Zur leichteren Übersicht sind die Begriffe in Abb. 2 in einer Graphik nochmals zusammengefaßt. Den weiteren Ausführungen dieser Arbeit liegt somit folgendes Begriffsverständnis zugrunde:

VERMITTELTE KOMMUNIKATION

Überbegriff für alle Kommunikationsformen, die keine face-to-face Kommunikation (Informationsaustausch in persönlicher Begegnung) darstellen.

TELEKOMMUNIKATION

Formen der Individualkommunikation (Dialogverkehr), die nachrichtentechnische Infrastruktur voraussetzen.

TELEMATIK

Formen der Individualkommunikation (Dialogverkehr), die nachrichtentechnische Infrastruktur und informationstechnische Hard- und Software voraussetzen.
Dieser Begriff ist identisch mit "Informations- und Kommunikationstechniken (IuK)".

MEDIEN

Bezeichnet die Informationsträger der Massenkommunikation Presse, Rundfunk, Fernsehen und Film.

NEUE MEDIEN

Sind technische Innovationen und/oder juristische Sonderformen der Massenkommunikation.

4. Internationale Terminologieprobleme

Den Abschluß der terminologischen Einführung sollen einige Hinweise auf mögliche Mißverständlichkeiten geben, die sich aus dem Gebrauch des gleichen Wortstammes in der deutschen, englischen und französischen Sprache ergeben können. Da diese Begriffsfelder relativ jung sind, haben sie auch nur teilweise Eingang in das Internationale Geographische Glossar der IGU gefunden (MEYNEN, 1985, S. 563 u. 630).

Abb. 3: Vergleichende Begriffsübersicht in der deutschen, englischen und französischen Sprache

Begriffsfeld	deutsch	englisch	französisch
INFORMATION	Information	information	informatique
KOMMUNIKATION	Kommunikation	communication	communication (circulation)
VERMITTELTE KOMMUNIKATION	Telekommunikation	telecommunication	télécommunication
	Telematik	telematics	télématique (téléinformatique)
	IuK-Technik	information technology	nouvelle technologie
		advanced telecommunications	
	Medien	media	media
	Neue Medien	-	-
	Massenmedien	mass media	communication des masses
ARBEITS-FUNKTIONALER BEREICH	Telearbeit	telework	télétravail
	Fernarbeit	distance working	
	Teleheimarbeit	electronic homeworking	télétravail à domicile
		telecommuting	

Entwurf: P. Gräf

Am umfangreichsten ist die Mehrdeutigkeit beim Begriff Kommunikation. Im englischen/amerikanischen Sprachgebrauch bedeutet "communication" teilweise auch Verbindungen und Verkehrsbeziehungen, was eine Begriffserweiterung darstellt und zusätzlich die gedankliche Verknüpfung zur Verkehrsinfrastruktur herstellt. In der französischen Sprache meint "communication" auch schriftliche Mitteilung oder Gedankenaustausch im Sinne von CLAVAL (1985, S. 129f).

Die begriffliche Unterscheidung von "Telearbeit" (telekommunikativer Kontakt des Unternehmens mit dem Arbeitnehmer in seiner Wohnung, einem Telehaus o.ä. Einrichtung) und "Teleheimarbeit" (elektronische Heimarbeit als Werkvertrag, Datenträgeraustausch meist auf nichtelektronischem Wege wie Briefpost, Boten u.ä.) wird auch in der französischen Sprache mit zum Teil unterschiedlichem Begriffsinhalt nachvollzogen (vgl. u.a. BRABET/BRABET/GASSOT, 1982, S. 148).[4]

5. Netze - Dienste - Anwender

Analysen zur Raumrelevanz von Telekommunikation erfordern ein Grundverständnis der technischen Zusammenhänge. Da dieses technische Verständnis (einschließlich der Begriffe) nicht als Allgemeinwissen vorausgesetzt werden kann, ist ein kurzer Überblick eine notwendige Ergänzung zur terminologischen Diskussion.

Die nachfolgend dargestellten Begriffe beziehen sich auf das nachrichtentechnische System der Bundesrepublik Deutschland und umfassen existente bzw. im Aufbau befindliche Systeme (in Anlehnung an ARNOLD, 1982; ELIAS, 1982; MUSIOL, 1984; DUMITRIU, 1985; ALBENSÖDER, 1987).

Nachrichtentechnisch lassen sich heute Ton (Sprache), Texte, Graphiken und Bilder übertragen. Die Nachricht kann zwischen zwei Kommunikationspartnern (Dialog) vermittelt und übertragen (z.B. Telefon, Telex) oder an eine anonyme Masse von Empfängern verteilt werden (Rundfunk und Fernsehen). Die Übertragung kann leitungsgebunden (terrestrisch) oder drahtlos (terrestrisch oder orbital-Satellit) erfolgen, d.h. es sind technische Infrastruktureinrichtungen zur Vermittlung und Übertragung (Sender, Empfänger, Leitungsnetze) notwendig. Über diese Infrastrukturen können gleichzeitig in verschiedenen Verfahren - sogenannten Diensten - Nachrichten übermittelt werden. Technisch geschieht dies durch direkte Umwandlung eines Signals in elektromagnetische Wellen (Analogverfahren) oder durch

Abb. 4: Dienste und Netze für Telekommunikation der Deutschen Bundespost

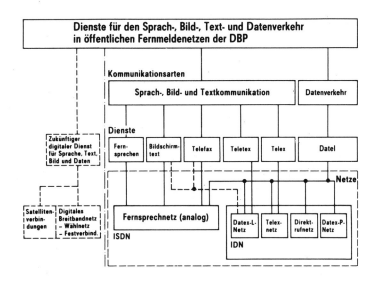

Quelle: Musiol, 1984, S. 115

Umwandlung in ein digitalisiertes Signal und anschließender Übertragung. Die leitungsgebundene Übertragung erfolgt über Kupfer-, Kupferkoaxial- (Breitband) oder Glasfaserkabel. Die terrestrischen Einrichtungen der drahtlosen Übertragung sind rundstrahlende Sender, Richtfunksender und Satellitensender bzw.-empfangsstationen. Für weitere technische Details sei auf die zuvor erwähnte Literatur verwiesen.

Für Netze und Dienste hat die Deutsche Bundespost ein Monopol. Im Endgerätemarkt steht sie im Wettbewerb mit zahlreichen Angeboten der Industrie.

Wie aus Abb. 4 zu entnehmen ist, betreibt die Bundespost flächendeckend zwei Netze: Das analoge Fernsprechnetz für die Dienste Telefon, Telefax (Fernkopieren) und Btx (Bildschirmtext). Daneben besteht das IDN (Integriertes Datennetz), über das die Dienste Telex (Fernschreiben), Teletex (elektronisches Fernschreiben), Datel (Datenübertragung - paketvermittelt Datex-P oder leitungsvermittelt Datex-L) sowie der Verkehr über Standleitungen abgewickelt werden. Im Aufbau befindlich ist ein digitales Netz (zunächst schmalbandig, später breitbandig), über das künftig alle Telekommunikationsdienste gemeinsam abgewickelt werden können - Integrated Service Digital Network (ISDN).

Die Kommunikationspartner bezeichnet man als Anwender oder Nutzer der Telekommunikationsdienste. In der Phase der Markteinführung eines Dienstes, der Innovation und Diffusion eines Dienstes sind zwei Stadien der Übernahme zu unterscheiden, deren Begriffe häufig auch synonym gebraucht werden.

Phase I: In der Phase I wird durch unterschiedliche Informationskanäle bzw. Marketinginstrumente der potentielle Nutzer mit einem Dienst vertraut gemacht. Steht er den Möglichkeiten des neuen Dienstes nicht ablehnend gegenüber, entschließt sich aber aus ökonomischen oder sonstigen Gründen, nicht sofort Anwender zu werden, so ist bei ihm zunächst nur AKZEPTANZ erreicht.

Phase II: Entschließt sich der informierte, potentielle Nutzer, ein Endgerät zu kaufen oder zu mieten und erhält er von der Post einen Anschluß (Teilnehmernummer), so ist er zum ADOPTOR geworden.

Phase III: Ist ein Nutzer gezwungen, beispielsweise eine eigene Nebenstellenanlage an ein neues technisches System anzugleichen, so bezeichnet man dies als ADAPTIONSPROZESS (Anpassungsprozess).

Im praktischen Marketing wird die Zahl der Adoptoren im Vergleich zur Gesamtzahl der möglichen Nutzer häufig als "Akzeptanzgrad" bezeichnet. In der wissenschaftlichen Literatur beginnt sich jedoch der präzisere Begriff des "Adoptionsgrades" durchzusetzen (vgl. u.a. ARL, FuS 169, 1987).

III. FORSCHUNGSANSÄTZE ZUR RAUMRELEVANZ VON INFORMATION UND KOMMUNIKATION

1. Genese eines Forschungsfeldes

Eine Annäherung an die räumliche Dimension von Information und Kommunikation kann auf vielfältige Weise erfolgen. Die unterschiedliche Gewichtung dieser Problemstellung in einzelnen Wissenschaftsdisziplinen und der Wandel der Interessenschwerpunkte zu diesem Fragenkreis im 20. Jahrhundert sind nicht allein ein Spiegelbild technologischer Entwicklung. Die Auseinandersetzung mit Bedeutung und mit Einflußmöglichkeiten, die aus der Verfügbarkeit von Informationen und der Gelegenheit zu kommunikativen Kontakten im außerlokalen Rahmen resultieren, ist auch Ausdruck der gesellschaftspolitischen Verfassung einer Epoche, eines Landes oder Staatensystems.

Für das Verständnis der zu formulierenden aktuellen Thesen und Theorieansätze ist es deshalb sehr hilfreich, jene Denkmuster und Beurteilungsmaßstäbe zu extrahieren, die über Jahrhunderte hinweg persistente Züge aufwiesen und somit auch heute trotz beschleunigter Phasendurchläufe technologischer Entwicklungen nicht außer acht gelassen werden können. Auch wenn im Sinne JÄGERs in historisch-genetischer Betrachtungsweise Information und Kommunikation nur marginal als kulturlandschaftsgestaltende Elemente verstanden wurden und historische Ansätze einer Handels- und Verkehrsgeographie nur am Rande (z.B. Postrouten) sich mit diesem Themenbereich beschäftigten (JÄGER, 1987, S. 186), besteht zunächst die erkenntnistheoretische Lücke über die Hintergründe der forschungsbezogenen Akzentbildung weiter.

Im historischen Zeitverlauf sind funktionale Persistenz und technologische Zäsuren gleichermaßen aufzufinden. Bis zum 15. Jahrhundert waren Information und Kommunikation, ihre Zugangsmöglichkeit und raumüberbrückende Funktion extrem schichtenspezifisch differenziert, war die schriftliche Fixierung von Wissen und Nachrichten eine seltene Ausnahme. Für den weitaus größten Teil der Bevölkerung beschränkten sich kommunikative Kontakte (Kriegszüge, Entdeckungsreisen ausgenommen) auf den regionalen Raum. Für die Oberschicht, für den herrschenden Adel und für die Kirche waren Informationszugänge nicht nur ein Statussymbol, sondern auch eine militärisch und ökonomisch entscheidende Machtfrage. Wirtschaftliche und militärische Interessen waren und sind auch heute die entscheidenden Triebkräfte von Organisation und technologischer Entwicklung des Informations- bzw. Nachrichtenwesens. Beispiele aus der Geschichte hierzu sind Legion (VOIGT, 1965, S. 807f). Das militärische Meldewesen entlang der römischen Limesabschnitte, die Funktion klösterlicher Skriptorien als mittelalterliche "Nachrichtenagenturen" oder das wirtschaftsbezogene Nachrichtenmonopol der Hanse im Einzugsbereich der Ostsee sind nur einige von zahlreichen historischen Beispielen machtpolitisch orientierter Kommunikationssysteme. Im Sinne unseres heutigen Vokabulars gelang bis zum 15. Jahrhundert nur den religiösen Institutionen die Organisation einer flächendeckenden "Massenkommunikation" in Form der Verbreitung ihrer Glaubenslehre. Ausdruck des Machtkampfes einer organisatorischen Sicherung dieses Kommunikationssystems ist u.a. der Investiturstreit im 11. und 12. Jahrhundert. Eine wesentliche Zäsur in der technischen Möglichkeit der Informationsverbreitung stellt die Erfindung des Buchdrucks im 15. Jahrhundert dar. Die damit entstehende Möglichkeit, Wissen in Buchform oder Nachrichten in Flugblattform räumlich relativ rasch und flächenhaft zu verbreiten, hatte für damalige Zeiten eine revolutionäre Raumrelevanz. Ohne die Drucktechnologie wären wahrscheinlich weder die rasche Ausbreitung und Entwicklung von Universitäten noch die territorialen Änderungen in Folge der Reformation möglich gewesen.

Verglichen mit der Situation zum ausgehenden 20. Jahrhundert zeigen sich interessante Analogien. Stellt man die Erfindung des Buchdrucks der Entwicklung der Mikroelektronik gegenüber, dann war in beiden Epochen ein Großteil der Bevölkerung nicht in der Lage, eine Innovation als direkte Nutzer aufzunehmen. Die vorausgesetzten Fähigkeiten, damals Lesen und Schreiben, heute Bedienung eines Computers, waren zunächst nur in einer zahlenmäßig geringen Gruppe von "Spezialisten" zu finden, die im 15. - 17. Jahrhundert eindeutig der Oberschicht zuzuordnen waren, heute bei der Computerisierung der Gesellschaft in allen Schichten vertreten sind, wenn auch teilweise (altersspezifisch) mit sehr geringen Anteilen. Heute wie damals ist Raumrelevanz durch eine Art "Umwegkommunikation" erzielt worden. Die mangelnde Fähigkeit oder Gelegenheit, sich direkt mit Wissen oder Informationen auseinanderzusetzen oder Nachrichten zu beziehen, wurde durch eine massenmediale Selektion und Umformung der Informationen erreicht. Mangelnde Zeit und Fähigkeiten, sich mit Texten individuell auseinanderzusetzen, wurden durch Bilder ersetzt. Der Holzschnitt war der Bildschirm des 16. Jahrhunderts. Auf der Betrachtungsebene eines gesellschaftlichen Prozesses mag somit die Trennung von Telematik und Medien in der wissenschaftlichen Diskussion hinsichtlich ihrer Raumwirksamkeit problematisch sein.

Der zentrale Aspekt eines hoheitlichen Monopolanspruchs im Nachrichtenwesen, der heute in der Diskussion um die Neuordnung des Telekommunikationswesens der Bundespost aufgegriffen wird (WITTE, 1987), wurde raumbezogen-organisatorisch im 16. Jahrhundert mit der Ernennung des Hauses Thurn und Taxis (1595) zum Reichsgeneralpostmeister sichtbar, nachdem bereits Ende des 15. Jahrhunderts regelmäßig Postverbindungen in den habsburgischen Ländern eingerichtet wurden. Die Engpaßsituation in der räumlichen Organisation und Verbreitung von Informationen und damit von zeitlich überschaubaren Kommunikationsräumen war zu dieser Zeit in erster Linie eine verkehrstechnische Problematik, eingeschränkt durch die Geschwindigkeit von Reitern und Kutschen bzw. der Unwägbarkeit des Wegezustandes. Das zuvor erwähnte Monopol im Nachrichtenverkehr hatte fast 300 Jahre Bestand, bis 1867 Thurn und Taxis sein Postregal im deutschen Bundesgebiet verlor. Die Interessen der Landesherren, ein eigenes Postwesen aufzubauen, haben bereits Ende des 18. Jahrhunderts zu einer Zersplitterung des Postwesens geführt, die trotz Reichsgründung 1871 erst 1924 mit Gründung der Deutschen Reichspost (Eingliederung der Württembergischen und Bayerischen Post) behoben war (BISSING, 1956, S. 207).[5]

Die Entwicklung der elektrotechnischen Telekommunikation im 19. Jahrhundert zeigte die gleiche Problematik flächenhafter Diffusion, die sich bei der Verbreitung des Eisenbahnwesens bereits abgezeichnet hatte. Zunächst waren erhebliche Widerstände zu überwinden, um die Bedeutung einer den Raum erschließenden und überbrückenden Kommunikationstechnologie zu erkennen. Die staatlichen Entscheidungsträger neigten meist zu einer drastischen Unterschätzung der Wirkungen und Möglichkeiten. Zeichneten sich die Konturen der raumrelevanten Möglichkeiten erst ab, standen die Sorgen um die Wahrung staatlicher Monopolansprüche vor den Erfahrungen einer experimentellen Errichtung, was in der Regel die Diffusion um mehrere Jahre verzögerte. Schließlich stieß der landesspezifische Entwicklungsegoismus rasch an die Grenzen technischer Kompatibilität, wenn Systeme grenzüberschreitend vernetzt werden sollten.

Es ist erstaunlich oder deprimierend, vielleicht auch allzu menschlich, daß dieses Handlungsmuster sich fast ohne Änderung in der Diffusion der Telematik wiederholt. Das nachfolgende Beispiel zeigt, daß hier ohne Zweifel die Persistenz staatspolitischen Denkens, wie es in diesem Sektor in den Phasen der Ländermonarchien, des Deutschen Reiches, der Weimarer Republik und des III. Reiches zu beobachten war, sich in den Grundzügen staatlicher Kontrolle und Verfügungsmacht über Kommunikationsinfrastruktur kaum gewandelt hat. Dem gegenüber steht beispielsweise die von Anfang an marktwirtschaftliche Orientierung der technischen Kommunikation in den USA.

Zwischen der ersten Nutzung eines Morse-Telegraphen in den USA 1844 und der flächenhaften Diffusion in Europa vergingen fast 20 Jahre. Ähnlich verhielt es sich mit der ersten Anwendung des Telefons nach seiner parallelen Erfindung durch Bourseul, Reis, Bell und Gray Mitte des 19. Jahrhunderts. 1861 wurde die Erfindung von Reis vom Physikalischen Verein Frankfurt noch als "physikalisches Spielzeug" abgetan. Erst 1877 gelang es dem Generalpostmeister v. Stephan, den Reichskanzler v. Bismarck über die Einbeziehung des Fernsprechers in den Betrieb der Telegraphendienststellen zu überzeugen (KLEIN, 1977, S. 13). Nachdem 1879 in New York bereits 4.000 und in San Francisco 2.000 Sprechstellen existierten, lehnte 1880 die bayerische Verwaltung den Antrag der Bell Telephone Co., in München und Nürnberg Telefonnetze nach amerikanischem Vorbild zu installieren, mit dem Hinweis ab, das Fernsprechwesen sei in die Hand des Staates zu nehmen (FEUDEL, 1983, S. 5). Schließlich dauerte es weitere 2 Jahre, bis 1882 in Ludwigshafen am Rhein und 1883 in München die ersten Telephone im Königreich Bayern betrieben wurden. Zu dieser Zeit verfügten in den USA bereits alle Städte über 15.000 Einwohner über ein (lokales) Fernsprechnetz. Im gleichen Jahr erklärten noch Großfirmen im Deutschen Reich, daß kein Bedürfnis bestehe, mit Nachbarorten Ferngespräche zu führen! (MÜLLER-FISCHER, BRAUNS-PACKENIUS, 1977, S. 23)

Diese wenigen Beispiele machen bereits verständlich, warum Ende des 19. bzw. Anfang des 20. Jahrhunderts die raumorientierte Forschung relativ wenig Notiz von der Entwicklung der technisch vermittelten Kommunikation nahm. Für den Informations- und Kommunikationsbereich fehlten visionäre Denker wie beispielsweise Friedrich LIST, der ökonomisch und staatspolitisch-räumlich übergreifend die verkehrstechnischen Wirkungen des Eisenbahnwesens erkannte, ohne allerdings Beachtung zu finden. Vielleicht kann man SAX (1878) mit seiner volks- und staatswirtschaftlichen Lehre der Verkehrsmittel, der sehr ausführlich die Bedeutung des Nachrichtenwesens behandelt, an die Seite von LIST stellen. Nicht zuletzt mit Bezug auf die damalige Bedeutung des Telegraphenwesens schreibt er, daß "wir das Bedürfnis und den Nutzen eines organisierten Nachrichten-Verkehres für die Lebensthätigkeit eines entwickelten Staatskörpers als keiner weiteren Begründung bedürftig ansehen" (SAX, 1878, S. 218). Vor mehr als hundert Jahren erkennt SAX schon den innovativen Charakter des Nachrichtenverkehrs, wenn er ausführt: "Jeder Fortschritt wird durch ihn rasch zum Gemeingut, der Erfolg oder die Idee des Einen zum Ansporn gleicher und höherer Leistungen bei tausend Anderen, der Gedanke eines Kopfes zum Erwecker und Anreger bei ungezählten Mitstrebenden" (SAX, 1878, S. 216).

Diese Ideen sind nur von wenigen Geographen zu jener Zeit aufgenommen worden. Zu den frühen Ausnahmen gehört BEHM (1867), der wohl als erster in einer geographischen Publikation den Telegraphen neben dem Dampfschiff und der Eisenbahn als ein zeitgenössisches modernes Verkehrsmittel herausstellte. Auch v. RICHTHOFEN (1891, Nachdr., S. 34) und RIEHL (1870, Nachdr., S. 295) waren sich der Bedeutung des Nachrichtenverkehrs, insbesondere des Postwesens, bewußt. Dennoch war es wohl RATZEL (1897), der noch vor der Jahrhundertwende, ähnlich wie SAX zwanzig Jahre zuvor, erkannte, welche Dynamik und Bedeutung bereits damals dem Nachrichtenwesen zukam. Interessanterweise sind seine Gedanken nicht wie bei zahlreichen späteren Autoren im Rahmen einer Verkehrsgeographie, sondern als Teil einer "Politischen Geographie" dargelegt worden. Er schreibt einleitend: "Politisch am wichtigsten ist von allen eigentlichen Verkehrsleistungen die Übermittlung von Nachrichten" (RATZEL, 3. Aufl., 1923, S. 351). Auch RATZEL sieht hier eine historische Persistenz mit seinen Hinweisen auf schon früh entwickelte Melde- und Botensysteme in Persien und China und ihrer zeitgenössischen Bedeutung am Beispiel des Streckenverhältnisses von Eisenbahn zu Telegraphenlinien (z.B. Persien 13:7.700 km, Bolivien 970:6.640 km). Nach BAKIS (1982, S. 57) war RATZEL der erste Geograph, der eine nachrichtentechnische Karte am Beispiel der nordatlantischen Kabelverbindungen zu den Vereinigten Staaten publizierte. BAKIS stellt ihn deshalb an den Anfang der Geschichte einer "Geographie der Telekommunikation". RATZELs Gedanken wurden relativ kurze Zeit später (1907) durch HUCKEL in der französischen Geographie aufgenommen, ohne aber auf weitere Resonanz zu stoßen.

Im gleichen Jahr wie RATZELs Veröffentlichung (1897) wirkt HETTNERs Aussage zum gegenwärtigen Stand der Verkehrsgeographie geradezu naiv, wenn er schreibt: "Über die Post ist vom geographischen Standpunkt aus wenig zu sagen", oder "Auch vom geographischen Standpunkt aus eigenartig ist die Telegraphie und in gewissem Grad auch das Fernsprechwesen" (HETTNER, 1897, Nachdr. 1975, S. 62). HETTNER kannte die Veröffentlichungen von SAX und RATZEL, aber sein Bemühen um eine reine Verkehrsgeographie an Stelle einer angewandten Verkehrsgeographie führte zu einer "Ignoranz" der Verkehrswissenschaft gegenüber der Verkehrsgeographie, die OTREMBA (1969, Nachdr. 1975, S. 264) als ökonomisch bzw. naturräumlich bezogen differenziert.

ECKERT-GREIFENDORFF (1902, Nachdr. 1975, S. 96), der in manchen Gedanken HETTNER nahestand, erwähnt zwar ausdrücklich den Nachrichtenverkehr, reduziert seine funktionale Bedeutung jedoch ausschließlich auf den Güterverkehr. Dies ist zwar einerseits aus seiner Erarbeitung einer "Handelsgeographie" heraus verständlich, andererseits wurde schon bei SAX (1878, S. 252) mehrfach darauf hingewiesen, daß gerade auch die private Korrespondenz bei der Telegraphie in Frankreich, Österreich, Italien und Belgien eine ganz erhebliche Rolle spielte. Die Zusammenhänge mit der Wohlfahrt eines Landes und der Nutzung zeitgemäßer Kommunikationstechniken, im eigentlichen Sinne ein schichtenspezifischer Effekt, den SAX schon Ende der siebziger Jahre erwähnt, unterstreicht HASSERT (1913, S. 437f), es "lassen sich enge Beziehungen zwischen dem Postverkehr und der Wohlhabenheit der Bevölkerung nachweisen, da wohlhabendere Kreise die Post viel mehr in Anspruch nehmen als die ärmeren Volksschichten". Mit dieser Aussage läßt sich auch die Frage der wissenschaftlichen Bedeutung von Kommunikation ganz allgemein verbinden. Wenn dieser Fragenkreis in der geographischen Diskussion überhaupt berührt würde, dann nur im Zusammenhang mit Sprache, Fremdsprache und Weltsprache bzw. der Verteilung der Sprachgruppen in der Welt (u.a. HASSERT, 1913, S. 424f). Mehr als ein Jahrzehnt später versucht FRIEDRICH (1926, S. 225) in seiner allgemeinen und speziellen Wirtschaftsgeographie eine Gewichtung zwischen Telekommunikation und Kommunikation: "Trotz Telefon, Brief usw. hat sie (die Sprache, A.d.V.), sobald Nahverkehr in Betracht kommt und für eingehenderen Gedankenaustausch, die vornehmste Bedeutung".

Die zwanziger und dreißiger Jahre bringen konzeptionell in der Geographie keine wesentlichen Änderungen der Behandlung von Kommunikation und Nachrichtenwesen. Während HASSERT in seiner ersten Ausgabe der "Allgemeinen Verkehrsgeographie" (1913, S. 436) sich noch skeptisch über die geographische Relevanz äußert ("Das Postwesen ist geographisch weniger zu fassen ..."), ist in der zweiten Auflage (1931, S. 260) schon eine wesentlich differenziertere Aussage zu finden: "Immerhin läßt sich der Nachrichtenverkehr geographisch unter dem Gesichtspunkte der Raumbezwingung - er dient zur Ausgleichung räumlicher Entfernungen - und der Kulturgeographie behandeln". Auch CREDNER (1930, Nachdr. 1975, S. 317 u. 322) widmet sich bei seiner verkehrsgeographischen Beschreibung Südchinas den historischen und aktuellen Einrichtungen spezieller Nachrichtenstraßen in China. Trotz der Entwicklung des Telephonnetzes und den Anfängen des Funkverkehrs bleibt der Charakter eines marginalen Interesses an diesem Themenkreis bis Anfang der dreißiger Jahre erhalten.

2. Kommunikationsinfrastruktur als Indikator

Mitte der dreißiger Jahre führt die Erkenntnis des funktionalen Charakters der Kommunikationsinfrastruktur, ihrer indikatorhaften Bedeutung als empirisch faßbare Größe, zu einem Bedeutungsschub der Berücksichtigung kommunikativer Strukturen und Beziehungen im Raum. Zu dieser Zeit hatte man weit weniger eine prozessuale Betrachtung oder gar Wirkungsmechanismen vor Augen, sondern sah die Verbereitung der Infrastrukturen als statisch strukturelles Element.

CHRISTALLERs Arbeit über die zentralen Orte in Süddeutschland war vor allem durch den Indikator "Telefonbesatz" bahnbrechend für die Berücksichtigung der Telekommunikationsinfrastruktur in der räumlichen, vor allem stadtbezogenen, Abgrenzung geworden. 1967 äußerte CHRISTALLER selbst in einer Diskussionsbemerkung, daß 1933 beim Versuch der Verifikation seiner Thesen die Telefonmethode "das einfachste Mittel zu dieser Frage" in jener Zeit war, er aber schon Mitte der sechziger Jahre andere Merkmale der Quantifizierung verwenden würde (BOBEK, 1969, S. 209). CHRISTALLER hat neben der Telefonmethode jedoch 1933 bereits weitere Elemente der Kommunikationsinfrastruktur erwähnt, ohne sie so zu benennen. Bei einem Katalog zentraler Einrichtungen führt er "Einrichtungen von gesellschaftlicher Bedeutung" auf, in der u.a. Gaststätten, Lichtspielhäuser, lokale Zeitungen, große Zeitungen und Radiosendestationen genannt werden (CHRISTALLER, 1933, Nachdr. 1968, S. 139f). Die nachrichtentechnischen Infrastrukturen der Post werden im Rahmen der Einrichtungen des Verkehrs von CHRISTALLER weiter differenziert. Um die Schwierigkeiten der empirischen Erfassung von 9 Einrichtungsgruppen zu umgehen, hat CHRISTALLER sich des Indikators "Telefonanschlüsse" bedient, den er als "eine verblüffend einfache und in ausreichendem Maße exakte Methode" bezeichnet (ebenda, S. 142), um die Zentralität eines Ortes festzustellen. Auf die heutige Bedeutung der methodischen Ansätze CHRISTALLERs wird im empirischen Teil der Arbeit näher eingegangen.

Wenige Jahre nach CHRISTALLER hat KÜHNE bei der funktionalen Abgrenzung des Einzugsbereichs ("Hinterlands") der Stadt Kamen die Verbreitung von Tageszeitungen als Indikator aufgegriffen (KÜHNE, 1937, S. 51), wie in ähnlicher Weise auch KLEMT (1940) bei der Analyse der Stadt-Umland-Beziehungen der Stadt Hanau.

Ein gutes Jahrzehnt zuvor hatten sich bereits Soziologen mit dem Phänomen der räumlichen Informationsverbreitung beschäftigt. PARK veröffentlichte 1929 einen Beitrag, der sich mit der Messung der Urbanisierung durch Zeitungsverbreitung beschäftigte. Bei den Wegbereitern einer Erschließung kommunikationsbezogener, räumlicher Analysen ist meist eine enge Verknüpfung zum Verkehrswesen zu erkennen. COLLEY nimmt schon 1894 in seiner "Theory of Transportation" eine Trennung des materiellen Gütertransports vom Transport der Ideen vor. BAKIS (1982, S. 59) verweist zusätzlich auf VAN CLEEF, der 1937 Korrelationen zwischen wirtschaftlicher Aktivität und Mediennutzung in den USA beschrieb. Schließlich sei noch CAVAILLES erwähnt, der 1940 in seiner "Géographie de la Circulation" den Verkehr von Menschen, Gütern und Gedanken als eines der wichtigsten Kapitel der Humangeographie bezeichnete.

In deutschsprachigen geographischen Veröffentlichungen finden sich zu Beginn der fünfziger Jahre nur vereinzelt Beiträge, die an den methodischen Ideen der dreißiger Jahre anknüpfen. Die grundsätzliche Bedeutung der Arbeit CHRISTALLERs findet erst nach 1950 breitere Resonanz. HOTTES benutzt 1954 u.a. auch die Christallersche Telephonmethode, um eine zentralörtliche Typisierung im Oberbergischen Land vorzunehmen, wobei er schon deutlich die Grenzen der Interpretationsfähigkeit des Telefonbesatzes aufzeigt (HOTTES, 1954, S. 41), falls die innere, funktionale Struktur der Anschlüsse nicht weiter aufgeschlüsselt werden kann.

Ebenfalls Anfang der fünfziger Jahre greifen u.a. KLÖPPER (1953) und SCHÖLLER (1955) die Verbreitung der Tagespresse als Verflechtungsindikator auf. Im Vergleich etwa zu den Pendlerreichweiten wurde der Zeitungsverbreitung als räumliches Abgrenzungskriterium eher sekundäre Bedeutung beigemessen, zumal Zeitungsverbreitung und Aktionsraum zu dieser Zeit als räumlich identisch betrachtet wurden. HARTKE hat 1952 aus sozialgeographischer Perspektive zuerst anhand einer Fallstudie im Rhein-Main-Gebiet die Bedeutung der Lokalpresse zur Beschreibung der sozialgeographischen Situation eines Raumes genutzt. HARTKE scheint von Arbeiten CHATELAINs (1948, 1949, 1955, 1957) angeregt worden zu sein, der sich zu dieser Zeit als einziger europäischer Geograph mit den regionalen Bezügen des Zeitungswesens beschäftigte und 1955 einen Beitrag mit dem Titel "La Géographie du Journal" publizierte. Es dauerte wiederum mehr als ein Jahrzehnt, bevor die Gedanken HARTKEs verstärkt aufgegriffen wurden, u.a. von WEIGAND (1966), TAUBMANN (1968) und PAESLER (1970). Nach wie vor war jedoch bei den zuvor genannten Autoren die analytische Zielstellung eine zentralörtliche Gliederungsmöglichkeit. Zur gleichen Zeit verfaßte DURAND (1969) eine "Géographie des Airs", votierte MAISTRE (1971) "Pour une Géographie des Communications de Masse", nachdem bereits 1937 SIEGFRIED die Frage stellte "Une géographie de l'opinion publique est-elle possible?". Ferner publizierten in Irland HAUGHTON 1950 eine Studie zur Verbreitung von Lokalzeitungen, KARIEL/WELLING (1977) bzw. KARIEL/ROSENVALL (1978) Studien über die Zeitungsverbreitung in Kanada und BROOKER-GROSS (1983) über die Hierarchie von "metropolitan hinterlands" anhand von Zeitungs- bzw. Fernsehnachrichten.

3. Innovation und Diffusion im Kommunikationsbereich

Gegen Ende der sechziger Jahre richtete sich das Interesse am Forschungsfeld "Information und Kommunikation" auf zwei weitere Phänomene: Kontaktsysteme und Telekommunikation. Das bedeutendere von beiden war zunächst die vor allem auf HÄGERSTRANDs Untersuchungen zurückgehende Erkenntnis der Bedeutung von Kontaktfeldern für die Ausbreitung von Innovationen ("Innovation Diffusion" 1967, "Soziale Kommunikationsnetze" 1970, "Information Systems" 1971). In einer ganzen Reihe von Beiträgen aus der Hägerstrand-Schule wurden die Kenntnisse der Kontaktfelder und ihrer räumlichen Inzidenz vertieft, erwähnt seien hier u.a. PRED (1967 "Behaviour and Location"), THORNGREN (1970) und TÖRNQVIST (1970 "Contact Systems").

Im gleichen Zeitraum erschienen in den USA eine Fülle von Arbeiten zu Innovations- und Diffusionsforschung, u.a. ROGERS (1962) bzw. COHEN (1972) "Diffusion of Innovation", ROGERS/SHOEMAKER (1971) "Communications of Innovations" oder BROWN/MOORE (1969) "Diffusion

Research in Geography". Mit der Analyse agrarwirtschaftlicher Innovationen führte BORCHERDT (1961) diese Forschungen im deutschsprachigen Raum fort. In den nachfolgenden Jahren unternahmen zahlreiche Autoren Studien zur Ausbreitung von Innovationen (vgl. als Übersicht u.a. BARTELS, 1970a; WINDHORST, 1983).

Neben den auf persönlichen "face-to-face"-Kontakten aufbauenden Überlegungen von HÄGERSTRAND und Schülern entwickelte sich als zweites zuvor angedeutetes Forschungsfeld die Analyse der Ausbreitung, Nutzung und räumlichen Wirkung technischer Kommunikation, insbesondere des Telefons, dessen dynamische Diffusion in Europa erst in den sechziger Jahren begann; vgl. u.a. AJO 1962 ("Telephone Call Markets" in Finnland), SCHWAB 1967 ("Reseaux urbains - Statistique téléphonique"), ABLER 1968 ("Geography of Intercommunications" in den USA), ILLERIS/PEDERSEN 1968 ("Factor Analysis of Telephone Traffic" in Dänemark), KLINGBEIL 1969 ("Raumwirksamkeit von Telefonortsnetzen"), OBST 1972 ("Aktionsreichweiten Fernsprechverkehr").

Die sich zeitlich anschließende Kombination von Innovationsforschung und Forschungen zur technischen Kommunikation führte teilweise wieder zurück zu Entwicklungsbereichen der Massenkommunikation, jedoch kaum zur Presse, sondern zu Radio und Fernsehen, u.a. INNIS 1953 ("Geography of Radio in Canada"), BELL 1965 ("Diffusion of Radio and Television Broadcasting Stations in the USA"), BAHRENBERG/LOBODA 1973 ("TV - Diffusion in Polen"), BROWN 1974 ("Cable-TV in Ohio"). Daneben zeigten sich in den USA auch erste Ansätze einer Analyse zur Elektronisierung der Kommunikationstechnik bei CHERRY 1970 ("Electronic Communication") und HARKNESS 1973 ("Communication Innovations").

In verstärktem Maße sind Innovations- und Diffusionsfragen im Zusammenhang mit Kommunikation bzw. Informations- und Kommunikationstechniken erst wieder zu Beginn der achtziger Jahre aufgenommen worden (vgl. Abb. 5). Die Erörterung möglicher Auswirkungen einer

Abb. 5: Zeitlicher Wandel der Beschäftigung mit Phänomenen von IuK im Rahmen geographischer Forschung

Themen:	1900	1910	1920	1930	1940	1950	1960	1970	1980	1987
Kommunikationsverkehre	■■■■■■■■■■■■■■■■						■■		■■	
Zentralörtliche Indikatoren					■■■■■■■■■■■■					
Innovation u. Diffusion von Kommunikationsinfrastrukturen							■■■■		■■	
Informations-, Kommunikations- u. Kontaktfelder								■■		
Wahrnehmungs- u. verhaltensbezogene Kommunikationsformen								■■■■■■■■■■		
Auswirkungen neuer IuK-Techniken (Telematik)										
Raumbezüge der Massenkommunikation				■■		■■			■■	
	1900	1910	1920	1930	1940	1950	1960	1970	1980	1987

Entwurf: P. Gräf

veränderten Kommunikationstechnik in räumlicher Betrachtungsweise wurde zunächst fast ausschließlich von Ökonomen geführt. In Frankreich griffen die Geographen den Aspekt einer veränderten Situation des Telekommunikationsangebots und seiner aktuellen und möglichen Verbreitung schon Ende der siebziger Jahre auf (BAKIS, 1980), in der Bundesrepublik Deutschland erst Mitte der achtziger Jahre (GRÄF, 1985; HOTTES, 1985; Wolf, 1985). Das wachsende geographische Interesse an Fragen der Information und Kommunikation (vgl. WIRTH, 1979), und darunter ganz besonders der Innovations- und Diffusionsfragen, dokumentiert sich auch in der Gründung einer IGU-Studiengruppe "Geographie der Kommunikation und Telekommunikation" 1984 in Paris.

Zur ausführlichen Erörterung räumlicher Auswirkungen der Telematik und einer kritischen Diskussion der Ansätze in der Literatur sei auf Kapitel X verwiesen.

4. Information und Kommunikation als begleitender Baustein geographischer Forschungsansätze

In den vorangegangenen Abschnitten wurde die genetische Entwicklung von Forschungsfeldern umrissen, bei denen Aspekte der Information und Kommunikation im Zentrum des Interesses standen.

Die genetische Betrachtung wäre aber unvollständig und ihre weitere Entwicklung nicht nachvollziehbar, wenn nicht jene Forschungsrichtungen angesprochen würden, in denen Strukturen, Prozesse, Verflechtungen und Auswirkungen von personaler und technischer Kommunikation eher die Rolle einer Hilfsfunktion (wenngleich eine unentbehrliche) im theoretischen Ansatz einnehmen. Im wesentlichen soll dabei der Akzent auf fünf Bereichen liegen:

a) Fortführung der Zentralitätsforschung als stadtgeographische Forschungen des urbanen und suburbanen Raumes

b) Weiterentwicklung des "mean information field" HÄGERSTRANDs zu Informations-, Kommunikations- und Kontaktfeld

c) wahrnehmungs- und verhaltensbezogenen Ansätze auf der Basis individueller Informationsverarbeitung

d) Bewertung von Informations- und Kommmunikationsvorgängen im Rahmen sozialgeographischer Ansätze

e) Wiederaufnahmen der Bedeutung von IuK-Techniken in der Wirtschaftsgeographie

Die Reihung a) - e) ist in zeitlicher Abfolge weniger eindeutig als das darin zum Ausdruck kommende näherungsweise Gefälle der Bedeutung, mit der Informations- und Kommunikationsvorgänge in der Literatur konkret angesprochen werden.

a) Agglomeration, Urbanität und Kommunikation

Der Übergang stadtgeographischer bzw. zentralörtlicher Forschung vom Erkenntnisziel hierarchischer Strukturen im Raum zu den funktionalen Aspekten von Kernstädten, Umlandbereichen und ihren spezifischen Standortaspekten ist fließend. Die Beschäftigung mit diesen Fragestellungen gehört jedoch in den siebziger und achtziger Jahren zu den Schwerpunkten geographischer Forschung in Europa und Nordamerika.

Der zeitliche Vorsprung der Städteentwicklung in den USA und diffusionserleichternde Voraussetzungen für Kommunikationstechnologien in den USA hatten einen Vorsprung in der wissenschaftlichen Aufnahme dieser Aspekte von 10 bis 15 Jahren zur Folge. 1962 veröffentlichte MEIER seine "Communication theory of urban growth" (es werden nur einige Autoren exemplarisch für die Entwicklung genannt). 1969 veröffentlichte die UNO-Sektion HABITAT einen Bericht über "The role of communication in human settlement development", der eher eine Rückbesinnung auf kommunikative Prozesse in der Stadtentwicklung darstellte. Hierzu können auch die historisch -geographischen Arbeiten von PRED (1971a,b) über Stadtentwicklung, Informationsfluß und -verbreitung im Zeitalter vor dem Telegraphen bzw. im "vorelektronischen Zeitungswesen" gezählt werden. In Verbindung mit den Arbeiten der Hägerstrandschule veröffentlichten PRED und TÖRNQUIST 1973 ihre Studie über Städtesysteme und Informationsfluß. Zum gleichen Kreis ist auch die Arbeit von PEDERSEN (1971) über "Innovation Diffusion in Urban Systems" zu rechnen. WISE (1971) geht schon präziser auf die Auswirkungen der elektronischen Kommunikation auf Großstädte ein. Bei WISE wie rund ein Jahrzehnt später bei BROOKER-GROSS (1980), teilweise auch bei COATES (1982), stehen immer funktionale Beziehungen der Metropolen im nationalen bzw. internationalen Kontext im Vordergrund.

In der deutschsprachigen Literatur war in den siebziger Jahren das Thema "Kommunikation und Stadt", teilweise angeregt durch soziologische Studien von HEIL (1971), MERVELDT (1971) und SCHWONKE (1974), zum überwiegenden Teil sozialgeographischer Forschungsgegenstand eines gruppenspezifischen Verhaltens im urbanen und suburbanen Verflechtungsraum (vgl. u.a. BUCHHOLZ, 1966; SCHAFFER, 1968a; FREIST, 1977; MAIER, 1978; MAIER/KERSTIENS-KOEBERLE, 1979; KREITMAYR/ MAIER, 1979). Die synoptische Darstellung zentralörtlicher Forschungsansätze von HEINRITZ (1979) unterstreicht nochmals die marginale Behandlung von Kommunikationsinfrastrukturen oder Kommunikations- und Informationsprozessen (mit einer Sonderrolle der wahrnehmungsbezogenen Ansätze) in diesem Forschungsfeld. Die kritische Beurteilung der Telefonmethode CHRISTALLERs (ebenda, S. 46) läßt bei CHRISTALLERs Versuch (1950, S. 367) anknüpfen, ein System europäischer zentraler Orte zu analysieren, bei dem u.a. Kommunikationseinrichtungen (z.B. Postinfrastrukturen, Tageszeitung, Kino) in engem Zusammenhang von hierarchischen Zentralitätsstufen dargelegt werden, wobei die damals zugrunde gelegte (Tragfähigkeit) idealtypische Bevölkerungszahl nach heutigen Auffassungen nur noch historischen Informationswert besitzt. Interessanterweise gehen weder BOUSTEDT (1962) bei der Dispersion der "Zentralen Institutionen" noch BOBEK (1966) bei den "Repräsentativdiensten" auf die Kommunikationsinfrastruktur des Post- und Fernmeldewesens ein, wohl aber auf Kinos und Tageszeitungen. BORCHERDT und SCHNEIDER (1976, S. 9) rechnen dagegen diese Infrastrukturen (Post) zum "Allgemeinbedarf II".[6] Ohne Zweifel hat die Datensituation wesentlichen Einfluß auf die Hinzuziehung solcher Kriterien ausgeübt. BERRY/BARNUM/TENNANT (1972, S. 343) beziehen Postämter als zentralörtliche Variable mittlerer Bedeutung in die Bewertung von Infrastrukturen ein. Interaktionsansätze des Telefonverkehrs, wie sie von NYSTUEN und DACEY 1961 mit graphentheoretischen Überlegungen durchgeführt wurden, die in den achtziger Jahren u.a. von CHARLIER (1987) und GRIMMEAU (1987) in Belgien bzw. von DESCUBES/MARTIN (1982), VERLAQUE (1979, 1982b) in Frankreich wieder aufgegriffen wurden, sind beispielsweise in der Bundesrepublik Deutschland nur als unternehmensbezogene Fallstudie (z.B. Siemens AG, vgl. EIFLER, 1978, S. 342f), nicht jedoch flächendeckend durchführbar, da entsprechende Daten systematisch nicht erhoben werden.

Auffallenderweise hat auch die wissenschaftliche Diskussion über die Wirkungen externer Einflüsse auf zentralörtliche Reichweiten kaum Öffnung gegenüber kommunikativen Faktoren gebracht. BORCHERDT et al. (1977, S. 107f) erwähnen zwar bei der Beeinflussung von Einkaufsreichweiten die Rolle von Sonderangeboten, die dazu notwendige, räumlich stark differenzierte Informationsverbreitung, etwa in Form von Pressewerbung, ist näher nur im Falle Freiburgs durch DAHLKE (1972) im Rahmen von Versorgungseinrichtungen untersucht worden. Im weiteren Sinne sind hier auch Schaufenster zu berücksichtigen, die in erster Linie eine Werbe- und Informationseinrichtung für potentielle Kunden darstellen und deren metrisches Verhältnis zur Gebäudefront eine Hierarchisierung innerstädtischer Einkaufsstandorte erlaubt (LICHTENBERGER, 1963, S. 474f).

Anfang der achtziger Jahre begann sich die Verdichtungsraumforschung stark an den Phänomenen des Suburbansisierungsprozesses zu orientieren. Standen anfänglich noch die räumlichen Wirkungen der Stadt-Umlandwanderungen von Wohnstandorten im Vordergrund, waren es nachfolgend gleichgerichtete Verlagerungsprozesse der Gewerbestandorte. Ursächlich wurde als Triebkraft teilweise ein Verdrängungsprozess (Flächenknappheit der Kernstädte, Boden- und Mietpreise der bevorzugten Bürostandorte) angenommen. Es ist also kein Zufall, wenn Anfang der achtziger Jahre die Szenarien räumlicher Folgen neuer Telekommunikationstechniken gerade den suburbanen Raum als mögliches Verlagerungsfeld beinhalten. Auch wenn COATES schon 1982 versucht, den "urban impact" neuer Technologien (nicht nur der Kommunikation) zu beschreiben, BEAUJEU-GARNIER 1983 ein Rundgespräch über "Informatik und Stadt" und BAKIS 1983 über Telematik und Telekommunikation und ihre Einflüsse auf städtische Organisationsformen publizieren, wurde in der Bundesrepublik dieser Themenbereich wesentlich schneller von Ökonomen und Regionalwissenschaftlern als von Geographen aufgegriffen. Dennoch erfolgte die gedankliche Diffusion der Ansätze von BROOKER-GROSS (1980) über die Zusammenhänge von Technologie und Wachstum bzw. Bedeutung von "Metropolitan Systems" wesentlich rascher nach Europa als vergleichbar komplexe Themen in den sechziger Jahren.

Telekommunikation auch als langfristigen Planungshorizont zu sehen, wurde ob der unsicheren Abschätzbarkeit der Wirkungen von einigen Autoren sehr kontrovers diskutiert (DÖPPING, 1981; TÜRKE, 1983; STORBECK, 1984; HENCKEL-NOPPER-RAUCH, 1984; KOCH 1987). FISCHER hat vor allem in einer Reihe von Beiträgen (1979, 1981, 1984a, 1987) die Planungsrelevanz der Kommunikationstechniken geradezu beschworen, allerdings scheinen dabei die Beharrungskräfte räumlicher Strukturen (und deren Konservierung durch Planung) eher unterschätzt worden zu sein.

Erste geographische Studien zur verdichtungsräumlichen Relevanz von Informationstechnologien (u.a. MECKELEIN, 1969) haben eine Fortsetzung in der Analyse branchenspezifischer Aspekte (z.B. Banken: HOTTES, 1987; industrielle Anwender: GRÄF, 1987a), städtetypischer Adoptionsmuster (GRÄF, 1987e) sowie standortrelevanter Fragen von Produzenten bzw. Dienstleistungsunternehmen des Telematiksektors gefunden (z.B. KORDEY, 1986; WOLF/BÖRDLEIN, 1987).

Zu den aktuellsten Überlegungen zählen die Analysen zur Entwicklung einer neuen Form von kommunikativer Stadt, deren Spezialisierungsgrad und weltweite Bedeutung den Rahmen bisheriger Städtetypisierungen sprengen. MOSS (1987) spricht von der "World City", GOTTMANN (1983) von "Transactional City" und CASTELLS (1984) sowie HEPWORTH (1987) von "Informational bzw. Information City". In ähnliche Richtung geht auch die Entwicklung von "Teleports" (LANGE et al., 1986), wenn man diesen Begriff vor allem nur auf wenige herausragende internationale Kommunikationszentren (Städte wie z.B. London, New York, Tokio, Hamburg, Amsterdam u.ä.) begrenzt.[7]

b) Erweiterung des "mean information field"

Ein erheblicher Teil wirtschafts- und sozialgeographischer Forschung beschäftigt sich in erster Linie mit räumlichen Strukturen und Prozessen unmittelbar erfaßbarer Situationen, jedoch eher am Rande mit deren Voraussetzungen, Rahmenbedingungen, "Spielregeln" oder Beschränkungen. Kommunikationsbezogene Parameter zählen überwiegend zu solchen "constraints" räumlichen Handelns, unterliegen jedoch selbst wiederum räumlichen Mustern der Verbreitung, Zugänglichkeit und Nutzung. Der Versuch, diese Zusammenhänge final als ein Bündel entscheidungsrelevanter Informationsbeschaffung zu interpretieren, geht auf MORILL/PITTS (1967) zurück, die von einer subjektiven Reichweite der Informationsbeschaffung abweichen und an deren Stelle durchschnittliche Situationen einsetzen, wie sie auch in den Simulationsversuchen HÄGERSTRANDs (1978) von raum-zeitlichen Ausbreitungsvorgängen (Diffusion) aufgegriffen werden. WIRTH versucht in seiner "Theoretischen Geographie" eine Brücke zwischen raum-zeitlichen Ansätzen einerseits und den aktivitätsräumlichen Ansätzen (u.a. im Sinne DÜRRs 1972) andererseits (1979, S. 207f) zu schlagen, wie dies in anderem Zusammenhang schon von SCHAFFER (1968a) und FREIST (1977) unternommen wurde. Durch eine Hierarchisierung kommunikativer Beziehungen nach den Kriterien persönlicher Kontaktaufnahme und Informationsreichweite gelangt WIRTH zu den Begriffen "Informationsraum" (ohne persönlichen Kontakt), "Interaktionsraum" (telekommunikative, persönliche Kontakte) und "Kontaktraum" (persönliche Kontakte), die u.a. in den Fernbeziehungen der Stadt Erlangen empirisch untersucht wurden (WIRTH/BRANDNER/PRÖSL/ EIFLER, 1978). Telekommunikative Beziehungen spielten dabei beim "Interaktionsraum" nur eine untergeordnete Rolle, da bei der empirischen Überprüfung auch Personen- und Güter- sowie Kapitalverkehrsbeziehungen herangezogen wurden.

Die überörtliche Vernetzung von Kontaktsystemen wurde von vergleichsweise wenigen Autoren bisher diskutiert. DAHL untersuchte 1957 Kontaktsysteme in Västeras/Schweden, HÄGERSTRAND (1970), THORNGREN (1970) und TÖRNQVIST (1970) setzten sich mit den schon erwähnten Zusammenhängen von regionaler Entwicklung und Kontaktsystemen auseinander. RUPPERT (1968, S. 176) weist auf die Dringlichkeit der Erfassung von Kommunikationsbereichen zur Bestimmung gruppenspezifischer Reichweiten hin. Kontaktsysteme wurden hier im engen, von WIRTH aufgegriffenen, Sinne als persönliche face-to-face Kontakte verstanden. Erst aktuelle Studien in Schweden (u.a. FORSSTRÖM/LORENTZON, 1987, S. 139f) übertragen die Gedanken des Kontaktfeldes auf die Ebene der Telekommunikation.

Der weitaus überwiegende Teil der raumbezogenen Analysen zum Kontaktfeld betrifft jedoch den städtischen Raum. In diesem Themenbereich sind auch die interdisziplinären Verknüpfungen deutlich nachzuvollziehen, beispielsweise zu soziologischen Ansätzen (u.a. "Nachbarkreis und Verkehrskreis", PFEIL 1959; "Großstädtische Kommunikationsmuster", HEIL 1971, z. MERVELDT 1971, DANGSCHAT/DROTH/FRIEDRICHS/KIEHL 1982) oder zu solchen kommunikationswissenschaftlichen Beiträgen, die engen Bezug zur Kommunikationsraumanalyse aufweisen (u.a. REST/SIGNITZER, 1982; AUTISCHER/MAIER-RABLER, 1984; MEISTER, 1984; JARREN, 1986a). Die stadtbezogenen Ansätze der Geographie zu den Kontaktfeldern der Bevölkerung sind aktionsräumlich (u.a. FREIST, 1977; POSCHWATTA, 1977; KLINGBEIL, 1978; KERSTIENS-KOEBERLE, 1979; KEMPER, 1980; ESCHER/JURCZEK/POPP, 1982) oder wahrnehmungsorientiert (z. B. DEMMLER-MOSETTER, 1982).

Stark vereinfachend kann man geographische Forschungsansätze zu räumlichen Informationsbeziehungen als eine raumorientierte Analyse der persönlichen Erfahrungshorizonte charakterisieren. Wenn jedoch, wie eingangs schon kurz angedeutet, geographische Forschung kommunikativer Reichweiten sich nur auf den nachvollziehbaren Teil physischer Ortsveränderung von Personen beschränken würde (zur Kontaktaufnahme, zur Informationsgewinnung), so wäre dieser Ansatz ebenso unvollständig wie eine Strukturforschung, die sich nur auf physiognomisch wahrnehmbare Sachverhalte beziehen würde. Daraus folgt jedoch, daß räumlich differenzierte Prozesse der Informationsgewinnung durch technische oder mediale Informationsgewinnung anstelle der persönlichen Begutachtung (im Sinne von WIRTHs Interaktions- und Informationsraum) einen erheblichen Nachholbedarf an geographischer Forschung aufweisen.

c) Wahrnehmungs- und verhaltensbezogene Ansätze individueller Informationsverarbeitung

Der Wandel geographischer Forschungsansätze von der Beobachtung und Deskription räumlicher Strukturen zur Erklärung von Ursachen, Stimuli und Abhängigkeiten räumlicher Aktivitäten des Menschen hat zwangsläufig die klassischen Grenzen geographischer Forschung zur interdisziplinären Forschung erweitern müssen. Einer dieser Wege mündete in die verhaltens- und wahrnehmungsorientierte Forschung. WIESSNER schreibt 1978, behavioural geography versuche, "im Menschen ablaufende Prozesse, die zur Entstehung räumlicher Aktivitäten führen können, zu erhellen" (WIESSNER, 1978, S. 420). Die über die Sinnesorgane des Menschen aufgenommenen Signale, deren Bewertung und somit geistige Umwandlung in Informationen und die daraus folgenden Steuerungselemente für räumliche Aktivitäten sind die Kernparadigmen dieser Forschungsrichtung. WIRTH (1981, S. 168f) kritisiert scharf das viel zu intellektualistische Menschenbild dieser Forschungsauffassung und sieht den Menschen primär als ein handelndes und nicht von Wahrnehmungen und Vorstellungen veranlaßtes Wesen. Es kann an dieser Stelle nur insoweit auf die Diskussion der wahrnehmungsgeographischen Ansätze eingegangen werden, wie sie in unmittelbarem Zusammenhang zum Thema der vorliegenden Arbeit stehen. Wie in Abschnitt b) konzentriert sich die Problematik wiederum auf die Einengung der Betrachtung auf persönliche Erfahrungsgewinnung und auf die ergänzende oder dominierende Rolle von "vermittelten Erfahrungen" durch Presse, Rundfunk, Fernsehen, Telefon u.a. Es fehlen bisher in vergleichbarem Umfang Untersuchungen, die etwa das Verhältnis von vermittelter und unvermittelter Informationsgewinnung als Grundlage räumlicher Entscheidungen darzulegen versuchen. Nimmt man beispielsweise die Forschungsperspektiven von GOODEY/GOLD (1985, S. 591; regional perception, child`s spatial perception, perception of urban form), so scheinen die der persönlichen Erfahrungshorizonte immer noch zu dominieren. DOWNS/STEA unterschieden schon 1977 (Übersetzung 1982, S. 191) zwischen wahrgenommener und kognitiver Distanz, jedoch ohne zu präzisieren, ob Distanzvorstellung in Abwesenheit des Betrachtungsobjektes lediglich Erinnerung meint oder die Vermittlung einer Vorstellung, ohne daß der Empfänger der Nachricht am Orte des Objektes war.

Das selektive Moment der Nachrichtenaufnahme wird von verschiedenen Autoren mehrfach betont. WIRTH (1981, S. 168) weist zu Recht darauf hin, daß mangelnde begriffliche Präzision zu Mißverständnissen führen kann. Die den Menschen visuell oder medial konfrontierenden Realita oder Abstrakta sind zunächst nur eine Fülle von Signalen (nicht Informationen), die in einem ersten Selektionsprozeß erst zu Informationen werden. WIRTHs Meinung scheint jedoch zu absolut, wenn er mit Bezug auf BARTELs (1968) meint, Handlungsauslösung bedürfe in vielen Fällen keiner vorangegangenen Information (ebenda, S. 169). Sicherlich wird es nicht permanent im Sinne der kommunikationswissenschaftlichen "Stimulus-Response-Methode" eines informationsbezogenen Anreizes zur Auslösung von räumlichen Aktivitäten bedürfen, denn zahlreiche Informationen scheinen einen langfristigen "Vorratscharakter"

für handlungsrelevante Einflüsse zu besitzen (Alltagshandlungen).
Vielleicht war es eine einseitige, nur disziplinspezifische Betrachtungsweise, die Vorstellung des Menschen von seiner Umwelt manifestiere sich in erster Linie als "mental map".

Neben der methodischen Problematik des Erhebens von "mental maps" (MAIER/PAESLER/RUPPERT/SCHAFFER, 1977, S. 27) bleibt vor allem die Fixierung des Erkenntnisgegenstands auf die Verzerrung von Entfernungsrelationen zwischen Wirklichkeit und Vorstellung problematisch. Wwie später noch zu zeigen sein wird, beinhaltet gerade dieser distanzbezogene Rationalismus ("homo geograficus") als Entscheidungsgrundlage eine ähnliche Realitätsferne wie die Vorstellung vom "homo oeconomicus" als rational-räumliches Entscheidungsmuster.

WIESSNER (1978, S. 421) unterstreicht die Trennung von "behaviour in space" und "spatial behaviour", letzteres als aktivitätsneutrales Verhalten gegenüber dem Raum bezeichnet. Als geographischer Forschungsansatz sollte jedoch im Vordergrund stehen, wie soziale (homogene) Gruppen (u.a. LYNCH, 1960, S. 26) oder der "symbol sign-process" von HARVEY (1969, S. 55ff) in unterschiedlichen Raumsituationen auch zu unterschiedlichen, handlungsrelevanten Raumvorstellungen kommen können. Gerade für medial vermittelte Informationen ist bislang der Vorfilter eines räumlich extrem unterschiedlichen Angebots an Informationsträgern von Geographen kaum berücksichtigt worden. Die Erweiterung des wahrnehmungsorientierten Ansatzes zu einem handlungsorientierten, auf Informations- und Kommunikationsprozessen aufbauenden Raumverständnisses der räumlich agierenden Gruppen könnte aus der Enge verhaltenspsychologischer Ansätze herausführen und die Umwelt des Menschen als einen mehr oder weniger mit eigenen Erfahrungen durchsetzten synthetischen Raum aus medialen Bausteinen begreifen.

d) Information und Kommunikation in sozialgeographischen Ansätzen

Die Einbeziehung von informativen Prozessen in sozialgeographische Ansätze hat sich bis heute als ein nur sehr langsam an Bedeutung gewinnender Prozeß gezeigt. Zwar lassen sich schon die frühen Ansätze der "Lebensformgruppen" als mehr oder weniger fixierte und geschlossene Informationssysteme interpretieren, es wurde aber nicht explizit auf diesen Sachverhalt eingegangen. So ließe sich etwa die Forderung BOBEKs (1962, S. 155), daß u.a. "das funktionale Zusammenspiel und die Wirkungsfelder der Sozialgruppen" von besonderem sozialgeographischem Interesse seien, in diese Richtung verstehen, ebenso HARTKEs Diskussionsbemerkung zu OTREMBAs Vortrag über die Gestaltungskraft der Gruppe, wenn er vor Analogieschlüssen der Kräftebeziehungen warnt, "die sich in Wirklichkeit im Rahmen ganz anderer, z.B. in sozialen Prozessen zustande gekommener Raumeinheiten abspielen" (OTREMBA, 1962, S. 178). HARTKE hatte schon in den fünfziger Jahren die Vernachlässigung des Informationsbereiches in der geographischen Forschung erkannt, wenn er schreibt, "daß über die Analyse des Inhaltes von Zeitungen und seines geographischen allgemeinen Wertes vielleicht noch am ehesten ein Zugang zu jenen wichtigen, bisher weitgehend der Geographie verschlossen gebliebenen Bereichen der psychologischen Faktoren in der sozialgeographischen Struktur der Landschaft zu finden ist. Gerade die angewandte Geographie, die Planung und die Politik würden von genauer Kenntnis großen Nutzen haben" (HARTKE, 1952, S. 228). Diese Anregungen sind jedoch in den folgenden dreißig Jahren kaum beachtet worden. BARTELS beschließt seine Einleitung zur Rahmentheorie einer Wirtschafts- und Sozialgeographie mit dem eher knappen Hinweis, ein jedes Handlungssubjekt brauche hinreichende Information über seine Verhaltenssituation und über Wege der Problembewältigung, wobei die Vorstellung einer vollständigen Lageübersicht als unrealistische Annahme dargestellt wird (BARTELS, 1970b, S. 37). Die Aufnahme der empirischen Analyse von HÄGERSTRAND (ebenda, S. 367f) über die räumliche Struktur sozialer Kommunikationsnetze und deren Informationsausbreitung sowie von WOLPERT (ebenda, S. 380f) über Entscheidungsverhalten und damit verbundene Informationsprozesse in der schwedischen Landwirtschaft unterstreichen diesen Ansatz, den BARTELS selbst in seinen Studien zum Verhalten rückkehrender türkischer Gastarbeiterfamilien durch die Variable "Informationsverhalten" hervorgehoben hat (1968b, S. 318).

Die disziplingeschichtliche Untersuchung von THOMALE (1972, S. 219) geht nur im Rahmen des sozialräumlichen Ansatzes auf den Gedanken ein, auf der Basis von sozialer Kommunikation zu "echten" Sozialräumen zu gelangen. Bereits 1970 definieren RUPPERT/SCHAFFER (1970, Sp.983) eine Region als "Kommunikationsraum der wichtigsten Daseinsfunktionen verschiedener sozialer Gruppen". Zum sozialgeographischen Raumsystem führen MAIER/PAESLER/RUPPERT/ SCHAFFER (1977, S. 25) aus, daß "die Gesamtheit der materiellen und immateriellen Informationsvielfalt" Grundlage für die Entstehung der Vorstellung von der Umwelt sei. Das Raumsystem nach dem Entwurf von RUPPERT (ebenda, S. 26) weist drei informationsbezogene Ebenen auf: Gesamtheit des Informationsspektrums, wahrgenommene und selektierte Informationen sowie Bewertung der Informationen. Sie stehen in einem Rückkoppelungsprozeß mit den raumwirksamen Aktivitäten innerhalb der Grundfunktionen und ihrer verorteten Muster. Im Kanon der Grundfunktionen wird etwas näher auf den besonderen Charakter von Verkehrs- und Kommunikationsprozessen eingegangen (ebenda, S. 30), die ebenso wie Infrastrukturen (GRÄF, 1978, S. 30f) eine intermediäre Rolle bei der Ausübung von Grundfunktionen besitzen. Die noch in Anfängen verharrende Sozialgeographie des Verkehrs- und Kommunikationsverhaltens müsse über die Grenzen einer nur deskriptiven Darstellung von Wegen, Mitteln und Abläufen hinausführen und könnte, so wird vorsichtig angedeutet, in eine "Geographie der Kommunikation" münden (MAIER/PAESLER/RUPPERT/SCHAFFER, 1977, S. 30). Auch SCHÖLLER (1968, S. 178) erwähnt in einer Gliederung der Kulturgeographie ein "Geographisches Kommunikationsmittel". Ferner sind die Begriffe "Verkehrsteilnahme, Kommunikation, Information" in der sozialgeographischen Methodologie als kategoriale Daseinsfunktionen eingeordnet (RUPPERT/ SCHAFFER, 1973, S. 1). In seiner Habilitationsschrift zum verkehrsräumlichen Verhalten der sozialgeographischen Gruppen hat MAIER (1976, S. 45f) Teilbereiche des Kommunikations- und Informationsverhaltens (u.a. Telefon- und Zeitungsverbreitung, Vereinsmitgliedschaften) dann zu den verkehrsbezogenen Aktivitäten hinzugenommen, ihnen jedoch auch eher eine nachgeordnete Bedeutung beigemessen. Unter den Kritikern der Münchner Konzeption geht nur WIRTH (1977, S. 180f) explizit auf die Bedeutung von Interaktionsräumen und Informationsfeldern in der Sozialgeographie ein, und fordert eine stärkere Orientierung der Sozialgeographie an diesen Wirkungsfeldern. MAIER/PAESLER/RUPPERT/SCHAFFER (1978, S. 267) betonen diesen Sachverhalt in ihrer Replik ebenfalls (unter Bezug auf die eigene Terminologie), ohne jedoch auf das Problem der Informationsfelder näher einzugehen.

In der französischen "Géographie Sociale" hebt CLAVAL (1973, S. 125) besonders auf kommunikative Einflüsse vor allem der Massenmedien Rundfunk und Fernsehen ab, wenn er schreibt: "Il y a là une dimension des faits sociaux que les géographes ont eu peu négligée, mais qui est fondamentale". Rund ein Jahrzehnt später finden sich in FREMONTs et al. "Géographie Sociale" (1984) praktisch keine Hinweise auf die Bedeutung von Informationsfeldern und Kommunikationsbeziehungen.

Noch in den siebziger Jahren übernehmen KARIEL/KARIEL den Begriff "circulation" von VIDAL DE LA BLACHE. Sie übersetzen in mit dem Terminus "Transportation and Communication" ins

Englische und ordnen ihn im Rahmen ihrer "Social Geography" dem Bereich "Spatial Interactions" zu (1972, S. 311f). Ein eigenes Kapitel "Communication" haben dagegen schon JAKLE/ BRUNN/ROSEMAN (1976, S. 121f) in ihrer verhaltenswissenschaftlich orientierten Sozialgeographie aufgenommen, die sich einerseits an massenmedialen Strukturmustern, andererseits an grundsätzlichen Überlegungen zur Innovation/Diffusion orientieren.

In einem Überblicksbeitrag zur Entwicklung der deutschen Sozialgeographie führt ELKINS (1986, S. 330) aus, daß die Beeinflussung der deutschen Sozialgeographie aus dem Themenbereich "Informationsflüsse" von außerhalb im wesentlichen durch die HÄGERSTRAND-Schule erfolgte und ihren Niederschlag in Innovationsstudien gefunden habe, u.a. bei BORCHERDT (1961). Ferner weist ELKINS darauf hin, daß die marxistischen Ansätze, wie sie in der Kritik an der Münchner Konzeption der Sozialgeographie von LENG (1973) sowie für den gruppenspezifischen Ansatz von NEUMANN/KRÖNERT (1980) zum Ausdruck kamen, u.a. Informationsflüsse als eine aus den gesamtgesellschaftlichen Zielen und Entscheidungen erwachsende und ihnen auch unterzuordnende Variable räumlicher Strukturen seien (ELKINS, 1986, S. 327).[8]

In sozialgeographischen Arbeiten der achtziger Jahre wurde der Entwurf von RUPPERT zum sozialgeographischen Raumsystem gerade im Hinblick auf die Rolle der Informationsverarbeitung erweitert. Zunächst geschah dies von HECKL (1981, S. 17) im Rahmen des Versorgungsverhaltens bei Großbetriebsformen des Einzelhandels, später in einem weiteren Schritt von METZ (1987, S. 26f) bei einer Studie über Auswirkungen von Insolvenzen auf Arbeitsmärkte. Eine veränderte Bewertung von kommunikativen Prozessen tritt nicht nur im Rahmen einer sozialgeographischen Landeskunde von Bayern (RUPPERT/GRÄF/ HECKL et al., 1987, S. 99f) und eines Strukturdatenatlas von Bayern (GRÄF/BORSCH, Kap. Kommunikation, S. 134f, Hrsg. K. Ruppert, 1987) zu Tage, sondern wird auch erneut in einer sozialgeographischen Studie zu Innovationsprozessen im Freizeitraum (KIM, 1987, S. 45f) aufgegriffen.

e) Wiederaufnahme technologieorientierter geographischer Forschung in der Wirtschaftsgeographie

Technologische Einflüsse auf räumliche Strukturen der beiden ersten Drittel des 20. Jahrhunderts waren vornehmlich verkehrs- und produktionstechnischer Natur. Das letzte Drittel ist und wird weiterhin von Steuerungs-, Informations- und Kommunikationstechnologie und ergänzend von Bio(Gen)technologie geprägt sein. Parallel dazu haben Veränderungen von Energiegewinnung und -einsatz gravierende Standortfolgen nach sich gezogen.

"Gatekeeper" der technologischen Entwicklungen nach 1970 war und ist die Mikroelektronik. Ihre fortschreitende Miniaturisierung, ihre Schlüsselrolle bei der Weiterentwicklung der Datenverarbeitungstechnologie, ihr Zusammenwachsen mit der Telekommunikationstechnologie (Telematik) haben für geographische Fragestellungen eine Fülle neuer Forschungsbereiche geschaffen. Mit den räumlichen (möglichen) Konsequenzen des anhaltenden Technologieschubes haben sich, wie auch schon in vorangegangenen Kapiteln angedeutet, Wirtschafts-, Regional- und Ingenieurwissenschaften fast ein Jahrzehnt vor der Wirtschaftsgeographie beschäftigt (vgl. u.a. BMFT, 1986; ARL, 1987; MÜNCHNER KREIS, 1974 f).

Wertet man Beiträge und Projekte in thematischen Arbeitskreisen (u.a. AK "Räumliche Wirkungen der Telematik, ARL 1984-1987; IGU-STUDIENGRUPPE "Geographie der Kommunikation und Telekommunikation seit 1985"; Bundesdeutscher Arbeitskreis vorgenannter IGU-Gruppe seit 1985), so sind in der aktuellen bundesdeutschen Geographie folgende Forschungsthemen artikuliert worden:

- Standortbezüge von Herstellung, Vertrieb und Service im Mikroelektronikbereich (u.a. WOLF/BÖRDLEIN, 1987; KORDEY, 1986; GRÄF, 1987c; POPP, 1987; VOGEL T., 1987; HAAS/ FLEISCHMANN, 1985)
- Industriegeographische Konsequenzen des Einsatzes neuer IuK-Techniken in Organisation, Produktion und Absatz. Hierzu zählen neue Produktionssteuerungen (z.B. CIM, CAM), Produktionstechnologien (CNC-Maschinen, Roboter) und Produktionsorganisation (z.B. "Just-in-Time") und die daraus resultierenden standortlichen Folgen (u.a. BERTRAM, 1986; HAAS, 1987; LEMPA, 1987)
- Branchenspezifische Effekte der Telekommunikationstechniken, z.B. Datenverkehr Banken (HOTTES, 1987), Bildschirmtext im Handel (GRÄF, 1987b)
- Innovations- und Diffusionsvorgänge neuer Telekommunikationsdienste und ihre raum- und grupenspezifischen Adoptionsvorgänge (GRÄF, 1985, 1986a, 1987a; KÖHLER, 1987; MENSING, 1986)
- Neue Standortformen technologischer Entwicklung (Technologieparks) (HAAS, 1983; SCHÜTTE, 1985; STERNBERG, 1987)
- Allgemeine Ansätze zur Raumwirksamkeit der IuK-Techniken (für die Schweiz: AERNI, 1987; ELSASSER, 1986; Bundesrepublik Deutschland: GRÄF, 1987b; POHL, 1987; daneben zahlreiche wirtschafts- und regionalwissenschaftliche Beiträge)

Wirtschaftsgeographische Forschung zur Raumwirksamkeit von IuK-Techniken und technologischen Innovationen orientiert sich ganz offensichtlich an Konkretem, meist in Fallstudien überprüfbarem (was u.a. den Forschungs- time-lag mit erklären mag), während der weitaus überwiegende Teil der nichtgeographischen Literatur teils in methodisch nachvollziehbaren Prognosen (Szenarien), meist jedoch im diffus Spekulativen sich bewegt. Es ist somit wohl gegen Ende der achtziger Jahre mit einer Fülle von geographischen Fallstudien zu rechnen, die sich wegen des Nutzungs- und Erfahrungsvorsprungs überwiegend auf Großunternehmen von Produktion (u.a. Automobilbau, Maschinenbau, Elektronikbauteile), Handel (Warenhäuser, Verbrauchermärkte, Versandhandel) sowie Dienstleistungen (Banken, Versicherungen, Touristik) erstrecken werden.

IV. INFORMATION UND KOMMUNIKATION ALS RÄUMLICHES SYSTEM

Je alltäglicher ein Phänomen im gesellschaftlichen Leben ist, umso rascher scheint sich sein Erklärungsversuch Trivialem zu nähern, aber umso komplexer ist dann in der Regel eine präzise Fassung von Erscheinungsform und Wirkungsfeldern. Kommunikation, jenes rasch zum wissenschaftlichen Modebegriff stilisierte Phänomen, läßt sich recht gut dieser Charakteristik unterordnen. ROEGELE (1987, Sp.582) schreibt dazu, der Begriff habe an Verwendbarkeit gewonnen, an Deutlichkeit verloren, wobei es an einer wissenschaftlichen Ansprüchen genügenden Definition noch mangele.

Die Suche nach allgemeingültigen Definitionen ist gerade bei einem stark interdisziplinär besetzten Forschungsfeld ein wenig Erfolg versprechendes, meist auch gar nicht so sinnvolles Unterfangen (vgl. z.B. Begriffsfeld "Infrastruktur", GRÄF, 1978, S. 6f). Es wurde deshalb in dieser Studie (vgl. Kapitel II) bewußt eine praxisnahe Definition gewählt, die auf die bislang in den Nachbarwissenschaften stark im Hintergrund stehende Analyse räumlicher Bezüge von Information und Kommunikation orientiert ist. MEYROWITZ (1987, S. 207) versuchte beispielsweise mit einem Wortspiel die Dynamik der Kommunikation als einen Verlust des "Orts-Sinns" zu umschreiben, wobei auf jeweils zwei Wortinhalte gezielt wurde: Logik bzw. Wahrnehmung bei "Sinn" und soziale bzw. physische Situation bei "Ort".

Der Bogen einer dynamischen Betrachtungsweise im geographischen Sinne spannt sich also von historischen Verflechtungsmustern personaler Kommunikation der (im übertragenen Sinne) "Lebensformgruppen" in Städten und Dörfern, über kommunikative Entwicklungen infolge wachsender Bevölkerungsmobilität, wachsender interregionaler Verflechtungen und Zunahme von Medienangebot und nachrichtentechnischer Infrastruktur bis hin zu Fragen einer möglichen "Enträumlichung" von Kommunikation und ihrer Folgen durch eine in hochentwickelten Ländern nahezu ubiquitäre Telekommunikations-Infrastruktur.

Das Ziel dieser Arbeit, den räumlichen Wandel kommunikativer Beziehungen in einen theoretischen Ansatz informations- bzw. kommunikationsinduzierter Raumwirksamkeit zu integrieren und ihn empirisch zu belegen, setzt einige analytische Überlegungen zu den räumlichen Kategorien kommunikativer Prozesse voraus, die in den nachfolgenden Abschnitten dargelegt werden.

1. Die Funktionalität von Information und Kommunikation

Kommunikation ist eine elementare Voraussetzung gesellschaftlicher Existenz des Menschen. In ihrem elementaren Wesen hat Kommunikation zunächst weder eine zeit- noch eine raumbezogene Dimension, sondern sie ist die - bezogen auf Gedanken-, Ideen- und Nachrichtenaustausch - immaterielle, physiognomisch nicht unmittelbar wahrnehmbare Vernetzung von Individuen und/oder Gruppen.

Betrachtet man Kommunikation nur als "Betriebsmittel" menschlichen Zusammenlebens, so besitzt sie einen statischen, ordnenden und hierarchisierenden Charakter, in dem eine Identität zwischen Lebensraum und Erfahrensraum besteht. Man könnte also stationäre Gesellschaften dadurch abgrenzen, daß für den weitaus größten Teil der Bevölkerung Reichweiten identisch sind mit ihrem Wissen von der Gesamtheit ihrer Umwelt, oder mit anderen Worten, der Aktionsraum solcher Gesellschaften ist gleichzusetzen mit der Vorstellung von der Endlichkeit ihrer realen Lebenswelt. Für große Teile der Entwicklungsländer, zumindest in ihrer von Medien noch unberührten Situation, galt bzw. gilt dieser Zustand noch heute. Kommunikation ist in der zuvor geschilderten Entwicklungsphase also über den sozialen Kontakt hinaus nur Weitergabe von Wissen über Bestehendes (z.B. Ressourcen, Wegeverbindungen, Kulturtechniken von Landnutzung oder Hausbau). Änderungen räumlicher Strukturen resultieren in einer solchen Situation nicht aus einer mehr oder weniger systematischen Suche nach neuem Wissen (Informationen) und deren Anwendung, sondern mehr aus zufälligen Erfahrungen und deren mündlicher oder schriftlicher Weitergabe. Innerhalb solcher Gesellschaften besteht in der Regel auch kein gravierendes Gefälle von Wissen bzw. Kenntnissen und Lernfähigkeit zwischen den einzelnen Gruppen, ihre innere hierarchische Struktur ist auf physischer Macht und/oder dynastisch-erblicher Position aufgebaut.

Diese sehr stark vereinfachte Schilderung soll vor allem die Grenze markieren, ab der Kommunikation und der in ihr implementierte Verbreitungsprozeß von Nachrichten bzw. Informationen Raumwirksamkeit erlangen kann. Versteht man unter Kommunikation mehr als die Vernetzung eines sozialen Organismus, nämlich Diffusionsbahnen von Wissen, das nicht dem eigenen Erfahrensbereich entspringt (es sei denn als Kommunikator), dann liegt in der Eröffnung eines auf der "verstandenen Nachricht" (Information) beruhenden Handlungspotentials die eigentliche mögliche Raumwirksamkeit. Raumwirksamkeit bedeutet dann nicht nur eine vereinzelte Beobachtung einer Reaktion, sondern ein statistisch nachvollziehbarer Prozeß räumlicher Strukturänderungen. Aus der Tatsache, daß zahlreiche kommunikationsinduzierte Prozesse bis heute statistisch nicht erfaßt werden, obwohl sie prinzipiell erfaßbar wären, läßt sich keinesfalls der voreilige Schluß ziehen, es bestünden hier keine Kausalitäten zwischen Kommunikation und Raumstruktur.

Die Funktionalität kommunikativer Prozesse ist zu komplex, als daß sie sich auf wenige Wirkungsfelder im Raum beschränken ließe. Es soll deshalb wenigstens eine Typisierung der wichtigsten geographischen Zugänge zu diesem Themenbereich versucht werden.

Funktionalität im hier erörterten Sinne geht über die von SCHAFFER (1968b, S. 12f) benutzte Bedeutung von Abhängigkeit (Funktion von ...) und Daseinsäußerung (Grundfunktionen) hinaus und umfaßt auch eine finale Bedeutung im Sinne einer zielgerichteten Zweckbestimmung. Zur Verdeutlichung einige Erläuterungen zu den funktionalen Typen:

Typ 1: IuK als räumliche Abhängigkeit

Information und Kommunikation sind selbst ein räumliches Strukturelement, d.h. in Abhängigkeit von räumlichen, meist ökonomischen Variablen bilden sich Strukturmuster der Verbreitung von Kommunikationsinfrastrukturen der persönlichen Begegnung (z.B. Gaststätten, Vereine, Gemeindehäuser, Volkshochschulen u.a.), der Telekommunikation (z.B. Telefon, Telematikeinrichtungen u.a.) oder der Massenkommunikation (Presse, öffentlicher und privater Rundfunk bzw. Fernsehen, Kino) aus. Diese zuvor genannten Einrichtungen kann der Nutzer (Rezipient) nur in geringen Bandbreiten selbst steuern. Beispielsweise sind an die Rentabilität einer Angebotsvielfalt der Einrichtungen so hohe Schwellenwerte der Auslastung gebunden, daß eine Vielfalt nicht mehr aufrecht erhalten werden kann.
Ein zweites Bündel von Abhängigkeiten ergibt sich aus den qualitativen Fähigkeiten der Rezipienten, pauschaler ausgedrückt der Bevölkerung, zur Nachrichtenaufnahme, zum Interesse an überregionalen, nicht allein dem Amusement dienender Nachrichten, zur Adoption neuer Kommunikationstechniken oder auch nur zur intersubjektiven Kontaktaufnahme.
Mit dieser Abhängigkeit besteht ein unmittelbarer Übergang zu

Typ 2: IuK als Daseinsäußerung

Eine Abgrenzung von Information und Kommunikation als grundfunktionale Daseinsäußerung ist nicht unproblematisch. Einmal sind IuK selbst ein konstituierendes Element für einige grundfunktionale Bereiche im Sinne von MAIER/PAESLER/RUPPERT/ SCHAFFER (1977, S. 29f), da wesentliche Inhalte der Funktion "In Gemeinschaft leben" und "Freizeitverhalten" gerade im sozialen Selbstzweck kommunikativer Kontakte bestehen können. Zum anderen besitzen IuK wie Verkehr oder Infrastruktur einen intermediären Charakter für alle Grundfunktionen, da ohne sie weder ein Funktions-Standort-System noch Reichweitenmuster oder Verflechtungen realisierbar sind. Letztlich sind IuK im Begriff, sich als "jüngste" Grundfunktion im Sinne massenstatistisch nachweisbarer räumlicher Erscheinungen zu entwickeln, wobei gerade die Technologieentwicklung den entscheidenden Innovationsschub zu einer distanzunabhängigeren Dynamik eines breiten Informationsträger- und -inhaltsangebots gebracht hat.

Typ 3: IuK als final-räumliches Instrument

Zahlreiche öffentliche Diskussionen über Wirkungen von IuK konzentrieren ihr Interesse auf Typ 1 oder 2. Dabei wird allzuleicht übersehen, daß IuK in zunehmendem Maße Warencharakter gewonnen haben. Telekommunikation und Massenkommunikation belegen dies gleichermaßen. In erster Linie ist der IuK-Markt ein Angebotsmarkt, z.B. für Telekommunikationsdienste, Tageszeitungen oder Rundfunkprogramme, in dem die Anbieter neben ihnen teilweise vorgeschriebenen, räumlichen Darbietungszielen (OETTLE, 1976, S. 47f) eigene wirtschaftliche Ziele verfolgen oder Mittler der dahinterstehenden räumlichen Lenkungsinteressen, z.B. der werbetreibenden Wirtschaft, sind. Die fortschreitende Computerisierung verfügbarer Informationen, etwa in Form von öffentlich zugänglichen Datenbanken, läßt den Warencharakter noch deutlicher erkennen (REINHARD, 1987; WALLA, 1986).

2. Selektionszusammenhänge in IuK-Prozessen

Eine Gliederung von Funktionalitäten gibt zunächst nur einen Anhaltspunkt zu Verflechtungsmöglichkeiten, ohne Hinweise auf Kausalitäten oder Beschränkungen über die Aktivierung von Funktionsbeziehungen zu geben. Innerhalb des Feldes "Information und Kommunikation" selbst gibt es eine Reihe von Selektionsmechanismen, die eine Schlüsselrolle in der Beurteilung über mögliche Raumwirksamkeiten von IuK-Prozessen besitzen. Die Filterwirkungen sind sowohl auf wirtschafts- als auch auf sozialgeographische Erkenntnisobjekte ausgerichtet.

Räumliche Strukturen der Informationsträger, ihrer räumlich-organisatorischen Institutionalisierung (z.B. Post- und Fernmeldeämter, Presseverlage, Rundfunkanstalten), der Verbreitung bzw. Reichweite ihrer Produkte und Leistungen (z.B. Telekommunikationsdienste, Zeitungen, Programmstrukturen) sowie die technischen Infrastrukturnetze von IuK sind auch Gegenstand wirtschaftsgeographischer Analysen.

Die vor allem prozessualen Elemente einer "Inwertsetzung", einer Nutzung sowie gruppenspezifischer Zugangs- und Verständnisbarrieren (vgl. KLÜTER, 1986, S. 52f als sozialgeographischer Ansatz in Anlehnung an LUHMANN), mit anderen Worten alle nachfragerelevanten Elemente nach Informationen und Kommunikationsmöglichkeiten sowie das kommunikative Verhalten selbst sind überwiegend sozialgeographischen Ansätzen zuzuordnen. Eine klare Trennung zwischen beiden geographisch-methodischen Ansätzen scheint gerade in der Forschungsperspektive der Raumrelevanz von IuK weder sinnvoll noch durchführbar.

Betrachtet man Information als gespeichertes, kommunizierbares Wissen (in Anlehnung an CAPURRO) und rückt nicht ihren materiellen Wert, sondern ihre funktionale Bedeutung in den Vordergrund, dann sind drei Ebenen von Selektionsfiltern einer möglichen Raumwirksamkeit vorgeschaltet (vgl. auch Abb. 6).

Ebene 1: Verfügbarkeit von Informationen

Die in hochentwickelten Industrieländern täglich aufbereitete und verbreitete Flut von Informationen täuscht vielleicht darüber hinweg, daß auch dort erhebliche Beschränkungen in der Verfügbarkeit von Informationen bestehen. Der nachfolgende Blickwinkel richtet sich also auf Individuen und Gruppen, die Informationen suchen und sie sozial, konsumptiv oder räumlich zu verwerten suchen.

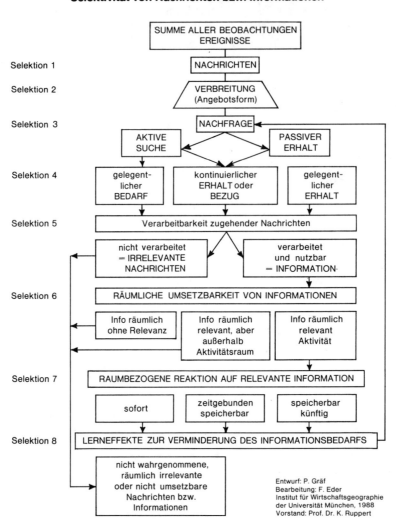

Abb. 6

Selektivität von Nachrichten bzw. Informationen

Zunächst stellt sich die Umwelt dem Informationsuchenden als nicht aufbereitetes Informationspotential dar. In Abhängigkeit von den nicht IuK-bedingten Aktionsreichweiten und dem Beobachtungs-, Wahrnehmungs-, Interpretations-, Kombinations- und Lernvermögen eines Individuums oder einer Gruppe können die aus der Umwelt einströmenden Signale zu Informationen werden ("mental-maps" könnten e i n e der möglichen Umsetzungsformen von Signalen in Information sein). Im Gegensatz zu den wahrnehmungsorientierten Ansätzen steht hier nicht der psychologische und physiologische Vorgang der Umsetzung von realer Umwelt in Information im Vordergrund, sondern lediglich die räumlich nachvollziehbare Tatsache, ob und mit welchen Konsequenzen die Umwelt in Informationen abgebildet wird.

Neben dem nicht aufbereiteten Informationspotential steht mit wachsender quantitativer, qualitativer, zeitlicher und räumlicher Dynamik die "künstliche", mediale Umwelt des aufbereiteten Informationspotentials in Form von Text, Bild, Sprache und Daten. Die Transformation der Umwelt in kommerziell verwertbare Informationen stellt sowohl von den erfaßten Objekten als auch von der Verbreitung der Kommunikatoren und Informationsträger ein im vorgenannten Sinne räumlich differenziertes Phänomen dar, das hinsichtlich organisatorischer Konzentration, Angebotsvielfalt und Reichweite sich in einem sehr dynamischen Wandlungsprozeß befindet (Selektionsstufe 1 in Abb. 6).

Über technische Verfügbarkeit und wirtschaftliche Zugangssperren hinaus greifen in erheblichem Maße auch politisch-juristische Rahmenbedingungen in den Bereich der Informationsverfügbarkeit ein (HERRMANN, 1986, S. 151f). Staatspolitisch unterschiedliche Vorstellungen von Reglementierung oder Liberalisierung von Informationszugang (u.a. BLUMENWITZ, 1978, S. 13f; OETTLE, 1986), ordnungspolitische Vorstellungen der Telekommunikation (u.a. KUHN, 1986, S. 169f; ZIETZ, 1985, S. 149f; WITTE, 1987) sowie einerseits gesellschaftliche Prozesse der Bewußtseinsbildung staatlichen Handelns im Raum (vgl. HEMPEL, 1985, S. 101f) und andererseits der Gegenströmung einer wachsenden Sensibilität gegenüber Fragen des Datenschutzes prägen die aktuellen Rahmenbedingungen.

Eng verknüpft mit den rechtlichen Rahmenbedingungen sind die Entwicklungsmöglichkeiten der Informationsverbreitung, sieht man von der Technologieentwicklung selbst einmal ab. Es sind wiederum ordnungspolitische, in Ansätzen auch strukturpolitische Eingriffe in den Informationsmarkt, wenn es um Obergrenzen unternehmerischer Konzentration der Massenmedien, um neue Standorte lokaler und regionaler Kommunikatoren (z.B. privater Rundfunk bzw. Fernsehen, Kabelnetze) oder um die Liberalisierung des Marktes für Telekommunikationsdienste und ihre Folgen für eine flächendeckende Versorgung geht (Selektionsstufe 2 in Abb. 6).

<u>Ebene 2: Informationssuch- und -nutzungsverhalten</u>
(Selektionsstufe 3 - 5 in Abb. 6)

Interpretiert man Nutzung von Informationen als einen entscheidungsorientierten, zielgerichteten Prozeß, so läßt sich dieser Vorgang am überschaubarsten mit den Schritten bedarfsorientierter Informationssuche und Verständnis- bzw. Nutzungsvermögen von Informationen beschreiben.

Die Bedarfsstruktur nach Informationen ist nicht nur individuell sehr unterschiedlich (vgl. z.B. MEDIA-ANALYSEN, 1985) und von der Bedarfshäufigkeit auch zweckbezogen sehr differenziert (z.B. Wetterbericht und Immobilienanzeigen), sondern auch methodisch schwierig zu erfassen (vgl. u.a. HÖHNE, 1981; EURICH, 1982; BOUWMAN/MUSKENS, 1986; KRÖBER-RIEHL, 1987; BRÜNNE/ESCH/RUGE, 1987).

Auf den individuellen Informationsuchenden bezogen scheinen mehr als 90% der gebotenen Informationen beispielsweise in der Presse nicht "rezipiert" zu werden oder am aktuellen Interesse (Bedarf) vorbeizugehen. Bedarfskategorien sind kein objektivierbarer Tatbestand, sondern in hohem Maße auch ein mit gesellschaftlichen Wertungen verbundener Prozeß. Die vielfach beklagte fortschreitende Trivialisierung der Medieninhalte, meist auf das Fernsehprogramm gemünzt, ist einerseits eine angebotsgesteuerte Entwicklung, deren Erfolg jedoch andererseits ohne eine in breiten Bevölkerungsschichten vorhandenen und wachsenden Nachfrage nach rein unterhaltenden Informationen nicht zu erreichen wäre (hierzu ausführlich u.a. WERSIG, 1984; v. HENTIG, 1985; POSTMAN, 1985; MEYROWITZ, 1987). Kultur- und sozialkritische Analysen zu den Folgen eines sich wandelnden Informationsverhaltens sind jedoch auch außerhalb der Massenmedien im Bereich der Individualkommunikation, vergleichsweise aber in weitaus geringerer Zahl (u.a. KUBICEK/ROLF, 1985; ROSZAK, 1986), zu finden. Diese unterschiedliche Gewichtung ist nur einer unter vielen Hinweisen auf die differenzierte Beurteilung des Informationsbedarfs der privaten Haushalte und der Wirtschaftsunternehmen.[9]

Analog zur gesellschaftlichen "kulturellen" Wertung von Informationszugängen oder -bedürfnissen stehen Ansätze zu einer "unternehmenskulturellen" Wertung (eine Entscheidungsfrage der Organisationsstruktur) erst am Anfang der Entwicklung (HEINEN et al., 1977; KOBI/WÜTHRICH, 1986).

Informationsbeschaffung als ein Suchverhalten zu bezeichnen ist insofern ein räumlich-verhaltensbezogener Aspekt, als daß individuelle Reichweite (distanziell), kommunikationsräumliche Orientierung (z.B. innen- oder außenorientiert) und intellektuelles Vermögen wesentlich Form, Quantität und Qualtität von erreichbaren (verwertbaren) Informationen beeinflussen, so eine der am Ende dieses Kapitels noch zu präzisierenden Arbeitsthesen.

Nun kann ein entscheidungsorientierter Ansatz dennoch nicht darüber hinwegsehen, daß Informationsbeschaffung in den meisten funktionalen Bereichen Gewohnheitscharakter hat. Damit soll zum Ausdruck gebracht werden, daß im betrieblichen wie im privaten Informationsfeld eine relativ starke Persistenz der Suchmuster, Quellennutzung, Kommunikationskontakte und Bedarfsfrequenzen besteht. Der Fixierung solcher räumlicher Informationsbeschaffungssysteme liegen häufig Entscheidungen zugrunde, die eine langfristige Bindungswirkung haben, beispielsweise das Abonnement einer Tageszeitung, die Anmeldung als Btx-Teilnehmer oder die Mitgliedschaft in einem Verein. Ist die langfristige Bindung nicht nur auf einen technischen Kommunikationsweg bezogen (wie oben als Beispiel Btx), dann wandelt sich das aktive Suchverhalten zunehmend zu einem passiven, d.h. es beschränkt sich stark auf die durch die einmalige Entscheidung fortwährend angebotenen Informationsspektren.

In der, wenn auch individuell unterschiedlichen, physischen Aufnahmefähigkeit von Informationen und der Beschränkung auf einen Bruchteil der insgesamt angebotenen Informationsmöglichkeiten liegt die einschneidendste Zäsur und Selektion informations- und kommunikationsgesteuerter Aktivitäten des Menschen. Auch die Verarbeitungshilfe des Computers vermag nur tendenziell eine Emanzipation von diesen menschlichen "constraints" zu bewirken, da nicht die Quantität der Daten bzw. Informationen, sondern die Qualität der im Entscheidungsprozeß zum Tragen kommenden Informationen ausschlaggebend sind u.a. für die mögliche Umsetzung in räumliche Aktivitäten. Kommunikationstechnik und -vielfalt setzen bestenfalls das Entscheidungsniveau auf eine geringere Stufe der Unvollkommenheit.

Der kontinuierliche und somit meist passive Erhalt von Informationen läßt die Chancen informationsbezogener Vergleichsmöglichkeiten vor dem Hintergrund von Zeit- und Kostenaufwand für weitere Informationen, bei gleichzeitiger unterschiedlicher Expansionsschnelligkeit von Erfahrens- und Informationsraum, gering erscheinen. Ein höherer Selektionsgrad trotz wachsender Angebotsvielfalt eröffnet politisch, wirtschaftlich und weltanschaulich durch informationsgesteuerte Fernwirkungen wesentlich mehr Möglichkeiten räumlicher Steuerung, räumlicher Bewußtseinsbildung und räumlich selektiver Aktivierung. Eine wertende Haltung zwischen Fürsorglichkeit und Mißbrauch der Lenkung von Informationen ist nicht nur sehr problematisch, sondern vor allem nicht im IuK-System selbst angesiedelt, sondern in der gesellschaftlichen Werthaltung außerhalb der die Informationen vermittelnden Systeme.

Ebene 3: Umsetzbarkeit von Informationen in raumwirksame Aktivitäten
        (Selektionsstufe 6 - 8 in Abb. 6)

Verarbeitete, d.h. erhaltene, verstandene und auf ihre Bedeutung hin bewertete Informationen haben nur zu einem Teil wenigstens potentiell Bezug zu einer räumlichen Aktivität. Wie hoch dieser Anteil am gesamten Informationsvolumen eines Entscheidungsträgers ist, hängt wiederum vom "Rezipiententyp" ab. Es ist plausibel, daß ein wechselseitiges Verhältnis von aktionsräumlichem Verhalten einerseits und der bevorzugten Suche bzw. dem überdurchschnittlichen Desinteresse nach dazu "passenden" Informationen andererseits eine Trendverstärkung des aktionsräumlichen Verhaltens nach sich zieht. In zumindest drei Aspekten besteht bei raumrelevanten Informationen jedoch ein gemeinsamer Nenner der Selektionsproblematik:

   a) physische und ökonomische Grenzen der Umsetzbarkeit
   b) Zeitbezug der räumlichen Aktion
   c) Lerneffekt zur Vermeidung von Redundanz

Zu a): Aktionsräumliches Verhalten als zielgerichtetes, planvolles Handeln verstanden, läßt den Handlungsvorgang als Bedürfnisbefriedigung in bestimmten Funktionsbereichen charakterisieren. Informationen sind somit nicht nur eine unerläßliche Voaussetzung, um in einem Funktions-Standort-System zu wissen, wo und zu welchen Bedingungen elementare (grundfunktionale) und latent bestehende Bedürfnisse befriedigt werden können. Im vereinfachten Normalfall ist das Reichweitensystem einer Gruppe oder eines Individuums der zeitpunktbezogene Gleichgewichtszustand von verarbeiteter Information, Bedürfnisstruktur nach räumlichem Handeln und physischen bzw. ökonomischen Reichweitenbegrenzungen.

Diese Momentstruktur des Funktions-Standort-Systems läßt sich nun durch Informationseinflüsse auf mannigfache Weise beeinflussen: Veränderungen des Informationsniveaus lassen z.B. Standortalternativen erkennen, bei sonst unveränderten Rahmenbedingungen das individuelle Nutzenmaß erhöhen und nicht zuletzt neue Bedürfnisse entstehen. In diesem Sinne sind relativ "neue Grundfunktionen" (z.B. Freizeitverhalten) noch nicht voll entwickelte Stadien eines Diffusionsprozesses. Gesellschaftlich betrachtet bedeutet dieser Prozeß die Imitation oder Adaption eines informationstechnisch und kommunikativ verbreiteten Verhaltens"vorbilds" bestimmter Gruppen durch einen mehr oder weniger großen Teil der übrigen Bevölkerung. Strukturwandel als raumzeitliche Größe würde somit zu einer zeitlichen Wirkungsgröße durch informationsbedingte Verbreitung raumbezogener Motivationen und Stimuli.

Zu b): Räumliche relevante Informationen haben einen sehr unterschiedlichen zeitlichen "Realisierungsdruck". Prinzipiell kann man die Speicherfähigkeit des Menschen für Informationen mit einem Kondensator vergleichen, der je nach Funktionsbereich unterschiedlich rasch mit Informationen geladen wird, bis es quasi als Entladung schließlich zur räumlichen Aktion als Befriedigung eines latent gewachsenen Bedürfnisses kommt.

Für die Wahl eines neuen Betriebsstandortes/Arbeitsplatzes oder Wohnstandortes kann es über Jahre hinweg zu einem Sammeln von Informationen kommen. In nüchternem Zahlenwerk nennt man solche Informationen "quantifizierte Standortfaktoren", in weniger faßbarer Form und vielleicht größerer Diskrepanz von Information und Realität nennt man sie "Image", darüber hinaus mit Bezug auf das eigene Lebensumfeld "regionales Bewußtsein bzw. Identität". Am Ende vermögen Informationen in bedeutendem Umfang räumlich gleichgerichtete Aktivitäten zu entfachen, wie etwa die Zuwanderung von "High-Tech"- Betrieben aufgrund eines unternehmerischen "Kontaktumfeldes" gleicher Branchen in die Region München (GRÄF,

1987e, S. 22f) oder Bevölkerungszuwanderung in die gleiche Region aufgrund sehr unterschiedlicher Imagebezüge, z.B. Arbeit und Versorgung bei Gastarbeitern, Kultur und Freizeit bei beruflich hochqualifizierten Bevölkerungsgruppen (RUHL, 1971; MONHEIM, 1982; GEIPEL, 1987).

Neben den relativ langfristigen Reaktionszusammenhängen von Information und räumlicher Umsetzung scheinen die kurzfristigen Stimuli besonders im Zunehmen begriffen und auch räumlich selektiver zu wirken als die langfristigen. Zu solchen Informationen, deren räumliches Wirkungspotential in der Geographie meistens übergangen wurde, gehört Werbung (vgl. Kapitel IX). Marketingmaßnahmen und -strategien, in einer Vielzahl von Fachpublikationen belegt, sind überwiegend nur auf Produktpräsentation, Firmenimage und Markenpflege abgestellt. Tatsächlich ist jedoch ein erheblicher Teil der Pressewerbung sehr stark selektive Standortwerbung, als extreme Form die mit hohem Reaktionsdruck verbundene Werbung im Einzelhandel mittels Sonderangeboten.

Die in der Kommunikationswissenschaft teilweise stark kritisierte "Stimulus-Response-Theorie" scheint zumindest für raumrelevante Folgehandlungen der Informationsausbreitung nicht völlig ohne Bedeutung, wenn man sie nicht in ihrer starren deterministischen Form nutzt, wie sie in den zwanziger Jahren in den USA eingeführt wurde (NASCHHOLD, 1973, S. 28f). Weder FESTINGERs Theorie der kognitiven Dissonanz (1957) noch HOVLANDs lerntheoretische Ansätze bieten ausreichende Möglichkeiten, vor allem durch Medieninformationen gesteuertes räumliches Verhalten zu erklären. Der in den siebziger Jahren entwickelte Nutzenansatz (Informationsgewinnung als relativer Nutzen für mögliche Bedürfnisbefriedigung) und die von SCHULZ (1987, S. 940) als "Interaktionsmodell" bezeichnete Vorstellung, daß Medienwirkung sich erst in Interaktion mit personalen und sozialen Variablen entfalten könne, wie schon die Schule um LAZARSFELD Ende der vierziger Jahre zu entwickeln begonnen hatte (LAZARSFELD/ MERTON, 1948), können für einen raumbezogenen, vor allem sozialgeographisch orientierten Ansatz der Wirkungserklärung einen geeigneten Ausgangspunkt darstellen.

Zu c):   Lerneffekt zur Vermeidung von Redundanz

Als letzter der in Abb. 6 dargelegten Selektionsfilter möglicher Informationswirkungen im Raum wurde eine Ebene angesprochen, die treffender als Regulativ statt als Filter zu bezeichnen wäre. Diese Regulierung bezieht sich auf die Stabilität bzw. Labilität einer Raumvorstellung, d.h. auf die Veränderbarkeit einer "perception" durch weitere Informationsaufnahme. Die prozessuale Komponente zwischen Wandel der Raumvorstellung und Informationsaufnahme ist vereinfacht ausgedrückt ein Lernprozeß. Bei zahlreichen Fallstudien verhaltens- und wahrnehmungsorientierter geographischer Ansätze wird gerade diese Veränderungskomponente viel zu wenig beachtet, wenn die meisten "mental maps" mit ausgesprochen statischem Charakter dargestellt werden.

Im sozialgeographischen Sinne ist nicht nur die physiognomisch wahrnehmbare Landschaft ein Prozeßfeld (RUPPERT 1968, S. 171), sondern auch die informationsbedingten Vorstellungen von Wandlungsmöglichkeiten im Raum. DOWNS (1970) sieht zwar in ähnlicher Weise einen Verhaltensablauf (perception-evaluation-decision-search-behaviour in space) als Steuerungskreislauf, und DOWNS/STEA (1982, S. 294) verweisen auch auf die von STEA/BLAUT (1973) entwickelten Lernstile (nicht-dimensionale und dimensionale). Sie erklären aber nicht den wesentlichen Einfluß, den "Lernen" auf das weitere Informationsverhalten und damit veränderte Raumvorstellungen bzw. -bewertungen und daraus folgende zielgerichtete Handlungen hat. Lernen in diesem Sinne ist nicht nur die intellektuelle Fähigkeit, Information als Wissen zu speichern (eine physiologische Kategorie), sondern im viel folgeträchtigeren Sinne eine Wesensfrage (psychologische Kategorie) des Menschen. Die subjektive, individuelle Wertung, genug über ein Problem zu wissen, ausreichend über einen Raum informiert zu sein, läßt sich kaum mit dem Maßstab der Lernfähigkeit messen. Die empirische Erfassung des Informationsverhaltens (Nutzung von Informationsquellen) ermöglicht somit eher eine statistisch meßbare Annäherung an das informationsbezogene "Lernpotential".

Betrachtet man als Ausgangspunkt und gemeinsamen Nenner des Informationsverhaltens das Bemühen, die Beschaffung und Verarbeitung subjektiv unnötiger Information zu vermeiden (Redundanzminimierung), so sind gerade für die Beschaffung raumbezogener Informationen zwei grundsätzlich unterschiedliche Verhaltensweisen zu trennen.

- Offensives Informationsinteresse

    Mit dieser Begriffswahl soll ein kontakt- und kommunikationsräumliches Verhalten charakterisiert werden, bei dem Informationsaufnahme weder räumlich (Reichweiten), noch problemspezifisch (Interesse), noch auf bestimmte Kontakt- und Kommunikationskreise fixiert ist. Die aus der Informationsaufnahme resultierenden räumlichen Handlungen sind labil im Sinne hoher Flexibilität, teilweise auch informationstechnisch beeinflußbar. Dieser Verhaltenstyp ist jedoch nicht identisch mit dem von MAIER (1976) ausführlich dargestellten "verkehrsräumlich außenorientierten" Typ. Lerntechnisch ist das offensive Verhalten an einen kontinuierlichen Informationsfluß gebunden, dessen Sättigungsgrenze (Informations-Bedarfsdeckung) erst durch die weitere Hinzuziehung gelegentlicher Informationsquellen erreicht wird.

Als Gegenpol zu dem zuvor beschriebenen Verhalten, zwischen denen es zahlreiche Mischvarianten gibt, läßt sich ein Informationsverhalten charakterisieren als:

- Statisches Informationsinteresse

    Dieses Informationsverhalten ist inhaltlich stark an wenigen subjektiven Interessen und räumlich vor allem auf den Bereich persönlicher Betroffenheit geprägt. Informationen haben dabei für ein individuelles Funktions-Standort-System Überprüfungscharakter statt Innovationskraft wie beim offensiven Informationsinteresse.
    In Anlehnung an FESTINGERs Vorstellungen der kognitiven Dissonanz wird durch gelegentliche Überprüfung nur jene Unsicherheit abgebaut, ob das eigene Beziehungsmuster zu Funktionsstandorten noch den eigenen Wertvorstellungen entspricht und (als gruppenspezifischer Einflußfaktor) im eigenen gesellschaftlichen Kontext (in den kommunikativen Außenbeziehungen) vertretbar erscheint. Das Verhalten ist ganz auf Persistenz, auf Statik der Aktionsreichweiten abgestellt. Ein erheblicher Teil zufließender Informationen wird für redundant gehalten (es wird z.B. nur der Lokal- und Sportteil einer Tageszeitung gelesen), Informationen haben also keinen explorativen Charakter gegenüber der Lebensumwelt, sondern dienenden Charakter im Rahmen einer relativ starren Lebensform"schablone".

Die Mehrheit der Bevölkerung in der Bundesrepublik Deutschland steht dem statischen Informationsinteresse näher als dem offensiven. Hierzu gibt es indikatorhaft zahlreiche Belege, etwa das wachsende Interesse am lokalen Geschehen unter Zurückstellung regionaler und überregionaler Ereignisse (u.a. FUCHS/SCHENK, 1984; FLEMMING, 1985), ferner das weiter schwindende Interesse an raumbezogenen Informationen in den audiovisuellen Medien (u.a.

MEDIA-ANALYSEN, 1985; KIEFER, 1987a, S. 137f; KRÜGER, 1987, S. 549f) oder das Informationsverhalten von Unternehmern (u.a. HALDENWANG, 1986a, S. 73f), um nur einige wenige Beispiele zu nennen. Statisches Informationsinteresse ist nicht identisch mit geringem Bewußtsein, wie u.a. SCHMIDL (1986) am Beispiel der Rolle der Tagespresse bei innerstädtischer Planung zeigen konnte. Bewußtsein mit Bezug auf das Informationsverhalten ist eine Intensitätsgröße, kaum eine Verhaltenskategorie.

Die in diesem Kapitel ausführliche Darstellung der Selektionsmomente hat zu verdeutlichen versucht, daß gruppenspezifische (effektive und potentielle) Reichweitensysteme im Sinne RUPPERTs (1968) schon auf der Aktionsvorstufe wahrgenommener und selektierter Informationen (vgl. Raumsystem nach RUPPERT, in: MAIER et al., 1977, S. 26) auf ein System informationsbezogener Filter stoßen, die ein räumlich differenziertes Reichweitenmuster eo ipso bilden, ohne in der Regel physiognomisch wahrnehmbar zu sein. Erst die raumrelevanten Folgehandlungen treten dann als Funktionsstandorte physiognomisch in Erscheinung.
Der informationsselektive Ansatz umfaßt auch jene handlungsrelevanten Elemente, die WIRTH (1981, S. 182f) zurecht als Erklärungslücke an wahrnehmungsgeographischen Ansätzen kritisierte, jene nicht sprachlich formulierten Informationen (Gesten, Symbole, Motivationen des Unterbewußteins), die - faßt man sie als "bildhafte" Informationen zusammen - in wachsendem Maße Sprach(text)informationen verdrängen und somit verstärkt handlungsrelevant werden.

3. Aktionsräumliche Formen der Kommunikation

Der vorangegangene Abschnitt war als selektiver Ansatz ganz auf das Phänomen der Information abgestellt. Wie jedoch schon im Kapitel der terminologischen Präzisierung (Kap. II) hervorgehoben, ist Informationsverbreitung als räumlicher Prozeß nicht von Kommunikation zu trennen. Während Information das speicherbare, verarbeitbare, "materielle" Element darstellt, ist Kommunikation das handlungsorientierte, nicht speicherbare aktionsräumliche Element des Austausches von Signalen bzw. Informationen.

Sollen beide Elemente in Verbindung mit verhaltensspezifischen Variablen zur Abgrenzung von Räumen unterschiedlichen kommunikationsräumlichen Geschehens und ihrer Interdependenzen genutzt werden, so führt, wie nachfolgend zu zeigen ist, ein aktionsräumlicher Ansatz zu einem überschaubaren Ergebnis.

WIRTH u.a. (1977, 1979) hat, worauf hier schon mehrfach Bezug genommen wurde, als Beitrag zur Modellbildung die hierarchisch geordneten Begriffe "Informations-, Interaktions- und Kontaktfeld" als Grundbegriffe einer Theoretischen Geographie eingeführt. Er wies u.a. vor allem darauf hin, daß das Verständnis des Raumes als Prozeßfeld durch die Einführung einer "Theorie des Interaktionsfeldes" eine erweiterte Bedeutung (durch Hinzunahme von Rahmenbedingungen) erfahren könne (1979, S. 208). Dem ist insofern zuzustimmen, als der hier vorgestellte informationsselektive Ansatz zeigen konnte, daß in der "Vorschaltphase" ein ebenso differenziertes Raumsystem vorzufinden ist wie aus den daraus abgeleiteten Handlungsvorgängen und ihrer Beobachtbarkeit im Raum, d.h. in der Landschaft als "Registrierplatte" (HARTKE, 1959; RUPPERT, 1968) sozialgeographischer Prozeßabläufe. Letztlich wird es darauf ankommen, wie man "Interaktionsgruppen" näher definiert, da aus ihnen a priori keine raumwirksamen Determinismen ableitbar sind (vgl. MAIER/PAESLER/RUPPERT/SCHAFFER, 1978, S. 273).

Beide Bereiche (IuK-Phase sowie Reaktionsphase) sind - trotz ihrer räumlichen Eigenständigkeiten - nicht voneinander zu trennen, da sie sich wechselseitig stark beeinflussen und nur in ihrer Gesamtheit Raumwirksamkeit im Sinne von Reaktionsreichweiten zu erklären vermögen.

Vor dem Hintergrund der sich weiter entwickelnden Telekommunikationstechnik bzw. -dienste und des teilweisen Wandels massenkommunikativer Informationsverbreitung zu interaktiven Zugriffen (z.B. Datenbanksysteme) scheinen die von WIRTH eingeführten Begriffe erweiterungs- bzw. präzisierungsbedürftig. WIRTH deutet die Abgrenzungsschwierigkeiten zwischen seinen Begriffen schon selbst an (1979, S. 221), jedoch ist seine pointierte Auslegung des Interaktionsfeldes (in Anlehnung an MAX WEBER) als "räumliches Korrelat sozialen Handelns" mit den Formen technisierter Kommunikation nicht mehr zur Deckung zu bringen.

In stufenweiser Näherung an ein informations- und kommunikationsorientiertes Raumsystem sollen zunächst die beiden grundlegenden Formen kommunikativer Beziehungen im Raum aufgegriffen werden, die der persönlichen Begegnung und der telekommunikativen Beziehungen (vgl. Abb. 7). Es ist hier bewußt der Begriff "Kontakt" vermieden worden, da er als Beziehungsbegriff sachlich und technisch mehrdeutig ist. Auch ein Telefonanruf ist ein Kontakt, qualitativ aber etwas völlig anderes als eine persönliche Begegnung. Nicht zuletzt weichen deshalb zahlreiche Autoren auf den präziseren englischen Begriff "face-to-face-contact" aus, der hier in den Begriff "persönliche Begegnung" zu übertragen versucht wurde.

Abb. 7: Aktionsräumliche Formen der Kommunikation

KOMMUNIKATION			
PERSÖNLICHE BEGEGNUNG		TELEKOMMUNIKATIV	
Kontinuierlich bestehender Aktionsraum	Sporadischer Aktionsraum	Interaktiver individueller Kontakt	Massenkommunikation
Familie Arbeitsplatz Verein u.a.	Geschäftsreise Urlaub u.a.	Brief Telefon Datentransfer u.a.	Presse Rundfunk Fernsehen Kino u.a.

Entwurf: P. Gräf

Der qualitative Aspekt eines kommunikativen Systems kann sich nicht in der Unterscheidung zwischen Begegnung und telekommunikativen Informationsbeziehungen erschöpfen, vielmehr scheint die Intensität in Form von Häufigkeit pro Zeiteinheit und im kontinuierlichen bzw. sporadischen Rhythmus eine ebenso wichtige Rolle zu spielen. Mit anderen Worten, kommunikative Räume haben über den Verflechtungscharakter hinaus auch eine raum-zeitliche Dimension, die das Potential darauf bezogener Handlungen prägen. Beispielsweise gehört der Urlaubsort auch zum persönlichen Begegnungsraum, dessen sporadischer Besuch trotz "geistiger Revitalisierung" durch eventuell verbleibende telekommunikative Beziehungen von ganz anderer raumrelevanter Qualität ist als der alltägliche Kommunikationsraum zwischen Familie, Wohnumfeld und Arbeitsplatz. Jener kontinuierlich bestehende Kommunikations- und Aktionsraum ist die eigentliche Basis sozialgeographischer Betrachtungsweisen, denn hier wird die prinzipiell bestehende individuelle Entscheidungsfreiheit eingebunden, beeinflußt, kontrolliert und stabilisiert durch jene Wertvorstellungen einer Gesellschaft auf der Mikroebene, die mit dem Terminus "gruppenspezifisch" zu fassen versucht wurde. Zwei Aspekte haben den gruppenspezifischen Aspekt meist in ein kritisches Licht gerückt: Die unterstellte irrige Vorstellung eines gruppendeterminierten, kollektiven Handelns und die allzuhäufige Beschreibung der inneren Gruppenstruktur durch nur wenige, verfügbare sozialstatistische Daten. Sozialgeographische Räume sind jedoch nicht nur solche "gleichen räumlichen Handelns", sondern sie lassen sich auch als Räume ähnlicher oder gleicher kommunikativer Prozesse verstehen, die - verbunden mit soziökonomischen Strukturen - nur eine bestimmte Bandbreite von aktionsräumlichem Handeln zulassen und in diesem Sinne "constraints" eines Raumsystems darstellen (vgl. auch SCHAMP, 1983, S.77f).

Parallel zu den persönlichen Begegnungen scheinen die Möglichkeiten telekommunikativer, interaktiver Kommunikation vor einem einschneidenden Entwicklungsschub zu stehen. Im wesentlichen beschäftigt sich die gesamte Diskussion um die gesellschaftlichen bzw. wirtschaftsräumlichen Auswirkungen einer "Informationsgesellschaft" nur mit diesem Bereich, der kommunikationsräumlichen Abschätzung von Technologiefolgen.

Möglicherweise ist durch die Wahl der Beispiele der Eindruck entstanden, aktionsräumliche Formen bzw. Formenwandel seien ein spezifisch haushaltsbezogener Aspekt. Dies wäre ein grundlegend falsches Verständnis. Die vordergründige Vorstellung, die IuK-Techniken seien relativ haushaltsneutral, weil sich die Adoption neuer IuK-Techniken zur Zeit vornehmlich in der Handlungssphäre der Wirtschaft vollziehe, wie zahlreiche Autoren (vgl. Kap. X) ausführen, ist nicht nur eine viel zu kurzfristige Perspektive, sondern sie ist auch eine falsche Vorstellung entscheidungsrelevanter Tatbestände in Unternehmen und Haushalten.

Im Prinzip unterliegen beide, Unternehmen und Haushalt, in ihren kommunikationsräumlichen und -technischen Präferenzen, ihrem Eingebundensein in einem gesellschaftlichen, branchenspezifischen, unternehmenskulturellen Kontext, ihren Grenzen von Substitutionsmöglichkeiten zwischen persönlicher Begegnung und telekommunikativem Kontakt gleichen oder ähnlichen Bewertungsmustern, wo der Mensch, begleitet von seinem "kommunikativen Schatten" nur jeweils in eine tageszeitlich fixierte andere Rolle zwischen Haushalt, Arbeitsplatz, Versorgungs- und Freizeitstandort schlüpft. Wenn heute informationsgesteuerten neuen Produktionstechniken gravierende standörtliche Folgen nachgesagt werden (deren erste Belege wissenschaftlich in Bearbeitung sind), dann ist dies kein exklusives Anwendungsfeld neuer IuK-Techniken, sondern nur der experimentelle Vorläufer eines erst sich langsam einpendelnden neuen kommunikationsstrukturellen Gleichgewichts in der Gesellschaft, wie es aus der Verkehrsentwicklung und ihrer sich erst langfristig einstellenden, aber weitreichenden gesellschaftlichen Verhaltensänderung nachzuvollziehen ist (u.a. HEINZE/KILL, 1987; HOBERG, 1987; FISCHER, 1987).

Führt man den informationsselektiven und aktionsräumlichen Ansatz der Kommunikation zusammen, so ergibt sich als "Informations- und Kommunikationsraum" eine fünfstufige Differenzierung (vgl. Abb. 8), die den informationsbezogenen Zugriffs- und Austauschmöglichkeiten Rechnung trägt (vgl. Funktionale Raumbegriffe von LICHTENBERGER, 1986, S. 118f). Der etwas diffuse Begriff "Umwelt" wurde aufgelöst in jenen, der sich nur als medial aufbereiteter Raum (Nachrichtenraum) präsentiert und jenen, der der persönlichen Wahrnehmung zugänglich ist (kommunikativer Begegnungsraum).

Die in sich logischen, nach den zuvor beschriebenen qualitativen Gesichtspunkten aufgebauten Raumkategorien 1-5 können jedoch nach Intensität und Distanz nicht zwingend in gleicher Hierarchie interpretiert werden, da die gruppenspezifischen Einflüsse andere Betrach-

Abb. 8: Hierarchie des Informations- und Kommunikationsraums

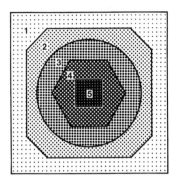

1. NACHRICHTENRAUM : Technische, rechtliche und angebotsbezogene Rahmenbedingungen der Nachrichtenreichweiten
2. INFORMATIONSRAUM : Subjektive und gruppenspezifische Reduzierung des Nachrichtenraums auf verstandene bzw. verwertbare Informationen
3. INTERAKTIVER TELE-KOMMUNIKATIONSRAUM : Interaktive, individuelle Kommunikation unter Nutzung von Telekommuniationstechnik oder "Gelber Post"
4. KOMMUNIKATIVER BEGEGNUNGSRAUM : Aktionsraum der "face-to-face" Kontakte und der Informationsgewinnung durch persönliche Erfahrung
5. ALLTÄGLICHER KOMMUNIKATIVER BEGEGNUNGSRAUM : Alltäglicher Aktionsraum von Haushalt, Arbeitsplatz und Wohnumfeld

Entwurf: P. Gräf

tungsrichtungen zur Folge haben können. Beispielsweise haben zahlreiche ältere Menschen einen extrem gering ausgeprägten alltäglichen Begegnungsraum, jedoch in Form des Fernsehens einen intensiv genutzten Informationsraum.

4. Entscheidungsorientierte kommunikative Raumsituationen

Die distanzielle Ausprägung der in Abb. 8 beschriebenen Räume, ihre kurzfristige Stabilität sowie ihre langfristige Persistenz bzw. tendenzielle Veränderung zu erfassen oder zu beurteilen, erfordert eine Analyse und Wertung der raumspezifischen "Umwelt", in die Kommunikationspartner, Kommunikatoren und Rezipienten eingebettet sind. Der Begriff Kommunikationspartner wird nachfolgend nur für interaktive, individuelle Kommunikation genutzt, die Begriffe Kommunikator und Rezipient nur für massenkommunikative Erscheinungen.

Die im vorangegangenen Abschnitt prinzipiell dargelegte Identität von IuK-Vorgängen in Haushalten und Unternehmen schließt ganz spezifische Problem- und Anwendungssituationen im wirtschaftsbezogenen bzw. außerwirtschaftlichen Kommunikationsfeld nicht aus. Um diesen Sachverhalt zu verdeutlichen, wird in Tab. 1 versucht, getrennt nach Individual- und Massenkommunikation jene Entscheidungsfelder für Haushalte und wirtschafts- bzw. verwaltungsbezogene Unternehmen zu charakterisieren, die aus einer unterschiedlichen räumlichen Struktur bzw. unterschiedlichem räumlichen Verhalten resultieren. Von entscheidungsorientiert wurde deshalb gesprochen, weil es sich in der Regel um Handlungsspielräume, Ermessensspannen, unternehmerische Risikoentscheidungen oder haushaltsspezifische Konsumpräferenzen handelt.

Tabelle 1: Entscheidungsorientierte Raumsituationen von Kommunikationspartnern bzw. Kommunikatoren und Rezipienten (Auswahl)

A: **Individualkommunikation** (Kommunikationspartner)

Situation im Raum	ENTSCHEIDUNGSFELDER	
	Private Haushalte	Unternehmen/Öffentliche Einrichtungen
Gruppentyp und -organisation	- Haushaltstyp - Altersstruktur - Mobilität	- Branche - Beschäftigtengröße - Umsatzgröße - Ein- oder Mehrbetriebsunternehmen
Lage im Raum	- Verdichtungsraum - Suburbaner Raum - Oberzentrenferner bzw. -naher ländlicher Raum	- wie Haushalte - Distanz Unternehmenshauptsitz - Informelle Kontaktpotentiale durch punktuelle Branchenkonzentration
Ökonomische Realisierbarkeit	- Einkommenshöhe bzw. -sicherheit - Konsumpräferenzen	- Kostenreagibilität - Kommunikationsnotwendigkeit
Kommunikationsinfrastrukturen	- Angebotsvielfalt an Begegnungsmöglichkeiten (z.B. Nachbarschaft, Vereine, Gaststätten) - Technische Angebotsvielfalt der Telekommunikation	- Organisierte Kommunikationspotentiale (z.B. Weiterbildung) - Technische Angebotsvielfalt der Telekommunikation
Promotoren der Kommunikation u.a.	- Gemeinden - Kirchen - Vereine - Bürgerinitiativen	- Fachverbände - Kammern (IHK, HWK) - Innovationsförderstellen
Gruppenspezifische Verhaltensmuster (Regionale Differenzierung)	- Kommunikationsbedürfnisse - Informationsinteressen - Zeitbudget	- IuK als Organisationsvariable - Aktive Informationsbeschaffung als Produktionsfaktor

B: **Massenkommunikation** (Kommunikatoren und Rezipienten)

Situation im Raum	ENTSCHEIDUNGSFELDER	
	Kommunikatoren	Rezipienten
Gruppentyp und -organisation	- Unternehmerisch-organisatorisches Abhängigkeitsmaß - Gesetzlicher Rahmen	- Gruppenspezifische Informationsträgerpräferenzen
Lage im Raum	- Raumbezogene Versorgungs- und Absatzziele (lokal, regional, überregional)	- Reichweite des Informationsinteresses (lokal, regional, überregional, ohne räumlichen Bezug)
Ökonomische Realisierbarkeit	- Finanzierungsgrundlagen - Zielgruppenorientierung - Gebietsmonopole	- Budget für Information (Zeitung, Bücher, Fernsehen, Rundfunk, Kino, Video)
Informationsinfrastrukturen	- Angebotsvielfalt an Informationsträgern	- Angebotsvielfalt und Erreichbarkeit des Angebots
Promotoren der Informationsverbreitung	- Verhalten der Werbewirtschaft	- Kommunikationspartner des alltäglichen Begegnungsraums
Gruppenspezifische Verhaltensmuster (Regionale Differenzierung)	- Informationsstile - Mischung von Nachricht und Meinung	- Interessen an Informationsträgern und -inhalten - Zeitbudget für Informationsbeschaffung

Entwurf: P. Gräf

Gruppentyp und -organisation geben einen ersten Hinweis auf Handlungsspielräume, wie sie meist mit Hilfe von sozial- oder unternehmensstatistischen Merkmalen gegliedert werden, sie zählen überwiegend zu den kurzfristig wenig veränderbaren Struktureinflüssen.

Die Lage im Raum, die sich vor allem nach Siedlungs- oder Unternehmensdichte sowie nach Entfernungen zu hierarchisch höherstehenden räumlichen Bezugsobjekten (z.B. zentrale Orte, Unternehmenhauptverwaltung) orientiert, ist auch für kommunikative Prozesse eine Entscheidungsgröße, die sowohl als Folge einer Standortentscheidung als auch in Form der Voraussetzung für Standortentscheidungen Beachtung finden muß.

Als Barrieren zwischen Potential und Umsetzung stehen als vielleicht bedeutendste Größen die der ökonomischen und psychologischen Realisierbarkeit. In diesem Entscheidungsfeld bestehen enge Bezüge zu schichtenspezifischen und unternehmenstypologischen Elementen.

Ein wesentlicher Teil der vorliegenden Arbeit beschäftigt sich mit Einflüssen von Diffusion und z.T. Retraktion von Kommunikationsinfrastrukturen.[10] Sie sind - wie der Name Infrastruktur zum Ausdruck bringt - notwendige Voraussetzung für das technische Funktionieren kommunikativer Beziehungen. Hierin liegt insofern ein weiteres Entscheidungsfeld, als der potentielle Nutzer nicht nur über Nutzung, d.h. Besuch, Mitgliedschaft oder Adoption einer vorgegebenen Angebotsstruktur von Einrichtungen befindet, sondern mit seiner Entscheidung über Erhalt, Ausbau, Tragfähigkeit oder Eliminierung solcher Einrichtungen mitbestimmt.

Zwischen die Kommunikationspartner bzw. Kommunikatoren und Rezipienten haben sich wiederum raumbezogene Organisationen (eine eigene Kategorie von Infrastrukturen) geschaltet, die als Promotoren des kommunikativen Geschehens betrachtet werden können. Ihre Verbreitung und ihre Erscheinungsformen sind wiederum räumlich stark differenziert.

Letztlich resultiert aus den vorangegangenen Situationen eine gruppenspezifische, quantifizierbare Bedarfsgröße nach kommunikativen Leistungen und Diensten, nach zeitlichen oder produktionstechnischen Erfordernissen. Das Maß der Befriedigung dieser Bedürfnisse (oder auch der Möglichkeit der Bedarfsdeckung) führt unmittelbar zurück zu einer ökonomischen Realisierbarkeit. Das heißt, daß die Entscheidungsfelder vor dem Hintergrund der Auffassung beschrieben werden, daß die politische Flankierung kommunikativer Prozesse in der Regel kein Bereich der Sozialpolitik sein kann, sondern eine in Teilbereichen raumordnungspolitisch orientierte Frage der Wirtschafts- und Gesellschaftspolitik, die die Nutzung kommunikativer Infrastrukturen als einen Konsumtatbestand bewerten muß.

V. HYPOTHESEN DER RAUMWIRKSAMKEIT ALS GRUNDLAGE DER EMPIRISCHEN ARBEIT

Auf der Basis der theoretischen Erörterungen des IV. Kapitels werden nachfolgende Thesen formuliert, über deren innere Zusammenhänge der empirische Teil Aufschluß gibt. Zur besseren Übersicht wird die große Zahl möglicher Thesen zur Raumwirksamkeit auf 8 Kernthesen reduziert, die sich zur Hälfte mit allgemeinen Fragen der Raumwirksamkeit von Information und Kommunikation auseinandersetzen. Die zweite Hälfte ist den speziellen Problemen der Telekommunikation gewidmet. Diese Gewichtung für das an sich vergleichsweise enge Feld der Telekommunikation wurde wegen der herausragenden Aktualität des Themas, ihrer wohl noch wachsenden Berücksichtigung in planerischen Prozessen und des bestehenden Forschungsdefizits geographischer Wirkungszusammenhänge vorgenommen.

THESE 1: FUNKTIONS-STANDORT-SYSTEME HÄNGEN VON EINER SELEKTIV WIRKENDEN, SCHICHTENSPEZIFISCH DIFFERENZIERTEN INFORMATIONSAUFNAHME AB.

Die Überprüfung dieser These will versuchen, den selektiven und aktionsräumlichen Ansatz auf der Grundlage gruppenspezifischer Handlungsmuster empirisch zu belegen. Im Vordergrund stehen dabei die Wirkungsmechanismen auf der Mikroebene, d.h. im informationsbezogenen Reichweitenmuster von Wohnumfeld, Gemeinde, Landkreis und eventuell Teilregion.

THESE 2: KOMMUNIKATIVE REICHWEITEN IM LOKALEN UND REGIONALEN RAHMEN WERDEN NICHT DURCH VERWALTUNGSGRENZEN DETERMINIERT.

Die Bundesrepublik Deutschland hat in den siebziger Jahren einschneidende Änderungen der verwaltungsräumlichen Gliederung, Gemeinde- und Kreisreform sowie die Schaffung planungsbezogener Gebietseinheiten (Regionen), erfahren. Die empirischen Untersuchungen gehen der Frage nach, inwieweit diese Veränderung der Zuständigkeiten kommunikativen Raummustern entspricht bzw. ob Gebietsreformen eher nur eine verwaltungswirtschaftlich effizientere Organisationsform mit eher synthetischem Charakter geblieben sind.

THESE 3: REGIONALES BEWUSSTSEIN WIRD DURCH ALLTAGSKOMMUNIKATIVE REICHWEITEN BEGRENZT. BEWUSSTSEINSWANDEL SETZT INFORMATIONSRÄUMLICHE AKTIVITÄTEN VORAUS.

In zahlreichen Ansätzen endogener Regionalpolitik wird auf die Initiativkraft regionalen Bewußtseins verwiesen, ohne jedoch detailliert Abhängigkeiten dieser Bewußtseinsbildung zu kennen. Im Rahmen dieser These wird versucht zu erklären, welchen Beitrag IuK zu einer Bewußtseinshaltung liefern können und welche räumliche Dimension Bewußtsein haben kann.

THESE 4: MASSENMEDIALER EINFLUSS AUF DAS FUNKTIONS-STANDORT-SYSTEM PRIVATER HAUSHALTE WIRD DURCH "NEUE MEDIEN" NOCH VERSTÄRKT.

Kommunikative Wirkungsanalysen von Massenmedien mit raumrelevantem Bezug sind bislang kaum durchgeführt worden. Im Rahmen dieser These soll überprüft werden, in welchem Maße Massenmedien (vor allem durch standortbezogene Werbung) das Versorgungsverhalten nachhaltig beeinflussen können und welcher Stellenwert an Raumwirksamkeit die "Neuen Medien" (vor allem privater Lokal- und Regionalrundfunk) einzuräumen sein wird.

THESE 5: TELEMATIK FÜHRT MITTELFRISTIG NUR BEI BESTIMMTEN BRANCHEN UND BETRIEBSTYPEN ZU RAUMRELEVANTEN ENTSCHEIDUNGEN.

Im Rahmen dieser These soll empirisch untersucht werden, in welchen Diffusionsbahnen sich die Nutzung von neuen Telekommunikationsdiensten bislang vollzog und welche Schlüsse sich hieraus für die künftige Telematikstruktur ergeben. Ferner wird zu prüfen sein, wo die Schwellen einer Telematiknutzung für eine standortrelevante unternehmerische Entscheidung liegen.

THESE 6: DISTANZDIFFERENZIERTE TELEKOMMUNIKATIONSGEBÜHREN SIND EINFLUSSFAKTOREN DER ADOPTION, NICHT DER STANDORTWAHL.

Gebührenstrukturen und ihre mangelnde Distanzneutralität werden in der Literatur als standortrelevantes Entscheidungskriterium diskutiert. Im Umfeld dieser These wird zu klären versucht, welche Kostenreagibilitäten bei Nutzern vorhanden sein können und welche Schlüsse aus der Übertragung von Gebührenstrukturen in ein räumlich quantitatives Modell für die Raumwirksamkeit zu ziehen sind.

THESE 7: TELEKOMMUNIKATION IST NUR IN ENGEN GRENZEN EIN RAUMBEZOGENER SUBSTITUTIONSFAKTOR.

Räumliche Auswirkungen von Telematikdiffusion werden im Rahmen einer Fülle von Szenarien als substitutive Prozesse der Verkehrsstrukturen und des Arbeitsmarktes beschrieben. Die empirischen Beiträge versuchen die prozessualen Grenzen einer Raumwirksamkeit aufzuzeigen, die in veränderten wirtschaftsgeographischen Raummustern ihren Niederschlag finden und als Entscheidungsfeld sozialgeographische Bezüge aufweisen.

THESE 8: TELEMATIK IST KEIN AUTONOMES INSTRUMENT REGIONALER STRUKTURFÖRDERUNG.

Die letzte These greift die breite öffentliche (politische) Diskussion auf, inwieweit zeitliche Benachteiligung bei der Investition von Telematikinfrastruktur eine entscheidende räumliche Strukturschwäche darstellt bzw. inwiefern öffentliche Diffusionsförderung ein wichtiger Beitrag regionaler Förderpolitik sein kann.

Der Tenor der Thesen 1 - 8 wurde bewußt so gehalten, daß er tendenziell eher eine Gegenposition zu den Meinungsbildern einer möglicherweise interessenbedingt optimistischen Entwicklungs- und Wirkungseinstellung einnimmt. Die Aussage zu einem eventuell überzeichneten Optimismus stützt sich auf die Beobachtung, daß nur die wenigsten der kaum noch überschaubaren Beiträge zur Telematikentwicklung auch nur in Ansätzen empirisch aktuelle oder historische Belege für ihre Einschätzungen beinhalten. Die hypothetische Gegenposition soll also vor allem die kritische Würdigung der Thesen im Rahmen der empirischen Untersuchungen unterstreichen.

VI. GRUNDLAGEN DER EMPIRISCHEN ARBEITEN

Eine empirische Analyse räumlicher Struktur- und Prozeßmuster geht implizit von Prämissen aus, die Gebietsauswahl, Datengrundlagen und methodische Ansätze wesentlich beeinflussen und deshalb einleitend in knapper Form nochmals angesprochen werden.

Der thematische Teil "Information und Kommunikation im Raum" setzt empirische Erfaßbarkeit von Phänomenen voraus, die über eine bestimmte Reichweite, Ausstrahlung oder ein Einzugsgebiet verfügen, d.h. eine Gebietsauswahl muß mindestens Quell- und Zielräume funktionaler Verflechtungen umfassen. "Räumliche Differenzierung" bedeutet ferner, daß es zwar eine im statistischen Sinne durchschnittliche Situation gibt, sie jedoch in zahlreichen Fallbeispielen nicht existent ist. Man muß vielmehr davon ausgehen, daß unterschiedliche kleinräumliche Situationen auch unterschiedliche Wirkungszusammenhänge widerspiegeln. Für eine Auswahl von Untersuchungsgebieten heißt dies, daß wenigstens Grundtypen unterschiedlicher Raumsituationen (z.B. Verdichtungsraum, peripherer ländlicher Raum u.a.) zu berücksichtigen sind, ohne daß diesen Raumtypen a priori ein Wirkungs- oder Verhaltensdeterminismus unterstellt wird.

Neben den Strukturanalysen sind geographisch jene Prozeßanalysen wesentlich interessanter, die über den komparativ-statischen Vergleich von nur zwei Zeitpunkten hinaus Einblicke über einen längerfristigen Strukturwandel erlauben, sich also methodisch einer Zeitreihenanalyse nähern. Nicht die methodischen Ansätze sind hierbei der Engpaß, sondern die Verfügbarkeit von Datengrundlagen. In besonderem Maße gilt diese Feststellung für die in dieser Arbeit gestellte Thematik, für die es nahezu keine unmittelbar verarbeitbaren, statistisch regelmäßig erhobenen Daten auf Gemeinde- oder Kreisbasis gibt.

Die zunächst allgemein skizzierte Problematik hat auch Folgen für das einsetzbare methodische Instrumentarium, das der speziellen Themenlage angemessen teilweise im Rahmen dieser Arbeit erst entwickelt wurde.   Weitere Erläuterungen hierzu unter Abschnitt 3. bzw. in den jeweiligen nachfolgenden Kapiteln.

1. Erläuterungen zur Datensituation

Kaum ein anderes sozialwissenschaftliches Arbeitsgebiet ist mit r ä u m l i c h differenzierten Daten so schlecht erfaßt wie das der Information, Kommunikation und Telekommunikation. Aus dieser Situation ist keineswegs eine fehlende gesellschaftliche Relevanz abzuleiten, wie gerade die in den späten siebziger Jahren einsetzende Flut von Publikationen unterstreicht, die sich dem gesamtgesellschaftlichen Wirkungskreis einer sich wandelnden Kommunikationslandschaft zuwendet (vgl. u.a. BELL, 1975; INGLEHART, 1979; TOFFLER 1981; WERSIG, 1983; OTTO/SONNTAG, 1985). Es gibt eine Reihe von Gründen, die die datenspezifische Vernachlässigung im räumlichen Kontext erklären. In den nachfolgenden Gruppierungen von Datenquellen werden sie jeweils erwähnt.

a) Daten zu Informationsträgern

Informationsträger im hier vorgestellten Sinne gehören zu den Massenmedien Presse und Hörfunk bzw. Fernsehen. Kontinuierliche (jährlich und öfter) Erhebungen sind an den Interessen der werbenden Wirtschaft orientiert, d.h. an der Kenntnis von Verbreitungsstrukturen auf einer "mittleren Distanz". So bedient sich beispielsweise die IVW-Analyse

(Kreisdatei) der Verbreitung von Tageszeitungen des verwaltungsräumlichen Rasters von Landkreisen und deren Siedlungseinheiten mit mehr als 5.000 Einwohnern, läßt jedoch unterhalb dieser Schwelle keine Differenzierungen zu, es sei denn Zeitungsverlage selbst oder Unternehmen des Pressegrosso geben Einblicke in räumlich feinere Strukturen.

Noch gröber ist der Raster (meist Bundesländerebene) der Funkmedien, deren Verbreitung an technische und hoheitliche Grenzen gebunden ist. So liegt beispielsweise in Form der MEDIA-ANALYSE ein schichten- und altersspezifisch sehr fein differenziertes Material über tageszeitliche, inhaltliche und megenmäßige "Reichweite" im Sinne eines von Hörern und Sehern genutzten Angebots vor, das jedoch über kleinräumliche Interessenslagen (etwa im Hinblick auf die Akzeptanz lokalen Rundfunks) wenig Aufschlüsse ermöglicht. Eine räumlich so eng gefaßte Zielgruppenbestimmung scheint bislang für die Werbewirtschaft ohne Interesse.

Daneben werden in mehr oder weniger regelmäßiger Folge thematische Sondererhebungen veröffentlicht (u.a. INFRATEST, MEDIA-PERSPEKTIVEN), die teilweise Einblicke in räumlich differenzierte Verbreitungs- und Nutzungsmuster bieten.[11]

b) Daten zur Kommunikationsinfrastruktur

Unter Kommunikationsinfrastruktur werden in diesem Abschnitt Einrichtungen verstanden, die überwiegend der persönlichen Begegnung dienen, teilweise auch massenmedialen Charakter (Kino, Theater, Museen, Bibliotheken u.ä.) tragen. Der Bereich Telekommunikation ist wegen seiner besonderen Strukturen in Abschnitt c) dargelegt.

Kommunikationsinfrastrukturen im erläuterten Sinne sind primär ein Instrument der Lokalkommunikation und besitzen mehr oder weniger öffentlich zugängliche Einrichtungen, beispielsweise in Form von Gaststätten, Vereinen, kirchlichen Einrichtungen und Volkshochschulen. Diesem engeren Bereich, der sich auch unter dem Begriff "Freizeitinfrastruktur" subsummieren ließe, steht der weitere, "informelle" Bereich von Kommunikationsgelegenheiten gegenüber, wie sie sich in Kombination mit allgemeinen funktionalen Bereichen am Arbeitsplatz, in der Schule, beim Einkauf oder im nachbarschaftlichen Kontakt des Wohnumfeldes ergeben.

Soweit zu diesem Bereich überhaupt in Zeitabständen von zwei bis über zehn Jahren statistische Erhebungen auf Gemeindebasis stattfinden, sind sie nach der Gemeindegebietsreform zwar noch zu zwischengemeindlichen Vergleichen nutzbar, geben aber keine Information zur Verteilung innerhalb der Gemeinde, was teilweise extreme Ausstattungsunterschiede zwischen Ortsteilen verschleiert. Diese Unterschiede sind dann von Bedeutung, wenn Kommunikationsinfrastrukturen ein Symbol (im Sinne von TREINEN, 1965) sublokaler Identität sind und nicht als zentralörtliche Einrichtung der untersten Stufen verstanden werden.

Diese Datenengpässe, wie sie in a) und b) beschrieben wurden, sind somit nur durch eigene Erhebungen zu schließen, was bei begrenzter personeller, zeitlicher und finanzieller Arbeitskapazität zu relativer Einschränkung der Untersuchungsräume führen muß.

c) Daten zur Telekommunikation (Telematik)

Trotz der schon angedeuteten Aktualität des Themas Telekommunikation werden von der DEUTSCHEN BUNDESPOST als flächendeckendem Monopolist für Telekommunikationsinfrastruktur und -

dienste (außer "inhouse"-Systemen und Mehrwertdiensten) regionalisierte Daten regelmäßig überwiegend nur im Raster eigener räumlicher Organisation (z.B. Oberpostdirektion = Bezirke, vgl. Statistisches Jahrbuch DBP) publiziert, soweit nicht vom Statistischen Bundesamt Umrechnungen auf Bundesländerebene und von Statistischen Landesämtern bzw. Stadtämtern in räumlich feinerer Strukturierung angeboten werden (z.B. in Bayern in den Städten München, Augsburg und Nürnberg).

Als Kernproblem bleibt, daß die Deutsche Bundespost auch in ihren internen Zahlenwerken für die Planung nahezu ausschließlich in technischen Gebietseinheiten denkt und somit Querbezüge zu sozioökonomischen Daten der amtlichen Statistik nicht möglich sind. Diese statistische Kompatibilität läßt sich nur durch äußerst zeitaufwendige Auswertungen der veröffentlichten Teilnehmerverzeichnisse herstellen, wie sie im Rahmen dieser Arbeit für die Dienste Telefon, Telex, Teletex, Telefax und Bildschirmtext vorgenommen wurden.[12] Mit vertretbarem Aufwand lassen sich bundesweit solche Auswertungen nur für den Telematikbereich in seinen Anfängen machen, solange die Teilnehmerzahlen etwa 10.000 nicht übersteigen. Damit kann dann allerdings entwicklungsbegleitende Forschung besonders interessante Einblicke in den Innovationsvorgang und die Anfänge der Diffusion eröffnen.

Im Gegensatz zu Frankreich oder Belgien können räumlich detaillierte Nutzungsgrößen zur Erfassung von Kommunikationsverflechtungen von der Bundespost praktisch nicht zur Verfügung gestellt werden. Sie werden zwar im Bedarfsfall für technische Kapazitätsüberprüfungen erhoben, bilden jedoch keine kontinuierliche Erhebungsraster.

d) Historische Daten zur Kommunikation und Telekommunikation

Aktuelle Strukturen und Prozesse sind auch im IuK-Bereich ohne Kenntnis der historischen Entwicklung, ihrer Einflußgrößen und räumlichen Ausbreitung nur schwer zu interpretieren (WAGNER H.G., 1972). Im Gegensatz zur Verkehrsentwicklung und ihrer Unterlagen (bis hin zu historischen Kursbüchern) ist die Archivierung kommunikations- und posthistorischer Materialien sehr dem Zufall überlassen. Aktenstudien in Staats- und Regionalarchiven konnten teilweise mosaikhaft die Datenlücke in den Untersuchungsgebieten schließen. Dennoch wurde diesen Quellen eine relativ hohe Bedeutung beigemessen, da aus der Artikulation regionaler Interessen der Einwohner (Unternehmer, Bürgermeister, Landräte) und ihrer Berücksichtigung oder Nichtberücksichtigung bei den zuständigen Entscheidungsgremien (Gemeinden, Postämter, Ministerien) erst nachvollziehbar ist, welche Wirkungs- und Steuerungsmechansimen letztlich zu beobachtbaren "verorteten" Raumstrukturen geführt haben.

2. Auswahl der Untersuchungsgebiete

Die Auswahl der Untersuchungsgebiete war von drei generellen Prämissen geprägt:

- eine Gebietswahl zu treffen, die eine Analyse der Feinstrukturen noch unterhalb der heutigen Gemeindegrenzen (Ortsteil- bzw. Stadtbezirksbasis) ermöglicht, um diese Ergebnisse typologisch mit Verbreitungsmustern auf höherer Gebietsebene (Region, Land, Bundesgebiet) vergleichen zu können;

- Gebiete zu wählen, die dem Autor seit mehr als einem Jahrzehnt als wissenschaftliches Arbeitsfeld und Wohnumfeld vertraut sind, da in regionalen Kenntnissen eine Ergänzung der Interpretationsfähigkeit statistischer Analyseergebnisse gesehen wird;

- durch vergleichende Analysen nicht nur unterschiedliche Raumtypen nach Lage und Struktur gegenüberzustellen, sondern auch unter Einbeziehung der historischen Komponente Gebiete zu wählen, die durch die napoleonische Grenzziehung Anfang des 19. Jahrhunderts ein politisch (nach ihren Grenzen- und Außenbeziehungen) stabiles Gebilde blieben bzw. einem abrupten Wandel unterzogen waren.

Unter diesen Vorgaben und den Problemen der geschilderten, äußerst aufwendigen Datengewinnung wurden zwei Raumtypen in Süddeutschland ausgewählt:

- Verdichtungsraum mit Umlandbereichen

   Für diesen Raumtyp bot sich in Bayern die STADT MÜNCHEN bzw. die PLANUNGSREGION MÜNCHEN mit den Landkreisen München, Dachau, Ebersberg, Erding, Freising, Fürstenfeldbruck, Landsberg und Starnberg in mehrfacher Hinsicht an. Monozentrische Orientierung des Umlandes auf die Stadt München, ausgeprägte Differenzierung einzelner Regionsgebiete, die herausragende Entwicklung der Mikroelektronikindustrie und somit enge Beziehung zum Bereich der Telekommunikation, die hohe Spezialisierung als Medien- und Versicherungsstandort sowie die funktionale Kontinuität als ehemalige Residenzstadt und heutige Landeshauptstadt des Freistaates Bayern.

- Strukturschwacher, relativ verdichtungsferner Raum

   Für diesen Raumtyp wurde im nördlichen Baden-Württemberg der HOHENLOHEKREIS ausgewählt, dessen strukturelle Vielfalt mit lokaler industrieller Schwerpunktbildung im landesinternen Vergleich nach wie vor als strukturschwach einzustufen ist. Die Orientierung auf das außergebietlich ca. 40 km entfernt liegende Oberzentrum Heilbronn, vielfältiger verwaltungsräumlicher Wandel (Gemeinde- und Kreisreform) sowie Grenzlage zwischen dem ehemaligen Königreich Württemberg und Großherzogtum Baden (heutige Regierungsbezirke Nordwürttemberg bzw. Nordbaden) und Einbettung in die heutige (baden-württembergische) Region Franken ließen den Raum für kommunikationsräumliche Reichweiten und Persistenzanalysen besonders geeignet erscheinen.

Ergänzt wurden die Untersuchungen in diesen Kerngebieten durch Erhebungen in Bayern in den Räumen Nürnberg/Weißenburg sowie in Baden-Württemberg in Heidelberg und im Neckar-Odenwald-Kreis.

Für Analysen auf Landesebene (Kreisbasis) wurde Bayern gewählt, weil neben den unterschiedlichen wirtschaftsräumlichen Schwerpunkten des verarbeitenden Gewerbes einerseits vor allem auch Spezifika von Grenzräumen (Grenzlandgebiete) zur DDR und CSSR sowie zu Österreich, und andererseits von spezialisierten Fremdenverkehrsgebieten in ihren Wechselwirkungen zur Entwicklung der Telekommunikations-Infrastruktur und der Diffusion ihrer Telekommunikations-Dienste untersucht werden konnten.

Im bundesdeutschen Rahmen wurde neben aktuellen Strukturmustern der Verbreitung der Massenkommunikation sowie bestimmter Anwendergruppen der Telematik das Schwergewicht der Analyse auf die funktionale Spezialisierung von Städten (über 50.000 Einwohner) bei der Adoption der Telematik gelegt.

Die im wesentlichen auf bundesdeutsche Entwicklungen orientierten Untersuchungen wurden durch problemspezifische Ergänzungen der Entwicklung in der Schweiz, der EG, Skandinaviens, der USA und Japans in einen internationalen Kontext gestellt.

3. Zur Erfaßbarkeit von kommunikationsräumlichen Strukturen

Die Erhebung primärstatistischen Materials und die Suche nach sekundärstatistischen Quellen setzen die Klärung der Frage voraus, wie und in welchem Umfang kommunikationsräumliche Strukturen mit Daten erfaßt, beschrieben und analysiert werden können. Die allgemeine Betrachtungsweise ist von den erhebungstechnischen Zwängen zunächst zu trennen.

Der Begriff "Allgemeine Betrachtungsweise" will unterstreichen, daß der analytische Baustein beispielsweise einer Verbreitungsstruktur von Gaststätten oder Vereinen immer als Teil eines Systems im Sinne eines sinnhaften Zusammenwirkens von einzelnen Elementen verstanden wird und nicht als isolierte Struktur. Das System - ohne weiter auf systemanalytische Zusammenhänge eingehen zu können - ist mehr als die Summe seiner Elemente, es wird in seinem bewerteten Funktionszusammenhang von Elementen nicht nach einem allgemeingültigen Schema, sondern nach den räumlich und/oder gruppenspezifisch unterschiedlichen Bewertungsmustern untersucht. In der generellen Vernachlässigung dieses erkenntnistheoretischen Zusammenhangs liegt das entscheidende Defizit bisher publizierter Bestandsaufnahmen kommunikationsräumlicher Strukturen, wie sie in Medien-, Kommunikations- oder Fernmeldeatlanten publiziert wurden (vgl. u.a. EKM Baden-Württemberg, 1981; LANGE/PÄTZOLD, 1983, Nordrhein-Westfalen; OPD Frankfurt, 1986, Hessen). So unerläßlich die partielle Analyse von Verbreitung oder Reichweite einzelner Kommunikationselemente ist, erhält man doch erst in der raumspezifischen Zusammenschau eine an den Bevölkerungsstrukturen orientierte Interpretationsgrundlage. Vom methodischen Ansatz her ist die vorliegende Arbeit deshalb auf das Ziel ausgerichtet, die methodische Lücke einer synoptischen Betrachtung des Kommunikationsraumes zu schließen.

Diese Zielstellung führt zur Frage zurück, welche Daten wie erhoben werden müßten, um den Forderungen zu genügen.
Es lassen sich drei raumbezogene Datengruppen unterscheiden, die sich hinsichtlich ihrer Erhebungsmethodik grundlegend unterscheiden:

- infrastrukturbezogene Daten
- adoptionsbezogene Daten
- verhaltens- und nutzenspezifische Daten.

Infrastrukturspezifische Daten sollen die räumliche Verbreitung (Struktur) sowie die Innovation und Diffusion (Prozeß) von kommunikationsbezogenen Einrichtungen erfassen. Adoptionsbezogene Daten sollen darüber Auskunft geben, "wer, wann und wo" sich des Infrastrukturangebots bedient. Verhaltens- und nutzenspezifische Daten sollen darüber hinaus Einblicke ermöglichen, mit welcher funktionalen Zielstellung, mit welcher Häufigkeit, mit welchem Kostenaufwand und vor allem mit welchen Reichweiten unter Verwendung der zuvor charakterisierten Datenkategorien kommunikative Beziehungen aufgebaut werden.

a) Infrastrukturerfassung

Die Infrastrukturerfassung gehört im Prinzip zum klassischen Bereich der amtlichen Zählwerke. Man wird jedoch in amtlichen statistischen Periodika vergeblich nach einer räumlichen Differenzierung direkter Kommunikations-Infrastrukturen suchen (z.B. Postämter, Kapazitäten von Telekommunikationsnetzen u.ä.), obwohl gleichzeitig etwa Angaben zu Straßenkategorien, Baubreiten etc. in feinster räumlicher Detaillierung publiziert werden. Soweit nicht die Träger selbst (z.B. Deutsche Bundespost, Gemeinde) oder ihre Verbände (z.B. IHK,

IVW, ARD, ZAW, Verband Deutscher Städtestatistiker) regionalisierte Daten bereitstellen können, bleibt nur die Rekonstruktion des räumlichen Systems aus Archivmaterialien, Gemeindemonographien oder Geschäftsberichten.

Für die empirischen Arbeiten in Bayern und Baden-Württemberg waren im Bereich direkter Kommunikations-Infrastrukturen Auswertungen fast ausschließlich nur auf der Basis der "grauen Literatur und Statistiken" anzufertigen.

Als indirekte Kommunikations-Infrastrukturen sind die als "kommunikative Gelegenheiten" zu bezeichnenden Einrichtungen von Kirche, Schulen, kulturellen Einrichtungen (Theater, Kino, Museen), Einzelhandelsformen und Gaststätten zu verstehen. Für die unmittelbar an das enge Wohnumfeld gebundenen Einrichtungen (z.B. Lebensmittelhandwerk, Gaststätte) ist jedoch nach der Gebietsreform die amtliche Statistik nicht mehr ausreichend, da weder die präzise Lokalisierung nachvollzogen werden kann noch die Datensätze wegen zahlreicher Geheimhaltungsfälle bei geringem Besatz vollständig sind. Für ein überschaubares Untersuchungsgebiet bleibt zur flächendeckenden Erfassung nur die eigene Primärerhebung, wie sie am Beispiel des Hohenlohekreises durchgeführt wurde.

Erfassung heißt nicht nur Lokalisierung im Raum, sondern auch die Berücksichtigung "qualitativer" Aspekte der Infrastrukturen. Qualitativ bezieht sich hierbei auf kommunikationsbezogene Funktionalität.

Die Erfassung traditioneller Indikatoren wie Fläche, Umsatz oder Beschäftigte bietet nur marginal einen Erkenntnisbeitrag zur kommunikativen Qualität einer Einrichtung. Beispielsweise wird ein einfacher Landgasthof ebenso wie eine Diskothek als gastronomischer Betrieb statistisch oder gewerbesteuerrechtlich klassifiziert und Fläche, Sitzplatzzahlen, Umsatz oder Beschäftigte geben keinen Hinweis auf den gruppenspezifischen, möglicherweise extremen Unterschied in der kommunikativen Qualität der Betriebe. Diese Ergänzung kann in der Regel auch nur eine Primärerhebung leisten.

b) Adoptionserfassung

Die formale Nutzung von Kommunikationseinrichtungen setzt in der Regel ein vertragliches oder quasi-vertragliches Verhältnis (z.B. Mitgliedschaft, öffentlich-rechtliches Benutzerverhältnis, Abonnement) voraus. Die Erfassung dieser Rechtsverhältnisse in Teilnehmerverzeichnissen, Jahresberichten u.ä. ermöglicht, wenn auch unter relativ großem Aufwand der Auswertung, ein räumliches Bild der Adoptionsverhältnisse bzw. im Zeitreihenvergleich Ansätze eines Diffusionsprozesses zu dokumentieren. Die genannten Quellen erlauben meist nicht nur eine räumlich sehr präzise Erfassung, sondern bieten darüber hinaus teilweise noch Informationen zum strukturellen Hintergrund des Nutzers, z.B. Unternehmen, Branche, Berufsstrukturen oder Altersgruppenhinweise (Jugendliche, Erwachsene, Senioren). Vor allem bieten historische Quellen, beispielsweise Telefonverzeichnisse Ende des 19. bzw. Anfang des 20. Jahrhunderts sehr viel mehr sozial- und wirtschaftsräumliche Informationen als heutige Verzeichnisse. Für diese Epoche bietet auch die amtliche Statistik noch eine Reihe von Daten zum Vereinswesen, zur Kino- und Theaterstatistik oder zum Zeitungswesen, die heute überwiegend Gegenstand von Verbandsstatistiken geworden sind, d.h. die statistische Ausgangssituation hat sich in Teilbereichen wesentlich verschlechtert.

Das gerade für diffusionstheoretische Ansätze sehr wichtige komplementäre Bild der Nichtadoption läßt sich durch Gegenüberstellung genereller Raummuster der Bevölkerungs-, Wirtschafts-, Erwerbs- und Siedlungsstruktur mit jenem Ausschnitt der Adoption gewinnen. Von lokalen Fallstudien abgesehen, wird man sich hierzu nur der amtlichen Statistik bedienen können. Allerdings haben für aktuelle Analysen verfügbare Daten der Volkszählung 1970 bestenfalls noch Orientierungswert.

c) Verhaltens- und nutzenspezifische Situationen

Die Kenntnis räumlicher Differenzierung von Infrastrukturangebot und Adoption läßt ein wesentliches räumliches Wirkungsfeld noch außer Betracht: Was (Inhalt), wozu (Funktion), mit wem und wo (Reichweiten) und wie häufig (Intensität) Gegenstand kommunikativer Kontakte ist. Diese modifizierte Lasswell-Formel bietet unmittelbaren Zugang zu sozialgeographischen Fragestellungen nach gruppenspezifischem, gleichem kommunikativen Verhalten im Raum.

Die Gewinnung verhaltens- und nutzungsspezifischer Daten steht in besonderem Maße unter dem Postulat, im Sinne SCHWEMMERs (1976) die Gesamtbedeutung einer sinnvoll-zielgerichteten Handlung zu verstehen. WIRTH (1984, S. 77) betont mit Bezug auf GOFFMAN (1983), daß jedes soziale Handeln auf ein gemeinsames (gruppenspezifisches, A.d.V.) Muster der Handlungsinterpretation zurückgreifen muß, soll es der Interaktionspartner verstehen. Für die Erfassungsmethodik ergibt sich hieraus unmittelbar das Problem, wo die Erfaßbarkeitsgrenze kommunikativer Aspekte mit standardisierten Techniken von schriftlichen oder mündlichen Interviews zu ziehen ist. Voraussetzung einer "Abfragbarkeit" kommunikativen Handelns ist das Maß an Bewußtsein beim Befragten über Sinngehalt, Ursache und Folgen seines kommunikativen Handelns. Es bestehen jedoch große Zweifel, ob gerade bei kommunikativen Wirkungsmechanismen Rationalität häufig eher eine Alibifunktion gegenüber dem nur schwierig formalisierbaren Bereich unbewußter Motivationen hat. Nahezu alle Ansätze zu einer Theorie der Werbewirkungen bauen gerade auf den psychologischen Mechanismen im Unterbewußten auf (u.a. KROEBER-RIEHL, 1984, S. 584f; HELLER, 1985, S. 20f; UNGER, 1986).

Nun lassen sich dennoch eine Reihe von Verhaltensaspekten im Kommunikationsbereich mit Methoden der quantitativen Sozialforschung erheben, beispielsweise welche Informationsträger wie häufig zu welchem Zweck genutzt werden, welche Ausgaben in einem Haushalt für welche Telekommunikationszwecke anfallen oder welche Inhalte der Massenmedien bevorzugt genutzt werden. Wie die eigene Fallstudie anhand der Gemeinde PFEDELBACH im Hohenlohekreis belegen kann, läßt sich durch Kombination der quantitativen Befragungsergebnisse eine Grundstruktur kommunikationsräumlicher Verflechtungen durchaus erstellen (vgl. Kap. IX). Die Kenntnisse der Wirkungszusammenhänge bleiben jedoch fragmentarisch, wenn sie nicht durch Einsichten ergänzt werden, die mit Methoden der qualitativen Sozialforschung im Sinne von HOPF/WEINGARTEN (1979) oder WITZEL (1982) gewonnen werden.

Die wissenschaftliche Einschätzung qualitativer Methoden ist noch umstritten. BORTZ (1984, S. 222) sieht wenig Sinn in einer Trennung von quantitativer und qualitativer Forschung, vor allem dann, wenn es sich noch um einen Bereich explorativer Forschung handelt, wie Information und Kommunikation als räumliche Elemente in der Geographie noch darstellen. Grenzen und Möglichkeiten qualitativer Verfahren in geographischen Ansätzen hat NIEDZWETZKI (1984, S. 65f) durch Gegenüberstellung der quantitativen und qualitativen Ergebnisse am Beispiel von Intensivgesprächen gezeigt. Es bleibt fragwürdig, ob das Ziel der qualitativen Methoden der Erhalt quantitativer Daten auf flexiblerem Weg sein kann. Schließt man aus, daß "qualitative Methode" nur die Kaschierung sprühender Phantasie und Intuition ist, dann sollten mit diesem Ansatz gerade jene Wirkungszusammenhänge erfaßt werden, die sich einer Quantifizierung von ihrem Wesen her entziehen bzw. nur in Größenordnungen sinnvoll erscheinen. So ist beispielsweise die Bedeutung einer Gesprächsmöglichkeit für ältere Menschen beim täglichen Einkauf im engsten Wohnumfeld nicht quantifizierbar, wohl aber im Sinne einer kommunikativen Integriertheit, für die Bewertung der Reichweiten und des Wohnumfeldes gerade bei alleinstehenden, isoliert lebenden Senioren "qualitativ" faßbar, d.h. beschreibbar.

Den Skeptikern der qualitativen Methoden sei zu Bedenken gegeben, daß die Glaubwürdigkeit sozialwissenschaftlicher Erkenntnisse nicht allein an Signifikanzen gebunden sein kann (KRIZ, 1972). Signifikanzen sind notwendige Prüfgrößen mathematischer Methoden. Ihr wirklicher Realitätsbezug hängt von der gleichen methodischen Korrektheit der Daten- oder Erkenntnisgewinnung ab wie bei qualitativen Methoden, die Nachprüfbarkeit des Zustandekommens der Daten (nicht der rechnerischen Ergebnisse der verarbeiteten Daten) ist gleichermaßen problematisch. Ob allerdings eine geringe Zahl von "Expertengesprächen" (BROSI/HEMBACH/PETERS, S. 1981) einen größeren Stichprobenumfang von Meinungen "Betroffener" (im Sinne der tatsächlichen räumlichen Akteure) zu ersetzen vermag (z.B. bei Wirkungen der Telematik in Verdichtungsräumen, HENCKEL/NOPPER/RAUCH, 1984, S. 20f), bleibt auch bei qualitativen Methoden zweifelhaft.

d) Zur Operationalisierbarkeit der Datengrundlagen

Informationsbezogene und kommunikative räumliche Strukturen, Aktionen und Prozesse in ihren - soweit möglich - quantitativen Größen zu erfassen, setzt Operationalisierbarkeit voraus, d.h. in erster Linie die Entscheidung für eine problemadäquate, räumlich differenzierte Bezugsgröße. Darüber hinaus ist zu prüfen, inwiefern bisher nicht oder wenig beachtete Indikatoren in der Lage sind, kommunikative Prozesse im Raum zu verdeutlichen und zu lokalisieren.

- Bezugsgrößenwahl

Sozialwissenschaftliche Analysen leiden derzeit besonders an einem unausgewogenen Angebot aktueller Daten. Während einerseits Wirtschaftssektoren wie beispielsweise die Landwirtschaft in ihrer statistischen Tiefe weit überrepräsentiert sind, fehlen andererseits für den privaten und gewerblichen Bereich räumlich und zeitlich vergleichbare Basisdaten. Haushaltsgrößen und Altersstrukturen sind meist nur als Mikrozensus-Hochrechnungen erhältlich, Unternehmensdaten meist nur in branchenspezifischen oder beschäftigtenbezogenen Segmenten, Beschäftigtendaten nur für Sozialversicherungspflichtige, um nur einige Probleme anzusprechen.

Es ist zunächst verständlich, daß in dieser Situation zahlreiche sozial- und wirtschaftsgeographische Untersuchungen sich nur noch auf die Bevölkerung als eine relativ aktuell und verläßlich erscheinende Bezugsgröße stützen. Der Zweifel nicht weniger Gemeinden am Realitätsgehalt ihrer eigenen Bevölkerungszahlen und die daraus abgeleitete Forderung nach aktuellen Volkszählungsdaten läßt auch bei diesen Daten vorsichtige Interpretation ratsam erscheinen. Der Kern der Problematik liegt jedoch in der zunehmenden Heterogenität der Bevölkerungsstrukturen in unterschiedlichen Raumtypen, gemessen beispielsweise an der Haushaltsgröße, Altersstruktur oder dem Ausländeranteil.

Zwei einfache Beispiele mögen die interpretatorischen Folgen unkritischer Bezugsgrößenwahl verdeutlichen. Bezieht man beispielsweise in Städten die Abonnements von deutschsprachigen Tageszeitungen auf die Zahl der Bevölkerung und schließt aus der Adoptionsquote auf das spezifische räumliche Kommunikationsinteresse, ohne zu berücksichtigen, daß in der Stadt A 15% und in der Stadt B nur 3% fremdsprachige Ausländer wohnen, dann liegen Fehlinterpretationen sehr nahe. Ähnlich ist die Problematik bei starker Streuung der Haushaltsgrößen.

Ebenso problematisch ist der Bezug von Telematikanschlüssen auf die Bevölkerung (BUNDESRAUMORDNUNGSBERICHT, 1987; KÖHLER, 1985), weil hier bei einer ausgesprochenen Bürokommunikationstechnik der Sachbezug zwischen beiden Größen fehlt.

Um die monostrukturierte Bezugsgrößenproblematik zu lösen, sollte durch korrigierende Berechnungen, z.B. Umrechnung der Bevölkerungszahl auf die jeweilige Problemlage, wenigstens eine Annäherung an die realen Verhältnisse versucht werden. Als Ersatzgröße für unternehmerische Aktivitäten bietet sich aus der relativ aktuellen Steuerstatistik die Zahl der Umsatzsteuerpflichtigen sowie das Gewerbesteueraufkommen für eine räumliche Abschätzung wirtschaftlicher Prosperität an. Es ist erstaunlich, daß die raumbezogenen Analysemöglichkeiten, die die Steuerstatistik bietet, von Geographen relativ selten genutzt werden (MISCHON, 1984; HOTZ/ HELLESHEIM, 1985; GEORG, 1986; LEIBFRITZ/THANNER, 1986; GRÄF, 1978, 1987e). In ähnlicher Weise lassen sich fehlende Angaben über die Zahl der Haushalte durch die relativ aktuelle Erfassung der Zahl von Wohnungen annähern.

Die Übersicht in Abb. 9 versucht eine Bewertung geeigneter Bezugsgrößen zur Darstellung kommunikativer Situationen zu geben. Zusammengefaßt läßt sich sagen, daß mit wenigen Ausnahmen räumliche Bezugsgrößen in Form von Gemeinden oder Nahbereichen sinnvoll sind, vor allem dort, wo es generell um das Vorhandensein von Einrichtungen geht. Bei den Bevölkerungsbezügen scheinen in nahezu allen Fällen Haushalte eine mindest ebenso gute Bezugsgröße wie Einwohnerzahlen darzustellen. Informationsmittel sind besonders eng an Haushalte, Wohnungen und Unternehmen gebunden.

- Indikatoren

Über die direkt erfaßbaren Kommunikations- und Informationssituationen hinaus wäre zu prüfen, inwiefern sich spezielle Kommunikationsindikatoren analysieren lassen, die weniger ein Prozeßstadium im Sinne des "Index" von HARTKE (1959) oder der Indikatoren von RUPPERT (1958, Sozialbrache) oder PAESLER (1976, Urbanisierung) anzeigen sollen, sondern eher im komplexen Sinne der Sozialindikatoren (THIEME 1985) versuchen sollen, die "kommunikative Situation" eines Raumes oder einer Bevölkerungsgruppe zu dokumentieren. SCHAMP (1972, S. 102f) hat solche Möglichkeiten im Rahmen eines Instrumentariums zur Beobachtung wirtschaftlicher Funktionalräume angedeutet (zur Telematik vgl. SCHÜTTE/TÜRKE, 1987).

Im weiten Sinne eines solchen indikativen Instrumentariums hätten beispielsweise aus dem Blickwinkel einer Gemeinde "Pendler" Indikatorcharakter für Außenkontakte am Arbeitsplatz und "Schüler" für altersgruppenspezifische, bildungsbedingte Kommunikationsbeziehungen.

4. Erhebungs-, Analyse- und Darstellungsmethodik

a) Datenerhebung

In Abschnitt 1 wurde zuvor die Datensituation mit den wichtigsten Datenquellen erläutert. Einige Basisdaten für die empirische Analyse, vor allem jene für die allgemeine Beschreibung der untersuchten Raumstrukturen, konnten die Statistischen Landesämter in Bayern und Baden-Württemberg zur Verfügung stellen. Daten zur Innovation und Diffusion telekommunikativer Infrastrukturen wurden durch Auswerten von Teilnehmerverzeichnissen

Abb. 9: Bezugsgrößenwahl für kommunikationsräumliche Darstellungen (Kommunikationssituation pro ...)

Kommunikationssituationen und -indikatoren	Geeignete Bezugsgrößen							
	BEVÖLKERUNG			WIRTSCHAFT			RAUM	
	Einwohner	Haushalte	Wohnungen	Betriebe	Beschäftigte	Steuerpflichtige	Gemeinde/Ortsteil	Nahbereiche
Persönliche Begegnung								
A: <u>WOHN- UND FREIZEITUMFELD</u>								
Bekannte, Kontakte	+	+						
Geschäfte	0						+	0
Vereine	+						+	
Vereinsmitglieder	+						+	+
Kulturelle Einrichtungen	+						+	
Gaststätten	0						+	
B: <u>ARBEITSUMFELD</u>								
Beschäftigte	+			+				
Arbeitspendler	+				0		0	
C: <u>BILDUNGSFELD</u>								
Schulen	0						+	+
Schüler	+							
Bildungsspender	+						+	+
Telekommunikation								
Postdienststelle	0						+	
Telefonanschl.	+		+				0	
Telematik[1]	0			+		+	0	
Information								
Tageszeitung	0		+					
TV oder Rundfunkgeräte	+		+				0	
Kabelanschlüsse	+		+				0	

+ = gut geeignet
0 = noch geeignet
(1 = Btx)

Entwurf: P. Gräf

(Telex, Teletex, Telefon, Btx und Datel) gewonnen bzw. greifen auf Daten der post- und fernmeldetechnischen Zentralämter der Deutschen Bundespost zurück. Branchenspezifische Anwendungsbeispiele der Telematik stützen sich auf Unterlagen der IHK für München und Oberbayern sowie der Unternehmen SIEMENS München, BMW München, BHW Hameln und DATEV Nürnberg.

Die Darstellung langfristiger Diffusions- und Retraktionsvorgänge der Post- und Fernmeldeeinrichtungen war flächendeckend für ein Testgebiet nur durch Auswertung zahlreicher Quellen in staatlichen und privaten Archiven möglich, die in den einzelnen Kapiteln benannt werden.

Für die Analyse raumbezogener Kommunikation konnten Unterlagen des Süddeutschen Verlages, des Verlages Heilbronner Stimme, des Pressegrosso Umbreit Stuttgart, des Württembergischen Wochenblatts für Landwirtschaft sowie Jahresstatistiken der Verbände IVW und ZAW ausgewertet werden.

Für die Analyse von Kommunikationsmustern privater Haushalte mußten mit wenigen Ausnahmen (z.B. Vereinswesen) alle Daten durch eigene Primärerhebungen gewonnen werden. Die Stichproben wurden getrennt nach drei Zielvariablen erhoben (vgl. auch Abschnitt 2):

- nach unterschiedlichen Wohnorttypen als Quellgebiete kommunikativer Verflechtungen (Bayern und Baden-Württemberg)
- nach dem Ziel der kommunikationsräumlichen Reichweitenerfassung einer Gemeinde (Pfedelbach/Hohenlohekreis)
- nach dem generativen Wandel des Kommunikationsverhaltens eines Familienverbandes (Mannheim, Heidelberg, Neckar-Odenwald-Kreis)

Die Primärdatenerhebung erfolgte in den Jahren 1985 und 1986. Durch problembezogene Gespräche (im Sinne eines Leitfadeninterviews) mit 72 Interessenvertretern unterschiedlicher Gruppen (Landratsamt, Bürgermeister, Lokalredaktionen, Pfarrer, Schulleitern, Volkshochschulleitung, Einzelhändlern und Vereinsorganisatoren), die als Schlüsselpersonen kommunikativer Infrastrukturen betrachtet wurden, konnten die durch standardisierte Fragebogen erhobenen, quantitativen Daten vertieft werden. In der Rückschau sind diese qualitativen Erhebungstechniken der Informationsgewinnung als unerläßliche Ergänzung zu bezeichnen, da die Erhebung kommunikativer Beziehungen, besser der Hintergrundeinflüsse über ihr Entstehen, sich großenteils einer standardisierten Befragung entziehen.

b) Analyse- und Darstellungsmethoden

Eine erste Sichtung des Datenmaterials erfolgte durch statistische Klassifizierungsmethoden. Häufigkeitsverteilungen, Abweichungen von arithmetischem Mittel und Median (Lokalisationsquotienten) sowie einfache Typisierungen ermöglichten die Erstellung leicht lesbarer Karten als Basisinformation kommunikativer und informationsbezogener Verbreitungsmuster. Auf dieser Grundlage aufbauend wurde anhand von multivariaten Verfahren der Faktorenanalyse, der Clusteranalyse, korrelativer und regressiver Zusammenhänge bzw. Schätzungen (u.a. Tschebyschew-Polynom) versucht, Wirkungszusammenhänge aufzudecken und komplexe räumliche Strukturen zu erklären.

Ergänzend wurden Konzentrationserscheinungen durch Lorenzkurven bzw. Gini-Koeffizienten dargestellt.

Als methodische Innovation wurde eine räumlich quantitative Schätzung der Telekommunikationsnachfage von Unternehmen entwickelt, die als planungsbezogene Umsetzung Entscheidungshilfen für telekommunikative Infrastrukturinvestitionen bieten kann. Zur speziellen Erfassung der kommunikativen Struktur (als Element einer räumlichen Gesamtstruktur) wurde als geographisch-angewandte Methode die einer partiellen Clusteranalyse entwickelt und deren typisierende Synthese als "synoptische Clusteranalyse" bezeichnet.

Für die Präsentation der Analyseergebnisse wurde neben zahlreichen Tabellen und einer Reihe erläuternder Graphiken thematischen Karten als spezifischem geographischen Arbeitsinstrument breiten Raum gewidmet. Der weitaus überwiegende Teil der Karten wurde mit Hilfe von Computerkartographie erstellt. Kartengrundlagen und Software sind Eigenentwicklungen (P. LINTNER) am Institut für Wirtschaftsgeographie der Universität München. Als besonders arbeitsaufwendig erwies sich die Digitalisierung einer Kreiskarte auf Ortsteilbasis (die als amtliches Kartenwerk nicht erhältlich ist), um unter Berücksichtigung der durch die Gebietsreform veränderten Außengrenzen die kartographische Informationsmöglichkeit wieder auf den räumlichen Detaillierungsgrad der Zeit vor der Gemeindegebietsreform zurückzuführen.

VII. INFORMATIONS- UND KOMMUNIKATIONSRÄUMLICHE AKTIVITÄTEN ALS EMPIRISCH-GEOGRAPHISCHES PHÄNOMEN

1. Kommunikationsraum als interdisziplinäres Forschungsobjekt

Die wissenschaftliche Diskussion zu kommunikativen Phänomenen, ihren Ursachen, Erscheinungsformen und Wirkungen bietet, wie schon erwähnt, zahlreiche Verknüpfungen zu sehr verschiedenen Disziplinen wie Psychologie, Soziologie, Ökonomie, Kommunikationswissenschaften (Publizistik) und Geographie, um nur einige Beispiele zu nennen. Relativ jung (in der deutschsprachigen Literatur seit etwa Mitte der siebziger Jahre) ist die Beschäftigung mit der räumlichen Dimension von Kommunikation. Überraschenderweise hat auch die Kommunikationswissenschaft dieses Forschungsfeld als empirische Wissenschaft erst vor rund zehn Jahren entdeckt (JARREN, 1986a, S. 310). Unabhängig vom erkenntnistheoretischen Akzent einer raumbezogenen Kommunikationsanalyse wird ihr Ansatz interdisziplinären Charakter tragen.

Raumbezüge können im Forschungsfeld von Information und Kommunikation in mehreren Ebenen angesetzt werden:

- nach den Reichweiten der Infrastrukturen
  (Massenmedien, Telekommunikation)
- nach vorgegebenen räumlichen Gebilden
  (lokal, regional, national, international)
- nach sozialen Distanzen bzw. sozialgeographischen Gruppen
  (schichtenspezifische Reichweiten)

Aus den Verknüpfungsmöglichkeiten dieser Klassifikation haben sich disziplinenspezifische Schwerpunkte der empirischen Forschung ergeben. In der Wirtschafts- und Sozialgeographie wurden kommunikationsräumliche Aspekte (nicht als reine Verbreitung kommunikativer Elemente zu verstehen) in den achtziger Jahren als eher lokales bzw. regionales Phänomen von räumlicher Identitäts- bzw. Bewußtseinsbildung diskutiert (vgl. u.a. STIENS, 1980, S. 315f; MEIER-DALLACH/HOHERMUTH/NEF/RITSCHARD, 1981, S. 27f; FLEMMING, 1985; BLOTEVOGEL/ HEINRITZ 1986, S. 103f).

Diese zuletzt genannten Ansätze stehen in enger Nachbarschaft zur vorwiegend lokal bezogenen (u.a. STUIBER, 1975; LANGENBUCHER, 1980a; FUCHS, 1984; DORSCH, 1978; AUTISCHER/ MAIER-RABLER, 1984), teilweise auch zur regional bezogenen (TEICHERT, 1982) Kommunikationsforschung der Publizistik. Kommunikationsraum im Sinne der vorgenannten Autoren bezog sich überwiegend auf lokale Wirkungen und Reichweiten der Massenkommunikation, denen nach RONNEBERGER (1980) u.a. stabilisierende und integrierende Funktionen beigemessen werden und die sich in erster Linie auf bereits abgegrenzte Gebietseinheiten (Stadtteil, Gemeinde) beziehen.

Diese Auffassung wird in wachsendem Maße als unbefriedigend empfunden, weil sie weder auf die differenzierten Reichweiten unterschiedlicher Gruppen noch auf die Bedeutung persönlicher Kommunikation eingeht. Was JARREN (1986a, S. 322) als komplexe Definition des Kommunikationsraumes im Sinne eines "offenen sozialen Systems" fordert, wurde im kommunikationsräumlichen Ansatz von REST/SIGNITZER (1982) als Kommunikationsraumanalyse für Österreich vorgelegt, die in enger Anlehnung an sozialgeographische Forschungsmethoden entwickelt wurde. REST/SIGNITZER definierten den Kommunikationsraum als "soziographisch zusammenhängendes Gebiet, eine Region mit einer gewissen gemeinsamen Kommunikations-

Infrastruktur, ein Raum als Bezugssystem für kommunikatives Handeln. Der Kommunikationsraum hat aber auch eine innere Dimension: Die Qualität von Strukturen und Verhaltensweisen" (ebenda, S. 563).

AUTISCHER/MAIER-RABLER (1984, S. 28) befürworten in ihrer stadtteilbezogenen Analyse prinzipiell den sozialgeographischen Ansatz, äußern sich jedoch kritisch gegenüber dem Konzept der Grundfunktionen menschlichen Daseins, da es qualitative Aspekte der Sozial- und Gesellschaftsstruktur vermissen läßt. Die nachfolgenden Abschnitte werden belegen, daß der Kritik ein Mißverständnis des sozialgeographischen Ansatzes zugrunde liegt.

Kommunikationsbezogene Ansätze in den Wirtschaftswissenschaften haben in den siebziger Jahren zunächst Eingang in Erklärungsansätze entscheidungsorientierten Informationsverhaltens in Unternehmen gefunden (u.a. WACKER, 1971; HEINEN, 1972; WITTE, 1972; KIRSCH, 1974; WITTE, 1975). Räumliche Bezüge waren hierbei vor allem auf innerbetriebliche bzw. zwischenbetriebliche Informationsströme gerichtet.

Mit der Einführung neuer Telekommunikationsdienste bzw. -techniken Anfang der achtziger Jahre begann unter Regional- und Wirtschaftswissenschaftlern eine lebhafte Diskussion um die wirtschaftsräumlichen Auswirkungen der Telekommunikation, insbesondere der Telematik (u.a. WITTE, 1980; EWERS, 1983; LANGE, 1984; SPEHL, 1985; THOMAS/SCHNÖRING, 1985; PICOT, 1985; KUBICEK, 1985; weitere siehe Kap. X). Das für das BMFT 1986 erstellte Gutachten zu den sozialräumlichen Folgen der IuK-Techniken zeigt schon durch seine Fülle von Literatur und Forschungsprojekten, welche Resonanz die räumliche Variable in zunehmendem Maße in den Wirtschaftswissenschaften findet.

Eine Kernfrage neben Aspekten räumlicher Diffusion der Telematiknutzung ist die Neubewertung des Faktors "Distanz" als unternehmerisches Kalkül, deren Standortrelevanz vor dem Hintergrund einer relativen Distanzneutralisierung durch hochwertige Telekommunikation für Bild, Graphik, Text und Daten überdacht werden muß (ABLER/FALK, 1981).

Zu den neuen Forschungsfeldern mit zunächst eher verdecktem räumlichen Bezug der Kommunikation zählen als unternehmerischer Verhaltensausdruck die Wirkungsmöglichkeiten von Unternehmenskultur (u.a. RÜTTINGER, 1986; HEINEN et al., 1987).

Letztlich sind in ihrem unmittelbar technisch-logistischen Zusammenhang kommunikationsräumliche Aspekte in der produktionsspezifischen räumlichen Vernetzung von Konstruktion, Produktionssteuerung (CNC) oder Zulieferorganisation ("just-in-time") zu erkennen, deren empirische Erfassung als Raumorganisation sich erst in den Anfängen befindet (u.a. LEMPA, 1987).

Kommunikationsräumliche Ansätze in der soziologischen Forschung waren in wesentlich stärkerem Maße auf die städtischen (stadtteilspezifischen) Kommunikationsreichweiten abgestellt als auf die Verhältnisse in ländlichen Räumen. Die Stadt als "Nachbarkreis und Verkehrskreis" (PFEIL, 1959), ihre "Kommunikationsmuster" (z. MERVELDT, 1971) und "Aktionsbereiche" (KUTTER, 1973) als "Interaktions- und Kommunikationssystem" (SPIEGEL, 1983) bietet schon von der Begriffswahl her Einblick in die disziplinspezifische Auffassung des Kommunikationsraumes. Gerade die Gegenüberstellung unterschiedlich strukturierter Teilbereiche (Stadtbezirke) unterstreicht das hohe Maß von Differenziertheit solcher Räume (u.a. HEIL, 1971), vor allem aber auch ihren relativ kontrapunktiven Charakter zu den ländlichen Lebensverhältnissen. Auch wenn BECKs (1952) "Kulturzusammenstoß" in Vorortgemeinden vom sozialen Wandel überformt wurde, verbleiben doch noch spezifisch ländlich kommunikative Muster (u.a. ZUREK, 1985; ILIEN/JEGGLE, 1978). Hier bieten sich wiederum zahlreiche interdisziplinäre Ansatzpunkte zur Geographie, wo ebenfalls (auch im Rahmen der Volkskunde KÖSTLIN/BAUSINGER, 1980) Bezüge zu regionalen Identitäten hergestellt werden (u.a. ALTKRÜGER-ROLLER/FRIEDRICH, 1982; CENTLIVRES et al., 1983).

2. <u>Nutzungsmuster von Informationsquellen</u>

Der erste Teil der empirischen Analyse zu kommunikationsräumlichen Aktivitäten stellt private Haushalte in den Vordergrund. Die kommunikationsräumlichen Aspekte der Unternehmen werden überwiegend in Kapitel X analysiert.

Ziel der in diesem Abschnitt dargestellten Analyseschritte ist die Ermittlung eines sozialgeographisch-kommunikationsräumlichen Ansatzes, um Reichweitensysteme als Räume "ähnlichen kommunikativen Verhaltens aus einer gruppenspezifischen Perspektive" zu formulieren. In einem Zeitreihenvergleich soll zunächst gezeigt werden, wie sich in einem Zeitraum von rund 50 Jahren die Adoptionsverhältnisse von Informationseinrichtungen bzw. -trägern in Haushalten geändert haben. Im zweiten Schritt werden schichtenspezifische Präferenzen für das Informationsangebot analysiert. In einem weiteren Abschnitt werden kommunikationsräumliche Verhaltensweisen bei der Individualkommunikation dargestellt und zu Reichweitenmustern aggregiert. Die Synthese der Teilergebnisse soll die Beschreibung haushaltsspezifischer Kommunikationsräume ermöglichen.

Die Datenbasis wurde durch eine schriftliche Befragung gewonnen, wobei eine relative Gleichverteilung der Befragung auf drei Raumkategorien angestrebt wurde. Die auswertbare Erhebungsbasis schwankt zwischen 192 und 312, je nach Vollständigkeit der Beantwortung (in den Tabellen angegeben). Es wurde mit der Befragung kein konkreter Raumbezug, sondern Ergebnisse für räumliche Strukturtypen angestrebt. Lokale Spezifika wurden durch Streuung zu eliminieren versucht, beispielsweise Erhebungen zum Typ "Verdichtungsraum" in München, Mannheim und Heidelberg.

Die Erhebung umfaßt alle wesensverschiedenen Haushaltsgrößen und eine schichtenspezifische Verteilung, in der die Grundschicht etwas unterrepräsentiert, die Oberschicht leicht überrepräsentiert ist. Da die Befragung sich an Haushalte richtete und der Haushaltsvorstand die Bezugsperson darstellte, ist der relativ geringe Anteil von Haushaltsvorständen unter 30 Jahren bei der Altersgruppengliederung folgerichtig. Die schichtenspezifische Differenzierung - soweit sie nicht auf den höchsten Schulabschluß zurückgreift - bezieht sich auf die Stellung im Beruf. Zur Grundschicht wurden einfache Angestellte, un- bzw. angelernte Arbeiter ohne besondere Berufsqualifikation gerechnet. Die untere Mittelschicht setzt sich aus Facharbeitern, Angestellten mit abgeschlossener Berufsausbildung (Bildungsvoraussetzung Mittelschule) sowie Beamten in einfachen, ausführenden Tätigkeiten zusammen. Die Berufsbilder der oberen Mittelschicht setzen in der Regel Abitur und Studium voraus und umfassen qualifizierte Tätigkeiten in Wirtschaft und Öffentlichem Dienst, z.B. Managementassistent, Lehrer u.a. Die Oberschicht ist vom Bildungsabschluß nur noch schwer von der oberen Mittelschicht zu trennen, der wesentliche Unterschied ist die Leitungsfunktion der Tätigkeiten und das in der Regel damit verbundene größere verfügbare Einkommen im Haushalt. Neben dem arbeitsrechtlichen Merkmal der Unabhängigkeit ist die Gruppe der Selbständigen nicht nach Bildungsbezug, sondern nach den verhaltensspezifischen Funktionsmerkmalen selbständiger Unternehmer abgegrenzt. Bildungsabschluß und verfügbare Einkommen umfassen in dieser Gruppe eine breite Spanne, ohne in regelhafter Abhängigkeit zueinander zu stehen.

Tabelle 2: Strukturmerkmale der Erhebung

a) Räumliche Gliederung	(%)
Verdichtungsräume	28,5
Mittelzentren außerhalb von Verdichtungsräumen	41,3
Ländlicher Raum	30,2

b) Schichtung nach Stellung im Beruf (Haushaltsvorstand)

Stellung	(%)
ohne Angabe	7,3
Hausfrau	
Unselbständige Tätigkeit:	
Grundschicht	4,8
untere Mittelschicht	42,9
obere Mittelschicht	15,9
Oberschicht (leitend)	25,9
Selbständige Tätigkeit:	3,2

c) Haushaltsgrößen

Personen im Haushalt	(%)
1	20,7
2	14,3
3	20,6
4	31,7
5	9,5
6	3,2

d) Altersstruktur der Haushaltsvorstände

Altersgruppe	(%)
unter 30	4,7
30 bis unter 50	66,6
50 bis unter 65	12,7
65 und älter	16,0

Quelle: Eigene Erhebung

a) Adoption der Haushaltsausstattung

Die Ausstattung von Haushalten mit informations- und kommunikationstechnischen Geräten bzw. Anschlüssen sowie das Verbreitungsmaß von Presseerzeugnissen in Haushalten ist in erster Linie ein Ergebnis der technischen Verfügbarkeit bzw. der Marktinnovation. In Abb. 10 ist für die Jahre 1930 - 1985 der Adoptionsgrad von Presseerzeugnissen und Informationstechnik in den Stichprobenhaushalten dargestellt (vgl. hierzu auch MEDIA-ANALYSE '85). Zunächst zeigt sich (Tabelle 3) beim Abonnement von Tageszeitungen, daß der Diffusionsprozeß nicht mit dem Lebensalter des Haushaltes bzw. des Haushaltsvorstandes in interpretationsfähiger Korrelationsbeziehung steht.

Tabelle 3: Korrelation Lebensalter und Nutzungsdauer in Jahren

Abonnem.-Tageszeitung	0,15	+
Kaufzeitung	- 0,09	
Illustrierte	0,16	
Wochenzeitung	0,19	+
Radiogerät	0,77	++
Fernsehgerät	0,16	+
Telefon	0,31	++
Computer	0,15	+

(Signifikanzniveau ++ = 0,05, + = 0,1)   N = 192

Quelle: Eigene Erhebung

Der Korrelationskoeffizient gibt auch Hinweise auf die kontinuierliche bzw. diskontinuierliche langfristige Diffusion. Als kontinuierlich in diesem Sinne ist nur die Einführung des Radiogerätes in Haushalten zu bezeichnen. Insbesondere in den Jahren nach 1960 kann man von einem beschleunigten Phasendurchlauf der Diffusion bzw. Marktsättigung sprechen.

Abb. 10 ADOPTIONSPROZESS DER HAUSHALTAUSSTATTUNG 1930-1985

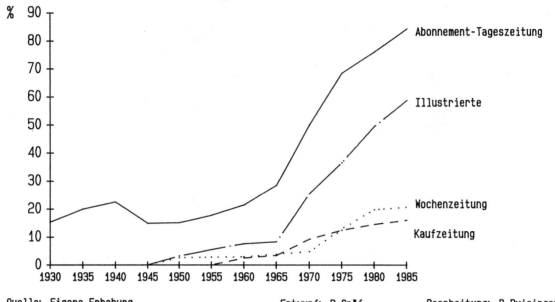

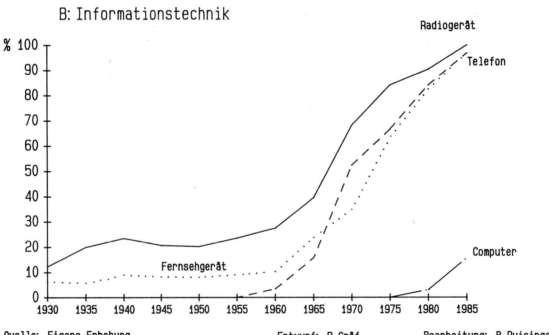

Zwischen 1930 und 1960 stieg der Ausstattungsgrad der Tageszeitung von 15,4% auf 21,5%, bei Radiogeräten von 12,3% auf 27,5%. In der nahezu gleichen Zeitspanne zwischen 1960 und 1985 stieg (Werte beziehen sich auf die eigene Erhebung) die Adoption der Tageszeitung von 21,5% auf 84,4%, beim Radiogerät von 27,5% auf 100% und beim Fernsehgerät von 3,4% auf 96,8% bzw. beim Telefon von 10,3% auf 96,8%.

Für die kommunikationsräumliche Betrachtung ist jedoch nicht allein die Diffusionsgeschwindigkeit von Bedeutung, sondern vielmehr die Frage, welche der neu hinzutretenden Informations- und Kommunikationsmöglichkeiten direkte räumliche Bezüge aufweisen. Von den 8 analysierten Trägern bzw. Techniken haben nur 3 eine unmittelbar den Aktionsraum des Nutzers tangierende Bedeutung: Tageszeitung (lokal), Rundfunk (regional) und Telefon (interaktiv, im Schwerpunkt lokal/regional). Zwar stellen Fernsehgerät, Kaufzeitung, Wochenzeitung und Illustrierte in der Regel auch eine Erweiterung des Informationsraumes dar, sie sind aber für alltägliche kommunikationsräumliche Beziehungen von untergeordneter Bedeutung.

Gerade jene zuletzt genannten Einrichtungen haben jedoch im vergangenen Jahrzehnt die größten Zuwachsraten zu verzeichnen. Es ist noch offen, inwiefern die Verbreitung von Computern in Haushalten ihre Nutzung als externes Informationsinstrument (z.B. Btx) in den kommenden Jahren rasch beschleunigen wird, sofern man die Diffusion heute nicht als kostengehemmt, sondern als generativ erfahrungsgehemmt betrachtet.

Das etwas diffuse Verständnis von "Erfahrung" ist vornehmlich ein Wirkungsfeld berufs- und bildungsbedingter Wahrscheinlichkeit oder Notwendigkeit, mit neuen Techniken bzw. Informationsträgern frühzeitig in Kontakt zu kommen. Hinweise auf solche Zusammenhänge gibt Tabelle 4, in der nur bei Wochenzeitungen (befragungstechnisch "Die Zeit") und Computerausstattung positive Korrelationen vorliegen. Signifikant und wertmäßig interpretationsfähig ist die negative Korrelation zwischen Bildungsabschluß und Adoption von Kaufzeitungen (vgl. KLINGEMANN/KLINGEMANN, 1983).

Kein erkennbarer Zusammenhang ergab sich aus der Adoption der Einrichtungen von Telefon bzw. Telefonausgaben und den bereits vorhandenen Einrichtungen im Haushalt der Eltern, so daß die Wirkung erfahrungsbedingter Defizite auf den Diffusionsvorgang zeitlich relativ eng beschränkt erscheint, danach wird eher eine nutzenspezifische Entscheidung im Haushalt gefällt. Die schichtenspezifische Differenzierung zeigt in ihrer als ökonomischer Indikator aufgefaßten Variante (Stellung im Beruf, im Sinne von verfügbarem Einkommen) die gleiche Tendenz wie die der bildungsbezogenen Interessenlage des höchsten Schulabschlusses.

Tabelle 4: Korrelative Zusammenhänge von zeitlicher Adoption, Berufsschichtung und Schulbildung des Haushaltsvorstands

IuK-Feld	Berufsschichtung		Höchster Schulabschluß	
	Korr.	Sign.	Korr.	Sign.
Tagespresse Abo.	- 0,20	+	- 0,16	
Tagespresse Kaufzeit.	- 0,24	+	- 0,46	++
Illustrierte	- 0,23	+	- 0,33	+
Wochenzeitung	0,18		0,23	+
Radiogerät	- 0,27	+	- 0,24	+
Fernsehgerät	- 0,37	++	- 0,31	++
Telefon	- 0,21	+	- 0,24	+
Computer	0,10		0,01	

N = 192   ++ = Signifikant 0,01   + = Signifikant 0,05

Quelle: Eigene Erhebungen   Entwurf: P. Gräf

b) Inhaltsspezifische Bewertungen als kommunikationsräumlicher Indikator von Informationsträgern

Die Darstellung von Adoptionsgraden ist eine Grundinformation über kommunikationsräumliche Potentiale eines Haushaltes, einer Gruppe oder eines Raums. Weitere Aufschlüsse über die reale Bedeutung geben jedoch ansatzweise erst die Interessenlagen, d.h. die Bewertung angebotener Inhalte der Informationsträger sowie die tatsächliche Nutzung der Kommunikationseinrichtungen.

Zur systematischen Bewertungsmöglichkeit wurden die Informationsangebote von Presse (Tageszeitung) und Fernsehen in sieben Informationssegmente aufgeteilt (vgl. Tab. 5), die vom Befragten in eine Reihenfolge der für ihn (Haushaltsvorstand) bestehenden Interessenhierarchie zu bringen war. Nach der zu Beginn des Kapitels erläuterten schichtenspezifischen Differenzierung wurden gewichtete Mittelwerte der Bewertung für die einzelnen Informationssegmente gebildet. Unter Berücksichtigung, daß sich hinter den Mittelwerten sehr unterschiedliche Spannweiten verbergen können, geben sie ein relatives Maß informationsbezogener Interessen, die mit Einschränkungen auf den Haushalt zu übertragen sind. Die Einschränkungen beziehen sich darauf, daß nicht alle Mitglieder von Mehrpersonenhaushalten in gleichem Maße und mit gleichen Interessen sich der vorhandenen Informationsmöglichkeiten bedienen. Dennoch ist die Bewertungsdarstellung ein Indikator für eine funktionale Umsetzung vor allem im lokalen Kommunikationsraum.

Die Informationsinhalte selbst werden als Elemente mit unterschiedlicher Affinität zu räumlichen Handlungen betrachtet:

Hohe Raumrelevanz: (kontinuierlicher IuK-Raum)	Lokales, Regionales, z.T. Sport, z.T. Werbung (Einzelhandelsstandorte)
Moderate Raumrelevanz: (sporadischer IuK-Raum)	Nachrichten, Witschaft, Kultur, Politik
Geringe oder keine Raumrelevanz:	Politik, z.T. Sport, Unterhaltung, Produktwerbung

Die Verknüpfung von schichtenspezifischer Bewertung und räumlichem Relevanzmaß ermöglicht eine Aussage über die Wirkungssensibilität des kommunikationsräumlichen Systems bei einer Änderung des Informationsangebots (beispielsweise durch Einführung lokalen Rundfunks).

Die bildungsbezogene Schichtung der Interessenhierarchie zeigt sowohl bei der Tageszeitung wie auch beim Fernsehen eine ausgeprägte Differenzierung. Mit steigendem Bildungsgrad verlagert sich der Interessensschwerpunkt bei der Tageszeitung deutlich vom lokalen Geschehen zu Informationen, die zwar raumbezogen (Nachrichten, Wirtschaft, Politik) sind, aber in der Regel außerhalb des haushaltsspezifischen Aktionsraums liegen, sieht man von Informationen zu Urlaubs- und Naherholungsreisen ab (vgl. DATZER, 1983, S. 299).

Wertet man "Sport" als Indikator für Vereinsinteressen im Sportbereich, so zeigt sich die mittlere Bildungsschicht als besonders interessiert, d.h. lokal integrierbar. Auffällig sind ferner die Bewertungsunterschiede zwischen den Informationsträgern. Fernsehen als Nachrichteninstrument (knappe, bereits selektierte Information) erreicht in allen Bildungsstufen eine höhere Bewertung als in der Tageszeitung, im Segment "Politik, Wirtschaft" liegen die relativen Bewertungsunterschiede bei Haupt- und Mittelschulabschluß spiegelbildlich. Insgesamt wird das geringste Bedeutungsmaß dem Werbefernsehen zugeordnet, das sich in der Bewertung deutlich von der stärker standortbezogenen Werbung der Tagespresse abhebt.

Tabelle 5: Schichtenspezifische Bewertung der Inhalte von Tagespresse und Fernsehen (Interessenhierarchie) nach Bildungsabschluß
(Spanne: 1 = hoch, 7 = niedrig)

PRESSE	INFORMATIONSSEGMENTE						
Höchster Bildungsabschluß	Nachrichten	Politik Wirtsch.	Lokales Regionales	Werbung	Sport	Unterhaltung	Kultur
Hauptschule	3,0	2,9	2,3	4,8	3,2	4,5	4,7
Mittelschule	1,7	1,9	2,6	5,8	2,9	4,4	3,7
Abitur/Hochschule	1,9	2,6	2,8	5,8	4,1	5,4	4,0
FERNSEHEN							
Hauptschule	1,4	3,5	3,5	6,1	3,1	3,5	4,3
Mittelschule	1,4	4,0	4,3	6,3	2,7	3,1	3,6
Abitur/Hochschule	1,3	2,6	5,1	6,8	3,8	3,6	4,2

N = 192   Quelle: Eigene Erhebung

Nicht deckungsgleich, aber in Teilaspekten ähnlich der geschilderten Situation ist die Schichtung nach der Stellung im Beruf. Bei den Nutzungsinteressen der Tageszeitung besteht bei der Grundschicht die geringste Bewertungspolarität (2,0 - 4,3), was auf eine gruppenspezifische Heterogenität der Bewertung schließen läßt.

Tabelle 6: Schichtenspezifische Bewertung der Inhalte von Tagespresse und Fernsehen (Interessenhierarchie) nach Stellung im Beruf
(Spanne: 1 = hoch, 7 = niedrig)

PRESSE	INFORMATIONSSEGMENTE						
Stellung im Beruf	Nachrichten	Politik Wirtsch.	Lokales Regionales	Werbung	Sport	Unterhaltung	Kultur
Grundschicht	2,6	3,0	2,0	2,3	4,3	4,2	3,4
untere Mittelschicht	2,2	2,9	2,8	5,5	3,0	4,8	3,8
obere Mittelschicht	2,0	2,9	1,7	4,2	4,3	5,6	4,5
Oberschicht	1,8	2,5	3,1	6,0	3,9	4,6	3,9
FERNSEHEN							
Grundschicht	1,6	2,7	3,5	5,0	2,0	3,6	3,3
untere Mittelschicht	1,3	3,5	4,4	6,4	3,1	3,1	4,4
obere Mittelschicht	1,0	2,8	5,5	7,0	4,3	3,6	4,1
Oberschicht	1,4	2,6	4,9	6,6	3,9	3,5	4,2

N = 192   Quelle: Eigene Erhebung

Mit steigendem Schichtniveau nimmt die Polarität, d.h. die Eindeutigkeit der schichtenspezifischen Bewertung für einzelne Informationssegmente (1,8 - 6.0) zu. Insgesamt ausgeprägter sind die Polaritäten in der Fernsehnutzung, besonders in der Beurteilung durch die obere Mittelschicht.

Versucht man die Ergebnisse auf den Nenner der Informationsträger zu reduzieren, dann wird die Tagespresse kommunikationsräumlich als Informationsinstrument des lokalen und regionalen Geschehens bewertet, dessen Informationsgehalt aus der Raumkenntnis des Lesers heraus offenbar nicht jenem visuellen Reiz erliegt, der vom überregionalen Nachrichtengeschehen des Fernsehens ausgeht. Die Bewertung der Pressewerbung durch die Grundschicht, die sich mehr als doppelt so hoch im Vergleich zu den anderen Schichten zeigt, spiegelt sich auch in der Nutzungsintensität wider, die in Tabelle 7 als güterspezifisches Nutzungsmuster dargestellt ist.

Tabelle 7: Häufigkeit der güterspezifischen Nutzung von Werbeinformationen als schichtenipezifisches Phänomen (Spanne: 1 = immer, 4 = nie)

Schichtung	Fristigkeit des Bedarfs		
	kurz Lebensmittel	mittel Bekleidung	lang Möbel
Stellung im Beruf			
Grundschicht	1,6	2,4	3,5
untere Mittelschicht	2,0	3,4	3,3
obere Mittelschicht	2,4	2,7	3,5
Oberschicht	3,0	3,1	3,4
Höchster Bildungsabschluß			
Hauptschule	1,9	3,0	3,5
Mittelschule	2,0	2,8	3,5
Abitur/Hochschule	2,6	2,8	3,3

N = 192　　　　　　　　　　　　　　Quelle: Eigene Erhebung

Tabelle 7 beinhaltet ein Wahrnehmungsmaß für Werbung beim Lebensmitteleinkauf (Sonderangebote), das vor allem bei der Grund- und unteren Mittelschicht starke Beachtung findet. Es kommt ferner klar zum Ausdruck, daß die Fristigkeit des Bedarfs den Wahrnehmungswert gegenüber der Werbung stark beeinflußt, wie auch die Schichtung nach dem Schulabschluß nochmals zeigt. Hieraus läßt sich die These folgern (die in Kap. IX vertieft analysiert wird), daß informations- und kommunikationsräumliche Strukturen sich gerade dann als raumwirksame Rahmenbedingungen zeigen, wenn sie aktionsräumliche Bereiche berühren, die ein relativ rasches Reagieren auf die Information erfordern, z.B. bei Sonderangeboten, Veranstaltungshinweisen, Naherholungsvorschlägen u.a..

Als Brücke zwischen Informationsbeschaffung durch Informationsträger und interpersonalem kommunikativem Austausch von Information sowie als weiteres funktionales Beispiel für die Bedeutung des lokalen Informationsträgers Tageszeitung wurde die Entscheidungssituation "Wohnungssuche" als Informationsbeschaffungsproblem formuliert (vgl. DICKEN/LLOYD, 1984, S. 272).

Tabelle 8: Stellenwert von Informationsquellen bei Wohnungssuche

Info-Quelle	Berufsschichtung des Haushaltsvorstandes			
	Grund-,	unt. Mittel-,	obere Mittel-,	Oberschicht
Anzeigen	1,0	1,5	1,8	1,6
Makler	2,0	2,6	2,7	2,7
Bekannte	1,8	1,7	1,7	1,3
Sonstige	2,5	1,6	3,0	2,4

N = 192　　(Mögliche Positionierung 1- 4)　　Entwurf: P. Gräf

Die schichtenspezifische Analyse läßt auch bei dieser Informationsnutzung tendenziell eine größere Abhängigkeit der Grund- und unteren Mittelschicht von formalisierten Informationsträgern (Immobilienanzeigen, Makler) erkennen, während die oberen Schichten eine

Emanzipation von diesen Zwängen durch höhere Bewertung kommunikativer Kontakte im Bekanntenkreis erkennen lassen. Inwieweit lagetypische oder unterschiedlich außenorientiertes, kommunikationsräumliches Verhalten im Hintergrund stehen kann, wird im nachfolgenden Abschnitt näher zu klären versucht.

c) Raumbezogene Folgerungen

Die Problematik der Rezipientenforschung in der Kommunikationswissenschaft ist von zahlreichen Autoren aufgegriffen worden (vgl. u.a. INFRATEST, 1980; FRÜH, 1983, S. 327f; STEINBERG, 1984, S. 536f, TEICHERT, 1986, S. 421f; BESSLER, 1987, S. 117f). Erhebungstechnisch genügt in der Regel nicht, wie oben bereits angedeutet, die Feststellung der Adoption, d.h. beispielsweise des Zeitungsabonnements oder des Telefonanschlusses, um daraus funktionalräumliche Folgerungen zu ziehen. HALLER (1985, S. 148) nannte die methodische Fehlerquote der Reichweitenbestimmung von Tageszeitungen "Möchtegern-Leser", wenn entweder das Abonnement der Zeitung oder die Regelmäßigkeit des Lesens der Erfassung der Reichweite zugrundegelegt wurden (ebenda, S. 152).

Auch sind altersspezifische Nutzungsdifferenzen der Medien ausführlich dokumentiert (neben MEDIA-ANALYSEN vor allem HORN/ECKARDT, 1986, S. 90f), die z.B. bei älteren Menschen durch die überdurchschnittliche Bedeutung der Zeitung für lokale Information (vor allem bei fehlenden persönlichen Kontakten) (ebenda, S. 100) oder die mit dem Alter zunehmende, nahezu alle Informationsbedürfnisse abdeckende Hinwendung zum Fernsehen und tendenzielle Abkehr vom Hörfunk zu belegen sind. Ferner spielen die sich ergänzenden Beziehungen zwischen den den Kommunikationsraum abdeckenden Informationsträgern und der Reichweite persönlicher Kommunikation eine nicht zu unterschätzende Rolle (KLUTHE, 1973, S. 286).

Das Erwähnen der vorangehenden Sachverhalte sollte dem Eindruck entgegenwirken, es sei zahlreichen anderen eine weitere Fallstudie hinzugefügt worden. Die dargelegten Analyseergebnisse der Literatur sollen zu einem raumbezogenen Ansatz erweitert werden, um zu präzisieren (was in der Rezipientenforschung bislang nicht vorliegt), welche Determinierung in Kommunikationsräumen eigentlich vorliegt. Hat die "Provinz", die ENNEMANN (1980, S. 147f) beschreibt, ihren eigenen Zeitungslesertyp, weil Angebotsformen der Stadt, beispielsweise Stadtteilzeitungen, in ihrer sublokalen Bedeutung (u.a. JARREN, 1983; REISBECK, 1983, S. 51f) oder alternative Zeitungen (DORSCH, 1982, S. 660f; EURICH, 1983, S. 13f) fehlen? Was würde sich dann kommunikationsräumlich im Verhalten ändern, wenn in den "unterversorgten" Gebieten neue Angebotsformen hinzukämen, beispielsweise in Form der "Neuen Medien"? Unter sozialgeographischer Perspektive ist daraus abgeleitet zu prüfen, ob die Beschreibung kommunikationsräumlichen Verhaltens sich stark an raumtypische Situationen anlehnen muß, was sozialstatistische Merkmale wie Alter, Beruf oder Bildung in ihrer raumneutralen Verallgemeinerung im Aussagewert stark schwächen würde.

Im folgenden Abschnitt wird deshalb zu klären versucht, inwiefern ein raumtypisches kommunikatives Verhalten zu beobachten ist.

3. <u>Kommunikationsräumliches Verhalten als haushaltsspezifisches Verflechtungsmuster</u>

a) Räumliche Kontaktmuster

Die Weiterführung der Analyse untersucht die Reichweiten relativ stabiler Kommunikationsmuster der Haushalte anhand persönlicher Begegnung, brieflicher und telephonischer Kontakte. Als stabil werden Kontakte zu anderen Haushalten betrachtet, wenn mehr als 4 eigene Kontaktaufnahmen pro Jahr erfolgen, d.h. die Schwelle reiner "Festtagskontakte" überschritten ist.

Neben der Reichweitenbestimmung ermöglicht die Auswertung auch eine Einschätzung der Relation von direkten zu telekommunikativen Kontakten, die sich als Substitutionspotential einer erweiterten Telekommunikationnutzung in privaten Haushalten interpretieren lassen.

Tabelle 9: Intensitäten persönlicher Begegnung und telekommunikativer Kontakte (mehr als 4 gleichgerichtete Kontakte pro Jahr)

Private Haushalte N = 312

a) Differenzierung nach HAUSHALTSGRÖSSE (in %)

Relationen abs. Haushaltsgröße	1-4	5-9	10-14	15-19	20-24	Summe
1 Pers.	27,9	42,6	-	14,8	14,8	100,0
2-3 Pers.	17,7	54,6	13,8	13,8	-	100,0
4-6 Pers.	28,9	62,0	-	9,1	-	100,0

(Chi^2: 70,3; 8 Fg; Sign. 0.000)

b) Differenzierung nach ALTER DES HAUSHALTSVORSTANDS (in %)

Relationen abs. Alter HHV	1-4	5-9	10-14	15-19	20-24	Summe
25 - u. 50	22,3	53,3	3,9	16,6	3,9	100,0
50 - u. 65	22,0	78,0	-	-	-	100,0
65 u. älter	39,4	33,3	27,3	-	-	100,0

(Chi^2: 59; 8 Fg; Sign. 0,000)

c) Differenzierung nach HÖCHSTEM SCHULABSCHLUSS (in %)

Relationen abs. Schulabschluß	1-4	5-9	10-14	15-19	20-24	Summe
Hauptschule	43,8	31,6	12,3	12,3	-	100,0
Mittelschule	40,8	40,8	18,4	-	-	100,0
Abitur/Fachhochschule	3,2	96,8	-	-	-	100,0
Hochschule	13,8	62,3	-	18,2	5,7	100,0

(Chi^2: 103,6; 12 Fg; Sign. 0,000)

d) Differenzierung nach STELLUNG IM BERUF (in %)

Relationen abs. Stellung im Beruf	1-4	5-9	10-14	15-19	20-24	Summe
Grundschicht	43,8	-	-	56,2	-	100,0
unt. Mittelsch.	25,8	30,8	14,5	8,9	-	100,0
obere Mittelsch.	13,4	59,7	-	26,9	-	100,0
Oberschicht	15,3	72,2	-	-	12,5	100,0
Selbständige	100,0	-	-	-	-	100,0
Hausfrauen	58,3	41,7	-	-	-	100,0

(Chi^2: 170,2; 24 Fg; Sign. 0,000)

Quelle: Eigene Erhebungen

Zunächst wurde in Tab. 9 a-d nach den Merkmalen Haushaltsgröße, Alter, Schulabschluß und Stellung im Beruf gegenübergestellt, zu wievielen Haushalten überhaupt Kontakte unter den beschriebenen Voraussetzungen vorhanden sind. Reichweite im Sinne von Distanz zu eliminieren, also persönliche Begegnung und telekommunikative Kontakte gemeinsam zu betrachten, lenkt den Blick zunächst auf das Verhalten eines Haushaltes generell. Als besonders kommunikationsintensiv erweisen sich Einpersonenhaushalte, Haushalte, deren Vorstände jünger als 50 Jahre sind und Oberschicht-Haushalte. Besonders bemerkenswert ist das Ergebnis, daß unabhängig von allen dargelegten sozialstatistischen Differenzierungen in der Regel 80% der Haushalte weniger als 10 stabile Kontakte zu anderen Haushalten aufrechterhalten. Schätzt man den Anteil rein familiärer Verflechtungen auf 30 - 50%, dann zeigt sich deutlich, wie beschränkt das Nachfragevolumen im privaten Kommunikationsraum ist. Ohne voreilige Schlüsse ziehen zu wollen liegt doch die Frage nahe, ob eine distanzneutrale Gebührenpolitik der Telekommunikation tatsächlich zu einer Ausweitung privater Kommunikationsräume führen würde oder nur zu einer Intensivierung der bestehenden Verflechtungen. Für eine kommunikationsräumliche Analyse stehen neben der Dichte der Verflechtungen vor allem die räumlichen Beziehungen im Vordergrund des Interesses. Nach KARLSSON (1967) wird die Kommunikationssituation durch eine geographische und soziale Distanz zwischen Personen beschrieben (vgl. KROEBER-RIEHL, 1984, S. 506). Ähnlich wie bei HÄGERSTRANDs Simulationsmodell der Kontaktwahrscheinlichkeit gilt nach HOFSTÄTTER (1966, S. 313) eine von der Bevölkerungszahl der Verflechtungsorte und ihrer Distanz abhängige Wahrscheinlichkeit der Kontaktzahl (Gravitationsmodell).

Nach den eigenen empirischen Erhebungen (Tabelle 10) gilt die mit wachsender Distanz abnehmende Kontaktwahrscheinlichkeit nur im regionalen Rahmen (vgl. auch KERSTIENS-KOEBERLE zum Wohnumfeld, 1979, S. 191f), d.h. für den Raum der persönlichen Begegnung. Über diese Distanzen hinaus scheinen die Verflechtungen des Kommunikationsraums durch ausbildungs- oder berufsbedingte Wanderungen geprägt zu sein (vgl. auch BECKER/BURDACK, 1987, S. 99f).

Tabelle 10: Kommunikative Reichweiten im Spiegel der Ausbildungssituation (Höchster Schulabschluß)

Reichweiten gruppen (km)	-u.20	20-u.50	50-u.100	100-u.500	500 u.mehr (ohne Übersee)	Übersee
Höchster Schulabschluß						
Hauptschule	27,8	11,1	13,8	30,6	15,2	1,5
Mittelschule	23,4	34,0	10,6	25,5	6,5	-
Fachhochschule	58,1	16,1	9,7	12,9	-	3,2
Hochschule	23,1	17,3	15,3	30,1	11,5	2,7
arithmetisches Mittel	33,1	19,6	12,4	24,8	8,3	1,9

(Chi^2: 33; 18 Fg; Sign. 0,013) Quelle: Eigene Erhebungen

Unterstrichen wird diese Auffassung durch die raum- bzw. ortstypische Aufgliederung der Verflechtungen. In Abb. 11 ist die häufigste und zweithäufigste Verflechtung von Quell- und Zielraum dargestellt. Die entsprechenden Anteilswerte sind in Tabelle 11 aufgeführt. Es wurden bewußt die beiden wichtigsten Häufigkeiten für die Darstellung herangezogen, da die ausschließliche Berücksichtigung des Maximalstroms eine irreführende Interpretation der kommunikationsräumlichen Verhältnisse nach sich ziehen würde.

Abb. 11: Kommunikative Verflechtungen privater Haushalte
Raum- und Ortstypen
(Süddeutschland 1986, N = 312)

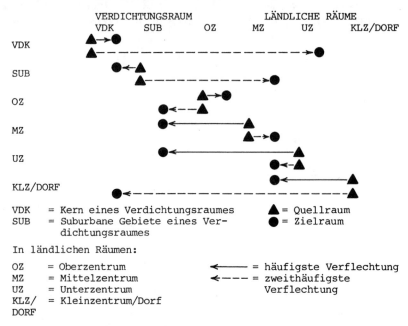

VDK = Kern eines Verdichtungsraumes   ▲ = Quellraum
SUB = Suburbane Gebiete eines Ver-   ● = Zielraum
        dichtungsraumes

In ländlichen Räumen:

OZ = Oberzentrum   ⟵——— = häufigste Verflechtung
MZ = Mittelzentrum   ⟵--- = zweithäufigste
UZ = Unterzentrum   Verflechtung
KLZ/ = Kleinzentrum/Dorf
DORF

Tabelle 11: Relativer Anteil von häufigster und zweithäufigster Verflechtung im Kommunikationsraum privater Haushalte

Raumtyp:	VDK	SUB	OZ	MZ	UZ	KLZ/DO
Häufigste Verflechtung	54,8	29,9	42,9	31,2	29,4	30,0
Zweithäufigste Verflechtung	16,1	20,8	28,6	26,1	23,5	20,0
Summe	70,9	50,7	71,5	56,3	52,9	50,0

Entwurf: P. Gräf, Eigene Erhebungen

Von einer "Isolierten Welt des Lokalen" (SCHÖNBACH, 1978, S. 260f) kann möglicherweise auch heute noch bei den Tageszeitungen gesprochen werden, nicht jedoch im privaten Kommunikationsraum. Alle Raumtypen haben an erster oder zweiter Häufigkeitsposition stabile Kontakte zu Verdichtungskernen, was den durchschnittlichen Anstieg der Kontakthäufigkeit in der Entfernungsklasse 100 bis unter 500 km erklärt (Abb. 11).

b) Kommunikative Intensität persönlicher Begegnungen, brieflicher und telekommunikativer Kontakte

Kommunikationsräumliche Systeme lassen nicht nur ein Reichweitenmuster, sondern auch ein Intensitätsmuster von Interaktionen erkennen. In einfacher Form, ohne auf inhaltliche oder funktionale Hintergründe des Verhaltens Bezug zu nehmen, läßt sich die Intensität anhand der Häufigkeit der aufgenommenen Kontakte darstellen. In den nachfolgenden Tabellen 12 - 14 wurde die Zahl der Besuche, die Zahl der Briefe sowie die Zahl der Telefonanrufe nach alters-, bildungs- und berufsspezifischen Differenzierungen dargestellt.

Tabelle 12: Persönliche Begegnungen als kommunikative Intensität
Private Haushalte (Süddeutschland 1986, N = 312)
(Kontakte mit mehr als vier Verbindungen pro Jahr)

a) Differenzierung nach dem ALTER des HAUSHALTSVORSTANDES (in %)

Zahl der Besuche pro Jahr	1-9	10-19	20-49	50-99	100-199	Summe
Altersgruppe:						
25 - u. 50	65,8	11,5	15,3	2,8	4,6	100,0
50 - u. 65	65,9	17,0	8,5	4,3	4,3	100,0
65 u. älter	66,6	4,2	16,7	12,5	-	100,0

(Chi^2: 19,9; 10 Fg; Sign. 0,029)

b) Differenzierung nach HÖCHSTEM SCHULABSCHLUSS (in %)

Zahl der Besuche pro Jahr	1-9	10-19	20-49	50-99	100-199	Summe
Höchster Schulabschluß:						
Hauptschule	77,0	9,8	9,8	1,7	1,7	100,0
Mittelschule	52,8	10,0	20,0	12,5	4,7	100,0
Fachhochschule	51,7	17,2	13,7	6,9	10,5	100,0
Hochschule	67,7	12,1	14,8	2,0	3,4	100,0

(Chi^2: 33,1; 30 Fg; Sign. 0,3)

c) Differenzierung nach der STELLUNG IM BERUF (in %)

Zahl der Besuche pro Jahr	1-9	10-19	20-49	50-99	100-199	Summe
Stellung im Beruf:						
Grundschicht	62,4	18,7	6,3	6,3	6,3	100,0
unt. Mittelsch.	63,9	11,1	12,9	5,5	6,6	100,0
obere Mittelsch.	69,8	11,1	12,6	4,8	1,7	100,0
Oberschicht	66,6	9,1	18,2	-	6,1	100,0
Selbständige	77,8	22,2	-	-	-	100,0
Hausfrauen	50,0	-	37,5	12,5	-	100,0

(Chi^2: 170,2; 24 Fg; Sign. 0,000)
Quelle: Eigene Erhebungen

- Persönliche Begegnung

Direkte, unvermittelte Kontakte können als die Basis eines kommunikationsräumlichen Systems angesehen werden. Sie gelten nicht nur in ländlichen Räumen (METZ, 1982, S. 179), sondern auch in städtischen Quartieren als entscheidendes Beziehungsgeflecht räumlicher Nutzung und Integration im mehr oder weniger weit gefaßten Wohnumfeld (u.a. HEIL, 1971, KEMPER, 1980). Unabhängig von der Barriere der Distanz (die innerstädtisch schon nach wenigen Kilometern eintreten kann, wie KEMPER (1980) zeigt) weisen zwei Drittel aller persönlichen Begegnungen im Jahresschnitt eine Frequenz von weniger als einem Besuch pro Jahr auf. Eine erhebliche Rolle im Intensitätsmuster spielen familiäre Kontakte im Nahbereich, von denen in der Regel die Gruppe mit mehr als 100 Besuchen pro Jahr geprägt ist. Grund- und untere Mittelschicht erweisen sich als relativ besuchsfreudiger als die übrigen Schichten (vgl. auch KERSTIENS-KOEBERLE, 1979, S. 118f; FREIST, 1977, S. 96f). Senioren wie auch die Haushalte der mittleren Bildungsgruppe (Haushaltsvorstand) tendieren zu den kommunikationsfreudigeren Gruppen.

Tabelle 13: Nutzungsintensität des Briefverkehrs für private
Kontakte
(Kontakte mit mehr als vier Verbindungen pro Jahr, N
= 312)

a) Differenzierung nach dem ALTER des HAUSHALTSVORSTANDES (in %)

Abgehende Briefe/Jahr	keine	1-9	10-19	20-60	Summe
Altersgruppe:					
25 - u. 50	54,5	36,7	5,7	3,1	100,0
50 - u. 65	54,0	42,0	4,0	-	100,0
65 u. älter	54,5	24,2	9,1	12,2	100,0

(Chi^2: 11,5; 6 Fg; Sign. 0,07)

b) Differenzierung nach HÖCHSTEM SCHULABSCHLUSS (in %)

Abgehende Briefe/Jahr	keine	1-9	10-19	20-60	Summe
Höchster Schulabschluß:					
Hauptschule	54,8	37,0	2,7	5,5	100,0
Mittelschule	67,3	24,5	6,2	2,0	100,0
Abitur/Fachhochschule	38,7	41,9	9,7	9,7	100,0
Hochschule	53,5	38,3	6,3	1,9	100,0

(Chi^2: 12,9; 9 Fg; Sign. 0,162)

c) Differenzierung nach der STELLUNG IM BERUF (in %)

Abgehende Briefe pro Jahr	keine	1-9	10-19	20-60	Summe
Stellung im Beruf:					
Grundschicht	43,8	50,0	-	6,2	100,0
unt. Mittelsch.	54,8	37,9	3,2	4,1	100,0
obere Mittelsch.	56,7	38,8	3,0	1,5	100,0
Oberschicht	44,4	40,3	11,1	4,2	100,0
Selbständige	88,9	11,1	-	-	100,0
Hausfrauen	50,0	16,7	25,0	-	100,0

(Chi^2: 33,2; 18 Fg; Sign. 0,01)
Quelle: Eigene Erhebungen

- Briefliche Kontakte

In privaten Haushalten hat "Textkommunikation" nur eine untergeordnete Bedeutung. Ohne haushaltsspezifische Vergleichzahlen früherer Jahrzehnte vorlegen zu können, scheint die Verbreitung des Telefons (vgl. historische Daten zum allgemeinen Briefaufkommen S. 176f) die schriftliche Dialogform substituiert zu haben. In der Regel werden in mehr als der Hälfte der Haushalte keine Briefe zur privaten Kontaktpflege geschrieben. Die ausgeprägte bildungs- und schichtenspezifische Differenzierung des Phänomens läßt darauf schließen, daß mit wachsendem beruflichen Zeitdruck (obere Mittelschicht, Selbständige) und den schwindenden bildungsbezogenen Fähigkeiten und Interessen, Gedanken oder Informationsaustausch schriftlich zu fixieren, briefliche Kontakte stark abgenommen haben.

- Telefonische Kontakte

Die intensive Nutzung des Telefons für persönliche Kontakte (durchschnittliche Ausgaben pro Monat 65 DM pro Haushalt der Befragung bei privater Nutzung) ist mit distanziellen Argumenten, d.h. mit den Reichweiten des Kommunikationsraums nur in geringem Umfang zu

Tabelle 14: Nutzungsintensität des Telefons für private Kontakte
(Kontakte mit mehr als vier Verbindungen pro Jahr)

a) Differenzierung nach dem ALTER des HAUSHALTSVORSTANDES (in %)

Telefongespräche pro Jahr	5-9	10-19	20-49	50-99	100-199	200-499	500 u.m.
Altersgruppe:							
25 - u. 50	33,3	23,8	18,9	12,4	5,5	3,9	2,2
50 - u. 65	31,3	33,3	16,6	10,4	2,1	4,2	2,1
65 u. älter	34,6	23,1	7,9	19,2	3,8	11,4	-

(Chi^2: 13,9; 14 Fg; Sign. 0,453)

b) Differenzierung nach HÖCHSTEM SCHULABSCHLUSS (in %)

Telefongespräche pro Jahr	5-9	10-19	20-49	50-99	100-199	200-499	500 u.m.
Höchster Schulabschluß:							
Hauptschule	41,5	26,1	10,7	12,3	4,6	3,1	1,7
Mittelschule	21,4	21,4	28,5	14,2	4,8	9,7	-
Abitur/Fachhochschule	20,0	30,0	26,7	3,3	3,3	6,6	10,1
Hochschule	35,5	25,3	15,2	14,4	5,1	3,6	0,9

(Chi^2: 34,6; 21 Fg; Sign. 0,031)

c) Differenzierung nach der STELLUNG IM BERUF (in %)

Telefongespräche pro Jahr	5-9	10-19	20-49	50-99	100-199	200-499	500 u.m.
Stellung im Beruf:							
Grundschicht	31,2	25,0	18,8	6,3	6,2	6,3	6,2
unt. Mittelsch.	30,9	29,2	17,2	10,0	2,7	7,3	2,7
obere Mittelsch.	44,4	15,9	20,6	12,7	3,2	3,2	-
Oberschicht	31,4	31,4	13,0	9,3	9,3	3,7	1,9
Selbständige	33,3	11,1	33,3	22,3	-	-	-
Hausfrauen	18,2	18,2	27,2	18,2	18,2	-	-

(Chi^2: 68,9; 42 Fg; Sign. 0,005)

Quelle: Eigene Erhebungen

belegen. Durch die flächenhafte Diffusion des Telefons in privaten Haushalten hat sich dort das Telefon von einem Mitteilungsinstrument ("Fasse dich kurz!") zu einem privaten Kommunikationsinstrument im Sinne eines spontanen, weniger zeit- bzw. kostengebundenen (vor allem in Telefonnahbereich) und deshalb umso intensiver genutzten Instruments des Gedanken- und Meinungsaustausches entwickelt. Private Telekommunikation beginnt funktional eine Freizeitaktivität zu werden, die private Ungestörtheit mit dem Befürfnis nach persönlichen Gesprächen verbindet, die ferner älteren Menschen eine kommunikative Integration vermittelt, die sie relativ von den Beschwernissen eines Besuches oder einer Reise befreit. Spiegelbildlich zur Situation der Briefkontakte nützen Selbständige auch privat das Telefon besonders intensiv. Die Intensitätsstufen telefonischer Kontakte sind ebenso wie bei persönlichen Besuchen gruppenspezifisch innenorientiert, das bedeutet im engsten Familien- und Freundeskreis kontinuierliche (mehrfach pro Woche), außerhalb dieses Kreises eher sporadische Kontakte, die jedoch immer noch die doppelte Intensität der Besuchshäufigkeiten umfassen.

c) Der Wohnstandort als Differenzierungsmerkmal des Verhaltens

Die kommunikationsräumlichen Verflechtungen wurden in Abb. 11 bereits dargelegt. Die Analyse des kommunikativen Verhaltens ist als weiterer Schritt nunmehr in Verbindung zu den räumlichen Mustern zu bringen. Die Problemstellung läßt sich als Frage nach dem Vorhandensein von raumspezifischen "sets" kommunikativer Kontaktaufnahme formulieren. Die empirischen Daten zeigen auf hochsignifikantem Niveau (Sig. kleiner 0,008) und geringen korrelativen Zusammenhängen (r = kleiner 0,2), daß keine Zusammenhänge zwischen Wohnstandort und Wohndauer, Alter bzw. Bildungsschichtung bestehen, d.h. aus der räumlichen Verteilung der Haushaltstypen keine Verzerrung der Ergebnisse zu erwarten ist.

In der nachfolgenden Tabelle sind die raumspezifischen Verhaltensmerkmale nach Wohnorttypen wie in Abb. 11 gegliedert. Für jede Kontaktart wurde die am stärksten besetzte Gruppe aufgeführt und durch den Relativanteil ergänzt.

Tabelle 15: Wohnstandort und kommunikatives Verhalten (Höchstbesetzte Gruppenart und ihr relativer Anteil)

Wohnorttypen: Kontaktart:		VDK	SUB	OZ	MZ	UZ	KLZ/DORF
Besuche p.a.	Gruppe	1-9	1-9	1-9	1-9	1-9	1-9
	Anteil %	51,6	46,8	57,1	68,8	73,5	55,0
Briefe p.a. (ohne Rubrik "keine Briefe")	Gruppe	1-9	1-9	1-9	1-9	1-9	1-9
	Anteil %	30,6	32,5	42,9	39,4	52,9	25,1
Telefongespräche p.a.	Gruppe	10-19	20-49	10-19 100-199	5-9	5-9	20-49
	Anteil %	33,9	22,1	28,6	44,0	44,1	30,0
Reichweiten (km)	Gruppe	-u. 20	20-u.50	-u. 20 50-u.100	100-500	100-500	-u. 20 100-u.500
	Anteil %	35,5	24,7	28,6	32,1	35,6	25,6

N = 312   Quelle: Eigene Erhebungen

Die Gruppe der höchsten Besetzung zeigt bei Besuchen und Briefen keine räumlichen Unterschiede, es ist jeweils die schwächste Intensitätsstufe, auf die der höchste relative Anteil entfällt. Die Bandbreite der Relativanteile zwischen den Ortstypen dagegen vermittelt die Differenzierung in der örtlichen Bedeutung des Typs, d.h. Haushalte in Unterzentren sind die relativ kontaktschwächsten, da sie im Vergleich den höchsten Relativanteil der untersten Intensitätsgruppe erreichen. Wesentlich heterogener ist die Situation der Telefongespräche, die dennoch eine Zweiteilung erkennen läßt. Im Verdichtungskern, in den suburbanen Räumen und in den Oberzentren außerhalb von Verdichtungsräumen ist das Telefon eher ein Instrument der Nahbereichskommunikation, in den übrigen Ortstypen der ländlichen Räume ein überregionales Kommunikationsinstrument. Die Heterogenität der Relativanteile ist weniger ausgeprägt, der auf die höchstbesetzte Gruppe jeweils entfallende Anteil aber deutlich geringer als bei Besuchen und Briefkorrespondenz.

d) Kommunikationsverflechtung als raumgebundenes Persistenzproblem

Mit zunehmender Wanderungsintensität der Bevölkerung kann man Kommunikationsräume auch als Relikte kommunikativer Beziehungen zu früheren Wohnstandorten interpretieren. Da intensive

Kommunikationsbeziehungen zu anderen Haushalten, vor allem im engen Familien- und Freundeskreis ein großes Persistenzpotential besitzen, d.h. relativ unempfindlich gegen Distanzvergrößerungen sind, scheinen Kommunikationsräume privater Haushalte mindest ebenso stark situativ bedingt als in ihrer Reichweite entfernungsdeterminiert. Sicherlich hat die Entfernung Einflüsse auf die Form der Kontaktaufnahme, telekommunikative Kontakte ermöglichen jedoch heute in ganz anderem Maße als noch in den fünfziger Jahren eine Stabilisierung von Kommunikationsräumen, selbst wenn die wanderungsbedingte große Entfernung zu Familienmitgliedern, Freunden oder Bekannten des früheren Begegnungsraums nur noch sporadische Besuche erlaubt.

Um diesen Problemkreis etwas präzisieren zu können, wurde 1986 während eines größeren Familientreffens[13] im Rhein-Neckar-Raum eine Befragung durchgeführt, die Aufschlüsse über das kommunikationsräumliche Verhalten von 110 Personen geben konnte. Ziel der Untersuchung war die Frage nach kommunikationsräumlicher Persistenz, nach wohnortspezifischem Informationsverhalten und besonders nach raumbedingten zeitlichen Vorsprüngen der Adoption. Die befragte Gruppe umfaßt 3 Generationen, die ihren familiären Ursprung um die Jahrhundertwende im heutigen Neckar-Odenwald-Kreis hatten (Mudau). Aus Mangel an Arbeitsplätzen war ein erheblicher Teil der Familien zur Abwanderung gezwungen, die vor allem in die Räume Mannheim, Heidelberg, später auch Mosbach, führte.

Tabelle 16: Relative Verteilung von Geburts- und Wohnort der Familienmitglieder

	Geburtsort	Wohnort 1986
Odenwald	29,2	4,9
Mosbach	12,2	9,7
Mannheim/Heidelberg	36,6	29,3
übrig. Baden-Württemberg (* einschl. Rheinland-Pfalz und Hessen)	22,0	56,1*

Quelle: Eigene Erhebung

KROMER (1985) hat die wanderungsbedingten, komunikativen Wirkungen am dörflichen Quellort mit "Propagandisten der Großstadt" tituliert. Er konnte sehr vielschichtig zeigen, welche Wirkungen kommunikationsräumliche Beziehungen auf die Beschleunigung und räumliche Lenkung (u.a. auch für Mannheim) arbeitsbedingter Wanderungsströme Ende des vergangenen Jahrhunderts hatten. Die analytische Betrachtung setzt beim abgelaufenen Prozeß an und stellt retrospektiv die Frage nach dem Verbleiben "heimatbezogener" Kontakte.

Tabelle 17: Schichtung und Altersstruktur der Familienmitglieder, N = 110

Schichtung		Altersstruktur	
Grundschicht	46,4	bis unter 30	19,5
unt. Mittelschicht	27,4	30 - u. 50	34,1
obere Mittelschicht	9,2	50 - u. 65	17,0
Oberschicht	14,6	65 u. älter	29,4
Selbständige	2,4		

Quelle: Eigene Erhebung

Da knapp drei Viertel der Befragten der Grund- bzw. unteren Mittelschicht zuzurechnen sind, also in ihrer Zusammensetzung erheblich von der Untersuchung in Abschnitt a) abweichen, sind die nachfolgenden Ergebnisse vorwiegend als ein für diese Schichten spezifisches Verhalten zu werten. Alleinstehende Hausfrauen und Rentner sind aufgrund des Bildungsabschlusses der Grundschicht zugerechnet worden.

Bei der Analyse der Haushaltsausstattung mit informationsbezogenen Einrichtungen wurde zu Vergleichszwecken (als Indikator räumlicher Beweglichkeit) der Pkw-Besitz mitberücksichtigt. Den aktuellen Daten wurde die Situation im Elternhaus gegenübergestellt.

Tabelle 18: Ausstattung der Haushalte mit IuK-Einrichtungen im Generationenvergleich
N = 94 wegen unvollständiger Beantwortung

	Ausstattungsgrad in %	
	1986	Elterngeneration
Tages-Abonnement-Zeitung	80,5	95,1
Radiogerät	100,0	97,6
Fernsehgerät	100,0	61,0
Telefon	97,6	51,9
Pkw	75,6	45,9

Quelle: Eigene Erhebung

Es spiegelt sich in Tabelle 18 nicht nur der bereits auf S. 63f. beschriebene Diffusionsprozeß wider, sondern bei den Abo-Tageszeitungen (Lokalzeitungen) ein Rückgang der Verbreitung im Generationenvergleich. Dieses Phänomen ist in erster Linie eine Erscheinung in relativ zentrenfernen ländlichen Räumen, wie an späterer Stelle (Hohenlohekreis, Kapitel VIII) durch eine statistische Vollerhebung belegt werden kann.

Tabelle 19: Haushalte ohne abonnierte Tageszeitung 1986
Standorte und relativer Anteil in %

Heidelberg/Mannheim	10,5
Mosbach	7,6
Neckar-Odenwald-Kreis	25,0

Quelle: Eigene Erhebung

Bei der durchschnittlichen Adoptionsreihenfolge ergab sich zwischen dem Verdichtungsraum und dem ländlichen Raum nur bei der Anschaffung des Pkw ein zeitlicher Vorsprung im Verdichtungsraum, während bei den Informationseinrichtungen Radiogerät und Tageszeitung ungefähr gleichauf an erster Position stehen, wobei die Zeitung jedoch eine sehr viel größere Spannweite aufweist.

Tabelle 20: Durchschnittliche Adoptionsreihenfolge von IuK-Einrichtungen, ( ) = Spannweite, 1-5 zeitliche Reihenfolge

Wohnort	Zeitung	Radio	Fernsehen	Telefon	Pkw
Mannheim/Heidelberg	1,8(1-5)	1,7(1-3)	3,2(2-3)	4,1(2-5)	2,2(1-4)
Mosbach/Odenwald	1,6(1-5)	1,7(1-2)	3,1(2-4)	4,1(3-5)	3,1(1-5)

Quelle: Eigene Erhebungen

Von den allochthonen Befragten haben 74,9% noch Kontakte zum Nahbereich ihres Geburtsorts. Wie im vorherigen Abschnitt erweist sich auch hier die relative Bedeutungslosigkeit brieflicher Kontakte.

Tabelle 21: Kontakte zum Nahbereich des Geburtsorts nach der Wanderung

a) Kontaktart in %

Besuche	100,0
Briefe	4,8
Telefon	66,6
Zeitung	12,2
des Herkunftsgebiets (Abo)	

b) Kontaktintensität

Kontakte p.a.	von a) entfallen auf Besuche (%)	Telefonate (%)
1 - 4	42,8	14,3
5 - 19	28,6	14,3
20 - 29	9,5	14,3
30 - 49	19,1	21,4
50 u. mehr	-	35,7
	100,0	100,0

Quelle: Eigene Erhebungen

Als besonderer Persistenzindikator kann das Beibehalten der "Heimatzeitung" (zum Begriff der Heimat vgl. u.a. BAUSINGER, 1980, S. 9f; RAISCH, 1987, S. 29f) gedeutet werden. Diese Form der Informationsaufnahme entspricht einer "Teleidentität", da Kommunikations- und Informationsraum sich nur randlich mit dem Aktionsraum decken. TREINEN (1965, S. 260f) versuchte die These zu verifizieren, "Wenn Zuzügler in mehreren Orten Verkehrskreise besitzen, dann wird die emotionale Bezogenheit auf den jetzigen Wohnort hin schwächer sein als bei Personen, die örtliche Verkehrskreise in früheren Wohnorten besaßen, aber aufgegeben haben." Die Persistenz früherer Kommunikationsbeziehungen ist jedoch eher als eine von der Integration am neuen Wohnort unabhängige Größe zu interpretieren, wie die Untersuchungen von ESCHER/JURCZEK/POPP (1982, S. 372f) im Nürnberger Land belegen.

Nach den eigenen Untersuchungen läßt sich die aktionsräumliche Beurteilung von Kontaktsystemen nicht auf Verwandten- und Bekanntenbesuche allein reduzieren, denn was SPITZER "immaterielle Bindungswerte" nannte (1984, S. 286), ist offensichtlich zu einem wesentlichen Teil auch telekommunikativ stabilisierbar. Mehr im Unterbewußten spielt für das Beharrungsvermögen kommunikativer Kontakte auch die von SCHÖLLER genannte (1984, S. 31f) "traditionsbezogene räumliche Verbundenheit" eine Rolle, vor allem, wenn sie auf Elemente der Sprache und Gebräuche zurückgreift (ebenda, S. 33; auch GUMPERZ, 1975). Zwar erweisen sich zunächst in ländlichen Räumen die Bindungswerte als stärker im Immateriellen als im Materiellen verhaftet (MARX, 1983). Aber das ausgeprägte Bodenpreisgefälle zwischen Verdichtungsraum und ländlichen Gebieten (POLENSKY, 1987, S. 66f) übt jedoch für die ländlichen Räume so starke Bindungswirkungen aus, daß die potentielle Rolle telekommunikativer Verbindungen zur Stabilisierung der immateriellen Beziehungen empirisch nicht getestet werden kann, da sie (bezogen auf den Haushalt) Kostenneutralität zwischen verschiedenen Standorten (Bodenpreise, Lebenshaltungskosten) voraussetzen würde.

e) Raumbezogene Folgerungen

Aus den Analyseergebnissen des 3. Abschnitts lassen sich vor allem Belege dafür finden, daß die in den klassischen Medienanalysen berücksichtigten sozialstatistischen Differenzierungen durch räumliche Differenzierungen ergänzungsbedürftig sind. Solche räumlichen können sich kaum an verwaltungsbezogenen Gebietsgliederungen orientieren, sondern bevorzugt an unterschiedlichen Gebietstypen kommunikativ-räumlichen Verhaltens. Was zunächst als rein akademisches Anliegen erscheinen mag, hat jedoch erhebliche Praxisrelevanz. Die Kenntnisse kommunikationsräumlicher Verhaltensmuster sind nicht nur eine bislang fast völlig vernachlässigte Basisgröße der Raumplanung, sondern auch von erheblicher ökonomischer Bedeutung. Akzeptanz-, Adoptions- bzw. raumbezogene Diffusionsförderung von "Neuen Medien" oder neuen Diensten der Telekommunikation müßte als Marketinginstrument an "Reichweitenkenntnissen" ansetzen, deren Ursachen oder Bedarfshintergründe noch weitgehend verborgen sind. Die Einführung neuer Telekommunikationsdienste (z.B. Bildschirmtext) wurden von einer Welle der Akzeptanzforschung begleitet (DEGENHARDT, 1986), weil im Gegensatz zum publizistischen Bereich des Informations- und Kommunikationsverhaltens das der Telekommunikation (in der Bedarfskategorie der privaten Haushalte) kaum erforscht war.

Bestenfalls tarifpolitisch versuchte man, pauschal bestimmte Räume von Standortnachteilen zu entlasten (u.a. SCHNÖRING, 1987) (z.B. Grenzräume, Zonenrandgebiet), wobei Ziele der regionalen Wirtschaftsförderung und weniger die bedarfsorientierte Deckung telekommunikativer Nachfrage der Bevölkerung im Vordergrund standen. Raumordnungspolitisch wirksame Maßnahmen (ohne daß sie als solche bewußt getroffen worden wären), die den Informations- und Kommunikationsraum der Bevölkerung tangieren, sind in der Regel zentrale, überregionale Entscheidungen, deren Auswirkungen als "regionale Fremdbestimmtheit" im Sinne GEIPELs (1984) empfunden werden können.

Übertragen auf die Untersuchungsergebnisse heißt dies, daß den funktional unterschiedlich bedingten kommunikationsräumlichen Beziehungen _zwischen_ Verdichtungsräumen und ländlichen Gebieten im Vergleich zu den Beziehungen innerhalb (Nahbereiche) der Gebietskategorien zu wenig Beachtung geschenkt wurde. Das kommunikationsräumliche Verhalten der Bevölkerung einer Region (einschließlich der Medieninformation) könnte ein Ansatzpunkt für eine stärkere Regionalisierung der Raumordungspolitik auch im Sinne einer "endogenen Entwicklung" (MAIER et al., 1982; SCHÄFERS, 1982; MAY/FRIEDRICH/WARTWIG, 1984) sein. Eine "autonome Regionalentwicklung" (GLATZ/SCHEER, 1981) ist jedoch dann im Rahmen der dargelegten kommunikationsräumlichen Verflechtungen wirklichkeitsfremd. Einer der diesen Prozeß wesentlich steuernden Parameter ist die räumlich differenzierte Angebotsstruktur kommunikativer Einrichtungen innerhalb der "Aktionsreichweiten" der Bevölkerung. Vor allem mit den prozessualen Elementen der Angebotsstruktur befaßt sich das folgende Kapitel.

VIII. INFORMATIONS- UND KOMMUNIKATIONSRAUM ALS ANGEBOTSSTRUKTUR

1. Fallbeispiel Hohenlohekreis

a) Entwicklung und Struktur des Untersuchungsraums

Die Auswahlkriterien für das Untersuchungsgebiet wurden bereits auf S. 50f ausführlich erläutert. Der Hohenlohekreis besteht in seiner heutigen Abgrenzung mit einer Fläche von 776 qkm und rund 85.000 Einwohnern seit 1973. Er wurde aus den ehemaligen Landkreisen Künzelsau und Öhringen gebildet. Aus den damaligen Landkreisen Buchen, Schwäbisch Hall und Crailsheim wurden Ortsteile in den Kreis eingegliedert (im Norden und Südosten), während im Westen einige Ortsteile an den Landkreis Heilbronn abgegeben wurden (RAUSER, 1985, S. 521f). Im Rahmen der Gemeindegebietsreform wurden zwischen 1971 und 1975 aus 99 selbständigen Gemeinden 16 Gemeinden gebildet, die in zwei Mittelbereiche (Öhringen, Künzelsau) und 8 Verwaltungsräume (Nahbereiche) gegliedert sind (vgl. Karte 1).

Planungsbezogen ist der Hohenlohekreis Bestandteil der Region Franken (Baden-Württemberg). Diese Planungsregion umfaßt die Stadt und den Landkreis Heilbronn, den Landkreis Schwäbisch Hall, den Hohenlohekreis und den Main-Tauber-Kreis. Verwaltungsrechtlich gehört die Planungsregion zum Regierungsbezirk Nordwürttemberg. Im Norden und Osten grenzt die Region an Bayern, im Nordwesten an den Regierungsbezirk Nordbaden (REGIONALVERBAND FRANKEN, 1980). Die Regierungsbezirksgrenze zu Nordbaden ist identisch mit der Kreisgrenze des Hohenlohekreises im Bereich der Gemeinden Schöntal und Krautheim.

Die Stadt Heilbronn mit 112.000 Einwohner ist das im westlichen Randbereich der Region liegende Oberzentrum (vgl. Karten 2 und 3), von dem die Gemeinden des Hohenlohekreises 25 bis 50 km entfernt sind. Neben dem oberzentralen Einzugsbereich, für den im Norden des Hohenlohekreises auch Würzburg Einflüsse ausübt, gibt es im mittelzentralen (arbeitsfunktionalen) Einflußbereich häufig Überschneidungen, die in Ansätzen schon in den dreißiger Jahren bestanden (HELLWIG, 1970, S. 132f). Die kreiszugehörigen Mittelzentren Öhringen und Künzelsau (Kreissitz) werden in den Randbereichen ergänzt durch die Mittelzentren Bad Mergentheim, Crailsheim und Schwäbisch Hall.

Die heutige Situation in Hohenlohe (das als Landschaftsbegriff über das Kreisgebiet hinausgeht) ist mit Bezug auf das Land Baden-Württemberg als peripher in der Lage und teilweise strukturschwach in der Entwicklung zu charakterisieren (STAATSMINISTERIUM BADEN-WÜRTTEMBERG, 1987), wobei das statistische Bild in seiner räumlichen Generalisierung die lokalen Problemlagen zu beschönigen scheint (VOGEL H., 1987). Die Entwicklungsproblematik hat historische Gründe, deren kurze Skizzierung auch für das Verständnis der weiteren Analysen informativ ist.

Das Territorium der Fürsten zu Hohenlohe war Ende des 18. Jahrhunderts in 7 familiäre Teilbesitze (Residenzen) aufgegliedert, die sich bis in das heutige Bayern (Schillingsfürst) erstreckten (SPINDLER, 1969, S. 30f). In der napoleonischen Zeit wurden nach Säkularisation und Mediatisierung zwischen 1802 und 1806 jene heute noch wirksamen Zäsuren für die weitere Entwicklung gesetzt, als das hohenlohische Gebiet vom Königreich Württemberg vereinnahmt wurde (RAUSER, 1985, S. 21). Hohenloher und Haller Ebene mit der südlichen Begrenzung durch die Keuperwaldberge und den im Schichtstufenland tief eingeschnittenen Tälern von Kocher und Jagst (HÖHL, 1983, S. 209f) waren damit das Schicksal einer Korn-

Karte 1
Siedlungsstruktur 1981
Zahl der Ortsteile mit mehr als 500 Einwohner

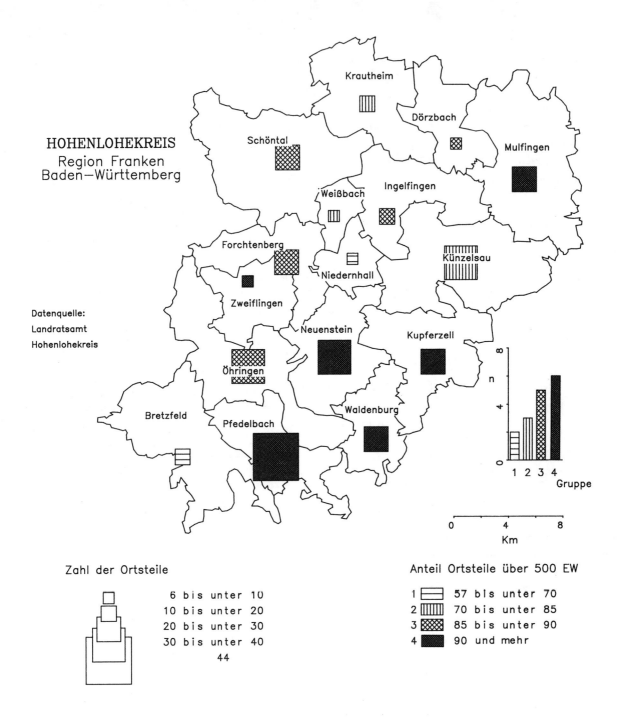

Karte 2 **Einzugsbereiche der Arbeitskräfte für Mittelzentren**

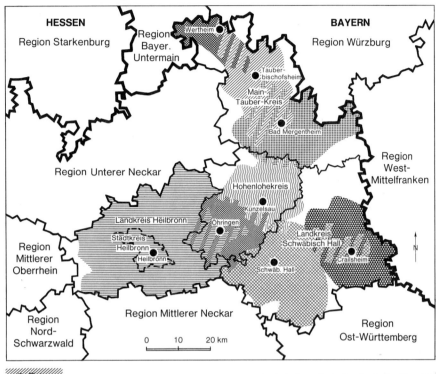

Überlappung der Einzugsbereiche

Quelle: Struktur-u. Regionaldatenbank, Volkszählung 1970
Regionalverband Franken, Regionalplan 1980

Karte 3 **Die Landwirtschaft als überwiegende Erwerbsgrundlage**

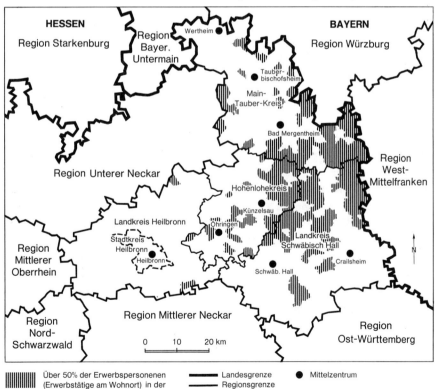

Über 50% der Erwerbspersonenen (Erwerbstätige am Wohnort) in der Landwirtschaft tätig (Gebietsstand der Gemeinden 1970)

― Landesgrenze
― Regionsgrenze
― Landkreisgrenze
--- Stadtkreisgrenze

● Mittelzentrum

Quelle: Regionaldatenbank, Volkszählung 1970
Regionalverband Franken, Regionalplan 1980

Kartographie: F. Eder u. H. Sladkowski, Institut für Wirtschaftsgeographie der Universität München, 1988, Vorstand: Prof. Dr. K. Ruppert

kammer des Königreichs Württemberg beschieden, da schon im 18. Jahrhundert zwei Drittel der landwirtschaftlichen Nutzflächen Ackerland waren (SAENGER, 1957, S. 91). Noch nach der Volkszählung 1970 waren 23% der Erwerbstätigen in der Landwirtschaft tätig. Die Randlage innerhalb des Königreichs Württemberg, die Grenzlage zum Großherzogtum Baden (heutiger Regierungsbezirk Nordbaden) und eine sehr späte verkehrstechnische Erschließung ließen keine Chance für eine industrielle Entwicklung (PTAK, 1957), von deren Versäumnissen noch die jüngere Industrieansiedlung benachteiligt war (HAAS, 1970). Zwar gab es durch zahlreiche Marktrechte ein gut entwickeltes System kleiner Städte (GRADMANN, 1931, S. 207; STROBEL, 1982, S. 13; HÖHL, 1983, S. 221f), denen jedoch zu weiterer wirtschaftlicher Prosperität das Einzugsgebiet fehlte.

1852 hatte Heilbronn bereits einen Eisenbahnanschluß an Stuttgart. Danach wurde noch 7 Jahre erbittert debattiert, ob und auf welcher Trasse, teilweise gegen starken Widerstand Bayerns, eine Eisenbahnverbindung durch Hohenlohe Richtung Nürnberg gebaut werden sollte. 1862 schließlich war die Strecke Heilbronn-Öhringen-Schwäbisch Hall-Crailsheim gebaut, aber zu spät als innovativer Impuls einer industriellen Entwicklung (SCHRENK, 1987).

Diese Situation der regionalen Benachteiligung durch vergleichsweise späten Infrastrukturausbau hat sich für den Hohenlohekreis mehrfach wiederholt, zunächst beim öffentlichen Verkehr Mitte der dreißiger Jahre, dann beim Telefonnetzausbau der fünfziger Jahre und zuletzt beim Autobahnanschluß in den siebziger Jahren.

Auch wenn heute der Hohenlohekreis Standort für ein Nahverkehrsmodell ist (KOWNATZKI, 1981, S. 701f; NEIDHARDT, 1986, S. 243f), so muß man entwicklungsgeschichtlich berücksichtigen, daß es 1930 im Bereich der Oberämter Öhringen und Künzelsau keinen privaten Busverkehr gab (wie bereits in zahlreichen Räumen Württembergs) und daß 23% der Gemeinden noch keinen Anschluß an öffentliche Verkehrsmittel besaßen, bei einem Landesdurchschnittswert von nur 9% (LINDAUER, 1971, S. 112).

Sicherlich war für eine wirtschaftlich tragfähige Erschliessung die Siedlungsstruktur besonders problematisch (Karte 1). 1981 waren im Kreisgebiet noch 348 Wohnplätze zu verzeichnen, darunter 186 mit weniger als 50 Einwohner (KREISPLANUNGSSTELLE, 1981). Bei der geringen Bevölkerungsdichte von rund 110 Einwohner pro qkm (1984) hat sich die Bevölkerungskonzentration vor allem in den Mittel- und Unterzentren zwar erhöht, aber nicht grundlegend geändert (Abb. 12).

Die historischen Bezüge sollen nicht den Eindruck erwecken, als sei der gesamtgesellschaftliche Wandel in Hohenlohe ohne Wirkung geblieben. Er hat bereits in der dörflichen Kultur zu Beginn dieses Jahrhunderts eingesetzt (RENNER, 1965, KROMER, 1985) und hat sich in allen funktionalen Bereichen, z.B. des Einkaufsverhaltens (u.a. VOGELS, 1980), des Freizeitverhaltens (WEBER, 1986), der arbeitsfunktionalen Verflechtungen und der Gewerbeentwicklung vollzogen (HAAS, 1970; LINDAUER, 1971; TADDEY et. al., 1987). Das Gewerbeflächenangebot im Kochertal zwischen Forchtenberg und Künzelsau hat zur Gründung bzw. regionalen Verlagerung zahlreicher mittelständischer Produktions- und Dienstleistungsbetriebe, in der Regel mit weniger als 100 Beschäftigten, geführt. Das Jagsttal hat mit einigen Ausnahmen (Bieringen, Krautheim, Mulfingen) sein Defizit an gewerblichen Arbeitsplätzen nicht aufholen können. Dagegen haben sich auf der Ebene (nicht zuletzt der Autobahnnähe wegen) u.a. in Gaisbach, Neuenstein, Öhringen, Pfedelbach und Bretzfeld neue Gewerbegebiete entwickeln können. Gerade diese relativ jungen Betriebe sind ein aussagefähiges Testfeld für die Adoption neuer IuK-Techniken.

Abb. 12

Konzentration der Bevölkerung im Hohenlohekreis 1956-1986

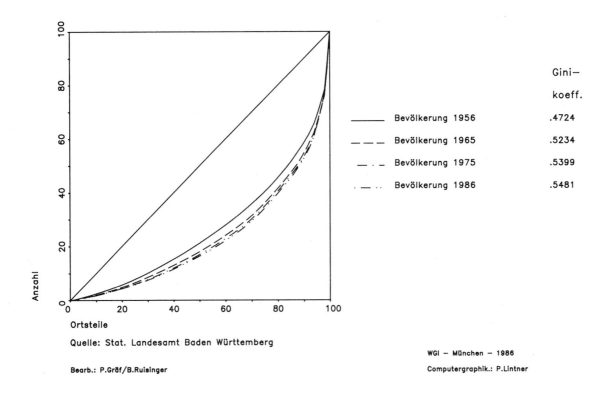

b) Ziel und Methodik der Untersuchung

Die Analyse des Zusammenwirkens einzelner Elemente im Kommunikationsraum soll sich auf der Basis detaillierter Struktur- und Prozeßmuster von der wirklichkeitsfernen isolierten Betrachtung einzelner Situationen im Raum lösen, um in einer Synthese den Wandel der kommunikativen Rahmenbedingungen und ihrer räumlichen Folgen verständlich zu machen. Dieses Ziel setzt eine Feinheit des räumlichen Rasters voraus, der bei einer Reduktion von (statistisch betrachtet) 99 Gemeinden auf 16 nicht mehr gegeben ist. Soweit es statistisch bzw. erhebungstechnisch möglich war, wurde deshalb die Untersuchung auf der Basis der 99 Ortsteile (frühere selbständige Gemeinden) durchgeführt und soweit möglich auch als Kartengrundlage für die Umsetzung der Ergebnisse genutzt.

Für die Untersuchung der kommunikativen Angebotsstruktur werden vier Typen des Angebots unterschieden:

- das infrastrukturelle Angebot für die persönliche Begegnung (u.a. Einkaufsstätten, Gaststätten, Bildungseinrichtungen, kirchliche Einrichtungen, Schulen, Gemeinde(fest)-hallen)
- Institutionelles Angebot der persönlichen Begegnung (Vereine, Glaubensgemeinschaft)
- Infrastrukturelles Angebot der Informationsvermittlung (Posteinrichtungen, Telekommunikationsdienste)
- Instrumentelles Angebot der Informationsvermittlung (Medien) (Zeitungen, Rundfunk, Fernsehen, presseähnliche Druckerzeugnisse)

Die ersten beiden Typen sind fast ausschließlich bevölkerungs- bzw. haushaltsbezogen, die beiden letzten ambivalent zwischen gewerblicher und privater Nutzung.

Die Vielfalt der genannten Angebotselemente zwingt zu einer Auswahl für die vertiefte Analyse und kartographische Darstellung, während für den Syntheseansatz auf der Basis von Faktoren- bzw. Clusteranalyse all jene Elemente einbezogen wurden, für die flächendeckend Daten zu erheben waren.

2. Elemente lokaler Kommunikation

Dem lokalen Ausschnitt eines Kommunikationsraumes wurde etwa ab den achtziger Jahren sehr rasch große Aufmerksamkeit zuteil, seit Presse, Rundfunk und Fernsehen diese Reichweitendimension vor allem im Zusammenhang mit dem Wandel der Medienlandschaft neu bewerten. Zunächst ist zu klären, welche Reichweite der Begriff "lokal" umfaßt. DORSCH (1978) verweist darauf, daß sich das Verständnis in der Literatur von "Gemeinde" bis zu "Region" (TEICHERT, 1979, S. 184f) erstreckt, ja selbst die Lokalität der Gemeinde heute in großstädtischen Räumen (Stadtviertel) und außerhalb dieser Gebiete (Ortsteile) als "sublokale" Räume in kommunikationsräumliche Betrachtungen einbezogen werden. SAXER (1980) unterstreicht, daß es bislang keine Gemeinsamkeiten in der wissenschaftlichen Auffassung des "Lokalen" gibt. In einer Literaturübersicht versuchen RAGER/SCHIBRANI (1981, S. 506) zu zeigen, wie gering die Kenntnisse über Wirkungszusammenhänge bzw. über die Rezipienten von lokaler Information sind.

Gemessen am aktuellen Stand der Literatur scheint sich das Interesse an Lokalität zunächst stark den ländlichen Räumen zugewandt zu haben (LANGENBUCHER, 1980; JARREN, 1985). Dabei ist nicht zu übersehen, daß in der Publizistik ein kritisch-wertender (abwertender?) Unterton die Diskussion begleitet: die Rede ist von der "Provinz" (STUIBER, 1975; ENNEMANN, 1980), vom "ländlichen Lokalismus" (JARREN, 1986b). "Hofberichterstattung" in der Tagespresse ist jedoch keineswegs ein Phänomen der ländlichen Lokalpresse, wie die Studie von SCHÖNBACH (1978) über Mannheim zeigt, die Erwartungshaltungen und politischen Verflechtungen sind dort kaum von jenen verschieden, die FÜRST (1975), BUSS (1979), ROMBACH (1983) oder SCHMIDL (1986) für Mittel- bzw. Kleinstädte dargelegt haben.

An anderer Stelle wurde hier bereits auf RONNEBERGER (1980) verwiesen, an dem sich u.a. JARREN (1986a, S. 299) orientiert, wenn er lokale Kommunikation als "offenes soziales System" interpretiert. Mit sozialgeographischen Fachtermini ausgedrückt heißt dann lokale Kommunikation "Orientierung an gruppen- und problemspezifischen Reichweiten". Am praktischen Beispiel erläutert wird "Lokalität" im Vereinswesen die Gemeindegrenze kaum überschreiten, in der Lokalpresse einen Raum von ca. 30 km Radius (Stadtregion, Landkreis) umfassen und in der Telekommunikation nur an kostenbedingte oder technische Grenzen der Reichweite stoßen.

Die raumorientierte Kernfrage richtet sich auf den Wandlungsprozeß dieser Strukturen, welche Wirkungen ein Auflösungsprozeß kommunikativer Infrastrukturen nach sich ziehen kann, ob es einen öffentlich gelenkten "Lokalraum" gibt oder ob das sozialpolitische Element kommunikativer Infrastrukturen die flächenhafte Verbreitung auch unterhalb der heutigen Gemeindeebene notwendig macht, weil die Bevölkerung sich einer "verordneten" Reichweitenausdehnung nicht anpassen kann oder mag. Die empirische Analyse dieses Kapitels soll auch als praxisbezogener Beitrag zur Frage nach öffentlichem Handlungsbedarf im Kommunikationsraum betrachtet werden.

a) Das Vereinswesen

Das Vereinswesen gilt zumindest im deutschsprachigen Raum als die am weitesten verbreitete und von allen Schichten akzeptierte, institutionalisierte Form der Beteiligung an der örtlichen Gemeinschaft. Die Geographie hat sich aus sehr verschiedenem Blickwinkel mit dem Phänomen des Vereins auseinandergesetzt. Als Beispiel ist der Indikator für unterschiedliche örtliche Integration (KREITMAYR/MAIER, 1979, S. 64f) zu erwähnen, unter anderem auch bei Heimatvertriebenen (ESCHER/JURCZEK/POPP, 1982, S. 386f), als Kerngröße der Ortsverbundenheit (SCHMIED, 1985, S. 114) oder als Forschungsobjekt des Innovations- und Diffusionsprozesses (KIM, 1987) und bereits in den fünfziger Jahren als Indikator der funktionalen Raumabgrenzung (SCHÖLLER, 1955).

Den Stellenwert im lokalpolitischen Prozeß hat SIEWERT (1978) kritisch durchleuchtet. Seine relative Bedeutung spiegelt sich auch in der lokalen Presse wider, wie FLEMMING (1985, S. 116) für den Hohenlohekreis zeigen konnte. Zu den "klassischen" Vereinen im ländlichen Raum gehören Sport-, Musik-, Gesangs- und militärische Traditionsvereine, wobei neben dem eigentlichen Zweck des Vereins jener der Geselligkeit, d.h. der Kommunikation tritt. Wenn, wie auch im Hohenlohekreis, etwa 50% der Bevölkerung Mitglied in einem oder mehreren Vereinen sind, dann verbergen sich hinter diesen Zahlen bis zu einem Viertel passive Mitgliedschaften, bei denen der gesellschaftliche Aspekt im Vordergrund steht. Daneben ist die Art des Vereins ein wichtiges lokales Element der sozialen Differenzierung (z.B. Tennis- oder Golfclub).

Ein Ergebnis der qualitativen Erhebung war die Aussage aller Gesprächspartner des öffentlichen Bereichs, daß ein Verein immer noch ein Begegnungsraum des unmittelbaren Wohnumfeldes, d.h. in der Regel der Ortsteile sei. Ausnahmen sind die mitgliederstarken Sportvereine sowie die mitgliederschwachen Hobbyvereine (Motorsport, Briefmarken, Kleintierzüchter). Die als "klassisch" bezeichneten Vereine wurden meist schon im 19. Jahrhundert gegründet, während gerade in den zentralen Orten eine erhebliche Zahl von mitgliederschwachen Vereinen erst nach 1950 gegründet wurde.

Nach Archivunterlagen von WEBER (1986) konnte dieser Entwicklungsprozeß für die Stadt Öhringen (17.000 Einwohner) dargestellt werden (Tabelle 22).

Tabelle 22: Vereinsstruktur in der Stadt Öhringen 1986 Zahl der Vereine

Gründungs-	Mitglieder 1986			Summe
zeitraum	bis u. 150	150 - u. 750	über 1.500	
vor 1900	8	4	1	13
1900-1945	5	4	-	9
nach 1945	37	6	-	43
Summe	50	14	1	65

Quelle: Karl Weber   Entwurf: P. Gräf

Wie Karte 4 zeigt, befinden sich nur 67 von 90 Vereinen im Hauptort. Das Kartenbild verdeutlicht, daß in den Ortsteilen außerhalb der Hauptorte ein Grundstock von bis zu 4 Vereinen verblieben ist. Dennoch sind im Osten des Kreises bereits einige Ortsteile ohne vereinsbezogene Identifikationsmöglichkeit. Die relative Zusammensetzung der Vereine schwankt zwischen den 16 Gemeinden stark: Sport (12 - 42%), Musik/Gesang (25 - 60%), Kultur (5 - 38%) und Hobby sowie soziale Belange bis zu 20%.

Karte 4

Verbreitung von Vereinen 1986

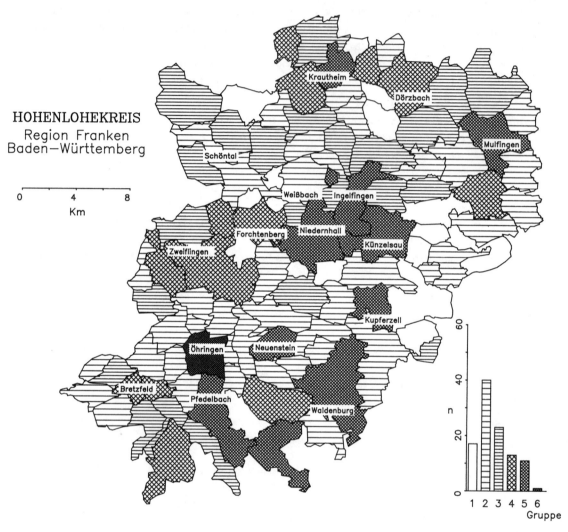

Da Jugendliche in den Reichweiten des Freizeitverhaltens sich längst zentralörtlich orientiert haben (Disco, Kino), sind die im Ortsteil verbleibenden Vereine neben kirchlichen Freizeitangeboten die letzten lokalen Integrations- und Kommunikationseinrichtungen. Das Fehlen von Alternativen läßt dem Verein in ländlichen Räumen deshalb einen kommunikationsräumlich ganz anderen Stellenwert zukommen als in Mittel- und Großstädten. Das Vereinswesen bleibt somit im doppelten Sinn räumlich ambivalent: In seiner Funktion zwischen ländlichen oder städtischen Siedlungen und in seiner Funktion zwischen "zentralörtlichen", im Gemeindehauptort lokalisierten oder im Ortsteil wirksamen kommunikativen Einrichtungen.

Es sind auch konfessionelle Einflüsse in der räumlichen Verteilung von Vereinen festzustellen, die sich auf den Vereinstyp erstrecken. Unter den musikbezogenen Vereinen ist der Posaunenverein eine Erscheinungsform, die überwiegend nur in protestantischen Gemeinden zu finden ist. Eine unterschiedliche Wertschätzung des Vereinswesens, wie sie FLEMMING (1985, S. 67) erwähnt, war zwischen katholisch und protestantisch geprägten Gemeinden nicht zu erkennen. Der Zuwachs von kleineren Sport- und Hobbyvereinen nach den fünfziger Jahren wurde in starkem Maß von der zugezogenen, heimatvertriebenen Bevölkerung getragen, da die emotionale Sperre für eine Mitgliedschaft in den Traditionsvereinen, wenn überhaupt, erst nach langjähriger Ortsansässigkeit abgebaut werden konnte.

b) Das Gaststättenwesen

Im nicht institutionalisierten Bereich persönlicher Begegnungsmöglichkeiten außerhalb der privaten Sphäre spielt die lokale Gastwirtschaft als Kommunikationsstätte eine dem Vereinswesen ebenbürtige Rolle. In vielen Fällen bildet sie mit den Vereinen eine existenzielle Symbiose, da außer den mitgliederstarken Sportvereinen die wenigsten Vereine ein eigenes Vereinsheim unterhalten können, andererseits die Gaststätten vom Vereinsleben und lokalen Festen bzw. Familienfeiern in ihrer Existenz abhängen. Diese Abhängigkeit ist nur in Fremdenverkehrs- und Naherholungsgebieten gemildert.

Karte 5 zeigt, daß gerade im Einzugsbereich der Mittel- und Unterzentren (z.B. Öhringen, Neuenstein) die zentralörtliche Sogwirkung sowie ein genereller Rückgang der Besuchsfrequenzen des werk- oder sonntäglichen Stammtisches nicht einmal mehr für _eine_ Gaststätte im Ortsteil genügend Umsatz bietet.
Karten 6 und 7 unterstreichen gerade im nördlichen Kreisgebiet bei hohem Anteil der Speisegaststätten und geringen Umsätzen pro Betrieb die Existenzproblematik im Vergleich zum Ausflugsort Neuenstein.

HÜMMER (1980, S. 119) nennt als Gründe für den Verlust des Dorfwirtshauses (Fallstudie nördliche Frankenalb) u.a. veränderte Arbeitswelt, Arbeitsüberlastung der Landwirte, Aussenorientierung Jugendlicher und verändertes Freizeit- und Versorgungsverhalten (Fernsehen, Bierkauf außerhalb des Ortes). Nachdenklich stimmen die Folgen einer Schließung der letzten Gaststätte für die Vielfalt kommunikativer Kontakte, die gegenüber früher entfallen müssen (ebenda, S. 121) und eben nicht durch eine Reichweitenvergrößerung aufgefangen werden können, da die meisten der Betroffenen zeit-, verkehrs- oder gesundheitsbedingt keine Möglichkeit besitzen, einen vergrößerten Kommunikationsraum zu akzeptieren. Diese Problematik ist heute mit dem amtlichen statistischen Material (HGZ) auf Gemeindebasis nicht mehr analysierbar, wie der Vergleich der Karten leicht erkennen läßt.

Gaststätten besitzen im ländlichen Raum indikatorhaft eine völlig andere Bedeutung als im großstädtischen Wohnumfeld (KERSTIENS-KOEBERLE, 1979, S. 165f). In dörflichen Verhältnissen ist die kommunikative Plattform des Gasthauses nicht durch nachbarschaftliche Kontakte zu ersetzen, wie sie HEIL (1971, S. 125) beispielsweise für Neuperlach in München beschrieben hat. JEGGLE/ILIEN (1978) nannten die dörfliche Nachbarschaft treffend eine Gemeinschaft des "Not- und Terrorzusammenhangs", wo es schon problematisch ist, wenn unterschiedliche Gruppierungen sich nicht in verschiedenen Gasthäusern treffen können. Verein und Gasthaus zusammen sind so besehen eine Basisinfrastruktur der Kommunikation im Wohnumfeld.

c) Versorgungseinrichtungen als Kommunikationsgelegenheiten

Die Basisversorgung mit Gütern des täglichen Bedarfs im unmittelbaren Wohnumfeld, vor allem durch das Lebensmittelhandwerk, war bis in die sechziger Jahre auch in dünnbesiedelten ländlichen Gebieten die Regel. Die wachsende Pendlerverflechtung, das Entstehen von zunächst kleineren Supermärkten in den Haupteinpendlerorten und das ab Mitte der siebziger Jahre Hinzukommen der Großbetriebsformen des Einzelhandels mit teilweise oberzentralem Einzugsbereich (HEINRITZ et al., 1979) hat für einen großen Teil der Bevölkerung im ländlichen Raum das Versorgungsverhalten gänzlich geändert. HECKL (1981, S. 191f) hat diesen Veränderungsverlauf in verschiedenen Siedlungsbereichen ausführlich analysiert.

An dieser Stelle zielt die Analyse nicht auf die Problematik der Unterversorgung, wie sie u.a. LÖFFLER/SCHRAMM (1987, S. 6) erneut aufgegriffen haben. Der Verlust der Basisversorgung durch das Aufgeben aller örtlichen Einkaufsmöglichkeiten ist gerade im Hohenlohekreis noch kein Indikator für eine prinzipielle Versorgungslücke, da mehrere Großbäckereien und -metzgereien ein Netz der "rollenden Versorgung" aufgebaut haben, durch die nahezu alle Ortsteile mehrmals pro Woche versorgt werden (vgl. BORCHERDT et al., 1977, S. 274 sowie KLUCZKA/BETZ/KÜHN, 1981, S. 86f). Welche Bevölkerungsgruppen von einer Reichweitenvergrösserung der Versorgung besonders betroffen sind, die sich aus Altersgründen, Krankheit oder wegen fehlender Transportmittel nicht anpassen können, hat HECKL (1981, S. 201) deutlich abgrenzen können. Die Beurteilung des Wandels in der Versorgungssituation ist jedoch nur eine Teilproblematik, da sich teilweise in Familien- und Nachbarschaftshilfe fehlende Versorgungsmöglichkeiten überbrücken oder substituieren lassen.

Nicht substituierbar ist jedoch der Verlust der kommunikativen Gelegenheit. Selbst wenn ein öffentliches Nahverkehrssystem im Stundentakt Verbindungen zu zentralen Orten der Umgebung herstellen kann, läßt sich dort kein neuer Kommunikationsraum des Alltags aufbauen. In der Kumulation der Betroffenheit von Infrastrukturverlusten liegt die besondere kommunikationsräumliche Benachteiligung kleinerer Siedlungseinheiten. KUNST (1986, S. 160) nennt eine Quote von 85% des Infrastrukturabbaus (nach Fällen), die auf Siedlungseinheiten unter 300 Einwohner entfallen. Zieht man die Grenze bei 500 Einwohnern, dann ergibt sich für einen Raum wie den Hohenlohekreis daraus kein Randproblem, sondern es sind 88% aller Wohnplätze und 31% der Bevölkerung, die hier betroffen wären (Stand 1981).

Die Verbreitung von Einzelhandel und Lebensmittelhandwerk im Hohenlohekreis läßt (Karten 8 und 9 sowie Abbildung 13) im Einzugsbereich von Öhringen insgesamt eine noch stärkere mittelzentrale Beeinflussung als im Raum Künzelsau und im gesamten Kochertal (Forchtenberg, Niedernhall, Ingelfingen) erkennen. 40% der Ortsteile besitzen keine Einzelhandelsgeschäfte mehr, 62% der Ortsteile keine Einrichtung des Lebensmittelhandwerks. Der Ausgleich der rollenden Versorgung bedeutet konkret einige Minuten Halt an einem innerörtlichen Punkt an wenigen Tagen in der Woche. Neben der Nachbarschaft ist der Postbote dann

Karte 5

Verbreitung von Gaststätten 1986
(Ohne Café und Imbiß)

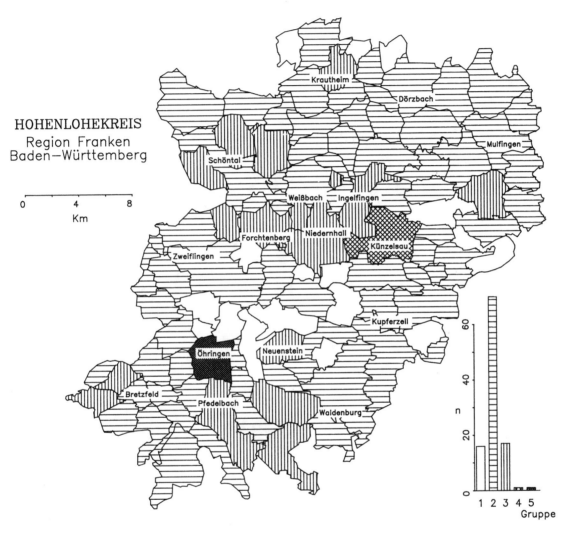

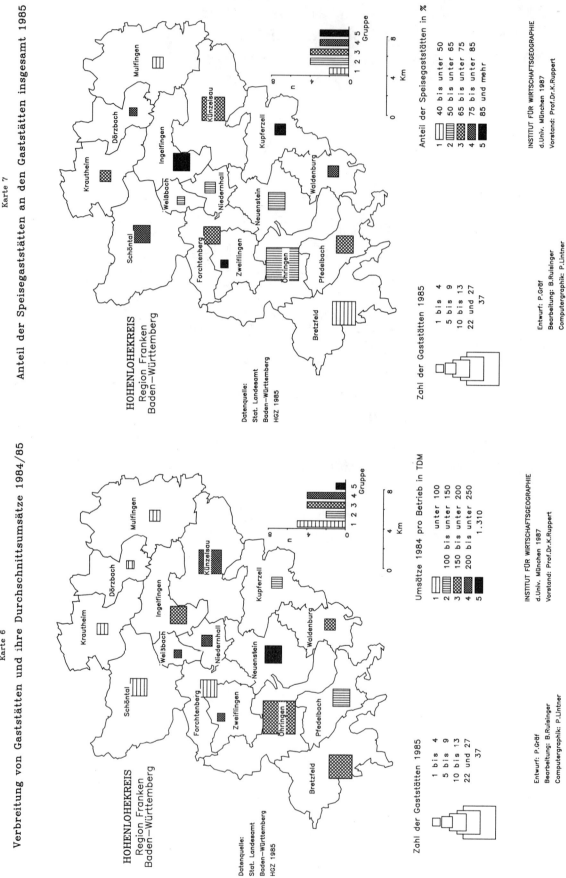

der letzte verbliebene, alltägliche, außerfamiliäre Kontakt. Die von LINTNER (1985, S. 67) beschriebene, infrastrukturbedingte "Verinselung" von Standorten ist nicht nur eine flächenbezogene Erscheinung, sondern auch als kommunikative Situation interpretierbar. In zahlreichen Gesprächen kam zum Ausdruck, daß der Verlust dieser Kommunikationsgelegenheiten eben nicht nur ein Aspekt für ältere Menschen ist, sondern auch von den jüngeren Familien, deren arbeits- und versorgungsbezogene Außenorientierung längst zur Verhaltensgewohnheit wurde, die kommunikative Leere ihres Wohnumfeldes bemängelt wird.

Bei der Suche nach Gründen des Strukturwandels sind aber auch verhaltensbezogene Widersprüchlichkeiten festzustellen.

Gerade dort, wo der Verlust weniger Geschäfte der Grundversorgung beklagt wird, hat es die örtliche Bevölkerung an lokaler, wirtschaftlicher Solidarität fehlen lassen, um trotz genereller Orientierung des Einkaufsverhaltens an Einzelhandelsgroßformen die Existenzfähigkeit eines Geschäftes durch selektive Käufe am Wohnort zu stützen.

Vielleicht fehlt auch die unternehmerische Phantasie, den "Tante-Emma-Laden" zu einer multifunktionalen Versorgungseinrichtung umzugestalten (Warenhandel, Post, Annahmestelle für Fotoarbeiten, Reinigung, Schuhreparaturen usw.), wie LÖFFLER/SCHRAMM (1987, S. 7) in Anlehnung an PRIEBS erwähnen. Preisargumente zugunsten der Einzelhandelsgroßformen der täglichen Versorgung halten nur bei Großeinkäufen und Sonderangeboten einer Überprüfung stand. Das Image des Preisvorteils überdeckt meist die fehlende Marktkenntnis der Verbraucher im ländlichen Raum zu einem Preisvergleich mit daraus abgeleitetem aktionsräumlichen Verhalten.

Im längerfristigen Vergleich ergibt sich für Ortsteile von Gemeinden kein zwingender Auflösungsprozeß von Versorgungseinrichtungen. Die Entscheidung über einen solchen Prozeß ist abhängig von der ökonomischen Isolierung des Einzelunternehmens, das für seine Versorgungs- und Kommunikationsleistungen bei mangelnder Rentabilität an einem Standort keine Ausgleichsmöglichkeiten zur Existenzsicherung hat, ganz im Gegenteil beispielsweise zu den standortbedingten Ausgleichssubventionen in der Landwirtschaft. Ist ein örtlicher Betrieb jedoch nur Geschäftsstelle eines räumlich breit gestreuten Standortsystems, dann ist es eine unternehmerische Entscheidung, ob mangelnde Rentabilität durch Gewinne an anderen Zweigstellen ausgeglichen wird oder ob die isolierte Rentabilitätsbetrachtung zur Aufgabe einer Zweigstelle führt.

Für beide Verhaltenstypen gibt es als kommunikationsräumlich interessantes Phänomen zwei gegenläufige, mittelfristige Diffusions- bzw. Retraktionsprozesse im gleichen Zeitraum von 30 Jahren zwischen 1955 und 1985: Die Diffusion der Bankgeschäftsstellen und die Retraktion der Postdienststellen.

An dieser Stelle wird die Diffusion der Bankgeschäftstellen analysiert, weil sie sich als gegenläufiger Prozeß zum Rückzug des Einzelhandels aus der Fläche häufig in die Rolle des letzten verbliebenen, geschäftsbezogenen Ansprechpartners in Ortsteilen entwickelt hat, deren kommunikative Leistung den Rahmen des Bankgeschäftes unausgesprochen weit übersteigt. Diese Entwicklung ist am Rande nur noch vergleichbar mit der Zunahme "Gemeindlicher öffentlicher Sprechstellen" (detailliert S. 109), die über ihre eigentliche Aufgabe hinaus eine ähnliche ortskommunikative Rolle besitzen.

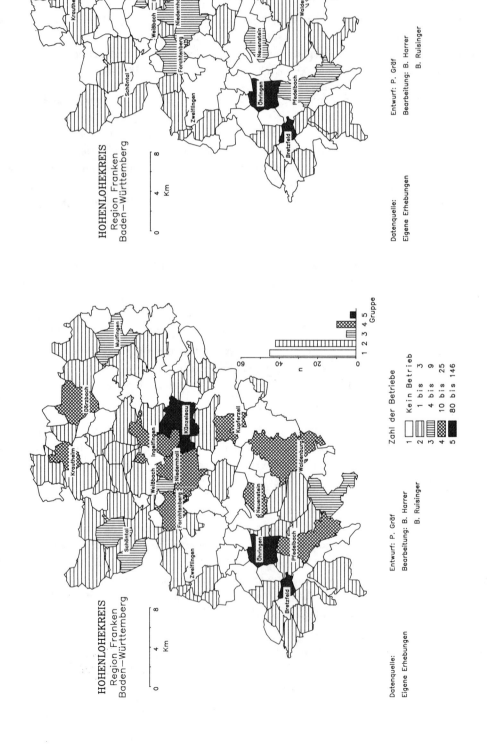

Abb. 13

Konzentration des Einzelhandels, Lebensmittelhandwerks und der Gaststätten im Hohenlohekreis 1986

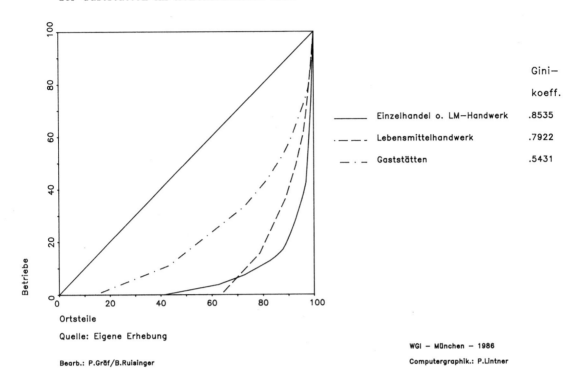

Abb. 14

Konzentration der Bankgeschäftsstellen im Hohelohekreis 1955-1986

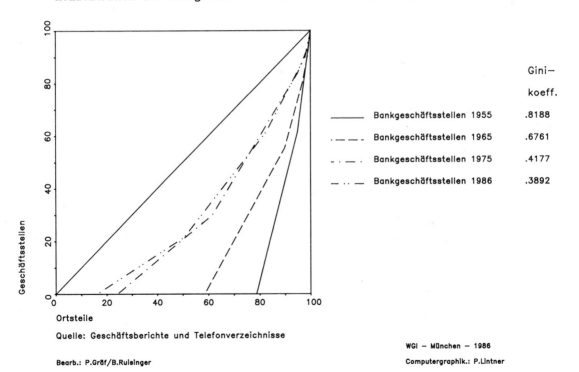

Karten 10 bis 13 zeigen in vier Zeitschnitten das Diffusionsmuster in den Jahren 1955, 1965, 1975 und 1985. An der Entwicklung sind die Großbanken nur in den Mittelzentren beteiligt, die flächenhafte Diffusion wird von Sparkasse, Volksbank und Raiffeisenkassen getragen (vgl. auch OBST, 1985, S. 283f für Bayern). Die Lorenzkurve der Abbildung 14 zeigt, daß 1955 noch knapp 80% der damals selbständigen Gemeinden über keine Bankgeschäftsstellen verfügten, während es 1985 weniger als 20% aller Ortsteile waren. 1987 verfügen bereits 35% aller Ortsteile über zwei Bankgeschäftsstellen. Überspitzt formuliert könnte man zum Schluß kommen, Banken betrachten ihre Dienstleistung heute als eine wohnstandortnahe "Bringschuld" gegenüber dem Kunden, während Einzelhandel und öffentlicher Bereich (z.B. Bundespost) sie raumbezogen als eine zentralörtlich gewordene "Holschuld" betrachten.

Ein beträchtlicher Teil dieser Geschäftsstellen hat nur stundenweise am Tag geöffnet und wird teilweise nebenberuflich von sonst in den zentralen Orten beschäftigten Bankangestellten betrieben (vgl. auch KRETSCHMANN, 1980, S. 58f). Sie erfüllen aber dennoch über den bankgeschäftlichen Zweck hinaus jenes unverbindliche kommunikative Element für eine als "Versorgungsaktivität" erscheinende, aber aus einem kommunikativen Bedürfnis zumindest zusätzlich motivierte persönliche Begegnung im Wohnumfeld.

Am aktuellen Stand der Geschäftsstellendiffusion läßt sich erkennen, daß die zentralörtliche Bindung Öhringens für die vor allem nördlich angrenzenden Ortsteile wesentlich stärker ist als im Umfeld des Kreissitzes Künzelsau. Die Siedlungsentwicklung Öhringens hat sich stark in die umliegenden Ortsteile verlagert. Der dort wachsende Anteil nicht-landwirtschaftlicher Bevölkerung mit täglichen Kontakten zur Innenstadt Öhringens mag mit zum Fehlen der Geschäftsstellen in diesen Gemeinden beigetragen haben.

d) Raumbezogene Folgen

Die näher analysierten Beispiele Vereinswesen, Gaststätten und Versorgungseinrichtungen sind nur ein Teil der wohnstandortnahen Veränderungen der kommunikativen Infrastrukturen. Sie umfassen auch die architektonische Gestaltung des Dorfraums (Plätze, Festhallen, selbst Milchsammelstellen; vgl. FACHBEIRAT "DORFENTWICKLUNG", 1983, S. 35) und den Wandel konfessioneller Betreuungsmöglichkeiten in Ortsteilen.

Der Verlust von örtlicher Grundschule, Rückgang oder gänzlicher Verlust von Einzelhandel oder Lebensmittelhandwerk, der Verlust örtlicher Gaststätten, die Betreuung mehrerer Pfarrgemeinden durch nur einen Pfarrer (SOZIALINSTITUT, 1983), der Verlust kommunalpolitischer Kompetenz, der sich auf einen Ortschaftsrat beschränkt, reduzieren den ländlichen Kommunikationsraum der persönlichen Begegnung im Wohnumfeld vieler Ortsteile auf familiäre oder nachbarschaftliche Beziehungen, für Teile der Bevölkerung noch auf Vereinskontakte. Der Begriff "Wohnstandort" wird in solchen Situationen zu einer technokratischen Lagebestimmung im Raum.

Die bipolare extreme Innen- bzw. erzwungene Außenorientierung ist besonders zugänglich für eine medieninduzierte Steuerung des aktionsräumlichen Verhaltens (Freizeitgestaltung im Haus, Orientierung auf neue Versorgungs- und Freizeitstandorte außerhalb der alltäglichen kommunikativen Reichweiten). Die Steuerung aktionsräumlichen Verhaltens durch die örtliche "kommunikative Kontrolle" wird substituiert durch ein kommunikativ neutrales (z.B.

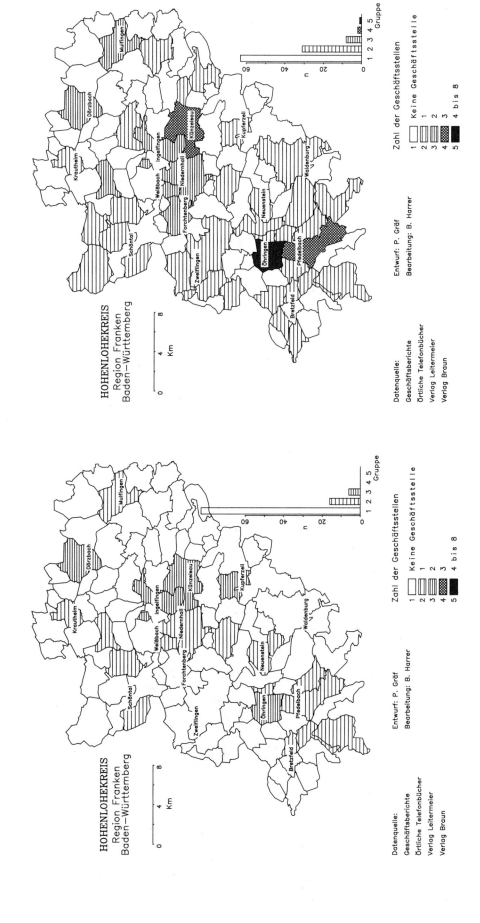

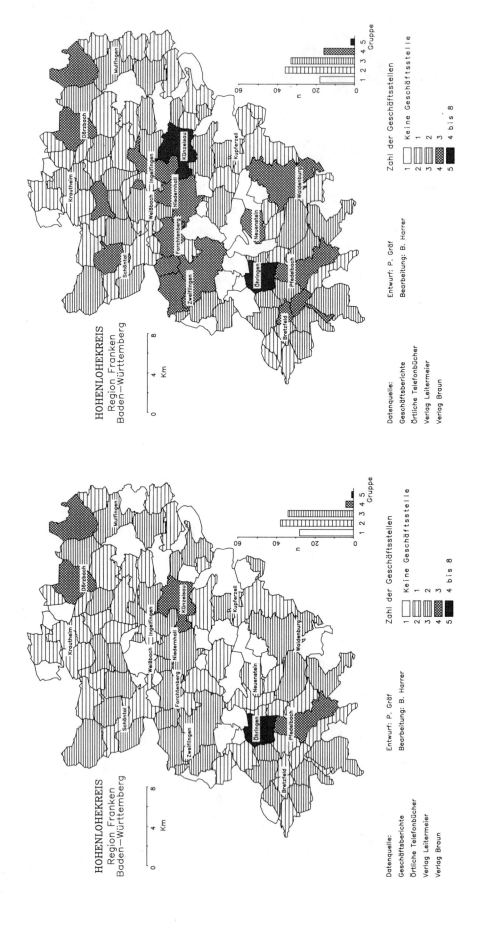

Einzelhandelsgroßformen), aber informationsgesteuertes, zentralörtlich orientiertes Verhalten. In dieser Situation Handlungsbedarf (nicht nur öffentlicher!) zu fordern, um eine weitere Erosion kommunikativer Gelegenheiten zu verhindern, ist nach den Erfahrungen der eigenen empirischen Arbeiten keine Nostalgie an überkommenen, wohnumfeldorientierten Verhaltensmustern, sondern ein in allen Altersgruppen verbreitetes Befürfnis in kleineren Siedlungen des ländlichen Raums.

Dieser Bedarf ist raumordnungspolitisch als erstrangige Aufgabe auf lokaler Ebene deshalb nicht zum Zuge gekommen, weil der Mangel durch die Betroffenen nur resignativ zur Kenntnis genommen wird. Daß solche Mangelsituationen nicht nur typisch ländliche Erscheinungen sein können, sondern als solche auch durch Mieten und Bodenpreise angezeigte Bewertungen in städtischen Quartieren sind, ließ sich in München schon in den siebziger Jahren zeigen (POLENSKY, 1974, S. 68f) und gilt für das Image der Münchner Innenstadtviertel heute eher noch stärker (GEIPEL, 1987).

3. Diffusion der Infrastrukturen von Post und Telekommunikation

Einrichtungen zur interpersonalen Kommunikationsvermittlung lassen sich in ihrer historischen und aktuellen Bedeutung in drei Gruppen gliedern:

- zeitversetzte Kommunikation durch nicht fernmeldetechnische räumliche Vermittlung des Informationsträgers (Briefpost)
- zeitgleiche interpersonale Kommunikation von Sprache, Text und Daten durch Vermittlung des Leitungsnetzes in analoger Technik (Telefon, Telex)
- zeitgleiche oder gespeicherte Kommunikation von Sprache, Text, Bildern und Daten durch Leitungs- bzw. Funkvermittlung in digitaler Technik (Telematik)

Jede dieser drei Gruppen entspricht einer gesellschaftlich-wirtschaftlichen Epoche kommunikationsräumlicher Nutzung bzw. Reichweiten dieser Einrichtungen. Mit nachfolgenden Analysen soll versucht werden, den langfristigen Wandlungsprozeß des telekommunikativen Raums (einschließlich Post) für ein überschaubares Gebiet zu verdeutlichen und raumrelevante Wirkungen, Abhängigkeiten und Steuerungsmechanismen zu erfassen.

a) Die kommunikationsräumliche Rolle des Postwesens

Noch zu Beginn des Industriezeitalters Mitte des 19. Jahrhunderts war "Tele"-Kommunikation ausschließlich auf Briefpost fixiert, sieht man von ersten Ansätzen der Telegraphie ab. Die wirtschaftsräumlichen Verflechtungen waren weit weniger überregional entwickelt als etwa um die Jahrhundertwende. Als Beispiel für Reichweitensysteme der damaligen Zeit zeigt Tabelle 23 die räumliche Differenzierung des Briefaufkommens innerhalb des Königreiches Württemberg im Jahre 1876.

Rund 50% des Briefaufkommens waren zur damaligen Zeit Binnenverkehr, davon die Hälfte mit einer Reichweite von weniger als 50 km, der übrige Binnenverkehr bis maximal 200 km.

Nach jahrzehntelangen Streitigkeiten um die Ablösung des Postlehenvertrags mit dem Haus Thurn und Taxis ging die Post 1851 in unmittelbare Verwaltung des Königreiches Württemberg über. Die Karte 14 spiegelt für 1886 die räumliche Verteilung von Postexpeditionen wider, wie sie schon während der Taxisperiode bestand, da die Postroute Nürnberg-Heilbronn schon vor dem 18. Jahrhundert den Hohenlohekreis querte (MÖGEL, 1952).

Tabelle 23: Relative Anteile der Quell- und Zielräume der
Briefpost im Königreich Württemberg 1876 (Briefaufkommen abs. 41,8 Mio.)

Quell-Zielgebiet	Anteil in %
Lokal	6,5
Innerhalb des Oberamtsbezirks	7,2
Bis 2 Meilen außerhalb des Oberamtsbezirks	6,7
Innerhalb des Königreiches Württemberg	29,4
Aus dem Deutschen Reich und Bayern	19,3
Nach dem Deutschen Reich und Bayern	17,4
Aus Österreich-Ungarn, Helgoland u. Luxemburg	1,8
Nach Österreich-Ungarn, Helgoland u. Luxemburg	1,5
Aus dem übrigen Ausland	4,5
Nach dem übrigen Ausland	5,7

Quelle: Königlich-Württembergische Post- und Telegraphenverwaltung, Poststatistik 1876

Die Gründung der Staatlichen Landpost 1864 (Fußboten ab den Postämtern der Eisenbahnstationen) und die Eröffnung der Bahnverbindung Heilbronn-Nürnberg 1862 übten deutlich ihre Einflüsse auf die Diffusion der Postdienststellen aus. Im Einzugsbereich der Bahnlinien (Öhringen, Neuenstein, Waldenburg) blieben die Postämter auf die Bahnhofsorte im wesentlichen konzentriert, in den übrigen Gemeinden setzte sich bis 1922 die flächenhafte Diffusion fort (Karte 15).

Mitte der zwanziger Jahre waren mit wenigen Ausnahmen alle Gemeinden mit öffentlichen Telegraphen und Telefonstellen bei den Postämtern versehen (vgl. Karte 16). In den Anfängen des Telegraphenwesens waren erhebliche Diffusionshemmnisse ausserhalb der Bahntrassen festzustellen. Neuenstein (Bahnhofsort) erhielt 7 Jahre nach Eröffnung der Bahnlinien 1869 Telegraphieanschluß. Das im Kochertal gelegene Sindringen (das schon vor 1800 durch fürstliche Botenpost Bestandteil eines frühen Kommunikationsnetzes war), 20 km von der Bahnlinie entfernt, erhielt erst 12 Jahre später Telegraphieanschluß (STRAUB, 1964). Infrastrukturbündelung war also schon vor 100 Jahren ein räumliches Investitionsmuster (vgl. KÖNIGL. STAT.-TOPOGR. BUREAU 1865 u. 1883 - Oberamtsbeschreibungen).

Mit den Diffusionsmustern des Postwesens und mit ihrer räumlichen Bedeutung hat sich die Geographie bislang kaum beschäftigt (MUSTAR, 1982). Lediglich für Finnland hat LÖYTÖNEN (1985) eine sehr ausführliche Studie über Diffusion und Retraktion der Postanstalten publiziert.

Der Postverkehr eignet sich kleinräumlich sehr gut, historische wie aktuelle Kommunikationsintensitäten zu dokumentieren. Tabelle 24 zeigt für drei ausgewählte Gemeinden die den Postamtsort verlassende (eingelieferte) und dem Postamt zufließende (eingegangene) Briefpost, bezogen auf 100 Einwohner des Zuständigkeitsbereiches des Postamts.

Die Werte für die einzelnen Gemeinden machen den gewaltigen Zuwachs an Textkommunikation außerhalb des eigentlichen Telekommunikationsbereichs deutlich. Auffallend ist die wachsende Diskrepanz zwischen eingelieferten und zugegangenen Briefsendungen, die im wirtschaftsstarken Mittelzentrum Öhringen 1985 wesentlich stärker ausgeglichen ist als in den übrigen Gemeinden. In Abbildung 15 werden in einer aktuellen Zeitreihe die gemeindespezifischen Unterschiede nochmals sichtbar.

Karte 14

Postämter, Postagenturen und Telegraphenstellen 1886/87

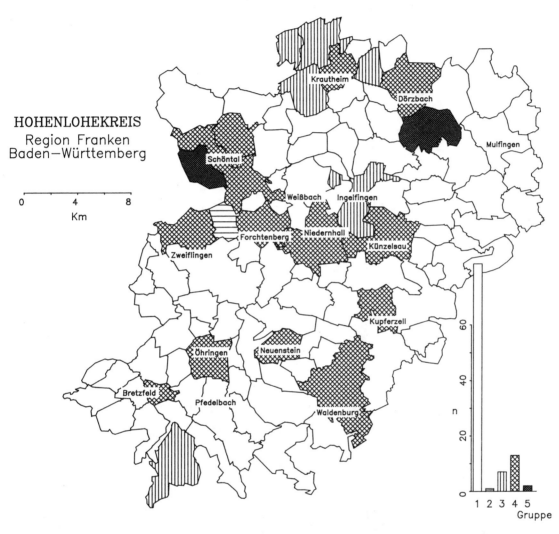

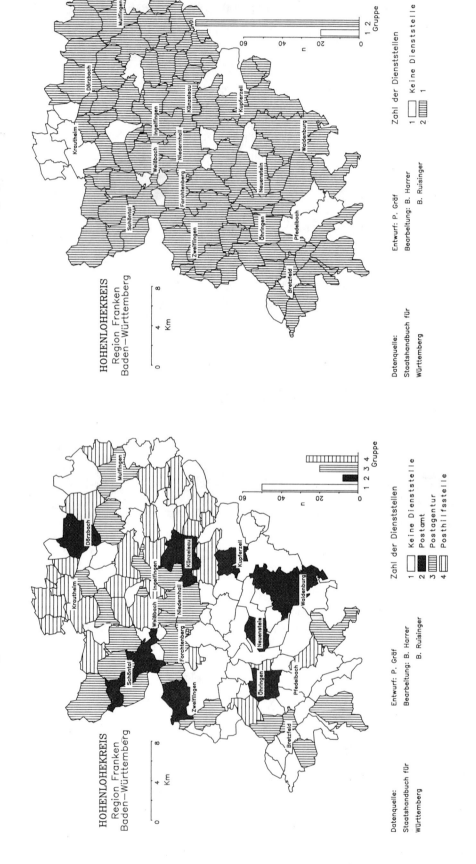

Tabelle 24: Historischer Vergleich des Briefaufkommens 1890, 1910, 1985, Ausgewählte Gemeinden im Hohenlohekreis (Briefe je 100 Einwohner)

Gemeinde	Briefsendungen je 100 Einwohner					
	eingelieferte			eingegangene		
	1890	1910	1985	1890	1910	1985
Bretzfeld	3,4	8,4	17,6	4,0	10,5	53,2
Öhringen	5,6	21,6	52,6	7,6	25,1	62,0
Forchtenberg	2,4	16,4*	20,1	3,7	9,8*	48,7

* 1900
Quelle: Archiv Koch, PA Öhringen   Entwurf: P. Gräf

Zwei Ergebnisse der Analyse scheinen räumlich besonders bemerkenswert: Die aktuelle Diskussion um die Telekommunikation hat in den Hintergrund treten lassen, daß Briefpost auch für Unternehmen immer noch eine wichtige, wohl nur in Grenzen substituierbare Form der Textkommunikation darstellt.[14] Die in Kapitel VII dargestellte relative Bedeutungslosigkeit für die private Korrespondenz unterstreicht die Bedeutung der Briefpost für direkte oder indirekte wirtschaftsbezogene Zwecke. Indirekt insofern, weil ein wesentlicher Teil dieses Verkehrs mit privaten Haushalten abgewickelt wird, z.B. Bankauszüge und Direktwerbung. Diese von außerhalb ihres Kommunikationsraums den Haushalten zugehenden Informationen, häufig nicht angeforderte Werbung, erklärt die Diskrepanzen der ein- und ausgehenden Briefvolumina. Die Briefpost erhält in dieser Situation semi-medialen Charakter.

Postämter sind - unabhängig von ihrer internen Verwaltungshierarchie - für den Kunden Dienstleistungsagenturen, die eine Mischung aus Kommunikationsvermittler, Bankgeschäftsstelle und Spediteur verkörpern. Obwohl sie publikumsintensive Einrichtungen sind, wurden sie von der Deutschen Bundespost in den letzten 20 Jahren immer stärker als zentralörtliche Einrichtung bewertet (in Hessen, Bayern und Baden-Württemberg als Grundausstattung der Kleinzentren (ARL, 1981; DATEN ZUR RAUMPLANUNG). Daraus ergab sich ein deutlicher Retraktionsprozeß der kleineren Postämter (früher Posthilfsstellen) aus der Fläche, der, wie schon erwähnt, entgegengesetzt zur flächenhaften Verbreitung der Bankgeschäftsstellen verlief.

Karten 17 bis 22 sowie die Abbildungen 16 und 17 dokumentieren diesen Prozeß. Zwischen 1955 und 1965 gab es noch eine leichte Zunahme der Postdienststellen, zwischen 1965 und 1975 eine drastische Einschränkung, bis 1985 fast wieder die Situation von 1886 erreicht war. Raumbezogen bedeutet dieses Ergebnis, daß 67 von 99 Ortsteilen über keinen Ansprechpartner für Postleistungen im Wohnumfeld verfügen. Zwar hat sich die Gewohnheit erhalten, daß der Postzusteller auch Sendungen entgegennimmt, dies wird jedoch von den Postkunden nicht als vollwertiger Ersatz empfunden wird. Die institutionelle Einrichtung, der Ansprechpartner im Ort (die kommunikative Infrastruktur) wird von der Bevölkerung bei den Bürgermeistern reklamiert.

Während 1965 (gemessen an der heutigen Basis von 16 Gemeinden) kein Postamt mehr als 3.000 Einwohner zu versorgen hatte, waren es 1985 3 Ämter mit mehr als 5.000 Einwohner und 5 Ämter mit 3.000 - 5.000 Einwohner, d.h. in 50% der Gemeinden überschritt der Kapazitätsraum die Obergrenze von 1965, obwohl die Bevölkerung des Landkreises nahezu konstant blieb.

Abb. 15 Wandel des Briefverkehrs 1979 - 1986 im Hohenlohekreis
Werktägliche Durchschnittswerte - Ausgewählte Gemeinden

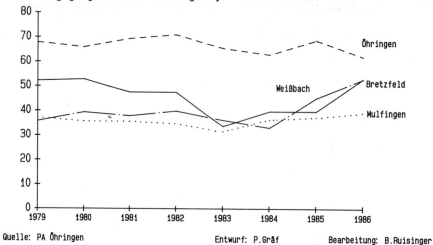

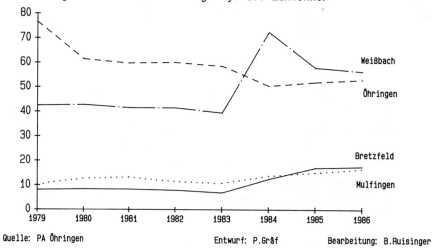

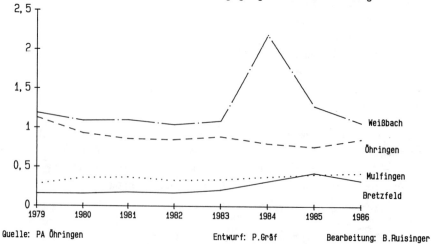

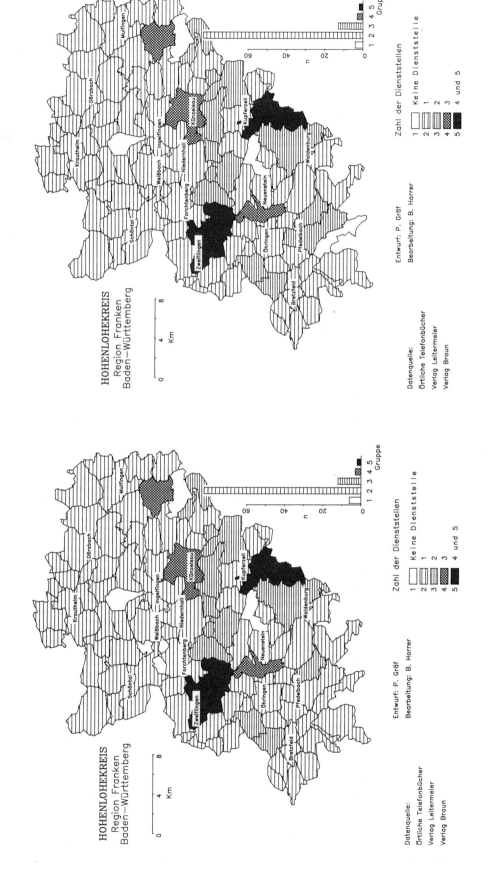

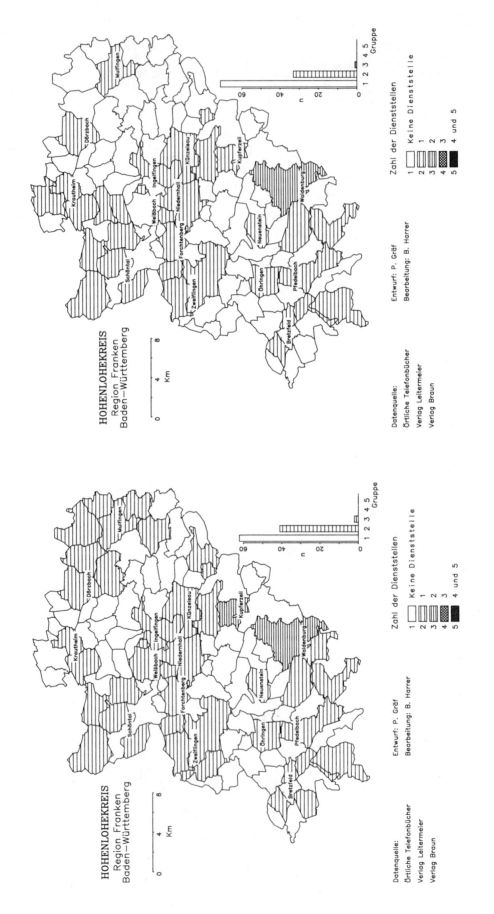

Abb. 16

Konzentration der Post und Telegraphenstationen 1886/87 und der Postämter und Poststellen 1922 im Hohenlohekreis

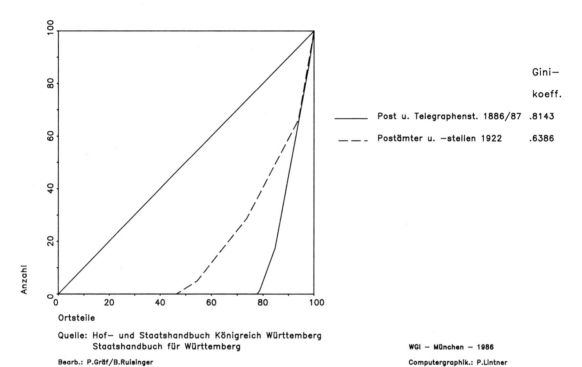

Abb. 17

Konzentration der Postämter und Poststellen im Hohenlohekreis 1955–1985

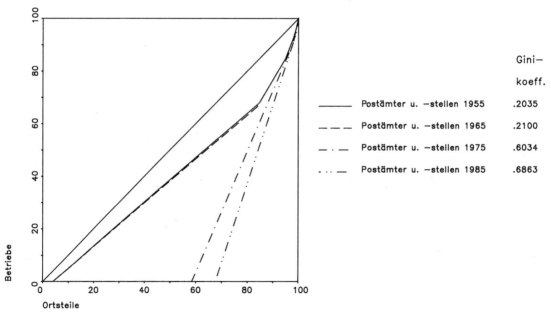

Karte 21

Postämter und Poststellen 1965

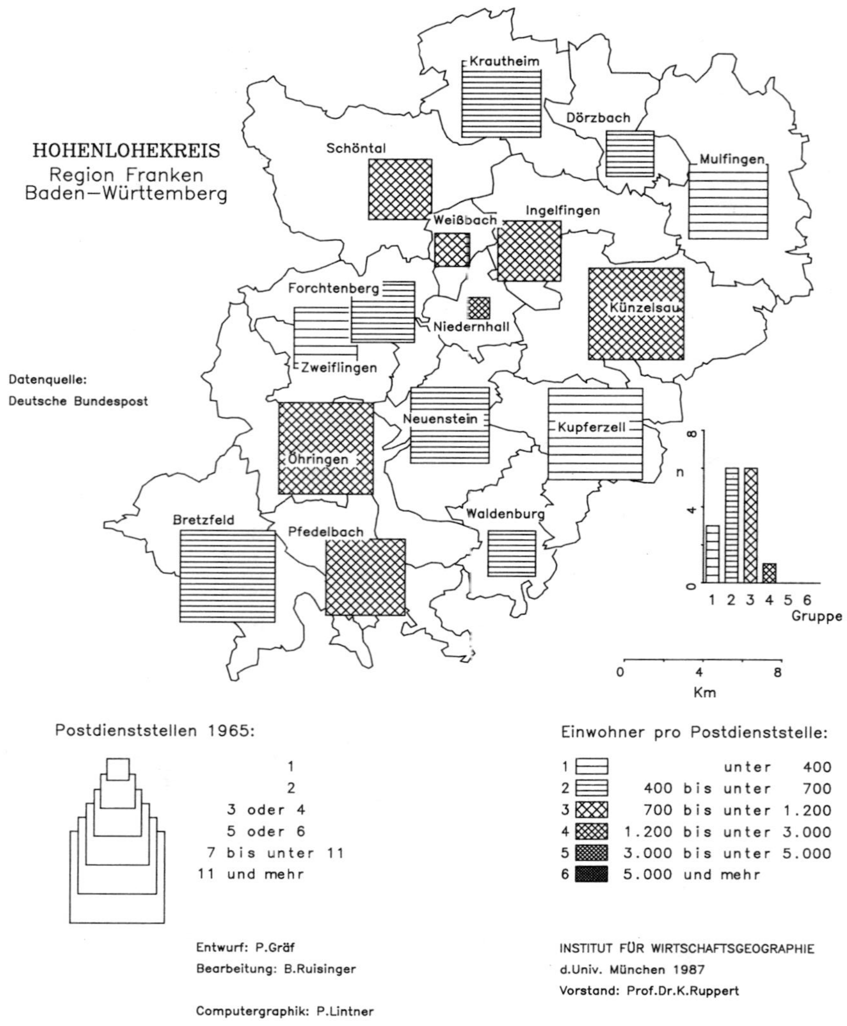
HOHENLOHEKREIS
Region Franken
Baden–Württemberg
Datenquelle:
Deutsche Bundespost
Krautheim
Dörzbach
Schöntal
Mulfingen
Weißbach
Ingelfingen
Forchtenberg
Niedernhall
Künzelsau
Zweiflingen
Neuenstein
Kupferzell
Öhringen
Bretzfeld
Pfedelbach
Waldenburg
n
0
4
8
1 2 3 4 5 6
Gruppe
0 4 8
Km
Postdienststellen 1965:
1
2
3 oder 4
5 oder 6
7 bis unter 11
11 und mehr
Einwohner pro Postdienststelle:
1 unter 400
2 400 bis unter 700
3 700 bis unter 1.200
4 1.200 bis unter 3.000
5 3.000 bis unter 5.000
6 5.000 und mehr
Entwurf: P.Gräf
Bearbeitung: B.Ruisinger
Computergraphik: P.Lintner
INSTITUT FÜR WIRTSCHAFTSGEOGRAPHIE
d.Univ. München 1987
Vorstand: Prof.Dr.K.Ruppert

Karte 22

Postämter und Poststellen 1986

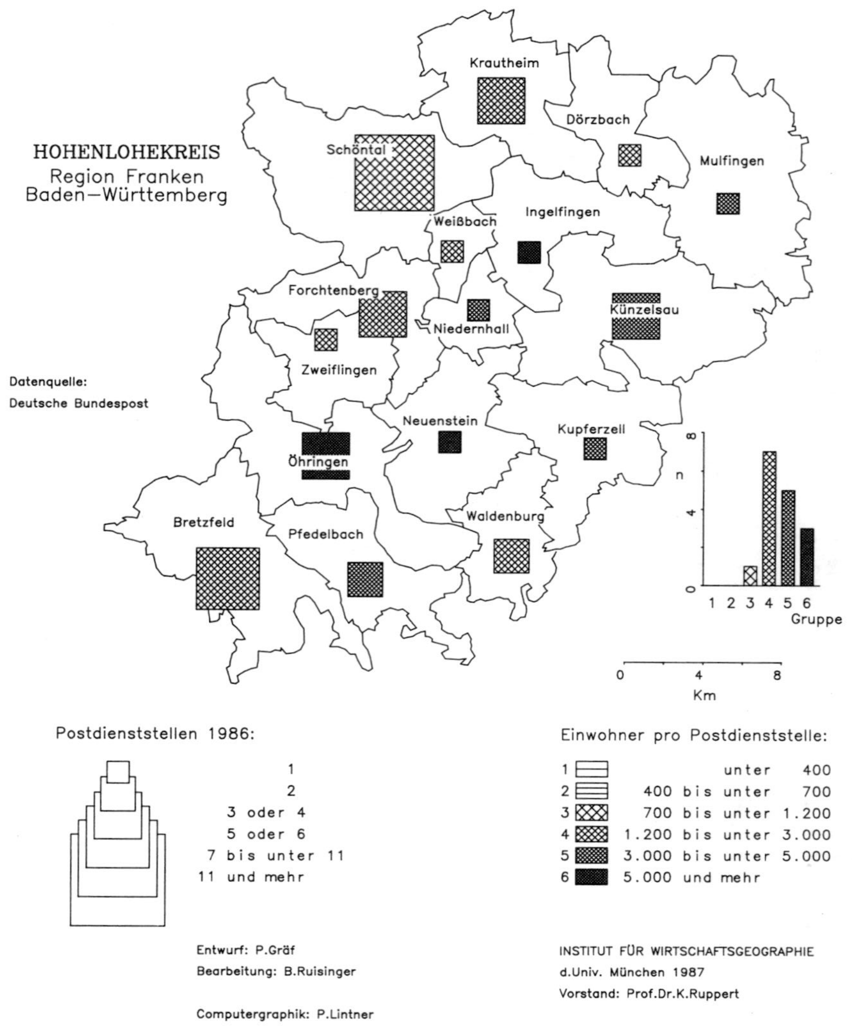
HOHENLOHEKREIS
Region Franken
Baden–Württemberg
Datenquelle:
Deutsche Bundespost
Krautheim
Dörzbach
Schöntal
Mulfingen
Weißbach
Ingelfingen
Forchtenberg
Niedernhall
Künzelsau
Zweiflingen
Neuenstein
Kupferzell
Öhringen
Bretzfeld
Pfedelbach
Waldenburg
n
0
4
8
1 2 3 4 5 6
Gruppe
0 4 8
Km
Postdienststellen 1986:
1
2
3 oder 4
5 oder 6
7 bis unter 11
11 und mehr
Einwohner pro Postdienststelle:
1 unter 400
2 400 bis unter 700
3 700 bis unter 1.200
4 1.200 bis unter 3.000
5 3.000 bis unter 5.000
6 5.000 und mehr
Entwurf: P.Gräf
Bearbeitung: B.Ruisinger
Computergraphik: P.Lintner
INSTITUT FÜR WIRTSCHAFTSGEOGRAPHIE
d.Univ. München 1987
Vorstand: Prof.Dr.K.Ruppert

Eine Scheinlösung zur Minderung dieser erzwungenen Reichweitenvergrößerung von Postämtern war die zunehmende Eröffnung von "Gemeindlichen öffentlichen Sprechstellen", die zwar ausschließlich dem Telefonverkehr dienen (vgl. nächster Abschnitt), jedoch gleichzeitig einen Ansprechpartner im Ort für Postangelegenheiten belassen bzw. den ehemaligen Posthaltern noch einen bescheidenen Nebenverdienst bis zur Altersgrenze ermöglichen. Die von der Aufhebung betroffenen Poststellen waren zu einem großen Teil erst in den Jahren 1930 bis 1935 gegründet worden.

b) Diffusion und Adoptoren der Telekommunikation

Zwischen der Einführung des Fernsprechwesens in Süddeutschland in den achtziger Jahren des vergangenen Jahrhunderts und der allgemeinen Verbreitung in größeren Gewerbebetrieben des Hohenloher Raums sind fast 50 Jahre vergangen, bis zur rasch danach zunehmenden Verbreitung in privaten Haushalten fast 80 Jahre. Das Diffusionsergebnis statisch zu interpretieren, ohne die Hintergründe der Entwicklung zu kennen, kann zu erheblichen Fehleinschätzungen des Adoptionspotentials führen.

Geographische Beiträge zur Entwicklung des Telefonwesens haben die historischen Bezüge (vgl. WACKER, 1971, S. 29f) nur selten zum Entwicklungsverständnis herangezogen (u.a. MOYER, 1981; MARTIN, 1982; BAKIS, 1987a). Verbreitungsanalysen, die Länder oder Kontinente zum Untersuchungsgegenstand hatten, blieben ebenfalls eher selten (BASSE, 1977, Europa/Nordamerika; SCHMIDT, 1977, BR Deutschland; HOLMES, 1983, Australien; TSANG-KING-TSANG, 1987, Frankreich). Die größte Resonanz fanden die urbanen Wirkungsfelder der Telefonentwicklung (u.a. SCHWAB, 1968; CORNA-PELLEGRINI, 1978; BAZAN, 1980; ABLER, 1981; DUPUY, 1981; GOTTMANN, 1981; DORE, 1982). Die genannten Untersuchungen haben sich auf den funktionalen Charakter und auf die Adoptionsverhältnisse konzentriert. Für eine räumlich quantifizierende Nutzung fehlen in der Regel die Daten, Frankreich bildet mit Belgien und Großbritannien eine Ausnahme (BACHELARD, 1972; CLARK, 1973; CHARLIER, 1987).

Verbreitungsanalysen im regionalen Rahmen bis zur Ebene von Bundesländern sind meist nur in Zusammenhang mit verkehrs- oder bevölkerungsbezogenen Studien dargestellt worden (u.a. MAIER, 1976, S. 45f; RUPPERT/ESTERHAMMER/LINTNER/POLENSKY, 1981, S. 68f). Darüber hinaus wurden für Kartenwerke (BUNDESFORSCHUNGSANSTALT, 1976, Bd. 3; EKM, 1981) sowie als statistische Berichterstattung (WALLA, 1979) Verbreitungskarten publiziert.

Einen interessanten Ansatz zur Anwendungswahrscheinlichkeit der Telematik hat HOBERG (1987) als Modifizierung einer schon früher angefertigten Studie über Baden-Württemberg vorgelegt. Die Untersuchung bezieht neben der räumlichen Verteilung von soziökonomischen Variablen vor allem die Struktur der Verbreitung von Telefonanschlüssen (ein nahezu abgeschlossener Diffusionsprozeß) als Entscheidungsbasis mit ein. In bezug auf äußere Diffusionseinflüsse schreibt HOBERG: "Maßnahmen staatlicherseits zur Beeinflussung des Diffusionsmusters würden im Diffusionsprozeß eine Veränderung der Rahmenbedingungen ... bedeuten" (ebenda, S. 79). Die unbeantwortete Frage ist, welche Rahmenbedingungen haben in den adoptionsschwachen Gebieten eigentlich bestanden? Da der Hohenlohekreis als solcher einzustufen ist, will die nachfolgende Analyse versuchen, die Rahmenbedingungen zu präzisieren.

Neben - gemessen an der Ersteinführung - sehr langen Diffusionsphasen (Tabelle 25) bestanden eine Reihe weiterer Hemmnisse, wie Nichtberücksichtigung der zentralörtlichen Beziehungen in den Oberämtern bei der Ortsnetzschaltung der Telefonteilnehmer, nicht beseitigte Kapazitätsengpässe in den fünfziger und siebziger Jahren, die eine Reihe von Ansiedlungs-

Tabelle 25: Diffusionszeiträume im Fernsprechwesen 1881 bis 1987

Ereignisse	Hohenlohe-kreis		Königreich Württemberg Deutsches Reich Bundesrep. Deutschland
a) Einführung des Telefons	1895		1881
b) Selbstwählfernverkehr	1959 1964	ÖHRINGEN KÜNZELSAU	1935
c) erste Telefonzelle	1963	ÖHRINGEN	?
d) Europa-Selbstfernwahl	1968	ÖHRINGEN	1955
e) Weltmünzfernsprecher	1977	ÖHRINGEN	1976

Quelle: PA Öhringen   Entwurf: P. Gräf

interessen von Industrieunternehmen zum Scheitern brachten oder erschwerten, weil für Betriebe im Kochertal nicht einmal Telefonanschlüsse zur Verfügung standen.[15]

Die frühe Adoptionsphase in den Großstädten in den achtziger Jahren des 19. Jahrhunderts verzeichnete in München schon rund 15% private Anschlüsse, während diese Quote in ländlichen Gemeinden Hohenlohes siebzig Jahre später noch nicht einmal zur Hälfte erreicht war (Abb. 18).

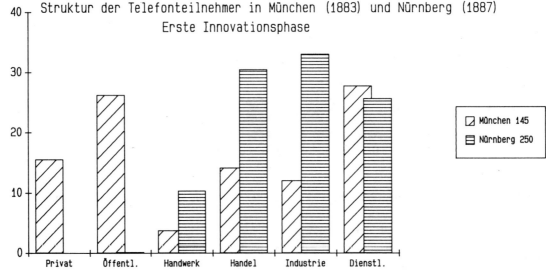

Abb. 18
Struktur der Telefonteilnehmer in München (1883) und Nürnberg (1887)
Erste Innovationsphase

Quelle: Archiv für Postgeschichte   Entwurf: P.Gräf   Bearb.: B.Ruisinger

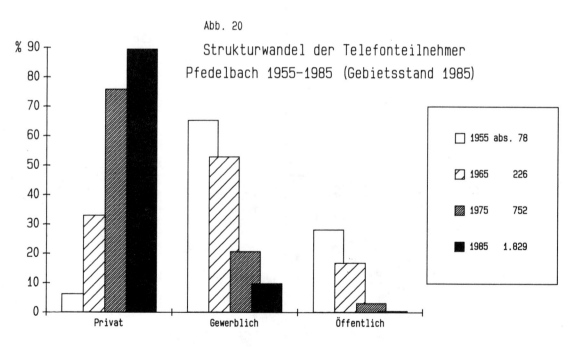

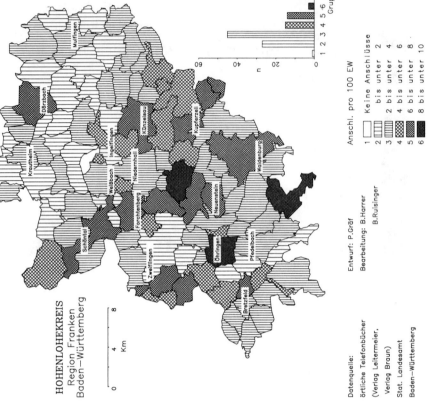

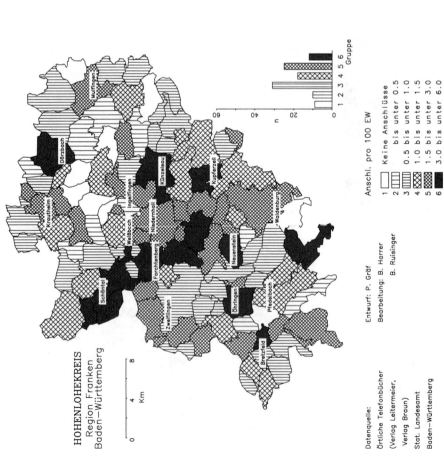

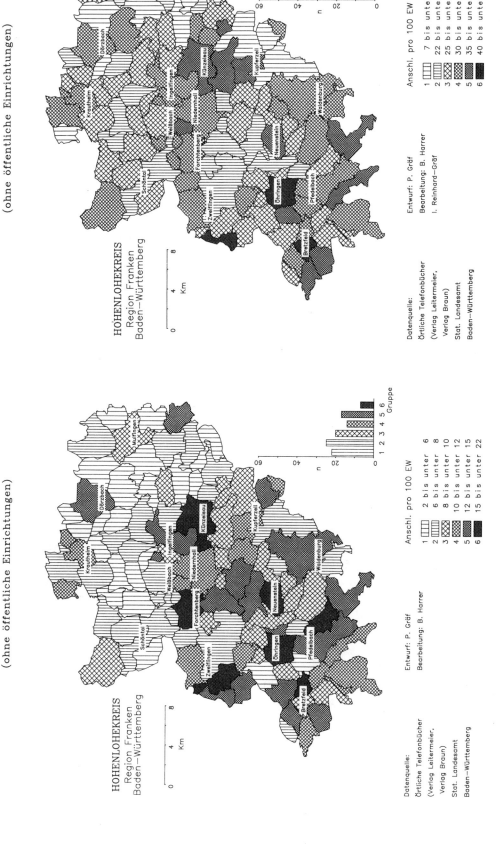

Die beiden Gemeindebeispiele Krautheim und Pfedelbach zeigen jedoch, wie sich gerade in der Zeitspanne 1965 bis 1975 eine enorm rasche Adoption in privaten Haushalten vollzog (Abbildungen 19 und 20), nachdem in den Fernmeldeämtern entsprechende Kapazitäten bereitgestellt werden konnten. Es gab zwar Mitte der fünfziger Jahre keine Gemeinden im Hohenlohekreis ohne Telefonanschluß, jedoch noch einige, wo Anschlüsse nur im öffentlichen Bereich (Postamt, Bürgermeisteramt, Pfarrer) vorhanden waren.

Ausgangssituation der Betrachtung war 1955 eine Verbreitungssituation von im Gebietsdurchschnitt rund einem Telefonanschluß auf 100 Einwohner, d.h. auf etwa 25 Haushalte kam ein Telefon. Zunächst hatten die nach heutigem Verständnis zentralörtlichen Gemeinden den höchsten Besatz (bezogen auf die jeweilige Ortsbevölkerung). Aus dem statistischen Bild kann nicht geschlossen werden, daß die Bewohner dieser Gemeinden auch zu den frühen Adoptoren generell gehörten. Neben der örtlichen Oberschicht, die ihren Telefonanschluß in der Wohnung meist auch noch beruflich nutzte, waren es auch Landwirte, die neben den Gewerbetreibenden zu den frühen Adoptoren gehörten.

Nach einer Periode von 20 Jahren (1975) sind die Konturen des räumlichen Musters schärfer geworden. Das nördliche Drittel des Hohenlohekreises (vor allem die Gemeinden in Einzugsbereich des Jagsttales) bleiben hinter der allgemeinen Adoptionsentwicklung zurück. Nicht nur die besondere Strukturschwäche dieses Teilgebiets und der hohe Anteil der Landwirtschaft sind eine Erklärung, sondern ein kleinräumliches Adoptionsmuster, das eng mit der baulichen Entwicklung verbunden war.

Kleinräumliche Untersuchungen ließen erkennen, daß auch in Gemeinden mit einer relativ hohen Adoptionsquote die Teilnehmer in der Regel nicht gleichmäßig über das Siedlungsgebiet verteilt waren und sind. Vielmehr sind die hohen Quoten überwiegend in Baugebieten zu finden, die erst nach 1965 erschlossen wurden und bei denen das Telefonnetz bereits zur Erschließungsinfrastruktur gehörte. Hinzu kommt, daß die Bewohner der neuen Siedlungsgebiete überwiegend aus mittel- oder großstädtischen Gebieten zugewandert waren (z.B. Siedlungsgebiet Nonnenberg, Gemeinde Pfedelbach). Nach einem weiteren Jahrzehnt hat die Siedlungsentwicklung auch die nördlichen Kreisgebiete erreicht, so daß das ursprüngliche zentralörtliche Muster auf höherem Niveau wieder hervortritt.

Telekommunikation ist auch in den einwohnerschwachen Wohnplätzen zu einer Selbstverständlichkeit geworden, ohne daß jedoch seltene Nutzer daraus die Notwendigkeit zu einem eigenen Telefonanschluß sähen. Solange es ein relativ flächendeckendes Netz von Postdienststellen gab, war das gewünschte Maß an telekommunikativer Versorgung gesichert. Nach der Auflösung zahlreicher Posthilfsstellen entstand eine Versorgungslücke, da zu damaliger Zeit noch keine Telefonzellen in kleinen Ortsteilen installiert wurden bzw. man nicht mehr zum Telefon gerufen werden konnte. Diese Lücke versuchen die "Gemeindlichen öffentlichen Sprechstellen" zu schließen. Hierbei werden die Bereitstellung von Räumen und die Betriebskosten der Gemeinde auferlegt.

Die Zunahme dieser Sprechstellen nach 1955 (Karten 27/28) ist somit eine kombinierte Folge aus breiter Akzeptanz des Telefons als ein allgemeines Kommunikationsmittel und dem Versuch, raumbezogene Rationalisierungseffekten der Postdienststellen zu kompensieren.

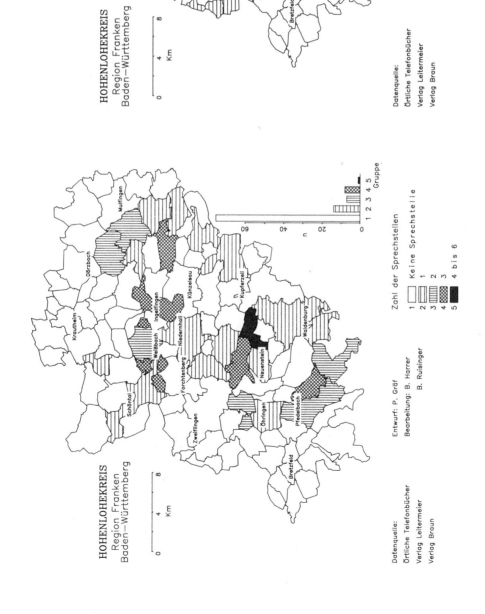

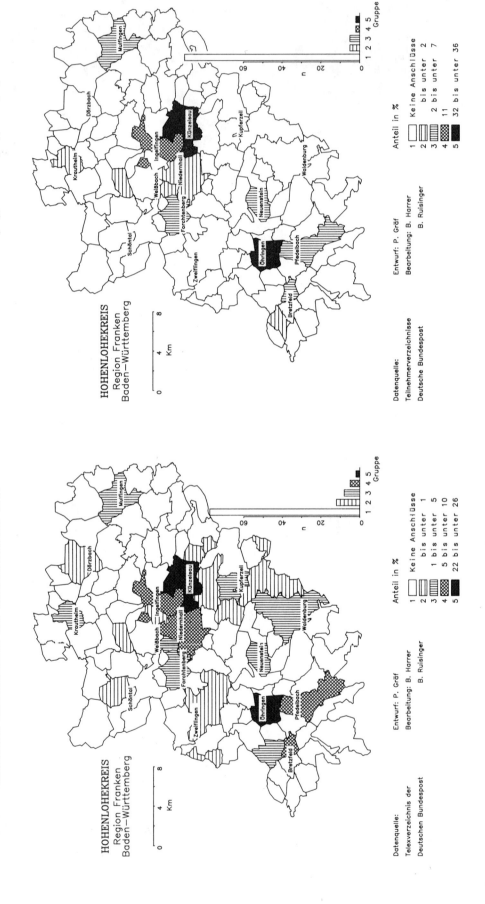

Abb. 21

Konzentration der Telefonhauptanschlüsse im Hohenlohekreis 1955-1986

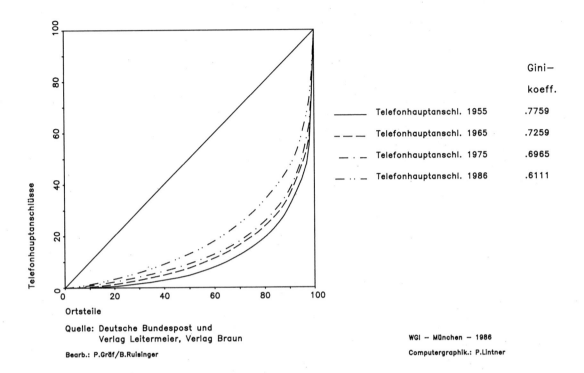

Abb. 22

Konzentration der Telex-, Teletex-, Telefax- und Btx-Anschlüsse im Hohenlohekreis 1986/1987

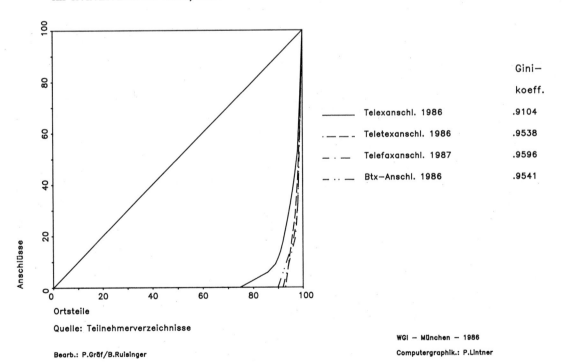

In Anlehnung an den Gedanken der "Telehaus"-Projekte in Skandinavien, bei denen ein multifunktionales öffentliches Servicezentrum für Telematikleistungen in kleineren Gemeinden erprobt wird, sollte geprüft werden, ob dieser Gedanke nicht bei kleinen Ortsteilen für Ortskommunikationszentren genutzt werden könnte. Ein Verbund aus Telekommunikationsleistungen (z.B. auch Btx), Gastronomie und Handel (wie schon bei den Einzelhandelsstrukturen auf S. 90f erwähnt), könnte auch die Aufgaben der gemeindlichen öffentlichen Sprechstelle übernehmen und zusätzlich ein Integrationsmoment für die lokale Lebenswelt der Dörfer darstellen. Wenn mögliche "freie Leistungen" (WITTE, 1987, S. 94f) nach einer Neuordnung des Telekommunikationswesens auch für Telefondienste zugelassen würden, könnte die Realisierung eines "Telekom-Drugstores" gewährleistet sein.

Zu der bislang nur in Ansätzen spürbaren Diffusion neuer IuK-Techniken im Kreisgebiet gibt es keine erkennbare Regelhaftigkeit unter den Gruppen von Adoptoren. In erster Linie scheint die Bedarfslage nach Telematikleistungen eine Adoptionsentscheidung zu steuern, die meist, zumindest in Industriebetrieben, erst ab einer Beschäftigungsgröße von über 100 Mitarbeitern zum Tragen kommt, wie u.a. FRITSCH (1987a) in einer Studie über Adoption bzw. Nichtadoption festgestellt hat. Diese größeren Betriebe sind vorwiegend in Künzelsau, im Kochertal und im Raum Öhringen zu finden.

Nach eigenen Untersuchungen liegt mehrfach auch eine Kombinationsentscheidung, z.B. Teletex/Telefax, vor. Selbst besonders exportorientierte Betriebe begnügen sich in der Regel mit Telexanschlüssen. Telexanschlüsse sind auch in Betrieben mit weniger als 50 Beschäftigten häufig zu finden. Es ist nicht zu erkennen, daß mit der Verlagerung oder Neugründung von Betrieben in den Gewerbegebieten eine Diversifizierung der Telekommunikationsnachfrage einhergeht. Karten 29 und 30 sowie die Abbildungen 21 und 22 verdeutlichen nochmals den unterschiedlichen Konzentrationsgrad der Telekommunikationsdienste. Die Lorenzkurve der Telefonanschlüsse 1955, einer Phase der noch überwiegend beruflichen Nutzung des Telefons, besitzt 60 Jahre nach Einführung des Telefons noch eine beachtliche Konzentration. Selbst wenn man heute kürzere Diffusionsphasen unterstellt, können in Gebieten wie dem Hohenlohekreis aus dem jetzigen Verbreitungsmuster kaum längerfristige Schlüsse über den weiteren Verlauf der Diffusion gezogen werden.

4. Kommunikationsräumliche Einflüsse durch Medien

a) Presseerzeugnisse

Die Vielfalt von Presseerzeugnissen mit räumlich umsetzbaren Informationen hat bislang in geographischen Betrachtungen kaum Aufmerksamkeit gefunden, weil das Forschungsinteresse meist auf die horizontale Ebene im Sinne räumlicher Verbreitungsmuster eines Typs von Presseerzeugnissen, z. B. Tageszeitungen, gerichtet war (u.a. BLOTEVOGEL, 1984; AUFERMANN, 1985; CELESTIN, 1987). Geht man nicht von der Vorstellung aus, die Zeitungsverbreitung forme den Kommunikationsraum als einen Raum gleicher selektiver Informationsverbreitung (BLOTEVOGEL, 1984, S. 80), sondern betrachtet den durch Presseerzeugnisse gebildeten Kommunikationsraum als vertikales, mit unterschiedlichen Informationsreichweiten und -funktionen ausgestattetes Gebilde von verschiedenen Presse-Informationsträgern, dann entsteht ein sehr viel differenzierteres Bild über den Kommunikationsraum <u>innerhalb</u> der Reichweiten der Tagespresse.

Tabelle 26: Räumlich-funktionale Typisierung von Presseerzeugnissen

Presseerzeugnis	Erhalt/Erwerb	Raumbedeutsamkeit
Überregionale Tageszeitung	Kauf/Abonnement	gering
Kaufzeitung	Kauf	gering
Regionale Tageszeitung	Kauf/Abonnement	Verbreitungsgebiet
Anzeigenblatt		
a) als Supplement	wie Tageszeitung	kleiner als Tageszeitung
b) Unabhängig	unaufgeforderter Erhalt	kleiner als Tageszeitung
Gemeindemitteilung	Erhalt oder Abonnement	Gemeinde und Nahbereich
Kirchenblatt	Erhalt	Kirchensprengel
Firmenpresse	unaufgeforderter Erhalt	ein Geschäftsstandort

Entwurf: P. Gräf

Der Gliederungsvorschlag von WILKING (1984, S. 194), man könne lokale Medien nach dem "Verbreitungsgebiet (z.B. Größe, Siedlungsstruktur) und nach publizistischen Merkmalen (z.B. Erscheinungsweise, Vertriebssystem, Auflage, Redaktionsstruktur, Verlagsverflechtung)" charakterisieren, ist nach der o.a. Zielstellung ergänzungsbedürftig, vor allem nach der Funktion des Presseerzeugnisses.

Nach KIEFER (1985, S. 731) besitzen Anzeigenblätter und Gratisanzeiger mit redaktionellem Teil eine subregionale Orientierungsfunktion. Für die aktionsräumliche Umsetzung von Informationen ist diese Orientierungsfunktion sehr viel einflußreicher als etwa die Frage nach der redaktionellen Selektion lokaler Nachrichten. Der redaktionelle Beitrag prägt langfristig die Vorstellung der Leser von ihrer lokalen oder regionalen Umwelt (falls er wirklich gelesen wird) (auch RAGER, 1982).

Da der Lokalteil von Tageszeitungen heute im ländlichen Raum in der Regel ein Gebiet von ein bis zwei Landkreisen umfaßt, kommt den "Amtlichen Mitteilungsblättern" der Gemeinden, wenn auch nur in ein oder zwei Ausgaben pro Monat, doch eine wichtige Ergänzungsfunktion für das unmittelbare Wohnumfeld zu, das die Lokalzeitung nicht mehr abdecken kann (BRÜGGEMANN/RIEHLE, 1986, S. 88f).

Gleichermaßen haben Kirchenblätter eine wichtige, ebenfalls wohnumfeldbezogene Ergänzungsfunktion, da nur in besonderen Ausnahmefällen die lokale Presse kirchliche Informationen verbreitet (REST/SIGNITZER, 1982, S. 532f). Die besondere Rolle der Anzeigenblätter wird in Kapitel IX näher analysiert.

AUFERMANN (1985, S. 7) unterstreicht, daß die Pressestatistik kein ausreichendes Material liefert, um Aussagen über die lokal-publizistische Vielfalt an Tageszeitungen zu machen (vgl. auch KIEFER, 1985). In der Analyse der Situation im Hohenlohekreis wurde deshalb versucht, Daten des Verlages Heilbronner Stimme, des regionalen Pressegrosso und der IVW-Kreiskartei zu einem räumlichen Bild zusammenzuführen. Als Ergebnis läßt sich für einen Zeitraum von 10 Jahren bereits ein beträchtlicher Wandel in der Tageszeitungsverbreitung feststellen. Drei für die kommunikationsräumliche Situation wesentliche Aufschlüsse vermittelt die Tabelle 27.

Im Zeitraum von nur 10 Jahren hat sich der Anteil der regionalen Tagespresse überwiegend zugunsten der Boulevardpresse um absolut mehr als 10% in den Gemeinden unter 5.000 Einwohner verringert. Im Kreisdurchschnitt hat sich der Anteil der Bild-Zeitung um 5,2% erhöht, was teilweise zu Lasten der überregionalen Presse erfolgte. Günstige Baumöglichkeiten haben den Zuzug in kleine Gemeinden begünstigt. Durch die damit verbundene Bevölkerungsumschichtung zu höheren Anteilen der oberen Mittelschicht und Oberschicht hat die Verbreitung überregionaler Zeitungen in diesen Gemeinden leicht zugenommen. Während im Zeitraum 1975 - 1985 die Bevölkerung um weniger als 3% auf rund 85.000 Einwohner anstieg, hat sich die Verbreitung der Tagespresse um 19% auf werktäglich rund 24.000 Exemplare vergrössert. Die einzelnen Tagespressetypen waren jedoch sehr unterschiedlich beteiligt.

Tabelle 27: Wandel der Verbreitung von Tageszeitungen im Hohenlohekreis 1975 - 1985 - Anteile in %

Zeitung	Gesamter Landkreis			Gemeinden u. 5.000 Ew.		
	1975	1981	1985	1975	1981	1985
Hohenloher Zeitung	80,9	79,3	77,4	88,7	80,9	77,9
BILD	13,9	17,9	18,9	10,0	17,8	19,6
Heilbronner Stimme	2,7	-	1,0	1,3	-	-
Stuttgarter Zeitung	1,8	1,8	1,5	-	1,3	1,8
Frankfurter Allgemeine	0,7	0,6	0,6	-	-	0,7
Süddeutsche Zeitung	-	0,2	0,3	-	-	-
Die Welt	-	0,2	0,3	-	-	-

Quelle: IVW-Kreiskartei   Entwurf: P. Gräf

Da der Hohenlohekreis zu den "Einzeitungskreisen" der Bundesrepublik gehört (vgl. SCHÜTZ, 1985), ist beachtlich, daß die Regionalzeitung "Hohenloher Zeitung" (Kopfblatt der "Heilbronner Stimme") ihre verkaufte Auflage nur um 12% auf knapp 19.000 erhöhen konnte. Wie ein Vergleich der Karten 31 und 32 zeigt, war von der intensiven Verbreitung vor allem der Mittelbereich Öhringen betroffen. Die Bild-Zeitung hatte einen Zuwachs von 60% auf 4.503 Exemplare zu verzeichnen, die überregionale Presse nahm um nur 3% auf rund 1.000 abgesetzte Exemplare zu.

Analysiert man die Verbreitung von außergebietlichen Zeitungen separat, kann man bestimmte Kombinationen von Boulevardpresse und überregionaler Tagespresse ausfiltern, wie sie als Grundlage für eine Gemeindetypisierung in Karte 33 Verwendung finden. Nur bei einem Drittel aller Gemeinden (Typ 3 und 4) ist der Absatz der überregionalen Presse zwischen Montag und Freitag höher als am Wochenende. An diesen Standorten überwiegt die berufliche Nutzung der überregionalen Presse.

Die Mehrheit liest, nicht zuletzt des Anzeigenteils wegen, nur die Samstagsausgabe der überregionalen Presse. Nur in zwei Gemeinden (Weißbach und Zweiflingen) besteht der Absatz außergebietlicher Zeitungen ausschließlich aus der Bild-Zeitung.

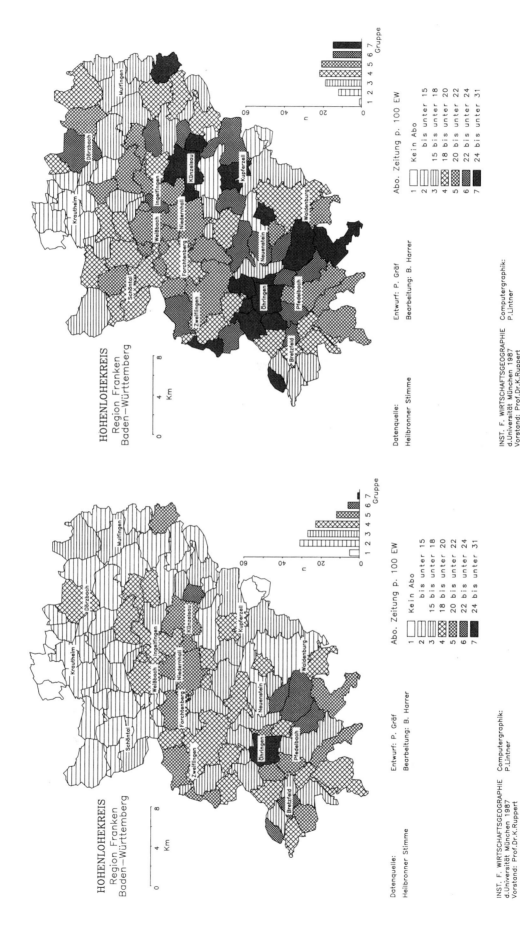

Karte 33

Gemeindetypisierung nach der Zeitungsverbreitung 1986/87
(Regionale, überregionale und Boulevard-Tagespresse)

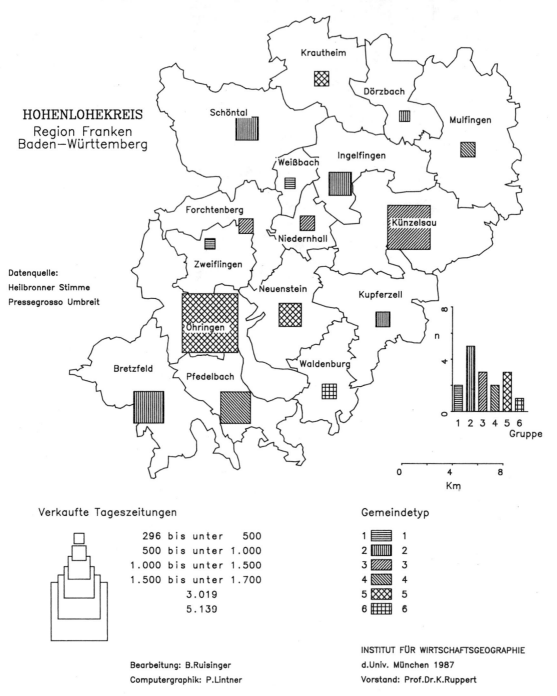

Verkaufte Tageszeitungen

    296 bis unter   500
    500 bis unter 1.000
  1.000 bis unter 1.500
  1.500 bis unter 1.700
  3.019
  5.139

Gemeindetyp

1 — 1
2 — 2
3 — 3
4 — 4
5 — 5
6 — 6

Bearbeitung: B. Ruisinger
Computergraphik: P. Lintner

INSTITUT FÜR WIRTSCHAFTSGEOGRAPHIE
d.Univ. München 1987
Vorstand: Prof.Dr.K.Ruppert

Gemeindetypisierung nach dem Absatz außergebietlicher Tageszeitungen im Hohenlohekreis 1986

Typ	Anteil der Kaufzeitungen 10-u.25 %	25-u.100 %	100 %	Überregionale größer als "Die Zeit"	Tageszeitungen Mo-Fr höher als samstags	Gemeinden
1	X					2
2	X			X		5
3	X			X	X	3
4	X				X	2
5		X		X		3
6		X				1

Quelle: Pressegrosso Umbreit

Entwurf: P. Gräf

KLINGEMANN/KLINGEMANN (1983, S. 252) weisen nach, daß Bildzeitungsleser zu zwei Drittel auch lokale Tageszeitungen lesen, zu einem Viertel auch regionale Tageszeitungen. Für die Situation in Hohenlohe scheint dieser Wert etwas hoch, es sei denn, man faßt den Begriff so weit, auch lokale Anzeiger und Amtsblätter darunter zu subsumieren. Das Interesse an diesen "Amtsblättern" ist so groß, daß sich beispielsweise 1987 die Kreisstadt Künzelsau vor allem auf Anregung ihrer in Ortsteilen wohnenden Bürger entschloß, wöchentlich kostenlos ein Amtsblatt herauszugeben und es an die Haushalte zu verteilen (HZ v. 1.7.1987). Andere Gemeinden, z.B. Pfedelbach, vertreiben das Amtsblatt im Abonnement, erreichen dabei aber auch nahezu alle Haushalte.

Die Persistenz aktions- und kommunikationsräumlicher Reichweiten nach der Kreisgebietsreform kommt im Fortbestehen zweier in unregelmäßigen Abständen erscheinender Beilagen zur Hohenloher Zeitung ("Kleine HZ" und "Kocher- und Jagstbote") zum Ausdruck. Diese Beilagen, redaktionell stark aufgewertete Anzeigenblätter, entsprechen in Verbreitung und Reichweiten der Geschäftsanzeigen ziemlich genau den Altlandkreisen Künzelsau und Öhringen. Ein großer Teil der dort inserierenden Einzelhändler wirbt nur selten oder nie mit Anzeigen in der Hohenloher Zeitung, da ihre Verbreitung größer ist als der Kundeneinzugsbereich ihrer Geschäfte.

Neben diesen beiden Beilagen wird in Künzelsau noch ein unabhängiges Anzeigenblatt herausgegeben, das ebenfalls kostenlos an die Haushalte des gesamten Landkreises verteilt wird. Schließlich erreicht noch die Hauswerbezeitung "Tip der Woche" (mit redaktionellem Teil) des regionalen Einkaufmarktes "Kaufland" in Neckarsulm bis auf wenige im Nordosten gelegene Gemeinden kostenlos und wöchentlich alle Haushalte. Zu diesem Presseangebot tritt individuell noch die lokale Information von Kirchen und Vereinsmitteilungen.

Innerhalb eines Landkreises ist die potentielle Informationsvielfalt sehr komplex und differenziert. Es ist bis jetzt nicht zu ermitteln, ob der Trend zur Boulevardpresse als zunehmendes Desinteresse an einer regionalen Umwelt anzusehen ist, ob schon die "lokale" Orientierung an einem Kreisgebiet zu groß ist und/oder ob die tragenden Informationsquellen andere sind als die den Kreis abdeckende Tagespresse.

Es gibt eine Reihe von Indikatoren für die beiden letzten Thesen. Die in der Regel deutlich unter 50 km liegenden Reichweiten der Naherholung, die räumliche Organisation der Volkshochschuleinrichtungen (starke Orientierung an den Altlandkreisen), die Einzugsbereiche von kulturellen Veranstaltungen oder auch die Wahrnehmung des Lebensraums, wie sie FLEMMING (1985) für die Stadt Neuenstein untersucht hat, sprechen für die kürzeren Reichweiten.

Die Ergebnisse geben kaum Anhaltspunkte für die These, daß die Verbreitung der Regionalpresse einen Kommunikationsraum begründe. In erster Linie wird ein Informationsraum geschaffen, dessen Orientierungsinhalte Anreize zu gelegentlichen Einkäufen oder Veranstaltungsbesuchen innerhalb dieser Informationsreichweite geben, z.B. im Oberzentrum. Der gelegentliche Charakter läßt jedoch keinen Kommunikationsraum, sondern eher einen inselartig ausgelagerten Kommunikationspunkt entstehen, zu dem lediglich eine Verkehrsverbindung existiert, ohne daß der dazwischen liegende Raum zu anderen funktionalen Zwecken genutzt würde. In Verdichtungsräumen entstehen ähnliche Situationen zwischen Wohnumfeld und inselartig genutzten Teilräumen, wie zum Beispiel in der City oder bei Versorgungseinrichtungen in Stadtrandlage.

Die Regionalpresse ist auch längerfristig kaum in der Lage, neue Verwaltungsgebietseinheiten zum Kommunikationsraum der Bevölkerung zu machen. Selbst wenn die verwaltungsökonomischen Vorteile von Gebietsreformen in den meisten Fällen unbestritten sind (RUPPERT/PAESLER, 1984, S. 60f), lassen sich vor allem die bei den Kreisreformen bestehenden Kommunikationsräume nur sehr langfristig verändern.

Die Hohenloher Zeitung besitzt seit 1947 im wesentlichen ihr heutiges Verbreitungsgebiet, das nach der Gebietsreform nahezu identisch mit dem neuen Kreisgebiet wurde. Dennoch sind die Kommunikationsräume in den Dimensionen der Altlandkreise verblieben, was u.a. durch den Fortbestand von zwei Lokalredaktionen in Öhringen und Künzelsau unterstrichen wird.

In den Karten 31 und 32 ist im Norden des Landkreises der deutlich geringere Verbreitungsgrad der Hohenloher Zeitung zu beobachten, wie er an den übrigen Grenzen des Landkreises nicht auftritt. Diese Gemeinden bzw. Ortsteile waren vor der Kreisreform badisches Gebiet und im Hinblick auf die Presse und die oberzentrale Orientierung auf den Rhein-Neckar-Verdichtungsraum ausgerichtet (GROSSHERZOGLICHES MINISTERIUM, 1887; SCHNEIDER, 1977; WAGNER U., 1985). Selbst 12 Jahre nach der Gebietsreform beginnt sich dieser Raum nur langsam auf seine neue Kreiszugehörigkeit einzustellen, was durch die allmählichen Zuwächse der Abonnements der Hohenloher Zeitung sichtbar wird.[16]

Verwaltungsgrenzen können kommunikationsräumliche Barrieren auch fördern. In der zuvor geschilderten Grenzlage zum Regierungsbezirk Nordbaden ist zu beobachten, daß unabhängig von den Vermarktungsgelegenheiten landwirtschaftlicher Produkte (u.a. PACHNER, 1985, S. 52f) die Verbreitung des "Württembergischen Wochenblatts für Landwirtschaft", dessen wesentliche Aufgabe u.a. Vermarktungsinformationen sind, jenseits der Regierungsbezirksgrenzen einen drastischen Rückgang der Abonnementszahlen zeigt (WWL, 1987).

Verbreitungsgrenzen von Regionalzeitungen haben aber ungeachtet der aktionsräumlichen Beziehungen der Bevölkerung eine informationsräumliche Relevanz, die im Rahmen der Pressekonzentration bislang kein Gegenstand der Diskussion war. Dieser Effekt betrifft die räumliche Selektion von Nachrichten, die der Reichweite zwischen der lokalen Außengrenze und Nachrichten über die Bundesrepublik entsprechen, also in der Regel Nachrichten aus dem eigenen Bundesland umfassen (vgl. IHK WÜRZBURG-SCHWEINFURT, 1986). Diese Dimension entspricht immerhin noch den sporadischen, oberzentralen Aktionsreichweiten und gilt aus landeskultureller Sicht als besondere Informationsaufgabe. Bezieht eine Zeitung ihren redaktionellen Mantel von außerhalb des Verbreitungsgebietes, so werden die regionalen Nachrichten nicht von der örtlichen Lokalredaktion, sondern am Mantelerscheinungsort erstellt.

Innerhalb der Region Franken erscheinen in den Nachbarlandkreisen des Hohlohekreises fünf weitere Tageszeitungen, die bis auf die Fränkischen Nachrichten alle ihren Mantel von außerhalb der Region beziehen, überwiegend von der Südwestpresse in Ulm. Vergleichsweise wurden für einen Stichtag (16.6.1986) in Tabelle 28 die Berichtsorte der regionalen Nachrichten erfaßt, die für ein Verbreitungsgebiet gedacht sind, das ausschließlich zum Regierungsbezirk Nordwürttemberg, d.h. zum Lande Baden-Württemberg gehört. Der Mantelerstellungsort steuert eindeutig das räumliche Informationsspektrum der regionalen Dimension.

Diese mit den kommunikativen oder aktionsräumlichen Beziehungen nur in zwei Fällen (Hohenloher Zeitung, Fränkische Nachrichten) parallel laufende Berichterstattung ist in bezug auf andere Möglichkeiten der räumlichen Nachrichtenselektion ebenso problematisch wie die weiträumige Verbreitung einer verlegerischen oder redaktionellen Meinung ohne Informationskonkurrenz im Pressewesen (vgl. AMANN, 1984 zu "Heimatpresse").

b) Regionaler Hörfunk

Eine mögliche regionale und subregionale Wirkung des lokalen oder regionalen Hörfunks ist in der geschilderten informationsräumlichen Situation sehr wahrscheinlich.

Karte 34 **Erscheinungsorte der Regionalzeitungen 1987**

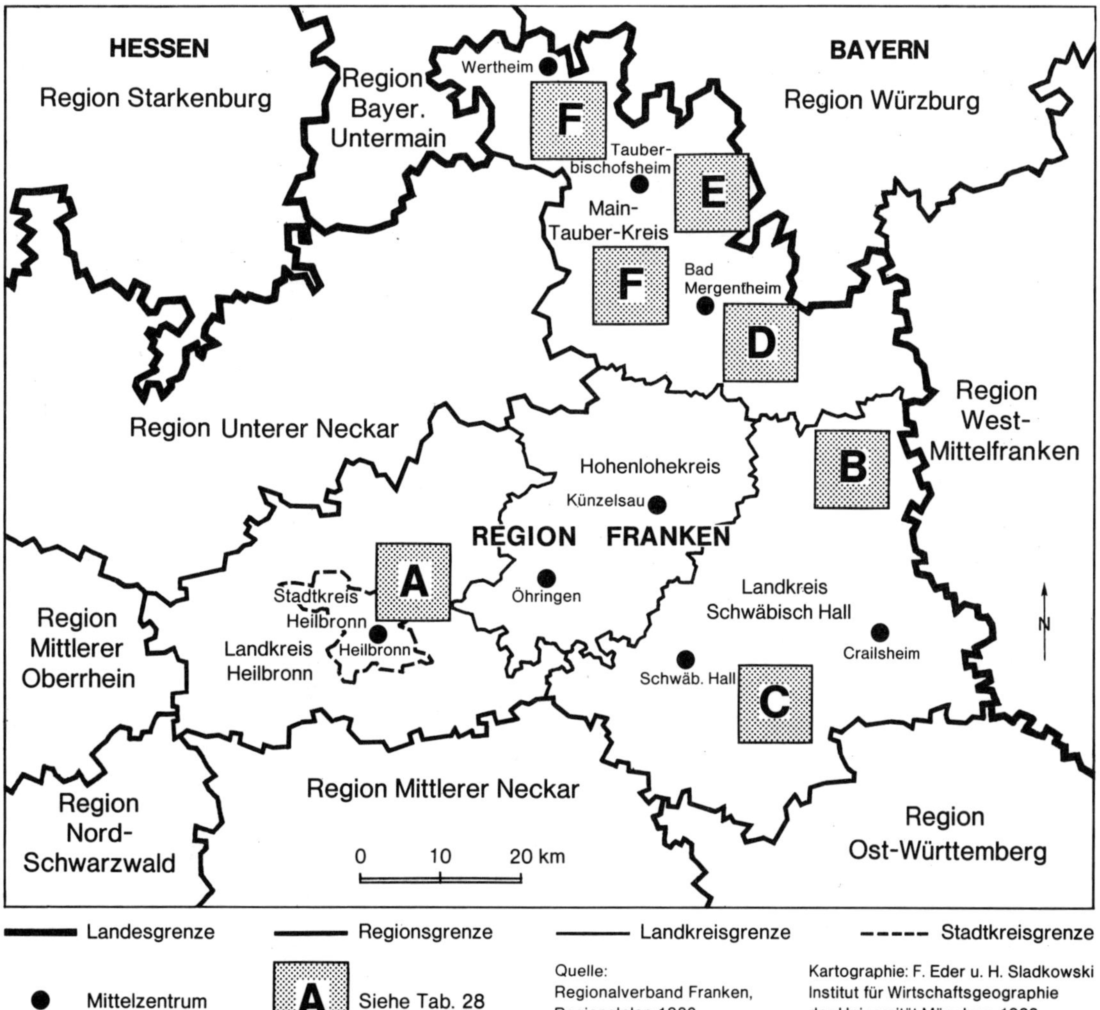

Landesgrenze — Regionsgrenze — Landkreisgrenze — Stadtkreisgrenze

● Mittelzentrum

A Siehe Tab. 28

Quelle:
Regionalverband Franken,
Regionalplan 1980
Entwurf: P. Gräf

Kartographie: F. Eder u. H. Sladkowski
Institut für Wirtschaftsgeographie
der Universität München, 1988
Vorstand: Prof. Dr. K. Ruppert

Tabelle 28: Der regionale Nachrichtenraum der Tagespresse in der Region Franken
(Baden-Württemberg)   Ausgabe: 16.6.1986

	Ausgabe	Erscheinungsort	Mantelherkunft	Regionale Nachrichten aus:	
A	Hohenloher Zeitung	Heilbronn	Heilbronn	(ohne Lkr. Heilbronn) Stuttgart Heidelberg Karlsruhe Gaisbach Remshalden	6 2 1 1 1
B	Hohenloher Tagblatt	Crailsheim	Ulm	Ulm Stuttgart Sigmaringen Remshalden Balingen Schorndorf Göppingen	3 2 1 1 1 1
C	Haller Tagblatt	Schwäbisch Hall	Ulm	Sasbach	1
D	Tauberzeitung	Bad Mergentheim	Ulm		
E	Fränkische Nachrichten	Tauberbischofsheim		Stuttgart Main-Tauber-Kreis Odenwald Wertheim Buchen Ansbach Tauberbischofsh. Obrigheim Heilbronn Walldürn Neckar-Odenwald Freiburg Würzburg	2+2 2 2 1 1 1 1 1 1+2 1 1 1 3
F	Main-Tauber-Post	Tauberbischofsheim Wertheim	Würzburg	Bad Kissingen Würzburg Bad Neustadt Marktbreit Bayreuth Bad Kissingen Erlangen Heidingsfeld München Augsburg Pfaffenhofen Passau Regensburg Wackersdorf Landshut Kaufbeuren	3 2 1 1 1 1 1 1 1 1 1 1 1 1 1 1

Quelle: Eigene Auswertung

Noch im Jahr 1987 sollen in der Region Franken zwei regionale Hörfunkprogramme in Betrieb gehen. Auf privater Seite (Frankenstimme - Radio Regional) haben sich als Träger der Verlag "Heilbronner Stimme" (70%), alle zuvor genannten Zeitungen, zusätzlich die Zeitungen "Rundschau für den Schwäbischen Wald" (Gaildorf) und "Wertheimer Zeitung/Main-Echo" (Aschaffenburg) sowie Industrie- und Handelskammer bzw. Handwerkskammer Heilbronn zusammengeschlossen. Die Standorte der Sender (Heilbronn, Waldenburg, Langenburg) erlauben ein Sendegebiet, daß sich von Rothenburg und Dinkelsbühl im Osten bis zum Einzugsbereich des Rhein-Neckar-Verdichtungsraumes im Westen, von Ludwigsburg im Süden bis über Tauberbischofsheim im Norden erstrecken wird (HZ, 21.8.1987). Die zu erwartenden Verlagerungen von Werbebudgets, die von WITTE/SENN (1984, S. 64f) bis 1995 für den überregionalen Einzelhandel mit 10,5% und für den lokalen Einzelhandel mit 9,5% als Ergebnis einer Expertenbefragung genannt werden, gehen somit den Zeitungsverlagen bei dieser Zusammensetzung nicht verloren, sondern werden möglicherweise nur partiell umverteilt.

Es ist zu erwarten, daß auch die oberzentrale Bedeutung Heilbronns durch diesen neuen Informationsraum gewinnen wird. Die instrumentelle Bewertung der neuen Regionalprogramme für eine Verbesserung des raumbezogenen Informationsniveaus im Sinne eines regionalen Bewußtseins kann derzeit nur spekulativen Charakter haben.

Weitere Darstellungen zur räumlichen Bedeutung neuer Medien siehe Kapitel XI.

5. Synoptische Clusteranalyse als methodischer Ansatz zur partiellen Gebietstypisierung

Für die Angebotssituation kommunikationsräumlicher Infrastrukturen im Hohenlohekreis sind in den vorangegangenen Abschnitten einzelne Elemente eines Angebotssystems dargestellt worden. Ziel der Analyse war jedoch, zu einer integrierenden, das System und seine Wirkungen umschreibenden Erfassung zu gelangen.

Ein raumbezogener Wirkungszusammenhang zwischen den einzelnen Elementen ist mathematisch nicht beschreibbar, eine gemeinsame Bewertung also nur mit Methoden zu erreichen, die indirekt auf Gemeinsamkeiten eines Bündels von Einzelwirkungen abgestellt sind. Unter dieser Prämisse boten sich besonders Methoden der Faktoren- und Clusteranalyse an.

Die methodischen Anregungen, wie sie u.a. von KLEMMER (1973), ECKEY/KLEMMER (1975), RASE (1979), SCHNORR-BÄCKER (1986) und BACKHAUS et al. (1987) gegeben wurden, gingen bei der Vorgehensweise der Datenauswahl meist davon aus, daß alle relevanten Daten in eine Prozedur gleichzeitig einbezogen werden. Das Ergebnis, z.B. bei der Faktorenanalyse, zeigt dann die relative Bedeutung einzelner Variablen bzw. Faktoren im gesamten Variablensystem. Die der Faktorenanalyse zugrunde liegenden korrelativen Zusammenhänge sind jedoch kein Beleg für die Kausalität eines rechnerischen Zusammenhangs.

Zusätzlich erhöht sich die Problematik, wenn Daten der Prozeßdarstellung inhaltlich nicht als Veränderungsgröße (Differenz von t_1 und t_2) berechenbar sind. Beispielsweise ist die räumliche Verteilung der Telegraphenstationen 1886 und die Struktur der Postdienststellen 1922 mathematisch nicht unmittelbar verknüpfbar, obwohl beide raum-zeitbezogen die Veränderung eines ähnlichen Systems beschreiben.

Um die genannten Schwierigkeiten zu umgehen und die Zielstellung der Analyse kommunikationsräumlicher Sachverhalte in der Methode zu betonen, wurde der Versuch einer partiellen

Clusteranalyse unternommen. Die für die 99 Ortsteile des Hohenlohekreises vorhandenen Daten wurden getrennt nach drei Gruppen analysiert:

- Daten, die die historische Entwicklung von Kommunikation, Telekommunikation und ihrer Infrastrukturen betreffen (1886 bis 1975)
- Die aktuelle Situation der zuvor genannten Inhalte (1985/87)
- Daten, die die aktuelle Wirtschafts- und Bevölkerungsstruktur dokumentieren.

Für die beiden ersten Datensätze wurde als Vorstudie eine Faktorenanalyse durchgeführt, um die Interpretationsgrundlage für die Clusteranalyse zu verbessern. Bei der Faktorenanalyse wurde eine iterative Schätzung der Kommunalitäten vorgenommen und bei der Faktorextraktion nur Eigenwerte größer als 1 (Kaiser-Kriterium) berücksichtigt. Für die vor allem die Entwicklungsprozesse der telekommunikativen Infrastruktur beschreibenden Variablen konnten 4 Faktoren extrahiert werden, die nach Varimaxrotation folgende Matrix besaßen:

Tabelle 29: Faktormatrix Wandel der Kommunikationsinfrastrukturen

Variable (je 1.000 Ew.)	F1	F2	F3	F4
Post- und Telegraphenamt 1886	0.60145	-0.08988	-0.24372	0.22978
Postämter 1922	0.05646	-0.19731	-0.02794	0.79152
Postämter 1955	-0.26418	-0.08928	0.91771	0.14004
Postämter 1965	-0.26293	-0.01142	0.89784	0.18564
Postämter 1975	-0.06798	-0.14225	-0.26944	0.12872
Gemeindl. öff. Sprechst. 1955	-0.06277	0.94315	-0.08176	0.01399
Gemeindl. öff. Sprechst. 1965	-0.01917	0.99065	-0.04694	0.03512
Gemeindl. öff. Sprechst. 1975	-0.11677	0.73232	0.34594	-0.17452
Hohenloher Zeitung 1975	0.14486	-0.13387	-0.13183	-0.69350
Telefonhauptanschluß 1955	0.85697	0.01834	-0.01503	-0.05698
Telefonhauptanschluß 1965	0.70081	-0.07146	0.05710	-0.14246
Telefonhauptanschluß 1975	0.77631	-0.10716	-0.17010	-0.11760

Eigenwerte und erklärter Varianzanteil:
F1: 3.645   28,0%
F2: 2.477   19,1%
F3: 1.467   11,3%
F4: 1.193   9,2%
            67,6%

Quelle: Eigene Berechnung

Für die Erklärung der Entwicklung einer informations- und kommunikationsbezogenen Raumstruktur leistet die Diffusion der Telefonteilnehmer den relativ größten Beitrag. Der mit fortschreitender Diffusion (1955 - 1975) sinkende Wert weist darauf hin, daß Faktor 1 eine zentralörtlich orientierte Diffusion symbolisiert. Faktor 2 hängt wie Faktor 3 eng mit der flächenhaften Versorgung durch Einrichtungen der Post in ländlichen Siedlungen zusammen. Faktor 4 ist schwierig zu interpretieren. Er scheint die Situation im nördlichen Drittel des Landkreises zu erklären, das durch seine Eisenbahnferne 1922 noch eine flächendeckende Verbreitung von Postdienststellen aufwies, gleichzeitig aber Mitte der siebziger Jahre noch einen Diffusionsrückstand in der Abonnentenzahl der Hohenloher Zeitung besaß. Immerhin lassen sich trotz der räumlichen Heterogenität 67,6% der Varianz durch 4 Faktoren erklären.

In einer zweiten Faktorenanalyse wurden nur die aktuellen Daten von Infrastrukturen berücksichtigt:

Tabelle 30: Faktormatrix aktueller Infrastrukturdaten der Information und Kommunikation (Varimax-Rotation, Kaiser-Kriterium (F1, F2))

Variable (je 1.000 Ew.)	F1	F2	F3	F4
Gaststätten 1986	-0.06402	0.29278	0.14215	0.07671
Vereine 1986	0.11181	0.84973	-0.30174	-0.02707
Postämter 1985	0.06024	0.02448	-0.07458	0.72078
Gemeindl. öff. Sprechst. 1985	-0.18861	-0.22500	-0.32573	-0.41046
Hohenloher Zeitung 1985	0.08182	-0.04959	0.74346	-0.04064
Telefonhauptanschluß 1985	0.64082	-0.01809	0.21160	-0.11044
Telexanschluß 1986	0.80196	-0.04966	0.15809	0.03338
Teletexanschluß 1986	0.58874	0.09747	-0.13499	0.15714
Telefaxanschluß 1986	0.57105	-0.03801	-0.03283	0.32057
Telefonhauptanschluß 1955	0.85697	0.01834	-0.01503	-0.05698
Telefonhauptanschluß 1965	0.70081	0.07146	0.05710	-0.14246
Telefonhauptanschluß 1975	0.77631	-0.10716	-0.17010	-0.11760

Eigenwerte und erklärter Varianzanteil:
F1 : 1.955   21,7%
F2 : 1.093   12,2%
(F3: 0.704   7,8%)
(F4: 0.612   6,8%)   Quelle: Eigene Berechnung

Nach dem Kaiserkriterium können eigentlich nur zwei Faktoren zur Interpretation herangezogen werden. Die Faktoren F1 und F2 sind relativ eindeutig interpretierbar. Den höchsten Beitrag zur Erklärung der Varianz liefert wie bei der Prozeßanalyse die Telekommunikation. An zweiter Position wird das Raummuster durch die Verteilung der Vereine geprägt. Beide Faktoren beinhalten eine zentralörtliche Hierarchie der Verteilung. Die Faktoren 3 und 4 wären zwar auch noch klar abgrenzbar (Tageszeitung und Postämter), sind aber in ihrem zusätzlichen Beitrag zur Erklärung der Varianz kaum von Bedeutung. Selbst unter Einbezug aller vier Faktoren ist die erklärte Varianz von knapp 50% relativ gering, die Heterogenität der kommunikationsräumlichen Ausstattung somit groß.

Auf der Basis der Prämissen für die Durchführung der Faktorenanalyse wurden drei hierarchische Clusteranalysen mit je 7 Clustern berechnet und in den Karten 35, 36 und 37 dargestellt:

- Cluster der kommunikationsbezogenen Strukturmuster 1985/86
- Cluster der kommunikationsbezogenen Prozeßmuster 1886 bis 1975
- Cluster der sozioökonomischen Strukturmuster

Die Interpretation der drei Clustergruppen wurde als Synopse für eine Typisierung verwandt (Karte 38). Der Ortsteiltypisierung lag die in Tabelle 31 dargestellte Matrix zugrunde. Die synoptische Typisierung vermittelt ein klares Bild von funktions- und lagespezifischen Ortsteiltypen, bei denen charakteristische Verknüpfungen der kommunikativen Ausstattung und der Versorgungsfunktion gegeben sind (Karte 38 und Tabelle 31):

- die Ortskerne der heutigen Gemeinden	Typ 1 und 2
- die infrastrukturschwachen Ortsteile	Typ 3 und 4
- entwicklungsschwache Ortsteile mit entwickelter, innenorientierter Kommunikation	Typ 5
- zentrale Ortskerne mit funktionsgerechter Ausstattung Innovationskerne der Telematik	Typ 6 und 7a
- Sonderentwicklung hoher Dynamik in mittelzentraler Nachbarschaft	Typ 7b

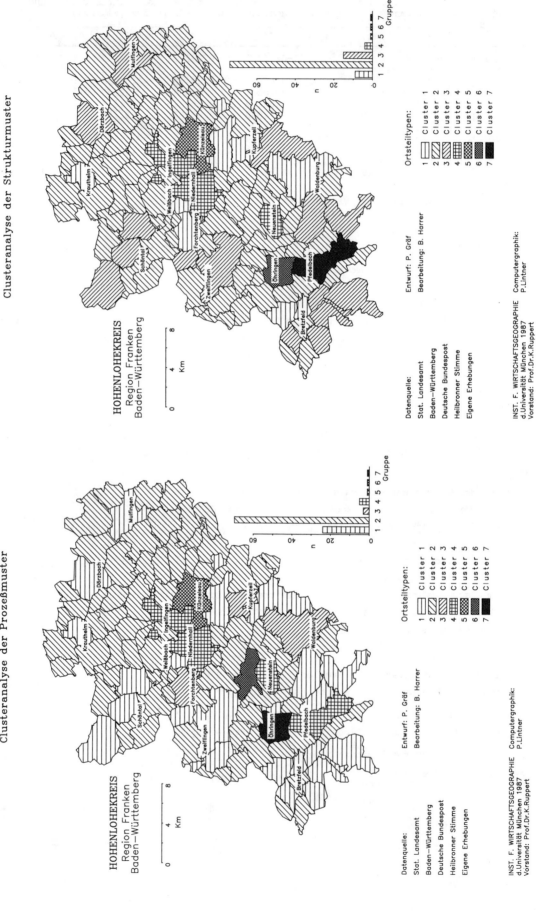

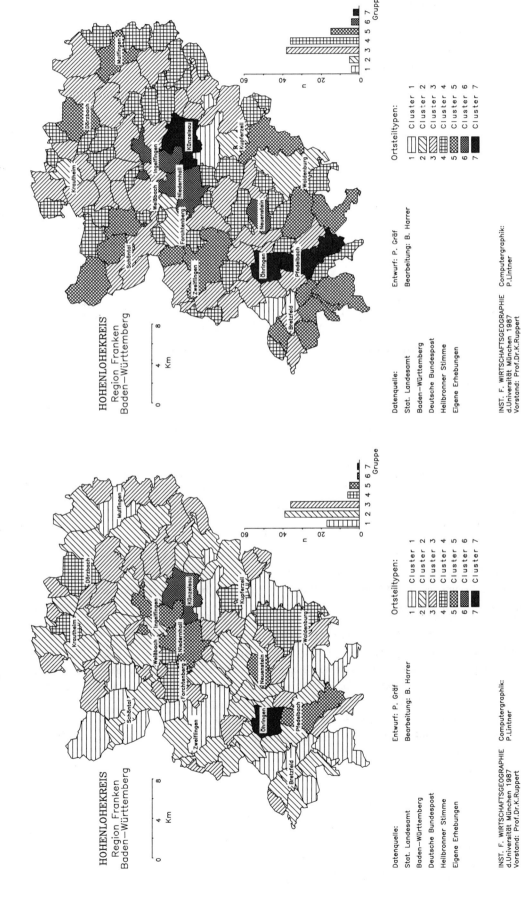

Tabelle 31: Synoptische Typisierung der partiellen Clusteranalysen ( ) = Cluster

Synopse Typ	Kommunikationsstrukturcluster	Kommunikationsprozeßcluster	Sozioökonomischer Cluster
1	Kommunikationszentrale Gemeindekerne (1)	Frühe Standorte der Kommunikationsinfrastruktur, geringe Zentralität (1)	Gewerbeschwache Orte, geringe Versorgungseinrichtungen (1)
2	Kommunikationszentrale Gemeindekerne (1)	Lagebedingte Frühadoption der Infrastruktur (3)	Kleinzentren mit gewerblichen Entwicklungsansätzen (4)
3	Geringe Ausstattung mit kommunikativer Infrastruktur (2)	Späte Adoptoren Späte Infrastrukturausstattung (2)	Landwirtschaftlich geprägte Siedlungen (2)
4	Geringe Ausstattung mit kommunikativer Infrastruktur (2)	Späte Adoptoren Späte Infrastrukturausstattung (2)	Landwirtschaftlich geprägte Siedlungen ohne Versorgungseinrichtungen (4)
5	Vereinintensive Gemeinden ohne Zentralität (3)	Frühe Standorte der Kommunikationsinfrastruktur, geringe Zentralität (1)	Gewerbeschwache Orte, geringe Versorgungseinrichtungen (1)
6	Kleinzentrale Kommunikationsinfrastruktur, Telematikansätze (4)	Gewerbebedingte beschleunigte Diffusion der Telekommunikation (4)	Kleinzentraler Gewerbestandort mit ausgeprägtem Einzelhandel (5)
7a	Mittelzentrale Vielfalt der Kommunikationseinrichtungen (5/6)	Erstadoptoren in allen Kommunikationstechniken, Innovatoren des Vereinswesens (5/7)	Mittelzentraler Versorgungsstandort (6/7)
7b	Überdurchschnittliche Ausstattung wegen Bevölkerungsdynamik (7)	Gewerbebedingter beschleunigter Diffusionsprozeß (4)	Kleinzentraler Gewerbestandort mit ausgeprägtem Einzelhandel (5)

Entwurf: P. Gräf

Die vorgestellte Methode kann belegen, daß sich hinter den sozioökonomischen Typisierungsmerkmalen (Einzelhandelsbesatz, Handwerksbesatz, Bevölkerungsgröße, Industriebeschäftigte u.ä.) sehr unterschiedliche kommunikationsräumliche bzw. infrastrukturelle Entwicklungstypen verbergen können.

Auch im Hinblick auf eine sehr differenzierte Situation früherer Telekommunikationsdiffusion ist die Entwicklung unterhalb der höchsten zentralörtlichen Stufe (Mittelzentrum) bei der beginnenden Telematikdiffusion weitaus vielfältiger als zu erwarten war. Die Möglichkeiten der raumbezogenen Analysen mit den vorgestellten Methoden könnten eine Anregung für Kreisplanungsstellen sein, einen Daten- und Informationsdienst zu schaffen, der als laufende Raumbeobachtung, ohne sensible Bereiche des Datenschutzes zu tangieren, vielfältige planungsrelevante Informationen bieten könnte (vgl. RUPPERT, 1972, S. 61).

IX. VERSORGUNGSVERHALTEN ALS INFORMATIONSGESTEUERTER RÄUMLICHER PROZESS

Geographische Analysen zum Einkaufsverhalten der Bevölkerung haben ihr Forschungsinteresse bei den bundesdeutschen empirischen Arbeiten auf relativ wenige Schwerpunkte konzentriert:

Bestimmung zentralörtlicher Einzugsbereiche (u.a. TAUBMANN, 1968; KLUCZKA, 1970; MÜLLER/ NEIDHARDT, 1972; HEINRITZ, 1978; ANTE, 1980; RIEDNER, 1980); Bedeutung bestimmter Betriebsformen des Einzelhandels (u.a. GREIPL, 1972 u. 1978; HEINEBERG, 1980; HECKL, 1981; POLENSKY, 1982) und raum-zeitliche Aspekte des Einkaufverhaltens (u.a. KRETH, 1979). Den erwähnten Ansätzen ist gemein, daß in der Regel bei Kundenbefragungen ein relativ großes Gewicht auf die Motivation der Kunden für die Einkaufsstättenwahl gelegt wird. Die Antwortkategorien umfassen dann meist Angebot, Preis, Distanz und Parkplätze, um die wichtigsten Parameter zu nennen. Unausgesprochen unterliegen der Interpretation der genannten Antwortfelder mehrere Formen von Verhaltensrationalitäten der Kundengruppen, die nicht weiter hinterfragt werden. Es kann an dieser Stelle nicht erörtert werden, ob z.B. kilometrische Distanzen zu Großbetriebsformen des Einzelhandels und dort verfügbare Parkplätze, gemessen an den realen Kosten-Mühe-Zeit-Aufwendungen zu den Haupteinkaufszeiten (vor allem in Verdichtungsräumen), einer kritischen Vorteilsprüfung gegenüber anderen Einkaufsstandorten und methodisch einer Prüfung als geeignete Variablen standhalten. In diesem Kapitel wendet sich die Analyse vielmehr der Frage zu, wie sich eigentlich eine Einkaufsstättenwahl unter besonderer Hervorhebung der Kriterien Angebot und Preiswürdigkeit vollziehen kann.

Bei beiden Aspekten - Angebot und Preis - handelt es sich um Informationen, die in wechselndem Maße (z.B. Sonderangebote) einer fortwährenden Änderung unterliegen. Nimmt man von der Utopie Abstand, der Kunde verfüge in den Grenzen seines zeit-, aufwands- oder verkehrsmittelbedingten möglichen Aktionsraums über eine vollständige Marktübersicht, so müssen selektive Informationssysteme dafür verantwortlich sein, unter welchen Alternativen (Art und Ort), zu welcher Zeit und wie häufig ein Kunde sich entschließt, Einkäufe zu tätigen.

Unter den vielfältigen Ansatzpunkten, solche Entscheidungssysteme zu erörtern, sind nur einige Fragestellungen einer geographischen Analyse zugänglich:

- Welche raumbezogenen Informationsträger vermitteln einkaufsrelevante Informationen?
- In welchem Maße machen Kunden für eine Einkaufstandortentscheidung von diesen Informationsträgern Gebrauch?
- Welche Konsequenzen ergeben sich hieraus für das versorgungsbezogene Funktions-Standortsystem und seine Reichweiten bzw. Reichweitenänderungen?

In die informations- und kommunikationsräumliche Betrachtung übersetzt, läßt sich die Problematik auf drei Analyseebenen zusammenfassen:

- Welche Bedeutung hat Werbung als raumsteuerndes Informationsinstrument?
- Welche Bedeutung haben kommunikative Beziehungen im Familien-, Bekannten- und Arbeitskollegenkreis für die Einkaufsstättenwahl?
- Welche "Wahrnehmungsqualität" hat die persönliche Kenntnis des alltäglichen Aktions- und Kommunikationsraums für die Einkaufsstättenwahl?

Zunächst muß der geographische Ansatz auf eine sehr weite Palette von Forschungsergebnissen der Wirtschaftswissenschaften und Psychologie zurückgreifen, die sich unter dem Überbegriff einer betrieblichen Marktlehre (LEITHERER, 1985) mit den Aspekten von Marketing,

Werbung und Konsumverhalten befassen. Es ist nicht möglich, in wenigen Sätzen zu skizzieren, wie breit das Spektrum theoretischer Erklärungsansätze für Motivation, Kognition sowie soziale Determinanten des Konsumverhaltens ist (u.a. MEFFERT et al., 1979; KAISER, 1980; KROEBER-RIEHL, 1984; STEFFENHAGEN, 1984; WISWEDE, 1985). Es mag überraschen, daß es nur wenige Studien gibt, die sich ganz dezidiert mit der Einkaufsstättenwahl befassen (u.a. HEINEMANN, 1976). Ferner scheinen im Rahmen von Werbewirksamkeitsanalysen den räumlichen, standortbezogenen Aspekten kaum Beachtung geschenkt zu werden. KOEPPLER (1974, S. 22) erwähnt in einer Übersicht von Kriterien der praxisbezogenen Werbewirksamkeitsmessung unter 10 Kriterien nur "Kaufverhalten", unter dem auch eine räumliche Komponente untersucht werden könnte. BERGLER (1984) gibt als Empfehlung für empirische Ansätze in der Sozialforschung ebenfalls keine Standortbezüge als Werbewirksamkeitskriterium an. Lediglich Aspekte der Firmentreue, wie sie HEINEMANN analysiert (1976, S. 229f), sind als ein Element räumlicher Persistenz angesprochen worden (zur Wirkungsforschung vgl. DFG, 1987; MERTEN, 1987).

Um die ökonomischen Dimensionen von Werbung als Rahmen zu berücksichtigen, sei darauf verwiesen, daß in der Bundesrepublik Deutschland 1985 rund 15,5 Mrd. DM für Werbung umgesetzt wurden (ZAW, 1986, S. 15), davon entfiel auf Tageszeitungen rund ein Drittel. 863 Mio. DM betrug der Umsatz für Geschäftsanzeigen in Tageszeitungen (ebenda, S. 120). Mit einem Werbeaufkommen von 0,75% des Bruttosozialprodukts liegt die Bundesrepublik weit unter den USA (1,52%), Australien (1,51%) und Finnland (1,61%) (KIEFER, 1987b, S. 376).

Vor dem Hintergrund der wirtschaftlichen Bedeutung von Werbung will die nachfolgende empirische Analyse versuchen, im Sinne der oben formulierten geographischen Fragestellungen anhand des standortrelevanten Wandels der Tagespressewerbung Bezüge zum Wandel des Einkaufverhaltens herzustellen. Zur raumtypischen Kontrastierung wird die Situation im ländlichen Raum (Hohenlohekreis) jener der Stadt München im Verdichtungsraum gegenübergestellt.

1. Wandel standortrelevanter Pressewerbung - ländlicher Raum

Zur Analyse des Wandels in der Tageszeitungswerbung wurde für die HOHENLOHER ZEITUNG (Verbreitung vgl. S. 118f) für die Jahre 1955, 1965, 1975 und 1985 jeweils in der 3. Märzwoche eine Erfassung der Geschäftsanzeigen vorgenommen, die interessante Einblicke in den Wandel raumbezogener Information vermittelte. Mit Bezug auf das gesamte Anzeigenaufkommen werden zunächst die in Tabelle 32 aufgeführten Kategorien betrachtet, die den Grundfunktionen Versorgung, Wohnen, Arbeit und Freizeit zuzurechnen sind. Die wöchentliche Seitensumme, die allein auf Werbung entfällt, hat sich von 1955 bis 1985 von durchschnittlich 15 auf 75 Seiten/Woche erhöht. 66% der Anzeigen sind nach der o.a. Abgrenzung als raumrelevante Information einzustufen.

Tabelle 32: Wandel der Anzeigeninhalte der HOHENLOHER ZEITUNG 1955 - 1985
Stichprobe: 3. Märzwoche

Jahr	Seitenzahlen		Relative Verteilung der Anzeigen in %				
	gesamt	Anzeigen pro Woche	Geschäfte	Immobilien	Stellenmarkt	Freizeit	Sonstige
1955	50	15	36,6	-	6,6	3,3	53,5
1965	96	40	25,0	3,8	20,7	3,5	47,0
1975	149	65	48,7	6,2	7,0	8,6	29,5
1985	171	75	34,5	12,3	10,5	9,1	33,6

Quelle: Eigene Auswertung, HZ-Archiv

Neben den Vorstellungen über den quantitativen Wandel von Informationen des Anzeigenbereichs ergibt die Inhaltsanalyse der Anzeigen einen eindrucksvollen Indikator für den Bedeutungswandel einzelner Grundfunktionen (Immobilien, Freizeit) b.z.w. konjunktureller Gegebenheiten des Arbeitsmarktes in einem Zeitraum von 30 Jahren.

Das eigentliche Ziel der Analyse war jedoch die Dokumentation einer informationsräumlichen Verschiebung der in Form von Geschäftswerbung an die Kunden (Rezipienten) herangetragenen Information. Für die Darstellung in Abbildung 23 wurden nur jene Anzeigen betrachtet, deren Größe 1/4 Seite überstieg, da etwa ab dieser Größe Anzeigen ein überproportionaler Aufmerksamkeitswert zukommt (BURDA, 1987, S. 12). Besonders informativ sind zeitliche Vergleiche der Geschäftsanzeigen aus dem Kreisgebiet (Öhringen, Künzelsau, Sonst. Hohenlohe), der Zuwachs oberzentraler Orientierung (Heilbronn, Neckarsulm) sowie der Bedeutungsgewinn des benachbarten Mittelzentrums Schwäbisch Hall. Ferner ist die Persistenz des Strukturmusters in der werbetechnischen (informationsräumlichen) Präsenz zwischen Öhringen (herausgehoben, Gemeinschaftswerbung) und der heutigen Kreisstadt Künzelsau ein Indikator für subregionale Entwicklungen.

Sehr viel intensiver sind die Werbeaktivitäten des kreisangehörigen Einzelhandels mit kleinformatigen Anzeigen in der Tagespresse (vorwiegend Geschäfte aus Öhringen und Künzelsau) sowie in den Anzeigenblättern (vgl. hierzu auch die Situation in München, S. 139f). Die Anzeigenblätter bilden eine lokal, vor allem auch außerhalb der Mittelzentren Öhringen und Künzelsau wirkende Gegenkraft zu der wöchentlich kostenlos verbreiteten Werbezeitung "Tip der Woche" des Verbrauchermarktes "Kaufland" in Neckarsulm mit 14.000 qm Verkaufsfläche. Die wöchentliche Verbreitung (samstags) der Werbezeitung in nahezu allen Haushalten des Hohenlohekreises mit breitgefächerten Sonderangeboten, die auf Montag terminiert sind, hat beachtliche räumliche Folgen nach sich gezogen. Die oberzentralen Einzugsbereiche sind als Vergleichsgrundlage durch Zielraumuntersuchungen aktuell sehr gut dokumentiert (GMA 1980; AFAG, 1986; EICKELBERG/PRINZ/BERGER, 1986; GMA 1987).

Die Eröffnung des Verbrauchermarktes hat 1984 nach wenigen Monaten vor allem im lokalen Lebensmitteleinzelhandel der Kleinzentren und Dörfer auch nach der Einführungsphase ("Neugierdeeffekt") Umsatzeinbußen bis zu 25% bewirkt. Ferner war es durch die Terminierung der Sonderangebote möglich, die Einkaufsverkehrsspitze im oberzentralen Einzugsbereich am Wochenende zu kappen (Auskünfte "Kaufland", eigene Befragungen). Der entscheidende Werbeerfolg im Hinblick auf den Informationsträger liegt immer im Gewöhnungseffekt, in der Erwartungshaltung auf diese wöchentliche Information bei einem Teil der Bevölkerung.

Teilweise wird die Werbezeitung auch als Instrument zum "Dissonanzabbau" genutzt (RAFFEE/SAUTER/SILBERER, 1973, S. 15), um lokale Preisvergleiche zu unternehmen. Da "Kaufland" auch Gesprächsthema im Bekanntenkreis ist und solchen kommunikativ gewonnenen Informationen nach KATZ (1983, S. 40) besondere Glaubwürdigkeit zukommt, haben sich familiäre oder nachbarschaftliche Einkaufsfahrten zu einem "gruppenspezifischen" Einkaufsverhalten ausschließlich zu diesem Standort etabliert, ohne daß während de selben Fahrt Einkäufe oder Besuche im 3 km entfernten Citybereich von Heilbronn unternommen würden (EICKELBERG/PRINZ/BERGER, 1986).

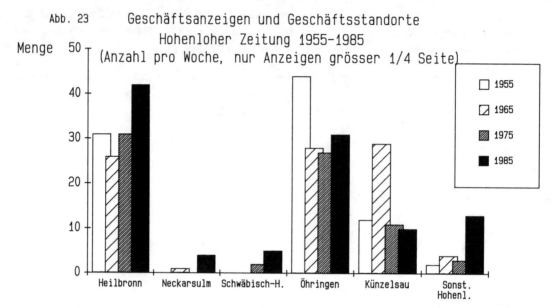

Abb. 23 Geschäftsanzeigen und Geschäftsstandorte Hohenloher Zeitung 1955-1985 (Anzahl pro Woche, nur Anzeigen grösser 1/4 Seite)

Quelle: Archiv HZ
Eigene Auswertung   Entwurf: P.Gräf   Bearbeitung: B.Ruisinger

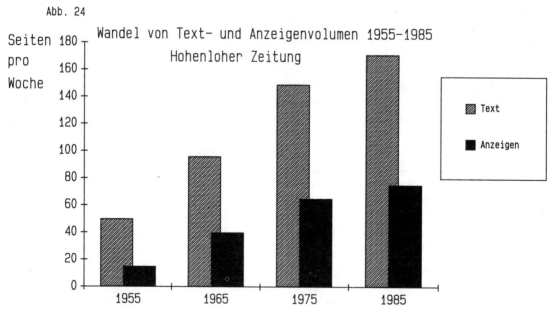

Abb. 24 Wandel von Text- und Anzeigenvolumen 1955-1985 Hohenloher Zeitung

Quelle: Archiv HZ
Eigene Auswertung   Entwurf: P.Gräf   Bearbeitung: B.Ruisinger

a) Lokale Muster einkaufsspezifischer Informationsnutzung

Zur quantitativen Ergänzung der oben überwiegend in qualitativen Erhebungen gewonnenen Erkenntnisse wurde in der Gemeinde PFEDELBACH anhand einer 3%-Haushaltsstichprobe (N = 64 Haushalte, 239 Personen) eine schriftliche Befragung zur Nutzung der Informationsquellen durchgeführt.

Die Gemeinde Pfedelbach hat sich nach Typ und Lage als besonders interessantes Testgebiet angeboten (vgl. Clustertypisierung S. 127f). Mit (1986) 6.661 Einwohnern (davon 4.374 im Hauptort) gehört die Gemeinde zu den bevölkerungsdynamischsten Gemeinden im Hohenlohekreis. Trotz der Nähe zu Öhringen (vom Hauptort 3 km) besitzt Pfedelbach noch eine breite Palette von Einzelhandelsbetrieben. Die arbeitsfunktionale Verflechtung erstreckt sich auf den Hauptort sowie auf den Nahbereich Öhringen, Haupteinkaufsort ist Öhringen. Die Bevölkerung ist durch einen hohen Anteil von Facharbeitern und mittleren Angestellten gekennzeichnet, in den Neubaugebieten sind aber auch höhere Anteile der oberen Mittelschicht zu finden. 40% der Befragten waren zugewandert, davon zwei Drittel aus der Region Franken.

Die Qualität der Stichprobe konnte zum Vergleich mit Daten der Gemeindeverwaltung nach Altersstruktur und Wohnlage überprüft werden:

Tabelle 33: Haushaltsbefragung Pfedelbach - Vergleich Stichprobe und Grundgesamtheit
(Bevölkerungsbezogen: N Stichprobe: 229, N gesamt: 6.661)

Altersstruktur in % (30 und älter)			Wohnplätze in %		
	Stichprobe	Gesamtheit	Pfedelbach Ort	Stichprobe	Gesamt
30-u.50	59,0	52,0	Pfedelbach Ort	60,9	66,2
50-u.65	27,9	27,9	Untersteinbach	14,8	13,8
65 u. älter	13,1	20,1	Windischenbach	9,8	8,3
			Übrige	14,5	11,7
	100,0	100,0		100,0	100,0

Quelle: Gemeinde Pfedelbach   Eigene Erhebungen

Geht man im Entscheidungsprozeß für die Wahl von Versorgungsstandorten von der These aus, daß mit zunehmender Entfernung vom Wohnstandort Kenntnisse, d.h. Wahrnehmung der Angebotsstruktur im Einzelhandel und Dienstleistungsbereich, abnehmen, so müßten die Kenntnisse im Wohnumfeld einschließlich (aus der Perspektive der Ortsteile) des Gemeindehauptortes besonders hoch sein. In der Befragung wurde deshalb als explorativer Indikator nach einer Schätzung der Zahl der Einzelhandelsgeschäfte und Gaststätten im Gemeindehauptort (Pfedelbach) bzw. im Haupteinkaufsort Öhringen gefragt (Tabelle 34).

Tabelle 34: Wahrnehmung von Einzelhandelsbetrieben und Gaststätten (Anteile in %)

Schätzungen	Pfedelbach		Öhringen	
	Einzelhandel	Gaststätten	Einzelhandel	Gaststätten
Unterschätzung	72,1	50,8	95,1	68,8
Realitätsbezug (Fehler +/- 10%)	19,7	27,9	-	8,2
Überschätzung	8,2	21,3	4,9	23,0
	100,0	100,0	100,0	100,0

Quelle: Eigene Erhebungen

Eine signifikante altersspezifische Fehlschätzung gibt es nur beim Einzelhandel in Öhringen, wo jüngere Altersgruppen überproportional (Korr. r = 0,22, Sign. 0.04) zu einer Überschäzung der Zahl von Einzelhandelsbetrieben bzw. Gaststätten neigen. Der Schätzfehler ist unabhängig von Wohndauer oder Zuwanderung, Selbständige neigen beim Einzelhandel zu einer Überschätzung. Der hohe Anteil der Unterschätzung erklärt möglicherweise, daß 98,4% der befragten Haushalte fehlende Einzelhandelsgeschäfte des alltäglichen und mittelfristigen Bedarfs im Gemeindehauptort bemängelt haben. Das Ergebnis von Tabelle 34 läßt vermuten, daß die relative Unkenntnis des Angebots im Nahbereich leichte Beeinflussungsmöglichkeiten durch Informationsflüsse fördert.

Eine weitere Annäherung an diese Frage erlaubt eine schichtenspezifische Typisierung über die wichtigsten Einflußfaktoren der Geschäftsstättenwahl bei der Versorgung mit Lebensmitteln, Bekleidung, Haushaltswaren, Friseur und Kfz-Reparaturen. Als werbebezogenes Beeinflussungspotential wurden die Variablen "Angebot" und "Preis" betrachtet, denen gruppenspezifisch unterschiedliche Beachtung beigemessen wird. Das Untersuchungsergebnis zeigt deutlich labile, beeinflußbare Bereiche (Lebensmittel, Bekleidung) und stabile Beziehungen (Stammkundschaft) bei den Dienstleistungen (Tabelle 35).

Tabelle 35: Schichtenspezifische Beeinflussungspotential für die räumlichen Versorgungbeziehungen

Potentiale	Versorgungsbereiche				
	Lebensmittel	Kleidung	Haushaltswaren	Friseur	Kfz-Reparaturen
ANGEBOT	Facharbeiter Selbständige Rentner Landwirte	Facharbeiter Lt. Angest. Rentner Landwirte	alle Gruppen	Facharbeiter	-
PREIS	Einf. Arbeit. Facharbeiter Selbständige	Einf. Arbeit. Lt. Angest. Selbständige Rentner	Einf. Arbeit. Facharbeiter Rentner Landwirte	-	-
ENTFERNUNG	Lt. Angest.	Selbständige	-	Selbständige	-
STAMMKUNDE	Selbständige	-	-	alle Gruppen	alle Gruppen

Quelle: Eigene Erhebung

Ferner ist die relativ geringe Bewertung von Entfernung kein ökonomisch-rationales Kalkül, sondern ein schichtenspezifischer Verhaltenseffekt, der vermutlich mehr mit Zeitaufwand als mit Kostenbewußtsein zu tun hat. In diesem Bewertungsmuster kommt jedoch auch zum Ausdruck, daß selbst bei Kleidung das Mittelzentrum Öhringen weitaus dominierend ist. Die am stärksten außenorientierten Gruppen beim Einkauf von Lebensmitteln und Bekleidung sind die Grundschicht und untere Mittelschicht. Außenorientierung heißt u.a. Nichtwahrnehmung der Einkaufsmöglichkeiten in der eigenen Gemeinde und starke Orientierung beim Kleidungskauf (12,5%) auf den Raum Heilbronn/Neckarsulm.

Mit steigendem Schichtniveau nimmt auch die Beachtung von Werbemaßnahmen zu, ausgenommen bei den Selbständigen. Die Reichweiten im Einkaufsverhalten lassen aber weniger auf Resonanz der Werbung schließen als bei den unteren Schichten. Insgesamt ist in den Ortsteilen die Nutzung von Werbung höher als bei Bewohnern des Gemeindehauptortes.

Bei den Einkäufen außerhalb des Hohenlohekreises unternehmen im Durchschnitt 50% der Haushalte weniger als 10 Einkaufsfahrten pro Jahr. Die Einkaufshäufigkeit hängt nicht von der Zahl der erwerbstätigen Familienmitglieder ab. Altersspezifisch ergaben sich folgende Präferenzen für Einkaufsgebiete:

Tabelle 36: Wohnstandortabhängige Nutzung von Werbeträgern in %

Wohnlage	Anzeigen der Tagespresse	Anzeigenblätter	Direktwerbung
Pfedelbach-Ort	68,5	40,9	50,0
Ortsteile	81,3	43,8	56,3

Lesehilfe: Von den Haushalten in ... beachten x% den jeweiligen Werbeträger
Quelle: Eigene Erhebung

Tabelle 37: Räumliche Präferenzen für regionale Einkaufsstandorte (Anteile in % - Mehrfachnennung)

Altersgruppe Haushaltsvorstand	Heilbronn	Neckarsulm	Schwäbisch Hall	Stuttgart
30-u.50 Jahre	83,9	51,6	19,4	9,7
50-u.65 Jahre	93,8	43,8	18,8	6,3
65 u. älter	88,9	66,7	11,1	11,1

Quelle: Eigene Erhebung

In der Zusammenschau der einzelnen Analyseteile weist das räumliche Einkaufsverhalten einzelner Gruppen enge Beziehungen zu der raumbezogenen Selektion der Werbeträger Tageszeitung und Unternehmensdirektwerbung auf. Als exploratives Ergebnis lassen sich die werbetechnisch am stärksten außenbeeinflußbaren bzw. -orientierten Gruppen der unteren Schichten und jene der "zeitmobilen" Senioren nennen. Informationsräumliche Beeinflussung setzt, ähnlich der Markenartikelwerbung, einen in kurzen Zeitabständen wiederholten, aber räumlich gleichgerichteten Impuls voraus. Es ist - in den eigenen Erhebungen nicht erfaßt - zu vermuten, daß regelmäßige, großflächige Standort-Gemeinschaftswerbung einen größeren räumlichen Lenkungseffekt besitzt (wie sie vor allem vom Öhringer Einzelhandel als Gegensteuerung zur außergebietlichen Werbung unternommen wird) als die gleiche Zahl von werbenden Unternehmen mit kleinen Einzelanzeigen erreichen kann.

2. Wandel standortrelevanter Pressewerbung - Verdichtungsraum

Als Beispiel für einen Verdichtungsraum wurde nach dem gleichen zeitlichen Stichprobenverfahren wie bei Abschnitt 1 der Strukturwandel der halb- und ganzseitigen Werbung in München anhand der SÜDDEUTSCHEN ZEITUNG zwischen 1955 und 1985 analysiert.[17] Ergänzt und kartographisch dargestellt (als Totalerhebung) werden die Raumbezüge einer der Analyse der Werbebeilagen zwischen 1975 und 1985. Dem gegenübergestellt wird der sublokale Werberaum von Anzeigenblättern durch den Vergleich zweier Beispiele mit relativ ähnlichem Verbreitungsgebiet, aber unterschiedlichem Werberaum.

Tabelle 38: Standortverteilung von Geschäftsanzeigen in München 1955 bis 1985
Süddeutsche Zeitung, ganz- und halbseitige Anzeigen pro Woche (jeweils 2. bzw. 3. Märzwoche)

Jahr	Anzeigen	Unternehmen	Standorte	Relative Verteilung %		
				City	Euro-IP* Olympia-EKZ**	Sonstige
1955	6	4	4	100,0	–	–
1965	20	10	11	90,9	–	9,1
1975	23	16	32	50,0	31,2	18,8
1985	27	16	49	40,8	26,5	32,7

* Euro-Industriepark   ** Olympia-Einkaufszentrum

Quelle: Eigene Erhebung

Für den Verdichtungsraum und für den Mischtyp von regionaler und überregionaler Zeitung (vgl. DÜRR A., 1980; CONTEST/ IFAK/GETAS, 1984) hat sich bei den halb- und ganzseitigen Anzeigen das Verhältnis von Produktwerbung (P) zu Geschäftswerbung (G) (gemessen an der Belegungsfläche) zwischen 1955 und 1985 in relativ schmaler Bandbreite von 1955 P:G = 40:60% auf 1985 P:G = 55:45% gewandelt. Allerdings hat sich im gleichen Zeitraum die relative Rolle der City als Bezugsstandort wesentlich verringert (Tabelle 38).
Der oben skizzierte Rückgang der Geschäftsanzeigenwerbung ist durch ein starkes Anwachsen der geschäftsbezogenen Werbefarbbeilagen kompensiert worden, an dem vor allem die Warenhäuser sehr stark beteiligt sind.

Zwischen 1979 und 1985 stieg die Zahl dieser Werbebeilagen um 74%. Von den allein in der Süddeutschen Zeitung 1985 verbreiteten 763 Werbebeilagen waren 84,6% standortbezogen. Vergleicht man in den Karten 39 bis 42 die räumliche Veränderung der werbenden Unternehmen bzw. der eingesetzten Beilagen, so wird deutlich, daß die als "Wandel des Einkaufsverhaltens" bezeichnete Verlagerung bevorzugter Einkaufsstandorte nicht als endogener Prozeß der Verhaltensänderung interpretiert werden kann, sondern als ein informationsgesteuerter Prozeß, der die Selektivität der Bevorzugung bestimmter Einzelhandelsformen bzw. -standorte nachhaltig stützt.

Es ist keinesfalls so, daß die von den Werbemaßnahmen nicht oder wenig abgedeckten Räume der Stadt keine Einzelhandelsstandorte für mittel- oder längerfristigen Bedarf wären (STAUFER/GRÄNING/GESCHKA, 1982). Ihre Existenz, so sie nicht vom Image einer Lage (z.B. Theatinerstraße) oder vom Sog bzw. Nachbarschaftseffekt der Einzelhandelsgroßbetriebe profitieren (z.B Euro-Industriepark), ist nur der potentiellen Kundschaft im Wohnumfeld bekannt. Prohibitiv ist also für die "Nebenstandorte" nicht die Entfernung zu einem Kundenpotential (gemessen an den zurückgelegten Distanzen zu den Standorten, beispielsweise den Verbrauchermärkten), sondern die Unkenntnis über ihre Existenz, ihr Angebot und ihre Preisgestaltung, da ihnen entsprechende Werbemaßnahmen finanziell nicht möglich sind.

Wenn in einen Markt schon dirigistisch eingegriffen werden muß, um den mittelständischen Einzelhandel vor der Expansion und vermeintlichen Bedrohung durch Verbrauchermärkte zu schützen, dann wäre an Stelle der Diskussion um Flächenbeschränkungen für Großbetriebsformen zumindest überlegenswert, ob eine Beschränkung von Werbemaßnahmen, vor allem der unternehmenseigenen Direktwerbung, nicht raumordnerisch ähnliche Effekte nach sich ziehen könnte. Die Branchenaufteilung der Tabelle 39 gibt zahlreiche Hinweise, in welchen Betriebsformen bzw. Branchengruppen räumlich selektive Werbung besonders wirksam zu sein scheint.

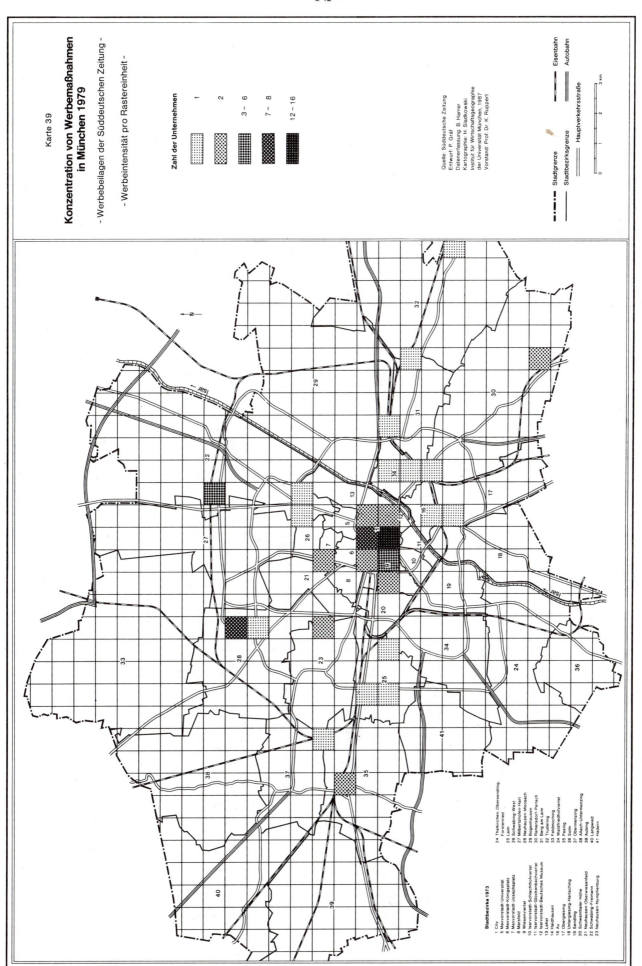

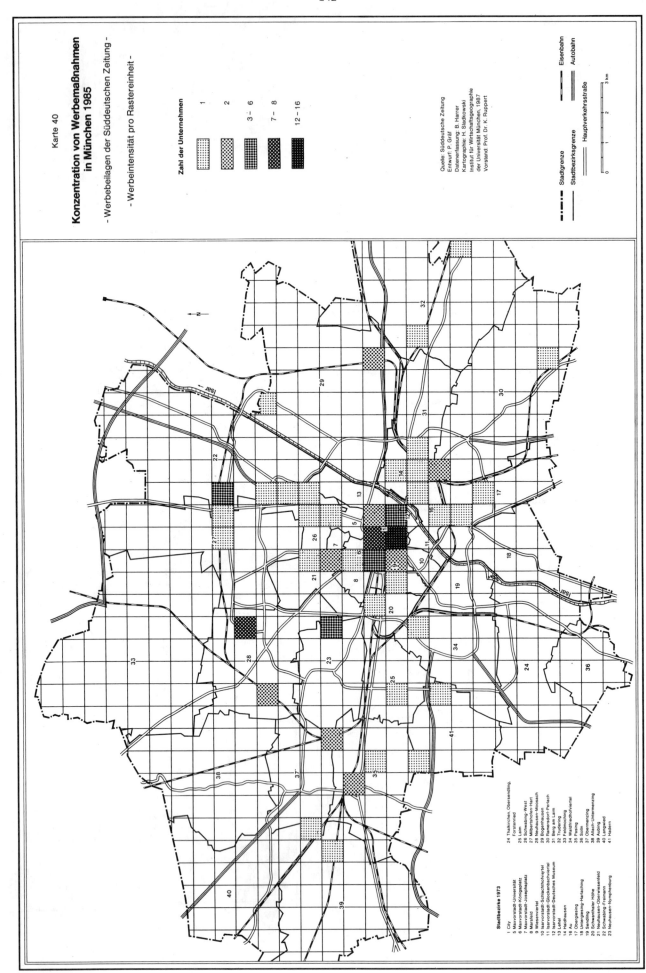

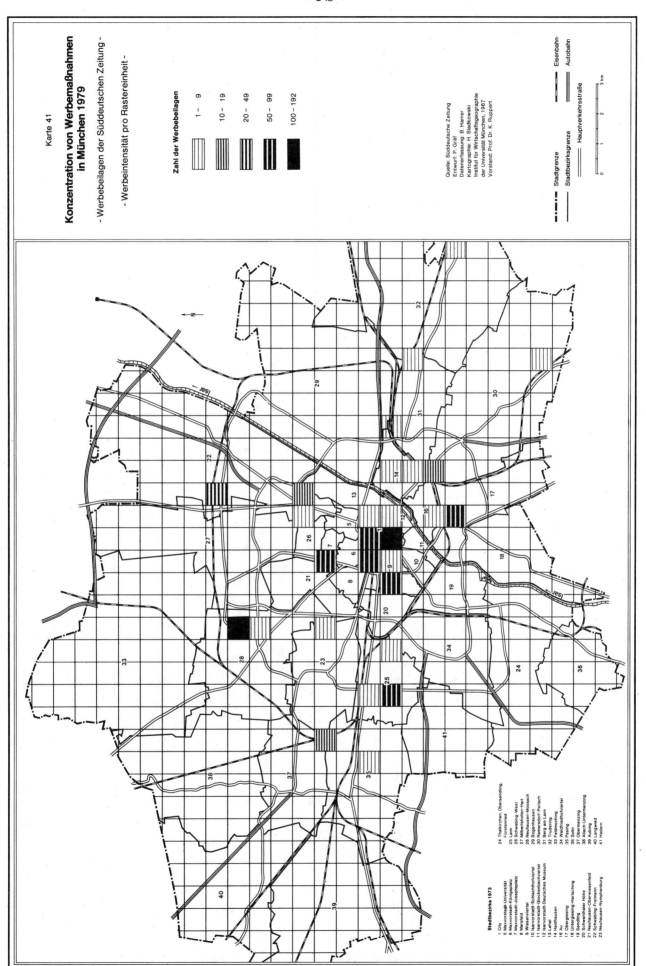

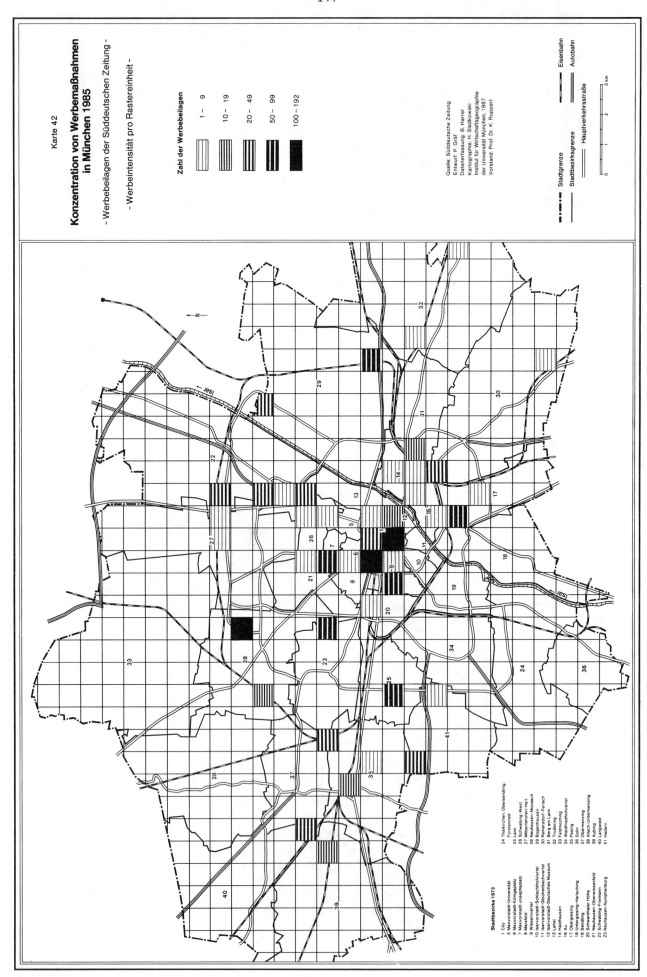

In zunehmendem Umfang haben in Verdichtungsgebieten Anzeigenblätter eine stadtviertelbezogene Informationsfunktion übernommen. Soweit diese Blätter durch Verlags- oder Verbandszugehörigkeit überhaupt zu erfassen sind, lag ihre Zahl in der Bundesrepublik Deutschland 1985 bei über 840 Anzeigenblättern, mit einer Auflage von rund 35 Mio. Exemplaren. Mehr als 200 dieser Anzeiger besitzen eine Auflage von ca. 50.000 Exemplaren, womit auch die bevölkerungsbezogene Reichweite (als Modalwert) charakterisiert ist (ZAW, 1986, S. 130f). Die informationsspezifische Rolle der Anzeigenblätter ist nach wie vor umstritten (vgl. u.a. SONDERMANN, 1978; DORSCH, 1981; WÖSTE, 1982; TAUBERT, 1984; DORSCH-JUNGSBERGER, 1985; RIDDER-AAB, 1985). Unbestritten ist allerdings ihre Rolle als sublokales, geschäftsbezogenes Informationsinstrument, das jedoch nicht immer nur zur Stabilisierung der Einkaufsbeziehungen innerhalb des Verbreitungsgebietes beiträgt, sondern ebenfalls zentrifugale Wirkungen ausübt.

Tabelle 39: Werbebeilagen in der SÜDDEUTSCHEN ZEITUNG 1979 und 1985

	1979	1985	Diff.
Werbebeilagen absolut	437	763	+ 74,5%
Anteil der Beilagen mit Geschäftsstandort in der Region München	76,4%	84,6%	
Aufteilung in %			
Kaufhäuser	36,8	27,1	--
Baumärkte	3,3	13,8	++
Bekleidung/Schuhe	19,1	27,6	++
Möbel	19,7	13,8	-
Foto/Optik/Schmuck	0,9	2,0	+
Unterh. Elektronik	0,9	2,8	+
Bücher	2,4	2,5	0
Lebensmittel/Verbraucherm.	6,9	2,5	-
Kfz-Handel u. Zubehör	2,9	1,6	-
Teppichhandel	1,5	0,9	-
Sonstige	5,6	5,4	0
	100,0	100,0	

+/++ = Zunahme/starke Zunahme   0 = Unveränderte Situation
-/-- = Rückgang/starker Rückgang
Quelle: Süddeutsche Zeitung, Auswertung: P. Gräf/B. Harrer

Zur Dokumentation der unterschiedlichen werbetechnischen Reichweitensysteme wurde für den "Schwabinger Anzeiger" und die "Schwabinger Seiten" eine vergleichende Standortkartierung, ohne Berücksichtung der Fließsatzanzeigen, vorgenommen (Karten 43 und 44). Sublokale Informationsräume können also nicht vom Typ und Verbreitungsraum des Informationsträgers allein bestimmt werden, sondern hängen stark von der werbetechnischen Reichweite des Anzeigenaufkommens ab.

Die vorgestellte Analyse hat nur einen Bruchteil der Presselandschaft des Verdichtungsraums München untersucht. Der Versuch, die Erkenntnisse auf das gesamte informationsräumliche System zu übertragen, muß berücksichtigen, daß in Verdichtungsräumen wie München, Frankfurt, Hamburg oder Berlin zusätzlich die Boulevardpresse den Charakter einer Lokalzeitung besitzt. Daraus folgt, daß das Prinzip der räumlichen Lenkung für die gesamte Leserschaft der Tagespresse anwendbar ist. Zwar werden sich nicht alle in großem Umfang Anzeigen- oder Beilagenwerbung einsetzende Unternehmen aller Tageszeitungen oder Anzeigenblätter in gleichem Maß bedienen. Gerade in der bereits schichtenspezifischen Selektion der Werbeträger wid der Akzeptanzgrad ihrer Werbemaßnahmen erhöht.

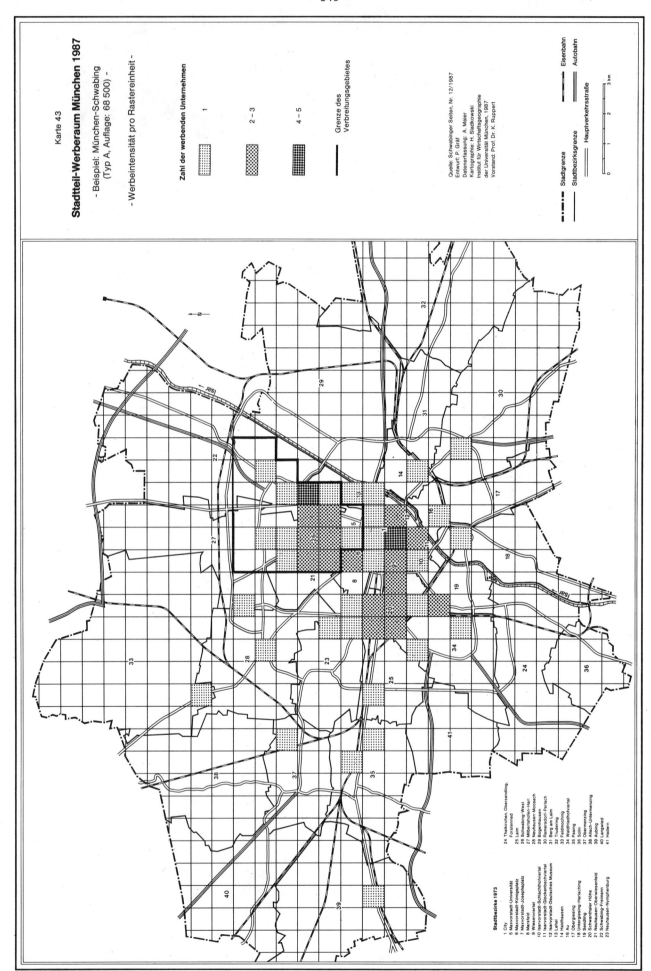

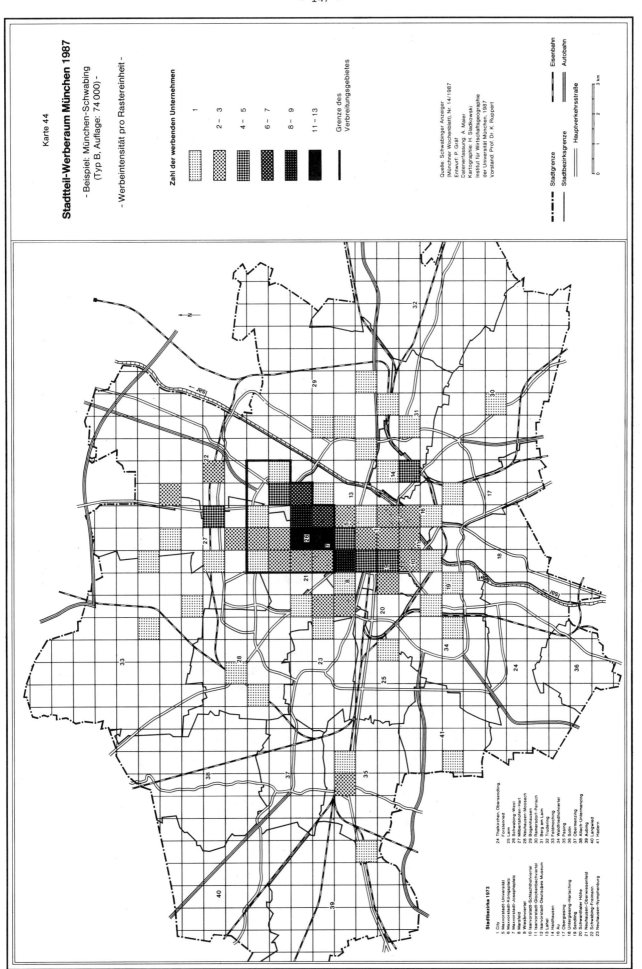

Nach zahlreichen Untersuchungen für die Regionalpresse und für Werbedruckschriften (u.a. COMPAGNON, 1972 u. 1984) wird von mehr als zwei Drittel der Leserschaft Werbung in Anzeigen und Beilagen für Kaufentscheidungen beachtet.

Es gibt keine von außen unmittelbar ersichtlichen Beurteilungsmaßstäbe der Werbewirkungen, sehr wohl jedoch unternehmensinterne Erfolgskontrollen über Indikatoren, beispielsweise der wochentäglichen Resonanz der Kundenzahl oder des Umsatzes für einen Sonderangebotsartikel. Diese Indikatoren verweisen jedoch nur auf kurzfristig erzielbare und kurzfristig andauernde Wirkungen. Die bereits beschriebene Kontinuität gleichgerichteter Impulse bewirkt letztlich jenen Effekt, der als langfristige Wirkung, als Verhaltensänderung bislang in geographischen Analysen nur als Ergebnis des Prozeßfeldes informationsräumlicher Beeinflussung massenstatistisch erfaßbar war. Informationsräumliche Analysen sind also gerade im sozialgeographischen Sinn Struktur- und Prozeßfeld einer imaginären Landschaft informativer Impulse.

Um wiederum die raumtypbezogenen Ansätze modellhaft zusammenzuführen, wurde ein verhaltenssystematischer Ansatz entwickelt, der von der (Ist-Zustand) Verhaltenspräferenz für einen bestimmten Einkaufsstandort ausgeht und als hierarchisch geordnete Suchstruktur die Orientierungsbeeinflussung von Werbung zu verdeutlichen sucht (Abbildung 25). Das Verhaltensmodell unterstellt, daß immer dann, wenn eine gesuchte Einkaufsgelegenheit nicht vorhanden ist, oder die vorhandene nicht zusagt und Alternativen in Reichweite des Aktionsraums nicht bekannt sind, meist unaufgefordert erhaltene Standortwerbung als einkaufsrelevante Information.

Sie ist insofern selektiv, als sie keine weiteren Informationen gibt, welche vergleichbaren Geschäfte ähnlichen Angebots in gleicher Reichweite eine Alternative wären. Impulskäufe, wie beispielsweise bei Lebensmittelsonderangeboten, sind gerade darauf abgestellt, wenig Zeit für den Vergleich von Alternativen zu bieten. Zwischen objektivem Angebot und subjektiver Bewertung des Angebots steht der informations- oder kommunikationsbezogene Filter der subjektiven bzw. (gemessen an der Verbreitung eines bestimmten Lesertyps) gruppenspezifischen Selektion überhaupt noch bewertbarer Alternativen.

Mit wachsender Orientierungsbereitschaft an höherzentralen Versorgungsorten (bereits bestehendes Verhalten, Erwerb eines Zweitwagens, kostenlose Zubringerverkehre) wächst der Werbesog in Richtung Oberzentrum. Die möglicherweise entstehenden (und als bedeutend eingestuften) Mehrbelastungen an Kosten und Zeit werden durch geringere Einkaufshäufigkeiten mit höherem Einkaufsumsatz pro Fahrt zu kompensieren versucht. Diese haushaltsspezifische Verhaltensänderung setzt wiederum das wenigstens subjektive Gefühl eines besonders preisgünstigen Einkaufs voraus. Im Sinne der Dissonanztheorie wird dieses Gefühl (der Abbau der Dissonanz) durch ein Image permanenter Preiswürdigkeit der besuchten Einkaufsstätte bewirkt. Da den wenigsten Haushalten aus Zeitmangel ein häufiger, erfahrungsbezogener Preisvergleich möglich ist (zu Haushaltsentscheidungen und Zeitbudget vgl. GAIDIS et al., 1986; HARSCH, 1986), wird er "medial" ersetzt. Diese "geistige Schnittstelle" ist der Ansatzpunkt für einen informationsgesteuerten Prozeß zum Wandel oder zur Verfestigung eines versorgungsbezogenen Funktions-Standortsystems.

Abb. 25

Einkaufsverhalten als informationsgesteuerter Prozeß

Die geographischen Ansätze der Berücksichtigung von Werbewirkungen sind sehr selten. HECKL (1981, S. 193) erwähnt die kurzfristigen Wirkungen der Geschäftseröffnungswerbung bei Großbetriebsformen des Einzelhandels auf den mittelständischen Einzelhandel. Als Wahrnehmungsfilter kennzeichnet BLOTEVOGEL (1984, S. 80) den Anzeigenbereich der Tagespresse. Weitere Untersuchungen berühren die kommunikationsräumliche Bedeutung von Werbemaßnahmen eher am Rande, beispielsweise Zeitungswerbung im Tourismus (BIRKENHAUER, 1983) oder Standorte der Außenwerbung (GRABOWSKI, 1987, S. 327 f.; SCHMALEN, 1985, S. 703).

Der Wirtschafts- und Sozialgeographie eröffnet sich im Pressewesen ein sehr vielschichtiges raumbezogenes Forschungsfeld, das als interdisziplinäres Kontaktfeld zur Kommunikationswissenschaft erweiterte wissenschaftliche Diskussionsmöglichkeiten bieten kann.

X. TELEMATIK ALS ERGÄNZENDES UND NEUES ELEMENT DER RAUMSTRUKTUREN

Die technologische Weiterentwicklung der Mikroelektronik hat in einer ihrer zahlreichen Symbiosen im Verbund mit Telekommunikationsnetzen und -endgeräten zu einem bisher nur in Ansätzen verfügbaren Potential technischer Kommunikation geführt. Massenkommunikation (z.B. Satellitenfernsehen, digitaler Rundfunk, elektronischer Zeitungssatz mit Fernübertragung) und vermittelte Individualkommunikation (vgl. Abb. 2, S. 10) besitzen bereits heute, nach schrittweiser Markteinführung neuer Dienste bzw. neuer Medien seit den siebziger Jahren, ein Mehrfaches an technischer Kommunikationsvielfalt in der Bundesrepublik Deutschland als noch vor zwei Jahrzehnten (ELIAS, 1980, S. 99f).

Tabelle 40 vermittelt einen Überblick über den aktuellen Stand der Teilnehmerzahlen von technischer Individualkommunikation, deren dienstespezifischer Alleinanbieter in der Bundesrepublik die Deutsche Bundespost ist. Die Werte geben keine raumbezogene Information über die Verbreitung der Dienste, sondern es soll zunächst lediglich die quantitative Relation von Teilnehmern dokumentiert werden, um einen Hinweis auf die aktuelle Bedeutung zu geben, da die Mehrheit der Literaturbeiträge sich eher im prognostischen Rahmen bewegt.

Tabelle 40: Verbreitung von Fernmeldediensten der Deutschen Bundespost 1986 (Anschlüsse)

Dienste	Anschlüsse	eingeführt seit	Verkehrsvolumina Inland	(Anrufe in Mio.) Ausland
Telefonhauptanschlüsse	26.725.967	(1882)	18.057,4[1] 10.931,6[2]	468,2
Telex	167.295	(1933)	173,0	79,8
Telefax	43.799	(1979)	-	-
Teletex	15.517	(1981)	12,3	5,1
Datenstationen	292.206	.	-	-
Bildschirmtext	58.365	(1983)	12,7	-
Funktelefon	50.310	.	-	-
Eurosignal	130.890	.	-	-

1) Ortsgespräch   2) Ferngespräch

Quelle: Statistisches Jahrbuch DBP   Entwurf: P. Gräf

Mit dem Diensteangebot und den Übertragungskapazitäten der bestehenden Netze sind 1987 alle Formen von technischer Individualkommunikation mit Ausnahme der Übertragung bewegter Bilder außerhalb des Nutzungsbereichs von Glasfaserstrecken möglich. Wenngleich schon sehr viel früher intensiv diskutiert (u.a. KtK-Kommissionsbericht, 1976), stellte sich Ende der siebziger Jahre nach den Innovationen des Verkehrswesens im Schienen-, Straßen und Luftverkehr die Frage nach einer vor allem standortbezogenen Neubewertung des Begriffs bzw. der ökonomischen Folgen von "Distanz" (ABLER/FALK, 1981, S. 10f). Etwas überpointiert ausgedrückt, erweckte die sich abzeichnende Vielfalt und die noch anstehenden Entwicklungen (ISDN, Glasfaser) von Kommunikationsmöglichkeiten die Vorstellung, Raumsysteme um eine Teildimension zu kürzen: Dem Zeitanteil der Entfernungsüberwindung. Die daraus folgende, theoretische Distanzneutralität eines Standorts bzw. relative Homogenisierung zahlreicher Standorte ist raumwirtschaftlich eine nie zuvor mit Realitätsbezug zu wertende Variable gewesen.

Anfang der achtziger Jahre setzte vor diesem zentralen Hintergrund eine kaum noch zu überblickende Fülle von explorativen Forschungen mit mehr oder weniger starkem Szenariobezug ein, um positive wie negative Wirkungen, möglichen öffentlichen Handlungsbedarf und speziell Chancen für lage- oder strukturproblematische Räume auszuloten (u.a. REINHARD/ SCHOLZ/THANNER, 1983; SCHNÖRING (Hrsg.), 1986).

Es können an dieser Stelle nur beispielhaft einige Facetten aufgegriffen werden, um nach Art und Inhalt den Bedarf an empirischer Forschung in diesem Wirkungsfeld belegen zu können. Die raumbezogene Diskussion zu den Wirkungsfeldern der Telematik befaßte sich in der ersten Hälfte der achtziger Jahre mit Aspekten der Konzentration und Dekonzentration (Standort), der Zentralisierung und Dezentralisierung (Organisation) von Unternehmen sowie Entwicklungsimpulsen für periphere Räume und möglichen Folgen für Arbeitsmärkte (u.a. FISCHER, 1981; LANGE et al., 1985; APRILE/HOTZ-HART/MÜDESPACHER, 1984; GODDARD/GILLESPIE, 1986; SPEHL, 1985).

Raumordnungspolitisch wurden vor allem Chancen der Strukturverbesserung erörtert (u.a. TETSCH, 1985; THOMAS/ SCHNÖRING, 1985) sowie Konsequenzen für die Raumplanung zu formulieren versucht (FISCHER, 1984a, 1987; TÜRKE, 1984). Dabei lag nahe, internationale Entwicklungsvergleiche zu Ländern herzustellen, die in den Diffusionsphasen der Telematik mehrere Jahre voraus waren (u.a. KUNST, 1985; KOMATZUSAKI, 1982). Vergleichende Beobachtungen auf internationaler Ebene zur Verbreitung der Telematik (u.a. MAST, 1984) stehen vor der Schwierigkeit, daß die große Vielfalt unterschiedlicher (wirtschaftsrechtlicher) Telekommunikationsordnungen (vgl. HEUERMANN/NEUMANN/SCHNÖRING/WIELAND, 1986) eine Übertragbarkeit von raumbezogenen Erkenntnissen sehr problematisch macht und Entwicklungen im EG-Raum, in den USA oder Japan auch vor dem gesamtgesellschaftlichen und nicht nur marktrechtlichen Hintergrund gesehen werden müssen (KUNST, 1985, S. 323f; WITTE, 1987, S. 46).

Neben den ordnungspolitischen Fragen (KUHN, 1986, S. 165f) haben vor allem auch gesellschaftspolitische Folgeerwartungen Anlaß zu kontroversen Diskussionen gegeben (OETTLE, 1982; KUBICEK/ROLF, 1985; GREWE-PARTSCH, 1983; MÜLLER, 1986 (als Replik auf KUBICEK); SCHOLZ, 1985). Atmosphärisch läßt sich der Diskussionskern mit dem Kongreßthema des MÜNCHNER KREISES 1979 "Telekommunikation für den Menschen" (WITTE, 1980, Hrsg.) umschreiben.

Die sozialen Bezüge einer Informationsgesellschaft (QVORTRUP, 1985) waren - gemessen an der Vielfalt von Literaturbeiträgen unterschiedlicher Disziplinen - mehr im Bereich der Medien bzw. Kommunikationswissenschaft angesiedelt (u.a. WERSIG, 1984, S. 387f). Ausgenommen hiervon war im Telematikbereich die Diskussion um Auswirkungen auf den Arbeitsmarkt (u.a. SCHNÖRING, 1984; DOSTAL, 1986a und 1987; DIETRICH, 1987), wobei wiederum aus der raumbezogenen Perspektive Dezentralisierungspotentiale (JÄGER/DÜRNBERGER, 1987) u.a. auch in Formen der Telearbeit bzw. Teleheimarbeit (HUBER, 1987) im Vodergrund standen. Die besondere methodische Schwierigkeit, die Struktur des Arbeitsmarktes für informationsbezogene Tätigkeiten (weit über die Bürokommunikation hinaus) zu erfassen und seine Entwicklung zu prognostizieren, hat vor allem DOSTAL in mehreren Beiträgen offengelegt (u.a. 1986b).

Das bereits erwähnte Spektrum der Literaturbeiträge zu Telematikwirkungen hat nicht nur Aktualität und breites Interesse an diesem Thema unterstrichen, sondern auch den Eindruck entstehen lassen, es werde zu selten beachtet, daß Innovation und Diffusion der Telematik bereits auf eine relativ festgefügte unternehmensinterne oder räumlich-externe Struktur "eingefahrener" telekommunikativer Verhaltensmuster stoßen. Für eine räumliche Interpretation aktueller Diffusionsverläufe ist gerade diese Ausgangsbasis, so trivial sie zunächst erscheint, ein wesentliches Hemmnis beschleunigter Adoption neuer Telekommunikationsdienste. Die Grundlagen für diese These lassen sich anhand eines dynamischen Modells des Telekommunikationsraums verdeutlichen (Abb. 26).

1. Dynamik und Rahmenbedingungen des Telekommunikationsraums

An der Gestaltung des Telekommunikationsraums sind im wesentlichen vier Gruppen beteiligt:

- Legislative zur Gestaltung der rechtlichen Rahmenbedingungen
- Anbieter der Netze und Dienste
- Nutzer der Netze und Dienste
- Produzenten von Kabel, Vermittlungseinrichtungen und Endgeräten

Betrachtet man die modellhafte Darstellung in Abb. 26 als eine Momentaufnahme der (unternehmerischen) Entscheidungssituation eines Nutzers, so ist die räumliche Umsetzbarkeit eines neuen Telematikangebots für ihn mit einer Reihe von Restriktionen verbunden, dessen Verdeutlichung erst erkennen läßt, welche Diffusionsspielräume für Telematik mittelfristig realisierbar sind. Dieser Gedanke zielt nicht auf eine Evaluierung zahlreicher Szenarien zur Telematikentwicklung, wobei auf Landesebene im europäischen Maßstab keine Szenarienforschung mit so umfassender Betrachtung aller Funktionsbereiche nach gleicher Systematik durchgeführt wurde wie die MANTO-Studien in der Schweiz (u.a. ROTACH et al., 1984; MARTI, 1987). Vielmehr wird versucht, konkrete Typen von Entscheidungssituationen in Abhängigkeit von der kommunikationsräumlichen Verflechtung von Unternehmen zur Erklärungsbasis von Diffusionen zu ermitteln.

Nochmals zum Ausgangsgedanken einer "Distanzneutralisierung" zurückkehrend, ergibt sich für den Unternehmer gegenüber den Alternativen der neuen Dienste im Telematikbereich folgende raumbezogene Entscheidungsproblematik:

- Sind die bestehenden Kommunikationsbedürfnisse mit Telematikeinsatz problemadäquater zu lösen?
- Bringt vielfältigere, schnellere, entferntere telekommunikative Erreichbarkeit einen Nutzen für das Unternehmen?
- Welches betriebliche Potential eröffnen Alternativstandorte gleicher telekommunikativer Erreichbarkeit?

In den drei skizzierten Entscheidungsfeldern hat "Distanz" jeweils einen anderen Charakter. Im ersten Fall ist (als Zeitpunktbetrachtung) der Telekommunikationsraum eine für das Unternehmen fixierte Größe (zu Lieferanten, Kunden, Branchenkollegen). Telematikeinsatz hat in diesem Fall nur eine sachliche Substitutionswirkung, jedoch keine räumlich-explorative Funktion im Sinne beispielsweise einer weiteren Markterschließung. Gerade diesen explorativen Charakter kennzeichnet das zweite Entscheidungsfeld. Es setzt zur Realisierung jedoch einen Unternehmertyp voraus, der die endogenen Kräfte seines Unternehmens aus der möglicherweise traditionsbedingten Begrenzung eines lokalen oder regionalen (Markt)-Kommunikationsraums, unterstützt durch Telematik, herausführen kann (z.B. Verbreitung des Wissens über technische Innvoationen mittels Datenbanksysteme).

Beide zuvor genannten Entscheidungsfelder erfordern jedoch genügende Informiertheit des Unternehmers, u.a. über Angebot und Möglichkeiten von Telematik. Kenntnisse über Telematik sind jedoch, so empirische Untersuchungen von HALDENWANG (1986b) und SPEHL/MESSERIG-FUNK (1987), wesentlich geringer verbreitet als in Diffusionsabschätzungen überlicherweise angenommen, sofern überhaupt eine Variable "Technologische Informiertheit" als raumdifferenzierte Größe in die Überlegungen eingebracht wird.

Abb. 26

Struktur und Dynamik des Telekommunikationsraumes

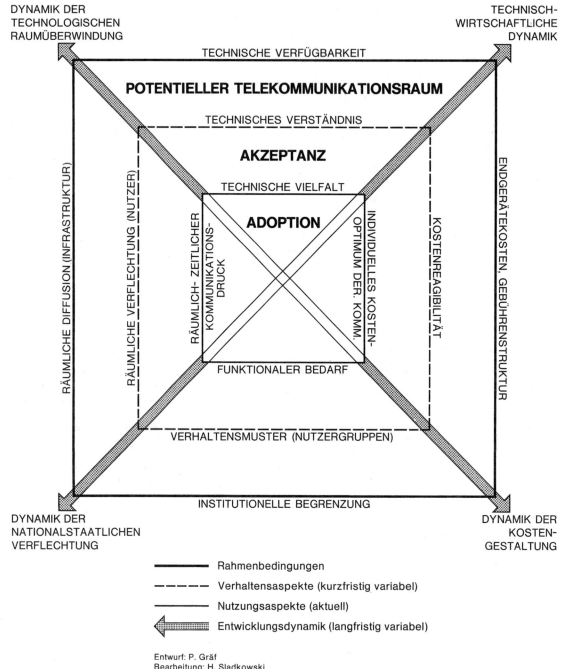

Entwurf: P. Gräf
Bearbeitung: H. Sladkowski
Institut für Wirtschaftsgeographie der Universität München, 1987
Vorstand: Prof. Dr. K. Ruppert

Das letzte Entscheidungsfeld greift die Frage auf, ob Distanz nur eine quantitative Größe ist (Kilometer oder Zeiteinheiten) oder ob sie darüber hinaus auch eine qualitative Größe ist. Qualitativ in dem Sinne, daß sich zwar der technisch- und kostenspezifische Aufwand nicht ändert, ob man über 200 km vom Verdichtungsraum einen Datentransfer zu einem peripheren Ort durchführt oder denselben Vorgang vom peripheren Ort zum Verdichtungsraum, die situative Umwelt beider Standorte ist jedoch extrem verschieden. Gibt es eine eindeutige Standortpräferenz zwischen den beiden genannten Varianten, dann bedeutet dies für die Telematikdiffusion, daß nicht Distanzneutralisierung die raumwirksame Variable sein kann, sondern nur Distanzneutralisierung unter der Bedingung gleich bewerteter Standortumfeldqualitäten der Alternativen. In bezug auf eine Standortaufwertung des ländlichen Raums durch Telematik heißt dies, daß Telematik so lange keinen herausgehobenen instrumentellen Charakter der Regionalförderung haben kann, wie sich nicht zuvor oder parallel die allgemeine Bewertungshaltung gegenüber peripheren ländlichen Räumen gewandelt hat, d.h. daß sie im gesellschaftlichen Kontext auch einer Positivdefinition zugänglich sind (RUPPERT, 1979, S. 119; METZ, 1982, S. 169f).

Mit Rückblick auf Abb. 26 läßt sich also erkennen, daß die Außengrenzen einer Entwicklung des Telekommunikationsraums (dessen Handlungsrahmen) von der Dynamik der Technologie, der wirtschaftlichen Dynamik und wirtschaftsräumlichen Prosperität, der damit verbundenen nationalstaatlichen Verflechtung sowie der Kostengestaltung für Telekommunikation abhängen. Die Achse Technologie-Kostengestaltung beschreibt das Handlungsfeld des Anbieters, seiner raum-zeitlichen Investitionsmuster von Netzen und Vermittlungstechnik und die der Gestaltungsmöglichkeiten von Gebührenstrukturen. In beiden genannten Angebotsbereichen sind wesentliche Raumbezüge enthalten.

Das Prinzip der Tarifeinheit im Raum (NEUMANN, 1983), das unterschiedliche Zonen tariflicher Homogenität bei einzelnen Diensten in der Bundesrepublik Deutschland schafft (Abb. 27), ist von der Problematik eines im internationalen Vergleich unterschiedlichen Preisniveaus für gleiche Leistung (u.a. BUSH, 1982) (ebenfalls ein qualitativer Distanzaspekt) und den regionalen Wirkungen eines nicht am Verursachungsprinzip bemessenen Tarifsystems (FISCHER U., 1985; ARNET/BUCHER, 1986; BUSCH, 1986) zu trennen. Wie Abb. 27 verdeutlicht, ist je nach Schwerpunktnutzung einzelner Dienste die raum- und gebührenbezogene Standortentscheidung sehr unterschiedlich gelagert. Diese räumliche Differenzierung bzw. Zonierung wird jedoch nur dann zu einem standortrelevanten Entscheidungsfaktor werden, wenn die mengenmäßige Nachfrage nach Telekommunikationsleistungen eines Unternehmens eine Kostengröße erreicht, die innerbetrieblich bei der Suche nach Rationalisierungsmöglichkeiten überhaupt diskutiert wird.

In dieser Situation befindet sich der weitaus größte Teil der Unternehmen nicht. Es gibt Unternehmenstypen wie beispielsweise DATEV, für deren Datentransfer zu fast 28.000 Mitgliedern der steuerberatenden Berufe die räumliche Lokalisation von Datenkonzentratoren (Kopfstellen) ein räumlich-gebührenspezifisches Optimierungsproblem ist (vgl. S. 178f). Ferner wären Unternehmen des internationalen Finanz- und Börsengeschäfts zu nennen (HOTTES, 1987; GAEBE, 1987), für die beispielsweise der Standort London durchaus einen Kostenvorteil in der internationalen Telekommunikation bringen kann. Der Regelfall ist jedoch so, daß je nach Branchenzugehörigkeit bzw. Dienstleistungsart der Kostenanteil von Kommunikation meist deutlich unter 5% liegt, in der Industrie fast durchwegs unter 1% (WEITZEL/ARNOLD/RATZENBERG, 1983; TAFT, 1985).

Abb. 27

Tarifräume der Telekommunikation - Deutsche Bundespost 1987

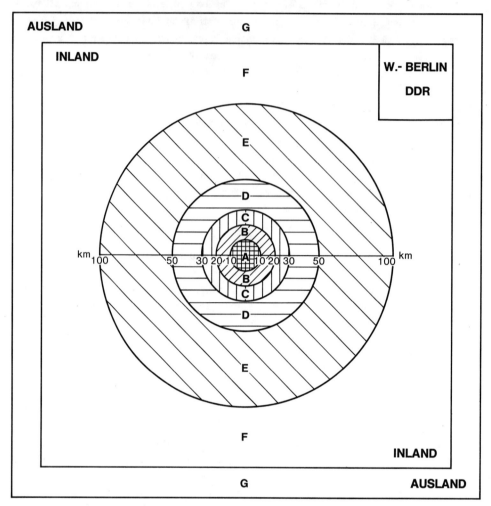

Dienste		Telefon	Telefax	Telex	Teletex	Datel		
						Datex- L	Datex- P	HfD
INLAND	A unter 10 km	I	I	I	I	I	I	I
	B 10 bis u. 20 km							II
	C 20 bis u. 30 km	II	II					III
	D 30 bis u. 50 km							IV
	E 50 bis u. 100 km	III	III		II	II		V
	F 100 km u. mehr	IV	IV			III		VI
G	AUSLAND	V	V	II	III	IV	II	VII
Zeit-Tarifräume		2	2	2	3	3	3	–

2 = 1 Tag- und 1 Nachttarif   3 = 1 Tag- und 2 Nachttarife

Entwurf: P. Gräf   Bearbeitung: H. Sladkowski   Institut für Wirtschaftsgeographie der Universität München, 1987   Vorstand: Prof. Dr. K. Ruppert

Darüber hinaus ist für Versicherungen, Bausparkassen und Banken in ihrer ausgeprägten Vernetzung zu Außenstellen bzw. Zweigstellen die permanente Erreichbarkeit des Kommunikationspartners (z.B. der Zentrale), vor allem bei intensivem Datenverkehr, eine wesentlich bedeutendere Entscheidungsgröße als die damit verbundenen Kosten für einen HfD-Anschluß ("Standleitung").

Aus den Darstellungen ist jedoch nicht der Schluß zu ziehen, daß Tarif- und Gebührenstrukturen nur eine Frage politischer Durchsetzbarkeit ohne Raumrelevanz seien. Langfristig sind Gebühren sehr wohl ein räumliches Gestaltungselement, kurzfristig ist die räumliche Persistenz eines unternehmerischen Funktions-Standortsystems aber zu groß, um räumliche Reaktionen, d.h. Standortverlagerungen, zu induzieren.

Auf einen weiteren, bildungsbezogenen Faktor der Persistenzverstärkung hat MEUSBURGER (1980, S. 105) verwiesen, wenn er vor übertriebenen Erwartungen entscheidungsbezogener Dezentralisierungseffeke durch Telekommunikation warnt. Anhand von Untersuchungen zu Kontaktreichweiten des Managements und zur Standortwahl von Hauptverwaltungen belegt er (ebenda, S. 100f), daß sich die räumliche Konzentration von hochqualifizierten Arbeitskräften und damit indirekt die Wahrscheinlichkeit für eine Frühadoption der Telematik "eng an den hierarchischen Aufbau des Städtesystems" anlehnen wird.

Diese wissenschaftliche Prädisposition hat in geographischen und raumwissenschaftlichen Ansätzen weite Verbreitung gefunden, da ein wesentlicher Teil der nur auf Raumsegmente sich beziehenden Diskussion zu Rahmenbedingungen und Wirkungen der Telematik Städte, überwiegend im Sinne von Verdichtungsräumen, zur räumlichen Betrachtungsebene werden ließ. Stadtattraktivität besteht auch aus "Informationspotentialen", von denen BUTZIN (1986, S. 60) im Prozeß der "Conterurbanization" spricht. Die branchenspezifischen Agglomerationseffekte informationstechnischer Unternehmen (GRABOW/HENCKEL, 1987) sowie die spezifischen Entwicklungen für Bürostandorte in Citybereichen (HEINEBERG/deLANGE, 1983; ERNSTE, 1987) unterstreichen auch unter telematischen Einflüssen, daß der unternehmerische Aktionsraum potentieller Standorte das suburbane Umfeld selten überschreitet.

Die endogenen Bewertungsprämissen sind jedoch nur ein Teil der Rahmenbedingungen für den Telekommunikationsraum. Der nicht weniger raumwirksame Teil ist die ordnungspolitische Rahmengestaltung des binnen- wie des internationalen Verkehrs. Die wesentlichen Variablen lassen sich in technologische, marktbezogene und staatspolitische Elemente gliedern.

Die von KUHN (1986, S. 171f) publizierte Übersicht vermittelt eine Vorstellung von der Komplexität und Vielfalt, mit der Regierungskommissionen und externe Gutachter seit mehr als einem Jahrzehnt die Neuordnung des Telekommunikationswesens diskutieren (u.a. BUNDESREGIERUNG, 1984). 1987 wurden die Vorschläge der Regierungskommission Fernmeldewesen (Vors. WITTE, 1987) zur Neuordnung der Telekommunikation vorgelegt, die angebotsbezogen Monopol-, Pflicht- und freie Leistungen unterscheiden (ebenda, S. 88f). Erfahrungen in den USA, Japan und Großbritannien mit liberalisierten Telekommunikationsmärkten haben zu einem ordnungspolitischen Kompromiß geführt, der in den Basisdiensten (z.B. Telefon) eine flächendeckende Versorgung (verbleibendes Monopol) garantiert. Pflichtleistungen und freie Leistungen stehen jedoch vor dem Problem kommunikationstechnischer Kompatibilität im internationalen Maßstab sowie zwischenstaatlicher Offenheit für Informationsaustausch (POOL/SALOMON, 1979; LEFEBRE, 1987; REINHARD, 1987). Im besonderen Maße zeigt sich diese Problematik auch im EG-Raum (ZIETZ, 1985), dessen Länder und Regionen teilweise extreme Entwicklungsunterschiede, auch der telekommunikativen Erreichbarkeit, verzeichnen (GILLES-

PIE, 1985), ferner in Dezentralisierungsbemühungen als Strukturfördermaßnahme (WACKERMANN, 1982) oder in der Transparenz eines internationalen Dienstleistungsmarkts (HERRMANN/OCHEL, 1987). Der international relativ gut funktionierende Telefon- und Telexverkehr verdeckt in der allgemeinen Bewertung die Rahmenbedingungen technischer Erreichbarkeit und rechtlicher Zulässigkeit von Datenverkehren, beispielsweise zu Ostblockstaaten oder zu Gebieten außerhalb der hochentwickelten Staaten.

Die ordnungspolitischen Fragestellungen im Binnenmarkt haben nicht nur eine marktwirtschaftliche, sondern auch eine raumordnungspolitische Dimension. Da die vorliegende Arbeit sich in erster Linie mit raumbezogenen Aspekten der Telematik auseinandersetzt, ist bei der Diskussion von Rahmenbedingungen auch auf Diskrepanzen zwischen Fernmelde- und Raumordnungsrecht hinzuweisen. Die Orientierung der Deutschen Bundespost an technischen und nicht verwaltungsrechtlichen Gebietseinheiten führt zwangsläufig zu einer Schematisierung von Gebührenräumen (vgl. Abb. 27), die auf funktionsräumliche Verflechtungen nur wenig Rücksicht nehmen kann.

Telefonnahzonen (20 km Radius) haben mit ihrer Einführung zwar eine Anpassung an das gestiegene Maß zentralörtlicher Beziehung mit dem Umland gebracht, durchschneiden aber dennoch in zahlreichen Fällen den funktionalräumlichen, kommunikativen Nahraum. Das Bundesverwaltungsgericht hat ausdrücklich bestätigt (BVerwG 7 C 25.85 v. 20.2.1987), daß es sich bei der Nahbereichsausweisung um _keine_ raumbedeutsame Maßnahme im Sinne § 3 Abs. 1 des Bundesraumordnungsgesetzes handelt, d.h. die Bundespost nicht verpflichtet ist, im Einzelfall den Gebührennahbereich an die funktionalräumlichen Beziehungen (z.B. Erreichbarkeit eines Mittelzentrums zum Nahtarif) anzupassen. Abgesehen von der andernfalls schwierigen Problematik der Abgrenzung einzelner Nahbereiche bleibt dennoch die Frage, ob für ein _raumüberbrückendes Instrument_, wie insbesondere die neuen Möglichkeiten der Telematik, funktionale Raumorientierung nicht nur in der Flächenbedienung, sondern auch in der Gebührenzonierung als "Pflichtleistung" zu interpretieren wäre.

Als eine solche Form räumlicher Orientierung (ebenfalls als technische Rahmenbedingung) kann man die zeitliche Reihung von Investitionsmaßnahmen der Bundespost bei Infrastrukturen der Telematik ansehen, die oft auf regionalpolitische Kritik stößt, weil sie sich an betriebswirtschaftlichen Zielen der Nachfragekonzentration in Verdichtungsräumen und nicht nach regionalen Förderzielen außerhalb dieser Gebiete ausrichtet (GLÜCK, 1985; POTTHOF/SACHS, 1985; SPEHL/MESSERIG-FUNK, 1987).

Die Diskussion zur vorgenannten Thematik beruhte meist auf Plausibilitätsvorstellungen der Nachfrage, ohne daß näher analysiert worden ist, wie die quantifizierte Nachfrage nach Telekommunikationsleistungen im Raum differenziert ist. In Verbindung mit der Analyse der "Telematikdiffusion der ersten Phase" wird ein Quantifizierungsansatz im folgenden Abschnitt dargestellt.

2. Nachfrage nach Leistungen der Telekommunikation in der Industrie Bayerns 1986

Die Begleitforschung zur Telematikentwicklung war schon Anfang der achtziger Jahre auf die Interpretation von Diffusionsmustern ausgerichtet. Für die Beurteilung des räumlichen Bildes blieben als räumlicher Vergleichsmaßstab im wesentlichen nur Analogien zu Daten der wirtschaftsräumlichen Strukturmuster. Auf dieser Basis ließ sich Mitte der 80er Jahre relativ einfach die These von der hierarchischen Diffusion verifizieren. Gegenüber diesen

Interpretationsansätzen gibt es wenige kritische Stellungnahmen, obwohl detaillierte empirische Arbeiten nachweisen könnten, daß es doch wesentliche Abweichungen von diesen Grundmustern gibt (FRITSCH, 1987; GRÄF, 1987b).

Der falsche Bezugspunkt der Interpretation liegt in der vermeintlichen Kausalität des Raumes selbst ("Verdichtungsraum", "Oberzentren"). Statistiken überdecken die Tatsache, daß in Verdichtungsräumen die Zahl der Nicht-Adoptoren von Telematikdiensten mindestens ebenso hoch sein kann wie in den ländlichen Räumen, wenn man eine Schichtung von Unternehmen nach Beschäftigten, Umsatz, Branche u.a. Variablen vornimmt. Die Typen der telematikinteressierten Unternehmen sind jedoch in ländlichen Räumen weit unterdurchschnittlich vertreten. Blendet man prestigebezogene Adoptionen aus, dann ist - idealtypisch Informiertheit vorausgesetzt - Adoption vorwiegend eine Frage des Bedarfs. Die raumbezogene Bedarfsgröße wiederum ist eine zentrale Entscheidungsgröße für die räumlichen Muster der Investitionen, z.B. technisch leistungsfähigeren Netzen oder Digitalisierung der Vermittlungstechnik (vgl. als Bedarfsanalyse Hessen GID, 1986).

Zahlreiche Untersuchungen zur Telematikdiffusion haben sich speziell mit den Problemen der Adoption in Industriebetrieben beschäftigt (u.a. MÜDESPACHER, 1986; HOTTES/WEVER/WEBER, 1986; FRITSCH, 1987b). Für die regionale Untersuchung in Bayern war deshalb der Versuch der raumbezogenen Quantifizierung der Telekommunikationsnachfrage im Sektor industrieller Nutzung als Vergleichsuntersuchung von besonderem Interesse.

a) Raumbezogene Quantifizierung der Telekommunikationsnachfrage in bayerischen Industriebetrieben

Methodisch versucht der Quantifizierungsansatz strukturelle Informationen über die Nutzung von Telekommunikation mit raumbezogenen Verbreitungsmustern der Industriebetriebe zu verknüpfen. Die Quantifizierung basiert auf den Untersuchungen von WEITZEL/ARNOLD/RATZENBERGER (1983) zu den Post- und Fernmeldegebühren in ausgewählten Wirtschaftsbereichen. Im arithmetischen Mittel der Jahre 1978 bis 1980 ergab sich in den Industriebetrieben mit über 20 Beschäftigten in der Bundesrepublik ein Verhältnis von Umsatz:Kosten wie 1:0,985 (ebenda, S. 32). Ferner haben o.a. Autoren für Branchen und Umsatzgrössenklassen der Betriebe Relativwerte der Telekommunikationskosten (nachfolgend TK-Kosten) an den Gesamtkosten angegeben (ebenda, S. 37f).
Diese generalisierenden Werte wurden mit den landkreisbezogenen Strukturdaten Bayerns in einem mehrstufigen Ansatz verknüpft.

Stufe 1: Errechnung eines landesspezifischen Nachfragefaktors

Die Industriestruktur Bayerns weicht in ihrer Branchenzusammensetzung vom Durchschnitt der Bundesrepublik Deutschland ab, was in einer regionalisierten Untersuchung zu berücksichtigen ist. Auf das gesamte Untersuchungsgebiet bezogen (Bayern) läßt sich ein durchschnittlicher Nachfragefaktor durch Multiplikation des relativen Branchenanteils innerhalb des Industriesektors mit dem branchentypischen Nachfragefaktor ermitteln. Der Nachfragefaktor drückt den Anteil der TK-Kosten an den Gesamtkosten des Unternehmens aus. Die Addition der branchenbezogenen Teilfaktoren ergab für Bayern einen Nachfragefaktor von 0,53%.

2. Stufe: Ermittlung eines kreisspezifischen Strukturtyps

Aus den Daten zur Industriestatistik (BAYER. LANDESAMT FÜR STATISTIK UND DATENVERARBEITUNG, 1987) wurde eine Kreistypisierung vorgenommen, der der durchschnittliche Umsatz pro Industriebetrieb im Jahr 1986 und der Exportanteil des Umsatzes zugrunde lag:

Tabelle 41: Ermittlung des Betriebsstrukturtyps Durchschnittswerte pro Landkreis

Umsatz pro Betrieb (Mio.)	Exportanteil des Umsatzes		
	bis unter 20%	20 bis unter 50%	50% u. mehr
bis unter 10	A	E	F
10 bis unter 25	A	D	E
25 bis unter 100	A	B	C
100 und mehr	A	A	B

Werte des Strukturfaktors:
A = 1,0   B = 1,1   C = 1,2   D = 1,3   E = 1,5   F = 1,8

Entwurf: P. Gräf

Der Strukturfaktor wird als regionaler Korrekturwert betrachtet, der davon ausgeht, daß mit wachsendem Exportanteil und sinkender Umsatzgrößenklasse der relative Anteil der TK-Kosten steigt. Die Bewertung der Strukturfaktoren sind eigene Schätzungen.

3. Stufe: Ermittlung eines kreisspezifischen Branchenfaktors der Nachfrage

Nach den Daten von GATZWEILER/RUNGE (1984) wurden anhand des Beschäftigtenanteils die dominierenden Industriebranchen bestimmt (ebenda, S. 67-79). Da sich die relativen Beschäftigtenanteile auf alle Beschäftigten einschließlich des tertiären Sektors bezogen, mußten sie für den sekundären Sektor umgerechnet werden. Die dominierenden Branchen wurden mit dem von WEITZEL et al. (1983) genannten branchenspezifischen Faktor der Nachfrage bewertet, der Restanteil mit dem bayerischen Durchschnittswert von 0,53 (siehe Stufe 1).

Beispiel Landkreis Dachau
Beschäftigungsstärkste
Industriebranchen: a)   b)   c)
Holz, Papier, Druck: 11,5% : 58,6% = 0,196 x 0,91 = 0,178
Elektrotechnik   :   6,4% : 58,6% = 0,109 x 0,90 = 0,098
Restliche Branchen :   = 0,695 x 0,53 = 0,368
                        Summe   1,000   0,644 d)

a) Beschäftigtenanteil der Industriebranche im Kreis
b) Beschäftigtenanteil des sekundären Sektors im Kreis
c) Branchenspezifischer Nachfragefaktor
d) Kreisspezifischer Nachfragefaktor in der Industrie

4. Stufe: Verknüpfung der einzelnen Faktoren

Die kreisspezifische Nachfrage nach Telekommunikationsleitungen in der Industrie wurde durch folgende Verknüpfung auf der Basis der Umsätze 1986 ermittelt:

Quantifizierte Nachfrage N im Landkreis:
N = Industrieumsatz x 0,985 x Strukturfaktor x kreisspezifischer Branchenfaktor = TK-Kosten

Auf diesem Wege konnte auf Kreisbasis ein Nachfragewert ermittelt werden, der die räumliche Differenzierung nach Umsatzgrößenklasse, Exportorientierung, räumlichem Branchenschwerpunkt und branchenspezifischem Nachfrageverhalten nach Telekommunikationskosten berücksichtigt. Das Ergebnis wird in Karte 45 als raumbezogene Nachfrage des Industriesektors dargestellt.

Die Karte 45 stützt sich auf absolute Größen, da diese als Kapazitätsnachfrage unmittelbar in Investitionsüberlegungen eines Netzbetreibers eingehen können. Das Kartenbild ist räumlich sehr stark differenziert und spiegelt zunächst die Standortverhältnisse der Industrie wider. Vergleicht man die Karteninformation mit der nachfolgenden Karte 46, die sowohl die Zahl der Industriebetriebe (Signaturgröße) als auch den relativen Anteil der Kleinbetriebe mit weniger als 20 Beschäftigten angibt, so ist erstaunlich, wie häufig Landkreise mit überdurchschnittlicher Nachfrage nach Telekommunikationsleistungen (über 10 Mio. DM pro Jahr) auch solche sind, die einen überdurchschnittlich hohen Anteil (mehr als 50%) industrieller Kleinbetriebe aufweisen. Vorsichtig verallgemeinert läßt sich damit die These formulieren, daß Gebiete mit großbetrieblichen Industriestrukturen kein Indikator für hohe Nachfrage nach telekommunikativen Leistungen sind. Andererseits - und dieser Fehlschluß läge nahe - ist die Quantität der Nachfrage kein allgemeiner Indikator für eine besonders hohe Diffusionswahrscheinlichkeit der Telematik.

Um die letzte These zu stützen, wurde ein Teilbereich der Telematik in seiner räumlich-quantitativen Struktur separat analysiert. Die Daten von WEITZEL et al. (1983) ermöglichten eine Trennung der Fernmeldekosten der Betriebe nach den Diensten Telefon, Telex und Datenübertragung. Zur Abschätzung der quantitativen Konzentration der Telematiknachfrage wurde das Segment der Datenübertragung wie im zuvor beschriebenen Ansatz ermittelt und nicht als absolute Größe, sondern als Lokalisationsquotient dargestellt. Rechnerisch ergab sich ein bayerischer Durchschnittswert der Nachfrage von 3.694 DM pro Jahr und Betrieb. Die Karte 47 zeigt die relativen räumlichen Abweichungen vom Landesdurchschnitt, in den dunkleren Rastern die überdurchschnittlichen Werte.

Im Vergleich zur Karte 45 ist das Bild kontrastreicher geworden, d.h. es treten in der Regel die kreisfreien Städte, vor allem in Nordbayern, hervor, da hier die lokale Standortverflechtung, im Gegensatz zu Nürnberg-Fürth-Erlangen und Räumen im südlichen Bayern, das Umland nicht miteinbezieht. Als entscheidungsbegleitende Unterlage für Investitionen der TK-Infrastruktur wird einerseits zwar das hierarchisch-zentrenbezogene Investitionsmuster gestützt, andererseits aber als generelle Lösung als nicht vertretbar erachtet, da es in konkreten räumlichen Situationen den flächenhaften Entwicklungen der Telekommunikationsnachfrage nicht gerecht wird.

3. Diffusionsmuster der Telematik

Die Analyse von Ausbreitungsvorgängen setzt die Kenntnis einiger grundlegender Informationen über die zu untersuchenden Phänomene voraus, die im Telematikbereich derzeit nur relativ schwierig zu realisieren sind:

- ungefähre Kenntnis über den Phasenabschnitt, in dem sich ein Ausbreitungsprozeß befindet;
- relative Sicherheit über die Bezugsgröße, an der die Intensität der Verbreitung gemessen werden kann;
- eine Abgrenzung des funktionalen Bezugs;
- eine statistische Erfaßbarkeit des Phänomens.

Karte 45
Quantifizierte Nachfrage nach Telekommunikationsleistungen in der Industrie Bayerns 1986

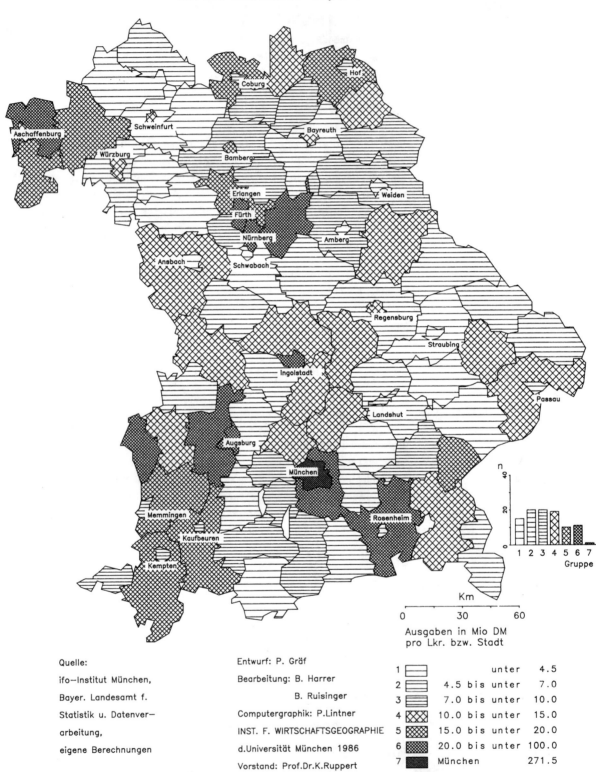

Karte 46
Anteil der Kleinbetriebe in der Industrie Bayerns 1985/86
(Betriebe mit weniger als 20 Beschäftigten)

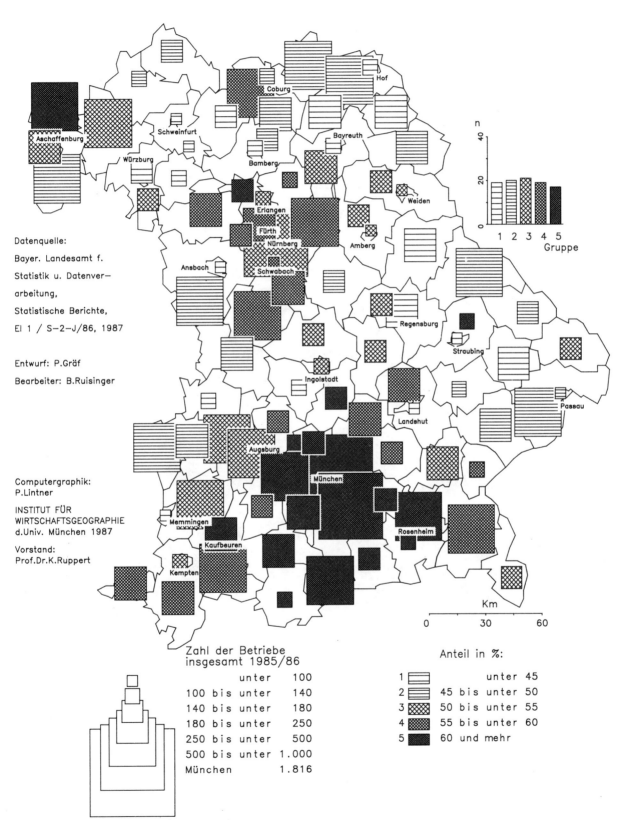

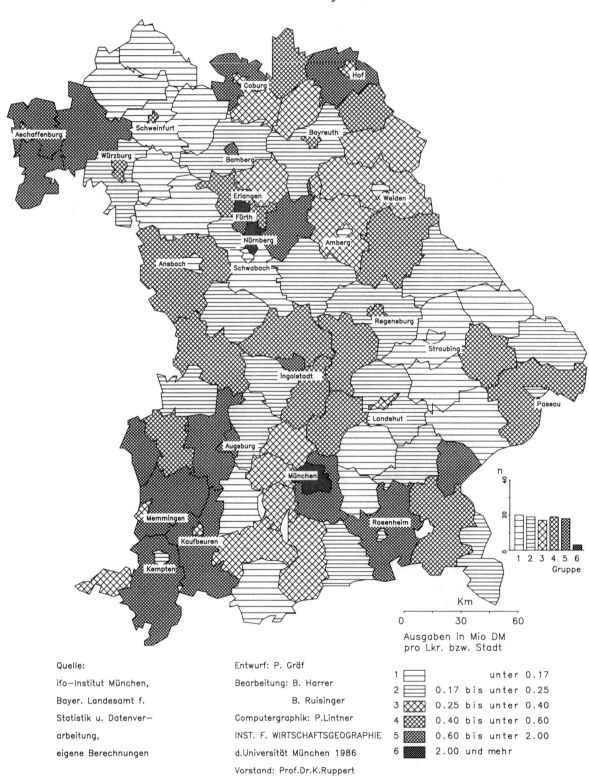

Karte 47
Ausgaben für Datenübertragung
in der Industrie Bayerns 1986

Bezieht man diese Prämissen auf die Ausbreitung von Telematik, so sind die Unterschiede in der aus der Literatur gewonnenen Auffassung so groß, daß sie eingangs einige kurze Erläuterungen erforderlich machen.

Zur Bestimmung des Phasenabschnitts der Ausbreitung ist konkret nur der Zeitpunkt der Einführung (vgl. Tabelle 40) exakt zu bestimmen. Als Zeitbestimmung kann bei den Diensten Teletex, Telefax und Bildschirmtext von einer frühen Phase (FRITSCH, 1987a, "frühe Adoptoren") der Diffusion gesprochen werden.

Die weitere Positionsbestimmung ist schon weitaus problematischer, denn sie setzt eine belegbare Vorstellung von einer Intensitätsgröße voraus. Retrospektiv könnte man sich an der Ausbreitung ähnlich gelagerter Phänomene orientieren, wie es z.B. MÜDESPACHER (1987) in Analysen versucht hat, die sich an die Verbreitung des EDV-Einsatzes in Unternehmen anlehnen und diese Überlegungen auf die Telematikentwicklung extrapolieren.

Diese an sich plausible Verknüpfung hat vor allem bei nicht vernetzten Unternehmen zwei unterschiedliche Ebenen: Einerseits die Akzeptanzfrage technischer Neuerungen, die, unabhängig vom Bedarf, einen Zusammenhang von Bildungsgrad, Berufsqualifikation und Alltagskontakt mit Technologie haben kann, jedoch nicht zwingend sein muß; andererseits ist Datenverarbeitung (wiederum gemessen an der Mehrheit der Unternehmen) ein unternehmensbezogenes, innenorientiertes Informations- und Organisationsinstrument, Telematik dagegen als Kommunikationsinstrument außenorientiert.

Betrachtet man eine Adoptionsentscheidung als ein Bewerten von Nutzenzuwächsen, so nimmt dieser Nutzen mit der Zahl erreichbarer Kommunikationspartner durch die gleiche Kommunikationstechnik zu. Diese Situation ist heute bei den o.a. Diensten noch nicht erreicht, sieht man von der Kompatibilität zwischen Telex und Teletex ab. Nach den in den MANTO-Szenarien erörterten Diffusionsgrundlagen (MARTI/MEYRAT-SCHLEE, 1986, S. 9f) sind die Alternativen des gesellschaftlichen Hintergrunds zwischen "Totaler Informationsgesellschaft", "Technologieskeptischer Gesellschaft" und "Geteilter Informationsgesellschaft" so breit gespannt, daß der heutige Diffusionsstand der Telematik in der Bundesrepublik bei pessimistischer Einschätzung schon über die Frühphase hinausgewachsen sein könnte. Schätzungen von Diffusionsverlaufskurven, wie sie MÜDESPACHER/FREPPEL/SCHWENGELER (1987) berechnet haben, sind von BLAUT (1987, S. 31) als "Diffusionism" kritisiert worden, jene Vorstellung, die ausdrückt, daß bestimmte Zentren permanent Innovationskerne darstellen. GIESE/NIPPER unterstreichen ebenfalls, daß neben den streng hierarchisch-nachbarschaftlichen Diffusionsabläufen zahlreiche technologische Innovationen in Betrieben und Städten mittlerer Größe ansetzen (1984, S. 38).

Die Vermutung eines hierarchischen, zentrenorientierten Diffusionsverlaufs wurde durch die Bezugsgrößenwahl bei Analysen noch gefördert. Der funktionale Bezug der Telematik ist in weiter Begriffsfassung der einer "Bürokommunikationstechnik", d.h. eines kommunikativen Bindeglieds zwischen wirtschaftsräumlichen Elementen, wie Betriebe und Unternehmen. Mit steigendem Geschäftsvolumen nimmt in der Regel auch der Kommunikationsbedarf zu. Eine Relation zu Beschäftigtenzahlen ist jedoch streng methodisch bestenfalls innerhalb einer Branche oder eines Wirtschaftssektors als Bezugsgröße vertretbar, da sonst die Heterogenität der Beschäftigtenintensität von Unternehmen das Ergebnis unzulässig verzerren kann. Wie schon an anderer Stelle erörtert, ist die Bezugsgröße "Bevölkerung" in Zusammenhang mit der Verbreitung von Bürokommunikationstechniken als wesensfremd abzulehnen.

Im strengem Sinne ist der Terminus "Diffusion der Telematik" unpräzise, da als statistische Erfassung nur das Registrieren der Adoption möglich ist. Der gesellschaftsbezogene, unternehmenskulturelle Aspekt wäre die Erfassung der Nutzung sowie der räumlichen Verflechtung durch telekommunikative Kontakte. Nach eigenen Erhebungen waren in den Betrieben unter 100 Beschäftigten mit der Adoption häufig nur eine Erwartungshaltung künftiger Nutzungsmöglichkeiten verbunden und keine ökonomisch-rationalen Abwägungen alternativer Kommunikationsmöglichkeiten.

a) Diffusion der Telematik in Bayern

Zur Darstellung des gemeinsamen Nenners "Telematikinteresse" wurden die Teilnehmer an den Diensten Telefax, Teletex und Bildschirmtext zunächst nach siedlungsstrukturellen Raumtypen, in Anlehnung an eine Raumgliederung der Bundesforschungsanstalt für Landeskunde und Raumordnung, differenziert, um die These nach dem zentrenbezogenen, hierarchischen Verlauf der Adoption zu prüfen.

Die vielfältigen Möglichkeiten der Bürokommunikation (u.a. HEIMERAN, 1980; WITTE, 1984a) werden durch spezielle Branchenerfordernisse noch überformt, beispielsweise im Einzelhandel (REINHARD/TRÄGER, 1986), im Druckerei- und Verlagsgewerbe (BIERHALS/STEPPAT, 1985), im Banken- und Versicherungsgewerbe (WÜRTH, 1986; BAKIS, 1987b; HOTTES, 1987; LINNEMANN, 1987) bis hin zu Beratungsleistungen in der Landwirtschaft (HENRICHSMEYER et al., 1985; KUHLMANN/WAGNER, 1986).

Die gemeinsame Erfassung von Teletex, Telefax und Bildschirmtext als vorwiegend unternehmensbezogene Kommunikationsinstrumente vernachlässigt die Sondersituation, in der als multifunktionaler Dienst Bildschirmtext einzuordnen ist, der in räumlich unterschiedlichen Intensitäten auch in privaten Haushalten genutzt wird (INFRATEST, 1979; LANGENBUCHER, 1980b; KROMREY, 1982; MATHEISEN/VOLTENAUER-LAGEMANN, 1983; KROMREY et al., 1984). Die Gegenüberstellung der branchenspezifischen Adoptionsquoten für das metallverarbeitende Gewerbe, für den Rundfunk- und Elektrofachhandel sowie für Verlage läßt innerhalb der gleichen Gebietskategorien erkennen, wie Telematik branchenspezifisch eingesetzt wird.

In Tabelle 42 sowie in den nachfolgenden Karten 48 bis 50 ist jeweils die Bezugsbasis "Umsatzsteuerpflichtige", da diese Variable bei fehlenden Summenzahlen für Unternehmen oder Betriebe noch als Näherungsgröße akzeptabel erscheint.

Die siedlungsstrukturelle Gliederung gibt schon erste Hinweise auf eine nichthierarchische Diffusion im strengmethodischen Sinne. Möglicherweise sind aber siedlungsstrukturelle Elemente ohne funktionale Bestimmung weniger geeignete Bezugsgrößen als beispielsweise die den MANTO-Studien zugrundeliegenden: Großstadtzentren, Zentrenumland, industrielle Mittelzentren, tertiäre Mittelzentren, agrarisch-industrielle Peripherie und tertiäre Peripherie (MARTI/MEYRAT-SCHLEE, 1986, S. 5).

Die nach der gleichen Methodik wie Tabelle 42 erstellte Karte 48 betont in der Summierung der Adoptoren die überdurchschnittlichen Quoten in den Verdichtungsräumen München, Augsburg und Nürnberg-Fürth-Erlangen, gleichermaßen auch in den tertiären Standorten der kreisfreien Städte. Die Diffusionsmuster zeigen jedoch völlig andere Strukturen, wenn dienste- oder branchenspezifisch analysiert wird.

Tabelle 42: Telematikadoption nach siedlungsstrukturellen Kreistypen
Bayern 1985 - Teletex, Telefax, Bildschirmtext

Typ	Zahl d. Lkrs. bzw. krsfr. Städte	Adoption in % der Umsatzsteuerpflichtigen			
		0 gesamt	metallv. Gewerbe	Rundf./TV-Elektrohandel	Verlage
1	4	5,9	6,7	17,8	13,5
2	9	2,3	4,0	11,6	9,8
3	4	1,3	2,4	11,3	15,8
4	3	3,6	6,4	21,4	18,6
5	18	1,8	7,2	18,5	30,6
6a	44	2,0	6,4	19,7	44,1
6b	14	2,2	5,8	18,5	33,3

Siedlungsstrukturelle Kreistypen:
1 = Kernstadt in einer Region mit großem Verdichtungsraum
2 = Hochverdichtetes Umland einer Kernstadt wie 1
3 = Ländliches Umland einer Kernstadt wie 1
4 = Kernstadt in einer Region mit Verdichtungsansätzen
5 = Ländliches Umland einer Kernstadt wie 4
6a = Kreise in ländlich geprägten Regionen - ungünstige Struktur
6b = Kreise in ländlich geprägten Regionen - günstige Struktur

Berechn.: P. Gräf
Quellen: Teilnehmerverzeichnisse der DBP
Bayer. Landesamt f. Statistik u. Datenverarbeitung
Bundesforschungsanstalt für Landeskunde und Raumordnung

Im Rundfunk- und Elektroeinzelhandel, der für Btx eine wesentliche Präsentationsfunktion übernommen hatte, sind es gerade nicht die Verdichtungsräume, die eine relativ hohe Adoptionsquote erzielen, sondern die sehr unterschiedlich strukturierten Räume an der nördlichen und südlichen Peripherie des Landes. Das Raummuster der Telematikadoption des metallverarbeitenden Gewerbes - vermutlich bedingt durch die heterogene Verteilung der Betriebsgrößen innerhalb der Branchen - vermittelt ebenfalls ein nicht an der Zentrenhierarchie orientiertes Bild.

b) Telematik als regionales Diffusionsmuster in der Region München

Innerhalb der Bundesrepublik Deutschland zählt die Region München zu den telematikintensiven Räumen, deren Spitzenposition in der Adoption von Kommunikationstechnik aus der Standortspezialisierung u.a. auch im industriellen Bereich (HAAS, 1987) zu erklären ist. Für den Raum München überlagern sich mehrere Effekte und verstärken den Trend zu einem telekommunikativen Schwerpunkt. Für die City sind es vor allem Banken, Versicherungen und Hauptverwaltungen von Produktionsunternehmen. Hinzu kommt das Dienstleistungsumfeld des Europäischen Patentamtes (Anwaltskanzleien), die als frühe Adoptoren besonders deutlich hervortraten (GRÄF, 1987d).

Die herausragende Bedeutung der informationstechnischen Industrie (SCHMEISSER, 1985; POPP, 1987) ließ auch bei kleineren Unternehmen schon auf relativ geringer Bedarfsstufe eine Beteiligung an Telematikdiensten aus Gründen des Unternehmensimages weitaus öfter beobachten als bei vergleichbaren Betriebsgrößen (auch noch bei weniger als 20 Beschäftigten) außerhalb der Region München. Eine weitere, für die Telematiknutzung sehr hoch zu bewertende Komponente, ist die Bedeutung Münchens als Medien- und Verlagsstandort (KOERFER, 1985; ROCHOW, 1985).

Die durch diese Standortspezifika hervorgerufenen Effekte einer relativ raschen Adoption zeigt ein Vergleich der Entwicklung von Teilnehmerzahlen in südbayerischen Fernmeldeämtern

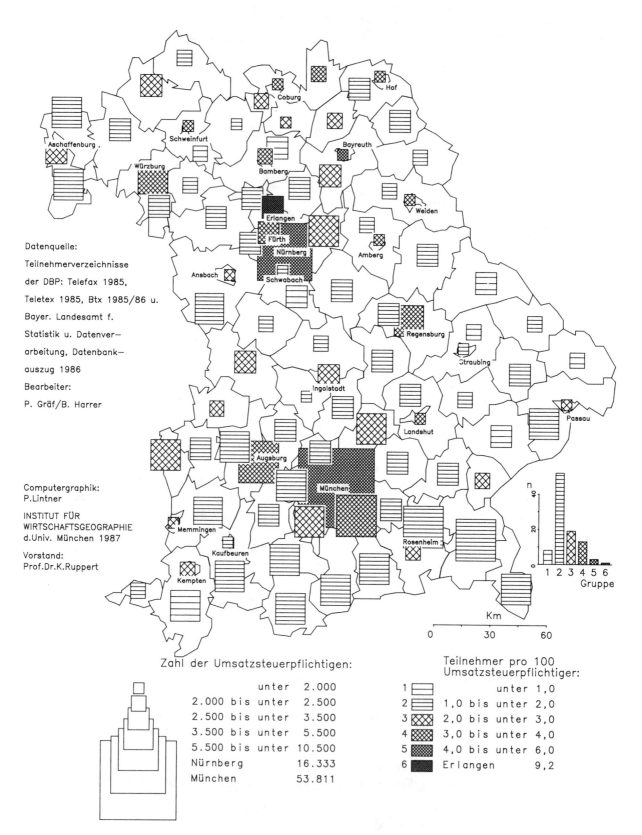

Karte 48
Telematikadoption (Telefax, Teletex, Btx) 1985

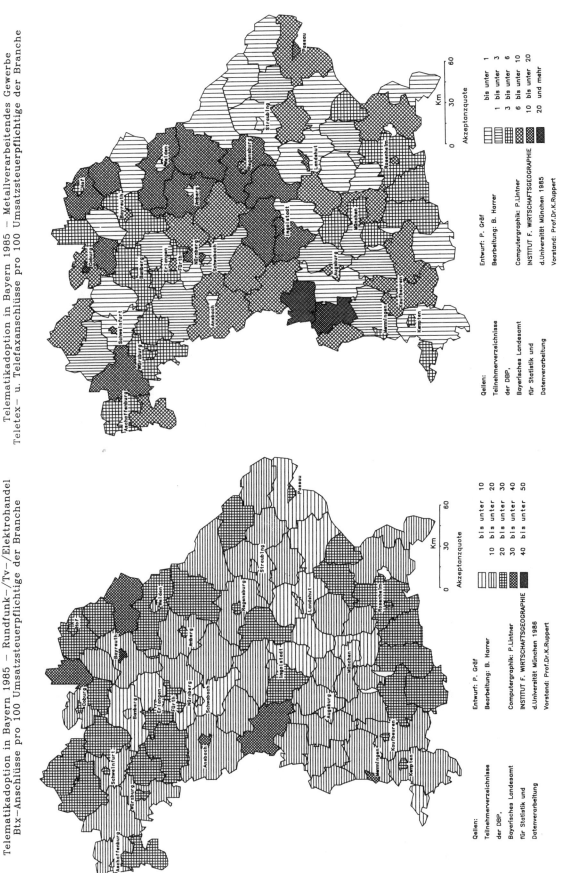

Karte 49
Telematikadoption in Bayern 1985 – Rundfunk-/Tv-/Elektrohandel
Btx-Anschlüsse pro 100 Umsatzsteuerpflichtige der Branche

Karte 50
Telematikadoption in Bayern 1985 – Metallverarbeitendes Gewerbe
Teletex- u. Telefaxanschlüsse pro 100 Umsatzsteuerpflichtige der Branche

Es ist im planungsbezogenen Sinne nicht die Region München (RUPPERT, 1987, S. 9f), die dem Ruf einer außergewöhnlich telematikfreundlichen Region gerecht wird, sondern eigentlich nur die Kernstadt und ihr verdichtetes Umland. Die Standortverteilung der Unternehmen im Bereich Datenverarbeitung und Elektronik kann diesen Sachverhalt belegen (Karte 51).

Aus der räumlichen Lage selbst ist keine allgemeine Regel über höhere oder geringere Akzeptanz bzw. Adoption abzuleiten. Auch läßt sich im Verdichtungsraum München die sonst nachweisbare Abhängigkeit der Adoption von der Beschäftigtengröße bei Industriebetrieben nicht eindeutig belegen (GRÄF, 1987c). Für die Telematikdienste Teletex und Telefax wurde mit Hilfe regionaler Diffusionsindizes das räumliche und branchenspezifisch unterschiedliche Adoptionsverhalten in der Industrie untersucht (Karte 52).

c) Diffusionsindizes zur Beschreibung branchenspezifischen Adoptionsverhaltens

Der regionale Diffusionsindex versucht die Verteilung der Adoption branchenspezifisch an den durchschnittlichen Verhältnissen in der Region zu messen. Ausgangsüberlegung ist die Kernstadtkonzentration eines Phänomens. In diesem Relativwert werden Branchenadoption, Branchenkonzentration, regionale Gesamtadoption aller Branchen sowie regionale Unternehmenskonzentration aller Branchen ausgedrückt.

In seinen Abweichungen vom Wert 1 zeigt der Index die relativ höhere oder niedrigere Adoption in der Kernstadt im Verhältnis zum Umland an. Werden die Indizes zu unterschiedlichen Zeitpunkten ermittelt, läßt sich der Trend der Adoption raumbezogen interpretieren (siehe Abb. 30).

Ein branchenspezifischer Vergleich der Telefaxadoption zwischen 1984 und 1986 kann belegen, daß die Adoptionsverhältnisse, gemessen an der regionalen Gesamtsituation, zwischen den einzelnen Branchen ausgeprägte Unterschiede aufweisen, die sich in der Regel nur langsam zu wandeln scheinen (Tabelle 43). Relativ große Veränderungen in den Branchen Steine, Keramik und Glas sowie im Ernährungsgewerbe waren aus dem verfügbaren Datenmaterial nicht zu erklären.

Tabelle 43: Trendtypisierung des Diffusionsprozesses von Telefax
Region München 1984/1986 - Industrieunternehmen
Basis: Regionaler Diffusionsindex auf Branchenebene (RDI)

Branche	RDI 1984	RDI 1986	Trend Diff.-Typ
Chemie, Mineralöl	0,86	0,76	DU
Kunststoff, Gummi	0,98	0,93	STA
Steine, Keramik, Glas	1,21	0,87	DU
Metallerzeugnisse, Gießerei	-	0,82	(DU)
Maschinen, Fahrzeuge	0,81	1,01	DK
Elektrotechnik	1,06	1,04	STA
Optik, Uhren, Feinmechnaik	0,49	0,58	STA
Metallw. Spielwaren	0,88	0,73	DU
Holzbe-/-verarbeitung	-	0,74	(DU)
Papier, Pappe, Druckerei	0,78	0,85	STA
Textilien, Bekleidung	0,95	0,92	STA
Ernährungsgewerbe	1,02	1,60	DK
Baugewerbe	1,14	1,34	DK

DU = Diffusionstrend ins Umland = RDI-Zunahme +0,1 u.mehr
STA = Trend ungerichtet = RDI u. +/-0,1 Änderung
DK = Diffusionstrend zur Kernstadt = RDI-Abnahme -0,1 u.mehr

Quelle: Eigene Erhebung

Abb. 28 *Teletexanschlüsse ausgewählter Fernmeldeämter*

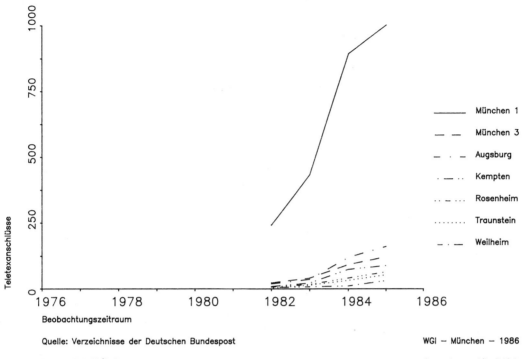

Abb. 29 *Datexanschlüsse ausgewählter Fernmeldeämter*

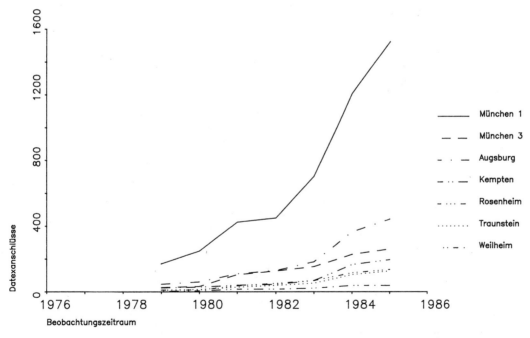

Karte 51
Produktions- und Dienstleistungsbetriebe der Branchen
Elektronik und Datenverarbeitung in der Region München 1985

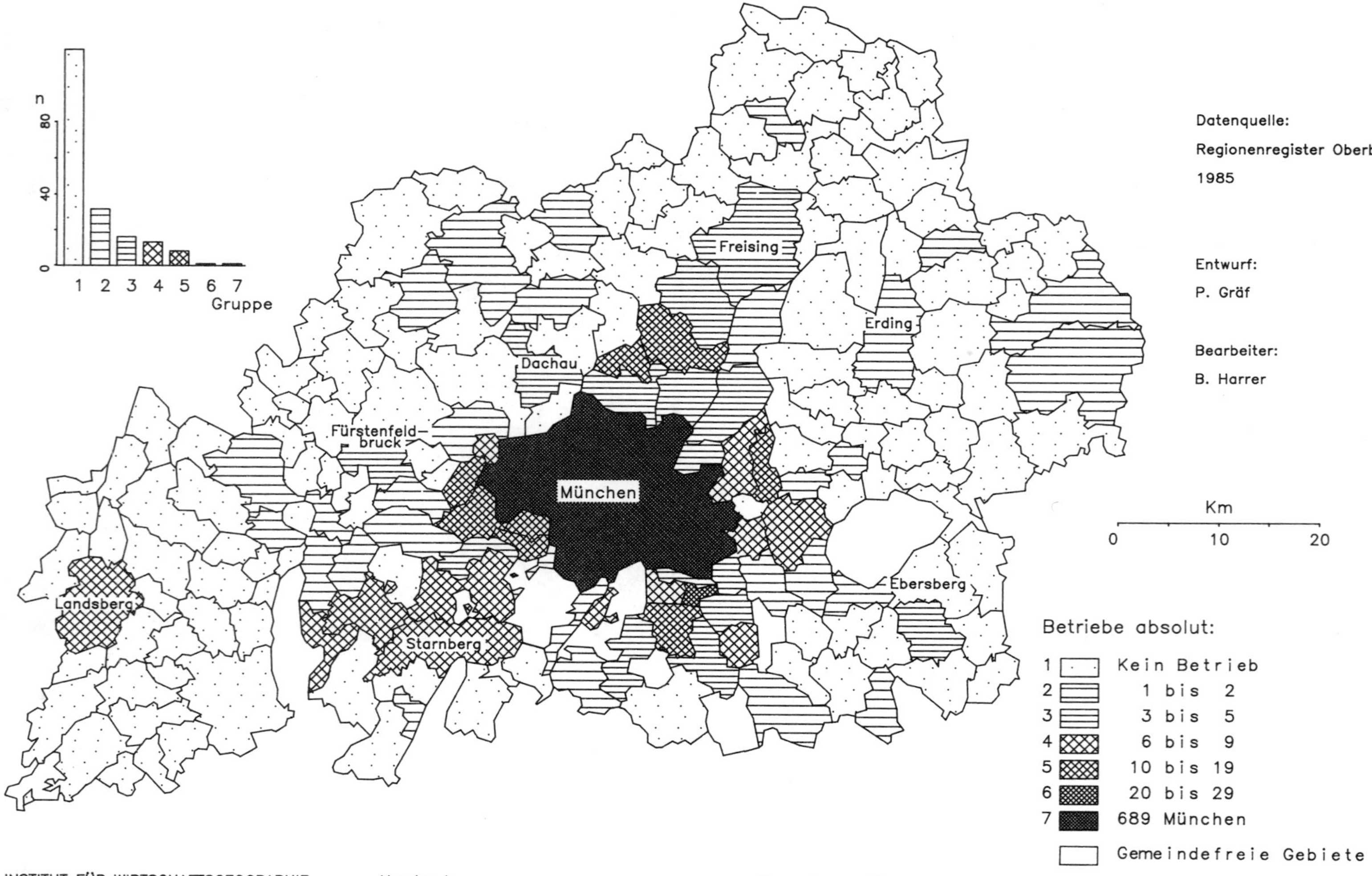

Datenquelle:
Regionenregister Oberbayern
1985

Entwurf:
P. Gräf

Bearbeiter:
B. Harrer

Betriebe absolut:
1 Kein Betrieb
2 1 bis 2
3 3 bis 5
4 6 bis 9
5 10 bis 19
6 20 bis 29
7 689 München
   Gemeindefreie Gebiete

INSTITUT FÜR WIRTSCHAFTSGEOGRAPHIE
d.Universität München 1987

Vorstand:
Prof.Dr.K.Ruppert

Computergraphik:
P.Lintner

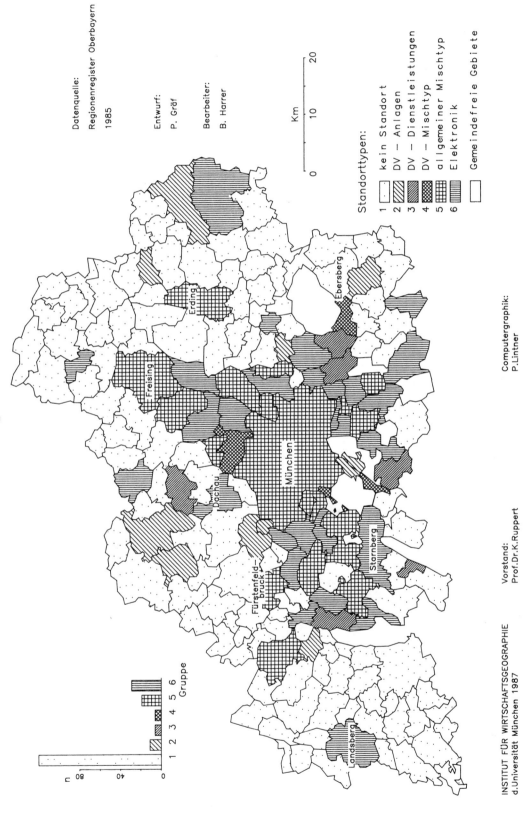

Karte 52
Standorttypisierung der Branchen Elektronik und Datenverarbeitung in der Region München 1985

Abb. 30: REGIONALER DIFFUSIONSINDEX

KSK = KERNSTADT-KONZENTRATION

$= \dfrac{\text{Anzahl des Merkmals } X_i \text{ in der Kernstadt}}{\text{Summe der Merkmale } X_i \text{ in der Gesamtregion}}$

Formen
a) branchenspezifisch

$\text{Br} = \dfrac{\text{KSK Telefax Branche } X_i}{\text{KSK Unternehmen Branche } X_i}$

b) regional

$\text{Re} = \dfrac{\text{KSK Telefax Gesamtregion (alle Branchen)}}{\text{KSK Unternehmen Gesamtregion (alle Branchen)}}$

RDI = REGIONALER DIFFUSIONSINDEX AUF BRANCHENBASIS

$= \dfrac{\text{Br}}{\text{Re}} = \dfrac{\text{Branchenspezifische KSK}}{\text{Regionale KSK}}$

Beispiel:
Textilindustrie und Telefax 1986 - Region München

$\text{Br} = \dfrac{66,6}{54,4} = 1,2 \; ; \quad \text{Re} = \dfrac{68,4}{52,2} = 1,3$

$\text{RDI} = \dfrac{1,2}{1,3} = \underline{0,92}$

RDI kleiner 1,0 = Telefaxadoption der Branche X_i im Vergleich zur regionalen Entwicklung der Adoption - stärker umlandorientiert
RDI = 1,0   keine Abweichungen zur Gesamtentwicklung
RDI größer 1,0 = Telefaxadoption stärker kernstadtorientiert

Als zusammenfassende Darstellung für die Landkreise der Region ergaben sich keine gemeinsamen räumlichen Entwicklungsmuster, sondern spezifische räumliche Situationen der Dynamik, die zumindest teilweise mit der regionalen Branchenstruktur zu erklären sind (Abb. 31 und 32). Deutlich zu erkennen ist das relativ starke Gefälle der Adoption zu den Regionsgebieten im Norden und Osten der Region, in denen insgesamt industrielle Neugründungen bzw. Standortverlagerungen weniger bedeutsam waren (DECKER, 1984; HAAS/FLEISCHMANN, 1985).

4. <u>Unternehmensbestimmte Diffusionsmuster</u>

Einen erheblichen Einfluß auf die räumliche Diffusion nehmen Großbetriebe des Produktions- und Dienstleistungssektors. Er geht zurück auf ihre Vernetzung als Mehrbetriebsunternehmen (GROTZ, 1979), auf die vertikale Verflechtung von Händlern und Produzenten oder auf die horizontale Verflechtung von Geschäftsstellen (GOUEDARD-COMTE/BONNEPART, 1987). Nachfolgend werden unterschiedliche Typen einer unternehmensbeeinflußten Diffusion vorgestellt.

Abb. 31 Bürokommunikation in der Region München

Teletex - Adoption in Industrieunternehmen

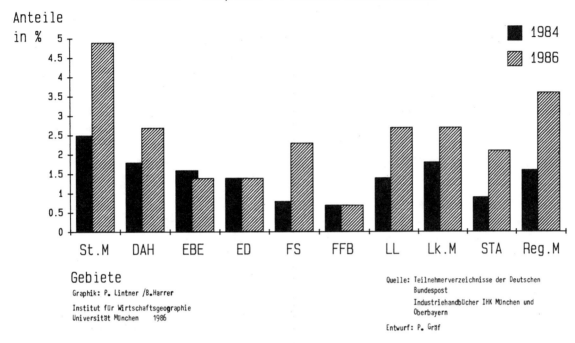

Abb. 32 Bürokommunikation in der Region München

Telefax - Adoption in Industrieunternehmen

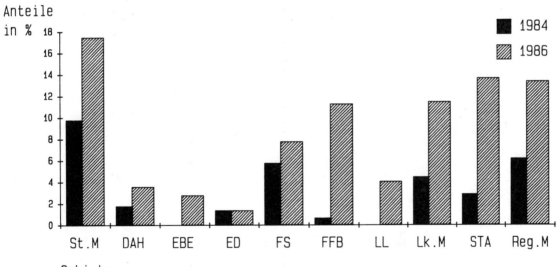

a) Die funktionsbedingte Reichweite

Die technische Seite der Telematik besitzt keine wesenseigene Distanzabhängigkeit, d.h.für den Nutzer entsteht - von entfernungsabhängigen Gebühren abgesehen - der gleiche Investitionsaufwand für die Anschaffung bzw. Zeitaufwand für die Bedienung, unabhängig davon, ob beispielsweise ein Telefax innerhalb des eigenen Betriebsgeländes in einer Entfernung von 800 m abgesandt wird oder ob der Kommunikationspartner 500 km entfernt ist. Da jedoch die räumliche Staffelung der Gebührenstruktur (vgl. Abb. 27) (neben dem Investitionskostenanteil für Telematik-Endgeräte) ein nach Übertragungsvolumen, Dienst und Entfernung sehr differenziertes Kostenmuster ergibt (STEINLE, 1987, S. 284; SPEHL/MESSERIG-FUNK, 1987, S. 426), ist die unternehmensgelenkte Diffusion meist als hierarchisches System nach dem Kommunikationsvolumen (Texte, Daten), nach der Flexibilität im Raum (z.B. Außendienstmitarbeiter, vgl. LINNEMANN, 1987) oder nach dem spezifischen Zweck (z.B. interaktive Arbeit am Bildschirm oder Textkommunikation mit Ausdruck) ausgebildet.

Vernetzung in einem Mehrbetriebsunternehmen bedeutet in der Regel nicht, daß sich der Telekommunikationsraum auf alle Netzpunkte erstreckt. In Abb. 33 ist das Beispiel der Zweigniederlassung der SIEMENS AG in München dargestellt. Die Aufgabe der Zweigniederlassung ist die Pflege der Geschäftsbeziehung zu Siemenskunden im regionalen Einzugsbereich. Die monatlich anfallenden Telefongebühren (für Telefon und Telefaxnutzung) sind nach den Kennziffern der Hauptvermittlungsstellen (Telefon-Vorwahl; z.B. 8 = München, 9 = Nürnberg) sowie nach dem Auslandsverkehr aufgeschlüsselt. Trotz der im technischen Sinne bestehenden engen Vernetzung der Siemensstandorte durch unterschiedliche Telekommunikationstechniken ist in diesem Beispiel die Wahl, überwiegend mit Telefon und Telefax (mit höherem, büroarbeitsplatzbezogenem Konzentrationsgrad auch Telex und Teletex) zu kommunizieren, eine reichweiten- und kundenorientierte Entscheidung.

Abb. 33 Gesprächsintensität eines Siemens-Standorts (ZN München)

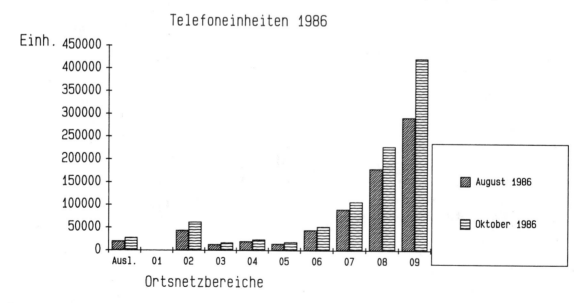

Quelle: Siemens ZN München   Entwurf: P.Gräf   Bearbeitung: B.Ruisinger

Der in der Abbildung ersichtliche, saisonal schwankende Aufwand an Telefongebühren bezieht sich auf rund 5.450 Beschäftigte, davon 1.900 in der Verwaltung, 2.800 Mitarbeiter in dem Bereich Montage und Wartung (Außendienst) und rund 750 Werkstudenten und Auszubildende. Auf diese Beschäftigtenstruktur wurde deshalb verwiesen, um die Problematik der Bezugsgröße "Beschäftigten" für Darstellungen des Telekommunikationsbereichs nochmals aufzugreifen. Die Gruppierungen der Beschäftigten haben in sehr unterschiedlichem Maße direkten Bezug zu telekommunikativen Tätigkeiten.

b) Unternehmensinduzierte, subventionierte Diffusion

Intensive Kommunikationsbeziehungen, hoher Aktualitätsdruck für Informationen, Vertragsabschlüsse oder Lagerhaltungsdispositionen beinhalten ein außerordentlich großes Rationalisierungspotential, wenn es gelingt, Händler und Produzenten beispielsweise in eine gemeinsame, telekommunikative Netz- bzw. Endgerätearchitektur einzubinden. Die Durchsetzbarkeit eines solchen Konzeptes hängt stark von der einfachen Benutzung und der damit verbundenen Kostenveränderung ab.

Das Unternehmen BMW AG in München stand vor dieser Problematik, als 1983 gemeinsam mit REWE und LOEWE-OPTA in einer Pilotstudie eine Vernetzung "Handel-Vertrieb" auf der Basis von Bildschirmtext (als geschlossene Benutzergruppe) erprobt wurde. Die positiven Erfahrungen führten zu dem Entschluß, daß die Diffusion, d.h. die Beteiligung möglichst aller BMW-Händler in weniger als einem Jahr erreicht werden sollte. Als Anreiz wurde in den ersten drei Monaten nach der Einführung eine Subventionierung der "Hardware-Kosten" von 50% geboten, für die folgenden drei Monate nur noch 30%, für drei weitere Monate 10%.

Innerhalb dieser Zeitspanne von 9 Monaten konnten bei 750 BMW-Händlern 850 Geräte installiert werden, was etwa einem Diffusionsgrad von knapp 75% entspricht. Bis Ende 1987 sollen auch die bislang nicht beteiligten Händler angeschlossen werden.

Tabelle 44: Vernetzung Handel-Vertrieb BAYERISCHE MOTORENWERKE AG

Nutzung von Btx und Computerverbund (Datex-P), Anteile in %
1986: 750 Btx-Teilnehmer, 300 DV-Teilnehmer (CSA) (9/86)

Nutzungszweck	Btx	Datex-P
Teile-Eilbestellung	39,7	84,3
Lieferbare Teile	-	3,8
Empfang neuer Kfz	-	3,7
Abgabe neuer Kfz	-	4,5
Zulassung für Kunden	5,1	-
Kaufvertrag	5,1	-
Gewährleistung	2,3	-
Order-Information	11,2	-
Order-Änderung	9,1	-
Kfz-Bestellung	7,5	-
Kfz-Suche für Händler	5,7	-
Sonstige	14,3	3,7

Quelle: BMW AG   Entwurf: P. Gräf

Der Vergleich der beiden Telematikbereiche Btx und Datex-P (vgl. Tabelle 44) zeigt in der Nutzungsmöglichkeit erhebliche Unterschiede. Die vor Einführung des Btx-Systems per Telefon oder Telex abgewickelten Orders oder Informationen sind jetzt durch die Verknüpfung von Btx mit den zentralen Rechnern des Unternehmens zu einem alle Geschäftsarten des Kfz-Handels umfassenden, telekommunikativen System geworden.

c) Unternehmensinduzierte, organisationsbedingte Diffusion

Dieser Typ von Diffusion entspricht zweigstellenintensiven Unternehmen wie Banken, Versicherungen und Bausparkassen. Sieht man von freien Außendienstmitarbeitern ab, so besteht im Zeitpunkt der Einführung oder Änderung von telekommunikativer Vernetzung bereits ein festes Standortmuster, das nach Entscheidungsbefugnissen, Geschäftsvolumen und regionalen Reichweiten der Zweigbetriebe meist hierarchisch gegliedert ist. Diese Form der unternehmensspezifischen Rahmenbedingungen für eine Diffusion beinhaltet mit zunehmender Qualität der telematischen Vernetzung ein relativ leicht aktivierbares Zentralisierungspotential von Leitungsbefugnissen.

Zur Verdeutlichung dieses Typs werden in Tabelle 45 die Standortmuster der Direktionen der BHW-Bausparkasse Hameln dargestellt, wobei zu ergänzen ist, daß im Außendienstbereich

Tabelle 45: Standortmuster der Datel-Nutzung bei BHW-Bausparkasse
Stand: August 1985

Direktionen	Beratungs-stellen	davon angeschlossen mit		
		HfD	Datex-P	Datex-L
Augsburg	5	1	1	3
Berlin	1	-	1	-
Bonn	4	2	1	1
Bremen	6	1	1	3 + 1Btx
Dortmund	4	1	1	2
Düsseldorf	4	1	3	-
Essen	5	1	3	1
Frankfurt	3	1	2	-
Freiburg	4	1	-	3
Hamburg	2	1	-	1
Hannover	4	1	2	1
Karlsruhe	4	2	1	1
Kassel	4	1	2	1
Kiel	4	1	2	1
Mainz	3	2	1	-
München	3	1	1	1
Münster	5	1	2	2
Nürnberg	6	1	1	4
Saarbrücken	7	2	3	2
Stuttgart	3	1	1	1

Quelle: BHW   Entwurf: P. Gräf

bereits Pilotstudien (Bremen) mit Bildschirmtext Mitte 1985 (als telematische Grundstufe) eingeführt waren. Telematikdiffusion im vorliegenden Unternehmensbeispiel ist eigentlich eine Nachfolge-Diffusion, die auf den abgeschlossenen Ausbreitungsvorgang der Direktionen aufbaut.

d) Unternehmensinduzierte, gekoppelte Diffusion

Letztes Beispiel für unternehmensinduzierte Diffusionstypen ist der Verbund von räumlicher Ausbreitung eines expandierenden Unternehmens mit gleichzeitiger betriebsinterner und außenorientierter, telematischer Diffusion. Innerhalb von einem Jahrzehnt (seit 1974) hat sich die DATEV Nürnberg als genossenschaftlich geprägtes Unternehmen der steuerberatenden Berufe mit (1987) rund 28.000 Mitgliedern zu einem der größten Dienstleistungsbetriebe im Bereich der Datenverarbeitung in Europa entwickelt.

Der Diffusionsverlauf im Telematikbereich bezieht sich auf zwei Phänomene, die sich - zeitlich versetzt - gegenseitig induziert haben: Zum einen das Phänomen der räumlichen Ausbreitung sogenannter "Kopfstellen" (Konzentratoren), die den Beratungskanzleien Datenkommunikation zu Nahbereichskonditionen mit der DATEV-Zentrale in Nürnberg ermöglichen (zwischen den "Kopfstellen" und Nürnberg bestehen festgeschaltete Verbindungen (HfD)); zum anderen das Phänomen der Verbreitung von Terminals bzw. kommunikationsfähigen PCs in den Beratungskanzleien. Die Diffusionen sind (Abb. 34) beispielhaft für den "klassischen Verlauf". Nachfragebedingt erfaßte die Diffusion zwischen 1976 und 1978 zuerst die Verdichtungskerne der Bundesrepublik (z.B. Düsseldorf, Berlin, München). In der zweiten Phase waren Großstädte unter 500.000 Einwohner neue Standorte in den Jahren 1980/81, z. B. Kiel, Bielefeld, Mannheim. Die letzte Phase erreichte in den Jahren 1984/85 Mittelstädte, wie z.B. Koblenz, Trossingen und Mönchengladbach. Der S-förmige Kurvenverlauf umfaßt, nach dem heutigen Verkehrsaufkommen differenziert, in den ersten 3 Jahren der Diffusion 37% der Kopfstellen, auf die 1986 63% des Datenverkehrsvolumens entfielen.

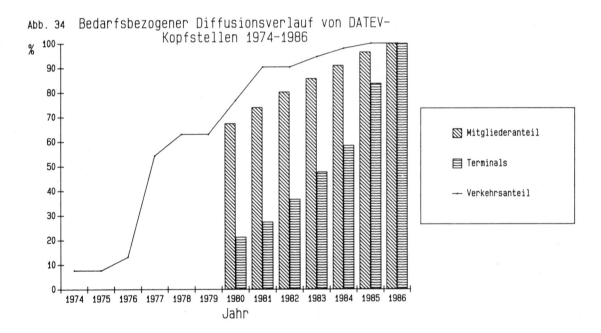

Faßt man die Ergebnisse zum Diffusionsverlauf der Telematik zusammen, so kann man aus dem Adoptionsmuster, d.h. aus der räumlichen Verflechtung der Teilnehmer an Telekommunikationsdiensten, nur mit Vorsicht Schlüsse über die einem Gebiet, einer Region oder einem Landkreis innewohnende "Dynamik" oder "Akzeptanz" im Sinne einer Aufgeschlossenheit gegenüber Telekommunikationstechniken ziehen.

Gerade in den von der generellen Bedarfsstruktur her als "späte Diffusionsräume" zu kennzeichnenden Gebieten ist je nach Gewerbebesatz mit einem Anteil von 10 bis 40% Adoptoren zu rechnen, deren Entscheidung zur Teilnahme entweder eine nicht am Einsatzort, sondern in der Unternehmenszentrale (bei Zweigstellen) gefällte Entscheidung war oder, bei unternehmerischer Selbständigkeit, auf einen "Impuls" von außen zurückzuführen ist. Die "freie" Adoption in einem Raum, d.h. die eigentliche endogene Situation in Form von Wissen über Technik, Kosten und Beratungsmöglichkeiten, leidet in den peripheren Räumen mehr unter einem Informationsdefizit als in den übrigen Gebieten, wie SPEHL/MESSERIG-FUNK (1987, S. 428) am Beispiel von Trier zeigen konnten.

Der telematikbezogene Kommunikationsraum wird heute somit von bestimmten Unternehmensgruppen gestaltet, die hinsichtlich ihres räumlichen Verhaltens unabhängig von Branche und Betriebsziel bzw. relativ unabhängig von ihrer wirtschaftlichen Größenordnung gleichartig im Investitions- und Nutzungsbereich handeln. Sie bilden im sozialgeographischen Sinne unternehmenstypologische Gruppen, die sich weniger treffend mit wirtschaftsstatistischen Strukturmerkmalen charakterisieren lassen, sondern besser anhand ihrer differenzierten kommunikationsräumlichen Zielstellung.

Im Überblick lassen sich solche Gruppen wie folgt beschreiben (Tabelle 46):

Tabelle 46: Unternehmenstypologische Gruppen gleicher kommunikationsräumlicher Zielstellung

Zielstellung	Diffusionsform	Unternehmenstyp
Vernetzung intern	Organisationsentscheid, techn.-hierarchisch	Zweigstellenintensive Großunternehmen
Vernetzung extern hierarchisch	Subventionierte oder marktmachtbedingte Diffusion	Großunternehmen mit wirtschaftlich eng verflochtenen, nachgeordneten Unternehmen
Vernetzung extern unstrukturiert	Unternehmerische Eigeninitiative, Beratungsunterunterstützung	Unternehmen mit beratenden Dienstleistungen
Kommunikative Erreichbarkeit Typ A	Organisationsentscheid, institutionell -hierarchisch	Öffentliche Unternehmen, Gebietskörperschaften
Kommunikative Erreichbarkeit Typ B	Unternehmerische Eigeninitiative	Unabhängige Ein- oder Mehrbetriebsunternehmen mit wenig Zweigstellen, Mittelständischer Unternehmenscharakter

Entwurf: P. Gräf

5. Städtespezifische Entwicklungen der Telematik

Stadtregionen mit hochverdichteten Kernen und Standorten spezialisierter Unternehmen, des informationstechnischen Sektors, der Medien, der Banken und des internationalen Verkehrs, waren in der Erwartung einer frühen Adoption besonders häufig Gegenstand von Adoptions- oder Wirkungsanalysen (u.a. SCHRUMPF, 1985 - Ruhrgebiet; KORDEY, 1986 - Industriezentren; WOLF/BÖRDLEIN, 1987 - Frankfurt; MENSING, 1986 - Hamburg; GRÄF, 1987c - München sowie als Städtevergleich HENCKEL/NOPPER/RAUCH, 1984). Hinzu kamen Untersuchungen über kommunale Initiativen im Telekommunikationsbereich, u.a. Teleport Hamburg oder Media-Park Köln (LANGE et al., 1986; KÜPPER, 1987), im Btx-Bereich (KOHNERT, 1983; KASSNER, 1987) sowie planungsbezogene Aspekte (FISCHER, 1984b).

Die räumliche Fixierung der Untersuchungen hat die Situation wirtschaftsschwächerer, funktional nicht so spezialisierter Groß- und Mittelstädte in den Hintergrund treten lassen (vgl. auch FRIEDRICHS, 1985, S. 2f). Die stadtbezogenen Entwicklungsmuster außerhalb der Verdichtungskerne sind jedoch sehr differenziert, gemessen an ihrem wirtschaftlichen Potential, aber teilweise mindest ebenso dynamisch in der Adoptionsentwicklung der Telematik (QUENTMEIER-VIEREGGE/STORBECK, 1987).

Mit zwei unterschiedlichen Ansätzen soll diese Aussage präzisiert werden. Der erste Ansatz knüpft in seiner räumlichen Abgrenzung an die kommunalen Grenzen an und versucht am Beispiel der Teletexadoption in Städten über 50.000 Einwohner zu zeigen, wie differenziert sich die Situation in Abhängigkeit von der Wirtschaftskraft der Unternehmen einer Stadt entwickelt. Als Indikator für die lokale Wirtschaftskraft wurde das Gewerbesteueraufkommen der Städte gewählt, während als Telematikindikator die Zahl der Teletexteilnehmer in den Städten gewählt wurde.

Ausgehend von der These, daß bei höherer Wirtschaftskraft die Wahrscheinlichkeit für die Anwendung neuer Kommunikationsmöglichkeiten ebenfalls höher als im Durchschnitt der Städte sein müßte, wurde durch regressive Näherungsrechnung (Tschebyschew-Polynom) eine Kurve ermittelt, die in ihrem Verlauf als "Erwartungskurve" für eine Teletexadoption interpretiert werden konnte.

In Karte 53 ist die relative Abweichung der Adoption von ihrem Erwartungswert (der Regressionskurve) in den Städten als unterdurchschnittliche, durchschnittliche oder überdurchschnittliche Situation dargestellt. Süddeutsche Städte (Bayern und Baden-Württemberg) sind zahlenmäßig weit häufiger als überdurchschnittlich charakterisiert im Vergleich zu entsprechenden Stadtgrößen in Nordrhein-Westfalen. Auch im Telematikbereich sind die mit dem Sammelbegriff "Süd-Nord-Gefälle" gekennzeichneten räumlichen Unterschiede zu erkennen, die auf spezifische Unternehmenstypen in den Städten bzw. auf die Wirtschaftsstruktur der Städte zurückzuführen sind.

Der zweite Ansatz geht von einer technischen Raumabgrenzung des Fernmeldewesens, den Ortsnetzen, aus, die mit kommunalen Verwaltungsgrenzen kaum identisch sind und eher den Charakter von eng bemessenen Nahbereichen haben. Für die Bundesländer Baden-Württemberg und Bayern standen die Daten für Telex und Teletex (Quelle: PTZ Darmstadt) sowie Bildschirmtext (Quelle: eigene Auswertung) für 1.648 Ortsnetze zur Verfügung. Ziel der Untersuchung war eine Typisierung dieser Ortsnetze nach den relativen Anteilen der einzelnen Dienste an der Summe von Telex, Teletex und Btx-Anschlüssen, dargestellt anhand eines Strukturdreiecks (Abb. 35).

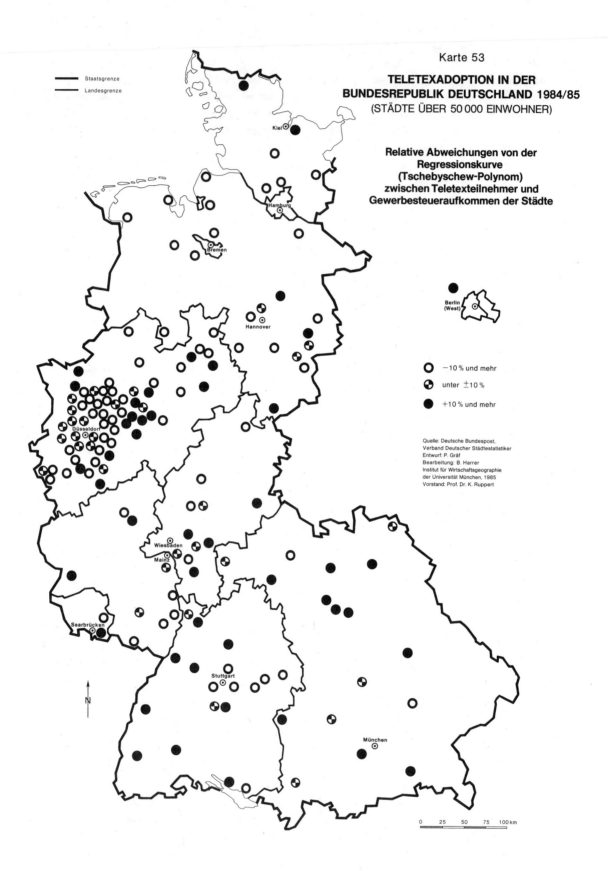

Abb. 35

Typisierung von Telex-, Teletex- und Btx-Anschlüssen

Ortsnetze in Baden-Württemberg und Bayern 1986

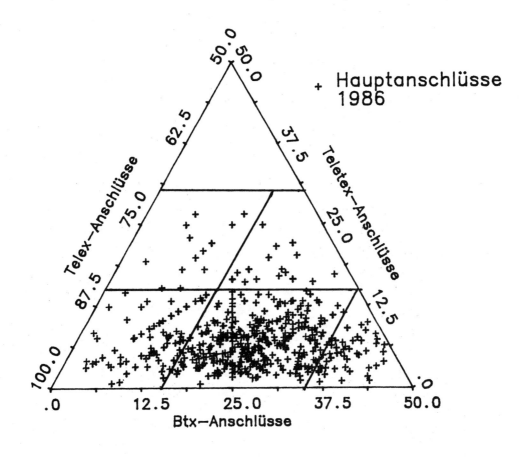

T Y P E N   (Anteile in %)

Typ	TELEX	TELETEX	BTX
I	70 - 100	-u. 15	-u. 15
II	50 -u.85	-u. 15	15-u.35
III	50 -u.65	-u. 15	35-u.50
IV	50 -u.85	15-u.30	-u.15
V	50 -u.70	15-u.30	15-u.30

Entwurf : P. Gräf

Aus den verfügbaren Ortsnetzdaten wurden alle jene eliminiert, die entweder bei einem der drei Dienste keinen Teilnehmer aufzuweisen hatten, oder wo wegen zu geringer Teilnehmerzahlen die Relativwerte Extreme darstellten: Bei Telex Anteile unter 50% sowie bei Teletex und Btx Anteile über 50%. Für die Darstellung im Strukturdreieck verblieben 686 Ortsnetze. Gruppiert man die Punkteschar nach der in der Legende der Abb. 35 angegebenen Typisierung, so ergeben sich charakteristische Ortsnetzgruppen, die sich in der Zusammensetzung der Anteilswerte der Kommunikationstechniken klar unterscheiden:

Typ
- I Telexbetonte Mischstruktur in Verdichtungskernen (z.B. München, Nürnberg, Stuttgart)
- II Bipolarer Typ (Telex und Btx) - häufig Oberzentren (z.B. Augsburg, Heidelberg, Würzburg, aber auch Starnberg)
- III Btx-geprägter Typ in Mittelzentren oder Fremdenverkehrsgebieten (z.B. Oberstdorf, Dinkelsbühl, Meersburg)
- IV Telex/Teletex-geprägter Typ - lokale Industrieschwerpunkte (z.B. Riedenburg, Villingen)
- V Teletex/Btx-Typ in industrieschwachen Gebieten mit zahlenmäßig wenigen Teilnehmern (z.B. Bad Füssing, Meßkirch, Iphofen)

Die Typisierung nach dem Strukturdreieck konnte nachweisen, daß auch die Kombination lokaler Adoptionsverhältnisse ein Indikator der Diffusionsentwicklung in bestimmten Gebietstypen sein kann. Ferner unterstreicht das Ergebnis die offensichtlich problemspezifische Nutzung der Telematik in unterschiedlichen Branchen. Wie in den Karten 49/50 für Bayern bereits dargestellt, geben die Verbreitungsanalysen auf branchenspezifischer Basis wesentlich detailliertere Einsichten in räumliche Diffusionsmuster als die Kartierung von Summengrößen. Die bislang in der Literatur fast ausschließlich summarische Interpretation des Diffusionsverlaufs führte zur Überbewertung und pauschalisierenden Annahmen, es handele sich bei der Diffusion von Telematik generell um eine klassische, oberzentrenfixierte Diffusion. Diese These kann in der allgemeinen Form nicht gestützt werden.

XI. NEUE MEDIEN IM WIRKUNGSFELD VON INFORMATIONS- UND FREIZEITRAUM

Information und Kommunikation haben als Elemente der Raumstruktur auch im Hinblick auf den Stellenwert einer "Geographie der Kommunikation" in der nach 1985 sehr dynamischen Entwicklung "Neuer Medien" eine räumliche Einflußgröße hinzugewonnen, deren möglichen Raumwirksamkeit nur ein Bruchteil an Aufmerksamkeit innerhalb der deutschen Geographie gewidmet wird, gemessen an den Interessen der Raumwirksamkeit der Telematik. Hinter solchem Verhalten steht in erster Linie die Problematik einer raumbezogenen Erfaßbarkeit von Erscheinungsformen der Funkmedien.

Neue Medien in Form von Satelliten- und Kabelhörfunk und -fernsehen (HILF, 1987), von lokalem Hörfunk und Fernsehen, von Videotext (SCHMIDT/TONNEMACHER, 1987) und alternativen Presseerzeugnissen hat eine Vielfalt neuer "imaginärer Räume" entstehen lassen, wobei noch völlig ungeklärt ist, ob die geläufigen Reichweitentermini "lokal, regional, überregional" bei kommunikationsräumlichen Gefügen eine vergleichbare räumliche Hierarchie widerspiegeln. Die kommunikationswissenschaftliche Forschung hat sich sehr intensiv mit dem publizistischen Strukturwandel durch lokalen Hörfunk auseinandergesetzt (HERPOLSHEIMER, 1985; JARREN 1985, S. 15f). Auch liegen für den Rhein-Neckar-Raum ("Kurpfalz-Radio") bereits Erfahrungen öffentlichen Regionalfunks vor (BUSS/MALETZKE) und - beispielsweise für München - Ansätze zur Abschätzung eines möglichen Strukturwandels, wenn vergleichend Nutzung und Akzeptanz eines breiten Spektrums privater und öffentlicher Rundfunk- und Fernsehangebote gegenübergestellt werden (RONNEBERGER, 1986, S. 224).

Die gesellschaftliche, auch politische Bedeutung der Nutzungsmöglichkeiten von neuen Medien[18] für Anbieter sind insofern zu einem Politikum geworden, als die große Zahl interessierter Anbieter in den Bundesländern die Gründung von öffentlichen Einrichtungen notwendig zu machen schien, um eine "Clearingstelle" für Meinungsvielfalt im privaten Rundfunkwesen zu haben (RING/ROTHEMUND, 1985, S. 39). Privater Rundfunk ist inhaltlich wie räumlich zu einem landesplanerischen Problem geworden. Der aktuelle Planungsstand (vgl. Karte 54) zeigt, daß schon aus der Notwendigkeit, eine für die wirtschaftliche Tragfähigkeit der Betreiber genügende bevölkerungsbezogene Reichweite zu haben, sich Standorte des Lokalfunks in Mittel- und Oberzentren etablieren müssen.

Unterstellt man den lokalen Rundfunksendern auch eine Attraktivitätserhöhung ihres zentralen Standorts, so wird nur bei gut zwei Dritteln der geplanten Standorte die Sendeleistung (gemessen an der erreichbaren Bevölkerung) über den lokalen Rahmen hinausgehen. Regelhaftigkeiten in den Reichweiten nach Zentrentyp oder -größe sind in Karte 54 nicht zu erkennen.

Möglicherweise ist die Nutzungsquote von Kabelanschlüssen ein Indiz für die künftige Akzeptanz lokalen Rundfunks in ländlichen Räumen, da dort Kabelanschlüsse - offensichtlich unabhängig von Benachteiligungen des terrestrischen Fernsehempfangs - deutlich mehr Zuspruch finden als z.B. in der (südlichen) Region München (Karte 55). Wenn RENCKSTORF (1987, S. 381) die Frage stellt, ob Lokalprogramme die Verschiedenheit von Lebensräumen widerspiegeln, könnte aus der räumlichen Verteilung der an Kabel angeschlossenen Haushalte die These aufgestellt werden, daß das Interesse an Kabelprogrammen ein inhaltliches (unterhaltungsbezogenes), weniger ein lokalräumliches Interesse dokumentiert. Akzeptanz neuer Medienformen ist auch ein gesellschaftliches Phänomen, wenn man beispielsweise die Situation im Nachbarland Belgien betrachtet, wo schon seit Anfang der achtziger Jahre mehr als

Karte 54
Lokaler Rundfunk und lokales Fernsehen privater Anbieter
Bayern – Planungsstand 1987

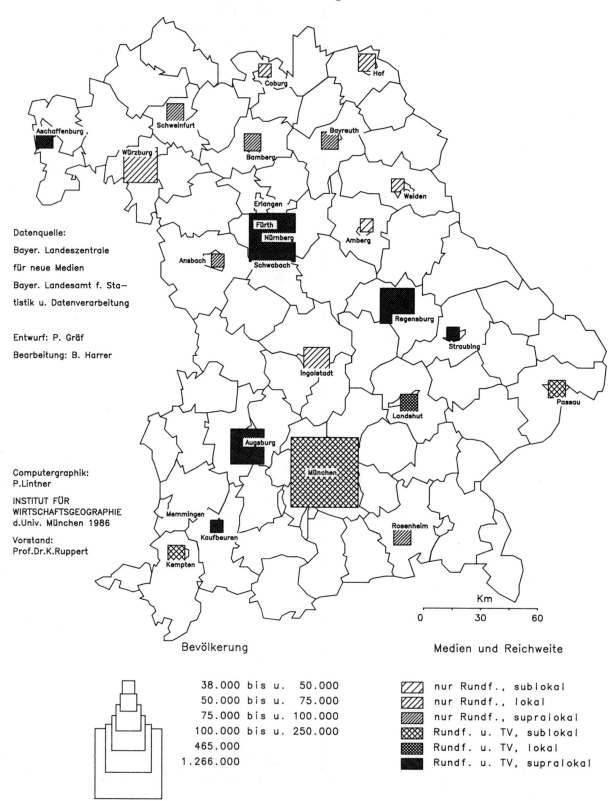

Karte 55
Nutzungsquote der Breitband – Kabelanschlüsse 1986

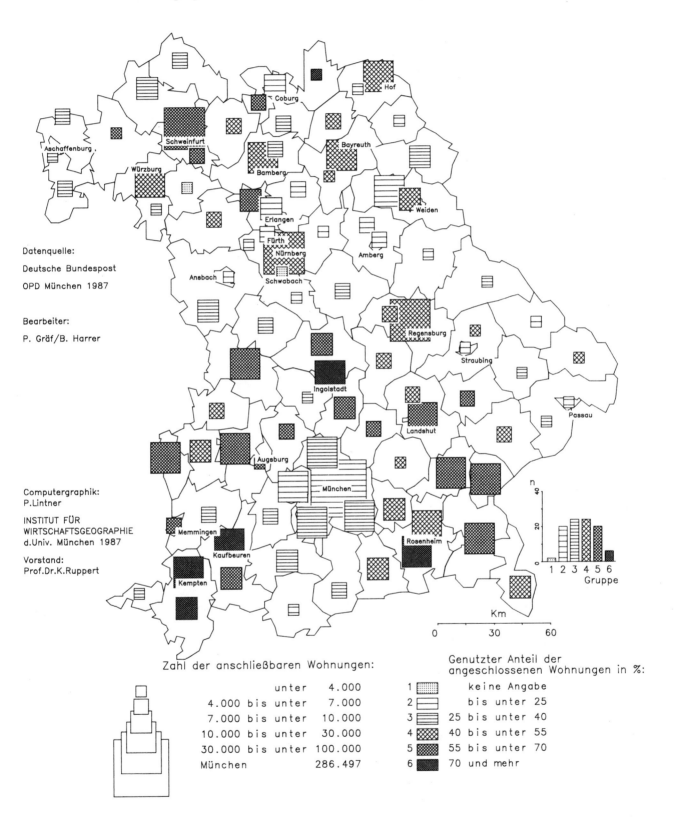

drei Viertel der Bevölkerung Kabelanschluß haben (deBENS, 1985, S. 311). Wenn auch dort die siedlungsstrukturellen Voraussetzungen (Streusiedlung mit relativ hoher Dichte) anders gelagert sind als in der Bundesrepublik und die Diffusion früher einsetzte, so kann man nicht übersehen, daß in den siebziger Jahren, als in Belgien Kabelnetze rasch auf einen interessierten Nutzerkreis stießen, es noch kein verbreitetes Substitutionsprodukt in Form von Video und der zugehörigen "Infrastruktur" in Form von Videotheken gab. WITTE (1984b, S. 51f) wies schon 1984 darauf hin, daß die Diffusion von 4,5 Mio. Videorekordern Mitte des Jahres 1984 eine Entwicklung war, die dem Fernsehen in Kabelnetzen eine Öffnung des Medienmarktes ermöglicht hätte.

Regionale Auswirkungen neuer Medien werden in die bestehenden informationsräumlichen Angebotsformen der lokalen und regionalen Tagespresse eingebunden bleiben. Die aktuelle Verbreitung der Tagespresse könnte also ein Indiz für das Maß der Akzeptanzwahrscheinlichkeit von lokalem Hörfunk sein. In Karte 56 ist für die Bundesrepublik Deutschland die lokale und regionale Pressevielfalt auf Kreisbasis dargestellt. Die These der Akzeptanzwahrscheinlichkeit könnte so formuliert werden, daß Vielfalt an Regionalpresse das Bedürfnis nach lokaler Information eher befriedigen kann als dies in Einzeitungskreisen möglich ist. Aus einem Nachfrageüberschuß nach lebensraumbezogenen Informationen könnte lokaler Rundfunk eine vermutlich größere Bindewirkung an den Sender erreichen als sie mit Regionalstudios des öffentlichen Rundfunks zu erzielen waren.

Ferner könnte die Verbreitung von Abonnementzeitungen (Karte 57) einen Hinweis auf das Informationsverhalten im regionalen Rahmen geben, den die Boulevardpresse (ausgenommen München und Nürnberg) in Ermangelung eines Lokalteils nicht mit detaillierten Nachrichten abdecken kann. Die regionale Vielfalt dieses Musters betont auch den relativ kleinräumlichen Wandel von Interesse und Intensität der Nutzung lokaler oder regionaler Informationsmöglichkeiten. Aus dieser Differenzierung heraus ist beispielsweise das relativ gleichförmige, auf wenige Zielgruppen ausgerichtete Programmangebot Münchner Privatrundfunkstationen als lokales Programmkonzept kaum in die Zentren ländlicher Räume übertragbar.

Im überwiegenden Maße muß man lokalen Rundfunk in seiner Funktion dem Freizeitbereich zuordnen, wenngleich der Informationsteil eines Programms zu allen anderen Funktionen menschlichen Lebens ebenfalls Bezüge aufweisen kann. Eine unmittelbare Verbindung zur Freizeitgestaltung hätte lokaler Rundfunk in Fremdenverkehrsgebieten. Nimmt man die Standorte Kempten und Rosenheim aus (vgl. SCHNEIDER, 1987, S.5), deren geplante Reichweite nicht den Fremdenverkehrsraum der bayerischen Alpen abdecken kann, dann ist eher erstaunlich, daß dieses, teilweise nur saisonale Marktpotential bislang nicht als ein Instrument zur Information und zur räumlichen Beeinflussung des sekundären Ausflugverkehrs von Urlaubsgästen in Betracht gezogen wurde. Untersuchungen zum Informationsverhalten von Touristen befaßten sich überwiegend nur mit jenen externen Informationen, die die Wahl des Urlaubsortes beeinflussen (u.a. BIRKENHAUER, 1983; DATZER, 1983; SCHWANINGER, 1983; FRANK, 1984; STEINER, 1985).

Das Freizeitverhalten im Wohnumfeld und in der Naherholung ist das bevorzugte Substitutionsfeld der neuen Medien im Freizeitbereich (NEUMANN-BECKSTEIN, 1984, S. 192f). In diesem Wandlungsprozeß sind die Altersgruppen zwischen 15 und 30 Jahren die herausgehobene Zielgruppe, da sowohl ihr Freizeitverhalten außer Haus (u.a. Diskotheken, Kino, Automatenspiel) sowie die Nutzung audiovisueller Medien (einschließlich Video) als Freizeitgestaltung im Haus relativ rasch austauschbare Formen des Freizeitverhaltens sind (BONFADELLI,

Karte 56

Lokale und regionale Zeitungen in der Bundesrepublik Deutschland 1986

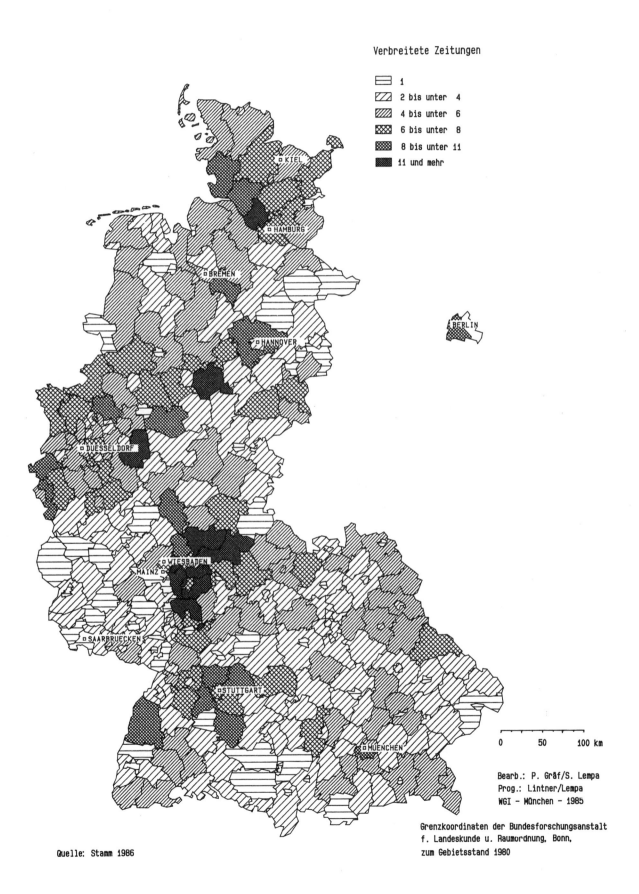

Karte 57
Verbreitung von Abonnement – Tageszeitungen 1985

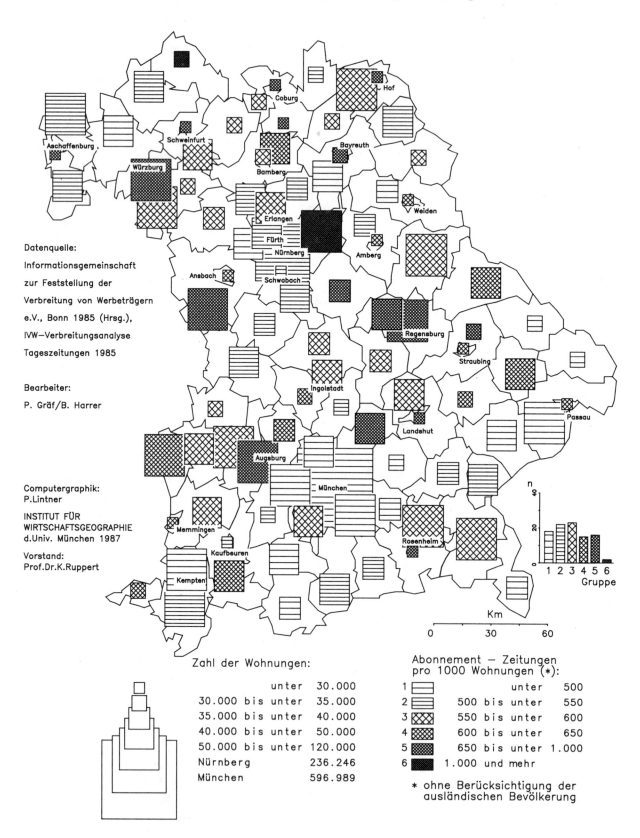

1986, S. 1f; GRÄF, 1986b; JACOUD, 1986). Im gleichen Zusammenhang versucht auch die Branche der Spielsalonbetreiber ihr Freizeitangebot auf breiter Basis gesellschaftsfähig zu machen (ROHWEDDER, 1987).

Solange sich das räumliche Verbreitungsbild künftiger neuer Medien (vor allem im Bereich des lokalen/regionalen Rundfunks) noch überwiegend im Planungszustand befindet, sind Angaben zu Wirkungszusammenhängen über das angedeutete Maß hinaus nur spekulativ. Selbst die für politische Entscheidungsfindung hilfreichen Szenarien können schon über den mittelfristigen Verlauf von Akzeptanzvorgängen nur vage Grenzen angeben. Selbst wenn man bei den Prognosen zur Entwicklung von Btx und Kabelanschlüssen vom Wunsch nach einer positiven Entwicklungsatmosphäre abstrahiert, waren trotz zahlreicher sozialwissenschaftlicher Begleitforschungen die Fehleinschätzungen der kurzfristigen Marktentwicklung gravierend. Daraus ist zumindest der Schluß vorsichtiger Interpretation sich abzeichnender Einflüsse von neuen Medien zu ziehen.

XII. ZUSAMMENFASSUNG, BEWERTUNG DER HYPOTHESEN UND KONZEPTION EINER "GEOGRAPHIE DER KOMMUNIKATION"

Die thematische Breite der Untersuchungsfelder zu den Wirkungen von Information und Kommunikation im Raum war bewußt im Hinblick auf eine möglichst umfassende Zusammenschau einzelner Elemente angestrebt worden. Die enge Verflechtung zwischen Information und Kommunikation und deren räumlicher Reichweite (im Gegensatz zur bevölkerungsbezogenen Reichweite der Publizistik), die komplementären Beziehungen zwischen persönlicher Begegnung und telekommunikativem Kontakt sowie die vielfältigen Wirkungsbereiche raumbezogener Informationsvermittlung durch Medien haben einerseits verdeutlichen können, welch wesentlicher räumlicher Einfluß von Phänomenen ausgeht, die in Anknüpfung an traditionelle geographische Forschung im Raum physiognomisch nur indirekt (Infrastruktur) wahrnehmbar sind. Andererseits haben sich Nachbardisziplinen der Geographie sehr intensiv mit der Bedeutung von Information und Kommunikation auseinandergesetzt, jedoch mit Ausnahme der Telematik kaum unter einer raumbezogenen Perspektive. Die daraus abgeleitete Notwendigkeit und Tragfähigkeit für eine "Geographie der Kommunikation" wird Gegenstand des abschließenden Abschnitts 2) sein.

1. Bewertung der Hypothesen

An dieser Stelle sollen die empirischen Ergebnisse zusammenfassend den in Kapitel V formulierten Arbeitshypothesen gegenübergestellt werden.

Die Thesen 1 - 8 waren thematisch in zwei Blöcke geteilt: die Thesen 1 - 4 beschäftigten sich mit Aspekten der haushaltsbezogenen Informations- und Kommunikationsvorgänge im Raum, Thesen 5 - 8 waren auf die unternehmensspezifischen Analysen über die räumlichen Wirkungsbereiche und Ausbreitungsvorgänge der Telematik bezogen.

Zu These 1:

Die Umsetzung von Informationen in räumliche Aktivitäten ist insofern schichtenspezifisch selektiert, als Wahrnehmbarkeit, Nutzung von Informationsquellen und Aufbau von persönlichen Kommunikationsfeldern keine kurzfristig erlernbaren Fähigkeiten sind. Dieser Prozeß, in den Elemente der sozialen Determinierung, der sozialen Kontrolle, des Bildungspotentials und der ökonomischen Handlungsspielräume Eingang finden, prägt langfristig kommunikatives Verhalten. Der relative Abbau von sozialen Schranken hat in weiten Teilen der Bevölkerung eine nach außen erscheinende Annäherung kommunikationsräumlicher Verhaltensweisen gebracht, beispielsweise in der Mediennutzung, in den Kontakten zur Nachbarschaft oder am Arbeitsplatz. Diese Konvergenz ist jedoch teilweise eine scheinbare, da sich die Bevölkerung in sehr unterschiedlichen kommunikationsräumlichen Situationen befindet. Das sozialgeographische Integral "gleichen kommunikativen Verhaltens im Raum" bedeutet dann in ländlichen (dörflichen) Bereichen etwas völlig anderes als in Stadtvierteln eines großstädtischen Lebensraums. "Gleich" kann also immer nur heißen "in bezug auf die räumliche Situation". Diese kommunikationsräumliche Angebotsdeterminierung nicht überwinden zu können oder zu wollen, ist die schichtenspezifische Verhaltensvariable.

Zu These 2:

Verwaltungsgrenzen sind nicht nur ein Bestimmmungsraum für administrative Funktionszuordnungen, z.B. Schulbesuch, Zuständigkeiten für kommunale Ver- und Entsorgung, Zuordnung der

Kfz-Zulassung usw., sondern sie stellen auch einen Organisationsraum kommunikativer Infrastrukturen dar, beispielsweise bei der Förderung von Vereinen, bei der Veranstaltung von Festen oder bei der Einrichtung von Volkshochschulen. In dieser Hinsicht stellen Verwaltungsgrenzen eine Orientierungsgröße kommunikationsräumlichen Verhaltens dar.

Die Gemeindegebietsreform hat häufig verwaltungswirtschaftliche Einwohnergrößen zur Grundlage ihrer Gebietseinteilung gemacht, die keine Identität mit dem Wohnumfeld wie in der vorindustriellen Phase mehr darstellen, wobei sich jedoch seit dieser Zeit die Reichweiten auch im ländlichen Raum wesentlich vergrößert haben. An deren Stelle hat sich ein funktionsspezifisches Reichweitensystem im Kommunikationsraum ausgebildet, das teilweise ein sublokales System darstellt (Wohnumfeld), in einigen Bereichen deckungsgleich ist mit den Gemeindegrenzen und vor allem im Versorgungs- und Freizeitbereich zu supralokalen Reichweiten tendiert.

Räumliche Identifikationsprozesse auf Regions- oder Kreisebene sind bis heute bedeutungslos geblieben. These 2 ist daher weder zu verifizieren noch zu falsifizieren, sie trifft nur partiell das Wesen kommunikativer Reichweiten.

Zu These 3:

Im letzten Satz der These 2 wurde schon auf die Reichweitengrenzen von räumlichem Bewußtsein in bezug auf Verwaltungsgebietseinheiten hingewiesen. Ein Bewußtseinswandel ist als endogene Erscheinung nicht zu erwarten, da die Anforderungen an Eigeninitiativen zur Änderung des informationsräumlichen Verhaltens zu groß sind, nicht als persönlichen Nutzen stiftend betrachtet werden und von einer Bevölkerungsmehrheit als intellektualistischer Verhaltenswandel abgelehnt werden.

Informationsräumliche Aktivitäten können jedoch auch angebotsgestützt sein. "Neue Medien", soweit sie ihre Aufgabe als raumbezogener Informationsträger verstehen, besitzen das Potential einer regionalen Bewußtseinsänderung, da sie vom Konzept her auf bestehende, weit verbreitete informationsräumliche Verhaltensweisen zurückgreifen und Bewußtseinsbildung nicht über eine Verhaltensänderung induzieren wollen. Der Verhaltensdisposition mit einer nicht nur werbungs- und unterhaltungsorientierten Programmgestaltung entgegenzukommen, könnte der Schlüssel zu einem neuen Verständnis von Regionalität sein.

Zu These 4:

In Verbindung mit These 3 ist es schlüssig, daß "Neue Medien" den massenmedialen Einfluß auf das Funktions-Standortsystem verstärken werden. Die allgemeine Akzeptanz von Werbung und die noch stärkere wirtschaftliche Abhängigkeit der neuen Medien von Werbeeinnahmen stützt die These aus der Perspektive der Werbewirkungen. Sie trifft jedoch nur dann zu, wenn - quasi als Verpackung - die Präsentation akzeptiert wird. Neue Medien haben deshalb bislang nur altersgruppenspezifische Wirkungen erkennen lassen. Daß im Kern Werbewirkungen alle Bevölkerungsgruppen als informationssteuernde Prozesse erreichen, haben die Untersuchungsbeispiele belegen können. Das Bindeglied zwischen neuen Medien und dem überwiegenden Spektrum der Bevölkerung fehlt noch.

Zu These 5:

Mehrere Untersuchungsergebnisse zur räumlichen Entwicklung der Telematik haben die auf den Unternehmenstyp bezogenen Entscheidungshintergründe für Adoptionsprozesse darlegen können.

Da die Analyseansätze aus sehr unterschiedlichem Blickwinkel die These überprüfen konnten und die Ergebnisse ein übereinstimmendes Bild zeigten, kann die Verifizierung der These in der Handlungsempfehlung formuliert werden, daß Telematikdiffusion ein von Beratung begleiteter Prozeß sein muß, in dem - ähnlich der branchenspezifischen Softwareentwicklung im EDV-Bereich - branchenkommunikative Lösungen statt Endgeräte ohne räumlich-kommunikative Organisationssoftware angeboten werden müssen.

Zu These 6:

Der gebührenspezifische Hintergrund kann, wie auch in der räumlichen Darstellung gezeigt wurde, nur in Ausnahmefällen standortrelevant sein, weil Telekommunikationsgebühren durch ihre untergeordnete Kostengröße kein Element standortrelevanter Entscheidungen sein können.

Diese Aussage gilt jedoch nicht beim Abwägen zwischen technischen Alternativen der Telekommunikation. Die Komplexität der Gebührenstruktur im Vergleich einzelner Dienste, ihre unterschiedlichen Zeit- und Entfernungsabhängigkeiten erschweren eine Beurteilung außerordentlich. Die daraus entstehende Entscheidungsunsicherheit bei potentiellen Adoptoren der Telematik, vor allem in kleineren Unternehmen und mittelständischen Unternehmensformen, stellt ein zu wenig berücksichtigtes Diffusionshemmnis dar.

Zu These 7:

Die in der Arbeit vorgelegten empirischen Untersuchungen konnten auf Substitutionsprozesse im Verkehrsbereich und auf Arbeitsmärkten nur in abgeleiteter, explorativer Form eingehen, weil solche Prozesse zwar intensiv diskutiert werden, aber räumlich zu selten beobachtbar sind.

Die kommunikative Vernetzung der als Beispiele untersuchten, bundesweit agierenden Großunternehmen konnte belegen, daß Substitutionsprozesse im Wirkungsfeld von Zeitersparnis, Aktualität und Information sowie damit verbundenem Kapitalaufwand, nicht jedoch zwischen Standort und Kapitalaufwand, für Telematik zu finden sind. Eine wirklich raumwirksame Einflußnahme der Telematik auf standortbezogene Arbeitsformen (z.B. Telearbeit) und daraus resultierender Verkehrssubstitution im Pendlerwesen setzt nicht einen höheren Diffusionsgrad von Telematik voraus, sondern einen gesellschaftlichen und unternehmenskulturellen Wandel im Bewertungsfeld von Beschäftigung, Mitarbeiterkontrolle und Informationsoffenheit.

Zu These 8:

Der meist unbefriedigende strukturpolitische Erfolg räumlicher Fördermaßnahmen hat bei politischen Entscheidungsträgern mit der Entwicklung von Telematik die Hoffnung erweckt, endlich ein Instrument zur Standortaufwertung peripherer Räume gefunden zu haben. In Unkenntnis realer Nachfragesituationen und tatsächlich bestehender, aber ungenutzter Möglichkeiten wurden Forderungen zur zeitlich bevorzugten Investition bei TK-Netzen und Vermittlungseinrichtungen in strukturschwachen Räumen gestellt. Die Landesplanung hat sich in allen Bundesländern über Jahrzehnte zwar intensiv mit der Verkehrserschließung von Räumen befaßt, nicht jedoch um deren telekommunikative Entwicklung bemüht. Eine Förderpolitik, die nur auf das technische Angebot von Telematik gerichtet ist, geht an den Problemen einer telekommunikativen Evolution gerade in solchen Fördergebieten völlig vorbei.

Die regionalpolitische Promotion von Telematik hat nur als konzertierte Aktion von Beratung (Anbieter, Wirtschaftskammern), lokaler Demonstration (z.B. Telehaus, Teleport) und kostenneutralen Erprobungsmöglichkeiten in Unternehmen eine Realisierungschance. Der öffentliche Handlungsbedarf liegt nicht in der Subvention der Sache (Telematik), sondern in der Subvention des Wissens (Beratung) über die Sache.

2. Zur Konzeption einer "Geographie der Kommunikation"

Die vorliegende Arbeit hat versucht, die Tragfähigkeit raumbezogener Ansätze aus dem Blickwinkel von Information und Kommunikation zu überprüfen. Die Arbeit nahm im Titel bewußt Bezug auf "Elemente der Raumstruktur", um sie als Bestandteile eines Systems raumwirksamer Kräfte zu interpretieren.

Wie der theoretische Rahmen und die empirischen Ansätze belegen konnten, besteht eine kaum trennbare Verflechtung von Informationsvorgängen, Kommunikationsbeziehungen und Nutzung telekommunikativer Techniken. Noch über die eigentlichen Verkehrsvorgänge, auch über die intermediäre Bedeutung von Infrastruktur hinaus, besitzen Information und Kommunikation eine in ihrem Wesen immaterielle, in ihrer praktischen Durchführung materielle Komponente, ohne die Leben in einer Gesellschaft nicht möglich ist. Sie sind nicht eine "Überfunktion", sondern im Gegensatz zur ähnlich gelagerten Funktionalität von Verkehr nicht an die physische Standortveränderung gebunden. Kommunikative Kontakte erlauben u. a. räumliches Handeln ohne Standortveränderungen und den Aufbau von mentalen Verflechtungen, die physiognomische Wahrnehmbarkeit induzieren kann, aber nicht muß.

Eine Geographie der Kommunikation als einen Teil der Verkehrsgeographie zu reklamieren, läge vor allem bei dem Wirkungsfeld der Telematik nahe. Der Betrachtungswinkel verengt sich dann jedoch auf Netzkonfigurationen, Datenströme und Standorte der Telematikinfrastruktur. Wirkung als räumliche Prozeßvariable ist aber weitaus komplexer. Wenn, wie beispielsweise erwähnt, der Einsatz technischer Kommunikation zu einer unternehmenskulturellen, im Sinne einer aus der bewußten Selbstdarstellung des Unternehmens kommenden Erwägung wird, dann resultiert die Entscheidung aus einem nicht-technischen, unternehmensgesellschaftlichen und gruppenspezifischen Zusammenhang. Ein solches Handeln geschieht immer mehr oder minder bewußt aus der Vorstellung, daß sich das eigene Verhalten, das eigene Handeln im Raum, kommunikativ mitteilen wird. Durch Einbeziehung von unterschiedlichen Informationsträgern, individueller und massenmedialer Art, persönlicher Begegnung und telekommunikativer Kontakte entsteht ein kommunikationsräumliches Funktions-Standort-System.

Wenn außerhalb der physischen Bezüge sich die Geographie als eine analytische Wissenschaft mit dem Erkenntnisziel der Erscheinungsformen menschlichen Lebens im Kontext seiner gesellschaftlichen Umwelt versteht, so sind Information und Kommunikation als wesentliche Bindungskräfte solcher Systeme anzusehen.

Funktionale Abhängigkeit, technische Ergänzung und räumliche Entwicklungsdynamik erfordern als disziplinbezogene Arbeitsgrundlagen einen integrierenden Ansatz. Es hängt vom Untersuchungsziel ab, ob sozialgeographische oder wirtschaftsgeographische Arbeitsmethoden im Forschungsfeld von Information und Kommunikation adäquater sind. Entscheidend ist, daß der Forschungsansatz die Interdependenzen eines kommunikativen Systems und nicht nur den instrumentellen Charakter einer Erscheinungsform vor Augen hat.

Die Forderung nach theoretischer Eigenständigkeit einer Geographie der Kommunikation ergibt sich aus der Notwendigkeit der integrierenden, systematischen Betrachtung: Es wäre müßig zu erörtern, wo sie nun ein-, zu- oder unterzuordnen sei. Sie "Geographie der Kommunikation" zu nennen, ist inhaltlich und formallogisch nicht völlig korrekt, sprachlich jedoch griffiger.

In der vorliegenden Arbeit ist überwiegend auf das Instrumentarium sozialgeographischer Ansätze zurückgegriffen worden, da die entscheidungsorientierten sowohl in Haushalten wie in Unternehmen von bestimmten Rahmensituationen abhängigen, räumlichen Verhaltensweisen untersucht werden sollten. Die kommunikationsräumlichen Situationen erfordern eine Weiterentwicklung des methodischen Instrumentariums, dessen Anwendung in Form der Übertragung auf räumliche Forschung in einer "Geographie der Kommunikation" sich als stark ergänzungsbedürftig gezeigt hat. Bezieht man die Entwicklung der geographischen Forschungsfelder in den Nachbarländern mit ein, dann hat die vorliegende Arbeit versucht, an der Schwelle einer Konzeption der "Geographie der Kommunikation" einen erkenntnistheoretischen, methodischen und interdisziplinär orientierten Beitrag für diesen Teil der Geographie zu leisten.

Anmerkungen

1) Diese Schwerpunktbildung wird besonders bei der Fülle kongreßbegleitender Publikationen, beispielsweise der der "online"-Messen, ersichtlich.

2) PRED/TÖRNQVIST verstehen die Einflußmöglichkeiten instrumentell, d.h. sie schließen direkte, substitutive Wirkungen auf Standortfaktoren aus.

3) Die Terminologie ist vor allem von der Tagespresse Anfang der achtziger Jahre deutlich in Richtung "Neue Medien" als übergeordneter Begriff geprägt worden.

4) Zugang zu der großen Zahl von Veröffentlichungen zum Thema "Informationstechnik und Beschäftigung" vermitteln u.a. die Literaturdokumentationen des Instituts für Arbeitsmarkt- und Berufsforschung der Bundesanstalt für Arbeit in Nürnberg.

5) Nach 1970 hat vor allem im populärwissenschaftlichen Bereich die Literatur zur Entwicklungsgeschichte des Eisenbahnwesens einen bedeutenden Aufschwung genommen. Einen vergleichbaren Interessenzuwachs hat es für das Post- und Fernmeldewesen nicht gegeben.

6) BORCHERDT/SCHNEIDER ermittelten bereits 1976 einen Verbreitungsgrad von Postinfrastrukturen (überwiegend Postämter) von nur 49% in den untersuchten zentralen Orten.

7) "Teleport" umfaßt nicht nur ein Dienstleistungszentrum für qualitative Spitzenangebote internationaler Kommunikation (über Satellit), sondern auch eine kommunale Fördereinrichtung zur Akzeptanzerhöhung neuer Telekommunikationstechniken.

8) Die Diskussion um sozialgeographische Forschungsansätze in sozialistischen Ländern ist wesentlich differenzierter als dies auf S. 29 nur angedeutet werden konnte, beispielsweise im bewertenden Vergleich einzelner Aspekte der Sozialgeographie in Ungarn und in der DDR.

9) Es ist erstaunlich, wie gering die Zahl kritischer Beiträge zur Trivialisierung von Medieninhalten ist. Sie spielt auch in der abnehmenden Vermittlung von Kenntnissen über die eigene Lebensumwelt eine Rolle, deren Wertbeurteilung von kommerziellen Interessen überformt ist. Vgl. auch S. 39.

10) Der Begriff "Retraktion" geht auf HEINRITZ/POPP (1974) zurück und versucht, die Auflösungserscheinungen von Infrastrukturen zu kennzeichnen.

11) Der überwiegende Teil dieser Erhebungen wird von privatwirtschaftlichen Forschungseinrichtungen durchgeführt. Wenn in die Ergebnisse überhaupt Einblick gewährt werden kann, dann in der Regel nur gegen erhebliche Kostenbeteiligung, die von Forschungseinrichtungen der Universitäten meist nicht getragen werden können.

12) Die Deutsche Bundespost besaß Anfang 1987 noch keine Auswertungen über die kleinräumliche Verbreitung der neuen Telekommunikationsdienste. Die ersten Auswertungen anhand der Teilnehmerverzeichnisse wurden bei der Bundesforschungsanstalt für Landeskunde und Raumordnung, Bonn (KÖHLER) und am Institut für Wirtschaftsgeographie der Universität München vorgenommen (GRÄF).

13) Am 6. Juli 1986 trafen sich in Mannheim Mitglieder bzw. Nachkommen der Familie Dambach, um ein Kennenlernen auch entfernter Verwandter aus diesem Familienkreis zu ermöglichen.

14) K. OETTLE führte 1986 in einer Tischvorlage aus, daß durch die Einschätzung des Sachverständigenrats zur Begutachtung der gesamtwirtschaftlichen Entwicklung (Jahresgutachten 1985/86), die körperliche Nachrichtenbeförderung sei antiquiert und allmählich absterbend, raumwirtschaftlich problematische Folgen entstehen könnten. Die Untersuchungsergebnisse unterstreichen, daß die "Gelbe Post" unverändert einen hohen kommunikativen Stellenwert hat.

15) Nach den im STAATSARCHIV LUDWIGSBURG archivierten Akten gab es schon 1935 Eingaben zur Beseitigung der den zentralörtlichen Beziehungen der untersten Stufe völlig zuwiderlaufenden technischen Zuordnung der Telefonteilnehmer im Raum Künzelsau, ohne daß dieses Anliegen in der Reichspostdirektion Stuttgart Gehör fand.
1954 konnten in Niedernhall Industrieansiedlungen nicht mit einem Telefonanschluß ausgestattet werden (Bestand F 177/II).
1960 wurde einem der regional bedeutendsten Unternehmen (Fa. Hornschuch AG Weißbach) ein Ausnahme-Hauptanschluß zur benachbarten Kreisstadt Künzelsau gestrichen, so daß in diesem engen Verflechtungsbereich das Unternehmen Ferngespräche führen mußte.
1962 konnte bei einem schweren Unfall in Mulfingen die Polizei erst nach 10 Minuten

verständigt werden, da sich das Fernamt für eine Vermittlung des Telefongesprächs nicht meldete.
Selbst 1976 konnte eine Strumpffabrik in Niedernhall keinen Telefonanschluß erhalten, weil in diesem Raum die Kapazitäten der Leitungen erschöpft waren. Es gab bereits einen Antragsstau von 20 potentiellen Telefonteilnehmern, die nicht angeschlossen werden konnten (nach Unterlagen des Landratsamtes Künzelsau).
Diese wenigen Beispiele sollen verdeutlichen, in welchem Maß "peripher" ein von außen, d.h. im vorliegenden Fall durch die Entscheidung der OPD Stuttgart, beeinflußter Prozeß über Jahrzehnte hinweg sein kann.

16) Die Persistenz von Raumbeziehungen ist teilweise institutionalisiert. Der Weinbauort Klepsau im Jagsttal (heute Ortsteil der Gemeinde Krautheim), vor der Gebietsreform badisches Gebiet, vermarktet seinen Wein im badischen Taubergrund, während der Weinbauort Bieringen (Gemeinde Schöntal), ebenfalls im Jagsttal gelegen, seinen Wein in Niedernhall im Kochertal vermarktet.

17) Eine vergleichende Analyse zwischen den Münchner Tageszeitungen würde den Rahmen des Themas übersteigen. Das hier dargelegte Prinzip räumlicher Beeinflussung durch Werbemaßnahmen gilt für alle regional oder lokal orientierten Tageszeitungen. Abhängig von der dominierenden Leserschicht ändert sich die Zusammensetzung der massiv werbenden Unternehmen mit Standorten in München.

18) E. WITTE konnte 1981 im Rahmen eines Gutachtens zeigen, daß die medienpolitischen Zielstellungen zwischen den gesellschaftlich relevanten Kräften in der Akzentuierung zwar voneinander abweichen, grundsätzlich jedoch konsensfähig sind. Als Zielkomplex wird formuliert: "Die Entwicklung der Neuen Medien soll die höchstmögliche Informationsfreiheit, Meinungsvielfalt, Freiheit der Meinungsäußerung und internationale Wettbewerbsfähigkeit herbeiführen, dabei eine hinreichende publizistische Vielfalt, eine angemessene Selbstbestimmung des Bürgers und eine zufriedenstellende Beschäftigungsstruktur verwirklichen sowie eine Beeinträchtigung der bestehenden Medien, insbesondere der Presse und des Rundfunks, sowie eine Belastung der Kommunikation in Familien und Nachbarschaft vermeiden." (WITTE, 1981, Zusammenfassung 1986, S. 427).

Summary

INFORMATION AND COMMUNICATION AS ELEMENTS OF SPATIAL STRUCTURE

The habilitation thesis includes theoretical and empirical studies on information procedures, relationships in communications and also the use of telecommunicative techniques. Based on social geographical theories, spatial activities were analyzed under the aspects of their influence on the behaviour of households and companies in dependence to their communicative situations. The spatial structure, communicative and informative spatial activities lead to a further development in the methodical process. The purpose of the paper is to achieve a cognitional theory, a methodical and multifunctional orientated contribution to the "Geography of Communications".

An extensive literature analysis has lead to three main points:
A systematical description of geographical research about information and communication in a spatial context from the mid of the 19th century, a terminological specification based on geographical means and methods, as well as a multipurpose comparison of spatial research approaches with relations in information and communications from economic and social geography, economic sciences, sociology and science of communications.

The usual communication-behaviour of groups in a historical context, as in the actual development of communication forms, the use of communication techniques respectively the range of information media were described in spatial typical communication patterns (agglomerations, rural areas). In the south German areas of Baden-Württemberg and Bavaria the complexity and range of communications in private households were analyzed based on individual spatial structure-types as well as on their class- and age specific characteristics.

The development of communicative dispositions in residential areas was investigated in the manyfold-structured rural district of "Hohenlohekreis" (Baden-Württemberg). The supply- and demand-directed diffusion of telecommunications, as well as the functional development of the regional press (a spatially relevant information distributor) were analyzed accordingly. Numerous thematical maps document the communicative structural change. As a synthesis of the individual results a synoptical cluster analysis method was developed, which combines processual communicative elements with population- respectively economic-depending patterns.

Based on spatial information- and communication processes a theoretical approach to the structure and dynamics in the telecommunicative area was introduced. The theoretical framework was verified through a quantification of the telecommunicative demand in Bavaria's industry (based on districts), in which the specific trades, level of employment categories, turnover and export rate were used as dependent indices of company communication behaviour. These, in connection with the companies location, could enhance the description of spatial distribution.

The telematic diffusion in Bavaria was analyzed in greater detail in the Munich region. With the help of regional diffusion indices, patterns of adoption for industrial applicants could be discribed. Though all processes took place in a very dynamic telecommunication area, the patterns depended not only on specific industrial branches, but also on regional influences. As a conclusion to the empirical survey on telematic diffusion a typology of similar spatial communication patterns based on entrepreneurial communication decisions was developed. These types characterize a relevant part of the spatial destribution of telematic clients, differentiated by their functional range, by entrepreneurial impulses as well as by participation in networks and technical accessibility.

Distinct spatial differences could be located in the development of "New Media". where a change in the outline of the spatial range of information and communication is indicated.

Résumée

L'INFORMATION ET LA COMMUNICATION EN TANT QU'ELEMENTS DE LA STRUCTURE DE L'ESPACE

La thése du doctorat d'état comprend des propos théoretiques et empiriques sur les interdépedances des procédés d'information, les relations entre les communications et sur l'utilisation de techniques télécommunicatives. Au point de vue méthodique on a eu recours à des instruments de théories sociogéographiques pour analyser des activités territoriales comme décision et comportement des ménages et des entreprises. Celui - ci dépend des situations communicatives qui l'influencent les conditions particulières des activités de communication et d'information territoriales exigent un développement des instruments méthodiques. Le travail veut apporter une contribution à une "géographie de la communication", une contribution méthodique et interdisciplinaire basant sur la théorie de la connaissance.

Trois objectifs ont pu etre atteints à une étude approfondie de la
littérature:
Une présentation systématique de propos d'analyse géographique sur l'information et la communication dans une contexte territoriale depuis le milieu du 19ième siècle, une précision terminologique qui respecte spécialement des objectifs et des méthodes de travail géographique ainsi qu'une comparaison interdisciplinaire de propos de recherche, qui se réfère à l'espace. Ceux-ci touchent aux informations et à la communication dans le domaine de la géographie économique et sociale, des sciences économiques, de la sociologie et des sciences de la communication.

Le comportement de communication typique à certains groupes a été concu dans un contexte historique, respectivement dans un domaine actuel de développement des formes de communication, d'utilisation des techniques communicatives et en particulier des rayons d'action des supports d'information percu comme modèle de communication représentatif (zone de concentration, espaces ruraux). Des liaisons et des rayons d'action communicatifs des ménages dans des types particuliers de structure locales ainsi que leurs caractéristiques dues aux couches sociales et à l'age ont été analysés dans des régions du sud de Bade-Würtemberg et de la Bavière.

Le changement de l'infrastructure de communication dans le milieu d'habitation, la diffusion de la télécommunication dictée par l'offre et la demande ainsi que le changement fonctionnel de la presse régionale en tant que centre territoriale important d'information ont été réalisés dans l'espace ruralGe (district) "Hohenlohekreis" (Bade-Würtemberg), caractérisé par de diverses structures. De nombreuses cartes thématiques certifient le changement structurel de communication. La méthode d'une analyse synoptique Cluster à été développée comme synthèse des différents résultats. Elle relie les éléments processifs de communication à ceux des procédés se rapportant à la population et à l'économie.

A partir de procédes territoriales d'information et de communication une ébauche théoretique sur la structure et la dynamique de l'espace de la communication a été développée. Au point de vue empirique les thèses ont été vérifiées par une quantification de la demande télécommunicative par l'industrie de Bavière (par district). Les branches de l'industrie, l'importance de chaque catégorie du niveau de l'emploi, le chiffre d'affaires et l'orientation vers l'exportation ont été utilisés, pour obtenir une différence territoriale, comme facteur d'influence de comportement communicatif de chaque entreprise en relation avec leur emplacement.

La diffusion télématique en Bavière a été analysée de manière plus approfondie dans la région de Munich. A l'aide des indices de diffusion régionaux on a pu montrer que pour les utilisateurs venant du secteur industriel il y a dans une région ayant une dynamique de télécommunication relativement grande des différences remarquables de comportement d'adoption spécifique non seulement des différentes branches mais aussi du contexte régional. Comme synthèse des études empiriques sur la diffusion télématique, des modèles de diffusion spécifiés pour chaque entreprise ont pu etre présentés en se basant sur une typologie d'entreprises ayant les memes objectifs de communication territoriale. Ces modèles expliquent une grande partie de la répartition spatiale des utilisateurs de télématique, qui se différencient par leur rayon d'action du à leur fonction, par les impulsions données par les entreprises ainsi que par les réseaux et les accessibilités par techniques de communication.

D'importantes différenciations spatiales montrent des théories de développement locales "des noveaux medias". On commence la à percevoir en conture des changements du rayon d'action de l'aire d'approvisionnement persistante dans l'information et la communication.

ПЕТЕР ГРЭФ

ИНФОРМАЦИЯ И КОММУНИКАЦИЯ КАК ЭЛЕМЕНТЫ ПРОСТРАНСТВЕННОЙ СТРУКТУРЫ
(Резюме)

Диссертация охватывает теоретические и практические аспекты информационных процессов, использование сплетения коммуникационных взаимосвязей и телекоммуникационной техники. С точки зрения методологии в работе использованы средства социальной географии для того, чтобы было возможно проанализировать пространственную активность в качестве способа поведения индивидуальных хозяйств и предприятий, который ориентируется на решении проблем, в зависимости от коммуникационной ситуации. Специфика общих условий пространственной активности информации и коммуникации потребовала дальнейшего усовершенствования круга методологических средств. Автор желает теории познания, методологии и интердисциплинарности.

Тщательно проанализировав специальную литературу, автор достиг трех целей. Это, во-первых, систематическое ознакомление с географическим анализом информации и коммуникации в пространстве взаимоотношении начиная с середины 19-го века. Во-вторых, уточнение терминологии, в первую очередь касающейся целей и методов их исследований с аспектов географии. А, в-третьих, интердисциплинарное сравнение пространственного появления информационных и коммуникационных связей в экономической и социальной географии, в экономических науках, в социологии и в науках, занимающихся коммуникацией.

Отдельные типы коммуникационного поведения, свойственного разным группам людей, характеризуются как типичные пространственные коммуникационные образцы (агломерации, сельские пространства) через формы коммуникации, через применение коммуникационной техники, через актуальное расширение поля действия носителей коммуникации. В работе проанализированы коммуникационные связи и сферы влияния индивидуальных хозяйств, а также специфические последствия этого на разные слои в разные времена в южных частях земель Баден-Вюрттемберг и Баварии.

Изменения в коммуникационных оборудованиях в сфере обитания, распространение телекоммуникации по спросу и предложению, а также функциональные изменения местной прессы как носителя информации, были взятые в исследование на примере многосторонне структурированного провинциального региона "Хоэнлоэкрайс", (земля Баден-Вюрттемберг). Многочисленные тематические карты документируют структурные изменения в коммуникации. Синтезом детальных результатов был разработан метод синоптического кластерного анализа, который соединяет в себе последовательные элементы коммуникации с процессами, связанными с числом населения и с уровнем экономики.

На основе процессов информации и коммуникации, действующих в пространстве, были теоретически обоснованы структура и динамика телекоммуникационного пространства. Тезисы были эмпирически оправданы в результате квантитативной оценки выгоды, связанной с телекоммуникацией в области баварской промышленности, (окружная база). При этом, для дифференциации по пространству, были взяты в расчет специфика данной отрасли, число занятых, общий оборот и доля экспорта как факторы, влияющие на поведение предприятий в плане коммуникации в связи с местонахождением данных филиалов предприятий.

Распространение телематики по Баварии более глубоко было проанализировано в регионе Мюнхена. С помощью индексов региональной диффузии удалось указать на то, что наблюдается явная разница в подходе к принятию телематики не только в данной отрасли промышленности, но и в других областях региона, обладающего высокой динамикой телекоммуникации. Синтезом эмпирических исследований удалось изобразить - на базе типологии предприятий с одинаковой целевой поставкой касательно пространственной коммуникации - образцы распространения телематики, устанавливаемые предприятиями. Типы, в значительной мере объясняющие пространственное распределение пользователей телематики, различаются между собой по расстоянию действия, по величине импульсов, вызванных данным предприятием по сетевой структуре и по доступности, обеспеченной коммуникационной техникой.

Ясно выраженные пространственные дифференциации показывают локальные процессы развития "новых средств информации и коммуникации", через которое постепенно начинает проявлять себя изменения полей действия информации и коммуникации, казавшихся стабильными до настоящего времени.

Dr. Peter Gräf
INSTITUT FÜR WIRTSCHAFTSGEOGRAPHIE
UNIVERSITÄT MÜNCHEN
VORSTAND: Prof. Dr. K. RUPPERT
Prof. Dr. H-D. HAAS

8000 MÜNCHEN 22, den 25. Juli 1986
Ludwigstraße 28
Tel.: 089/2180-2231
Telex: 529860 unlvmd

Sehr geehrte Dame, sehr geehrter Herr,

in der Öffentlichkeit wurde in den letzten Monaten immer häufiger über Veränderungen diskutiert, die neue Kommunikationsdienste der Post, die Kabel- und Satellitenfernsehen und nicht zuletzt private Kleincomputer für unser Alltagsleben bringen sollen. Vieles muß Spekulation bleiben, weil bislang Untersuchungen sich nur auf Details, selten jedoch auf alle Kommunikationsbereiche eines Haushalts bezogen haben.

Im Rahmen einer Habilitationsarbeit an der Universität München bemühe ich mich um bessere Kenntnisse dieser Zusammenhänge, wozu ich auf Ihre freundliche Mithilfe angewiesen bin. Die Erhebung ist anonym und dient nur dem genannten wissenschaftlichen Zweck.

Ich wäre Ihnen sehr dankbar, wenn Sie für die Beantwortung ein paar Minuten erübrigen könnten.

Mit freundlichen Grüßen
Dr. Peter Gräf

☒ Zutreffendes bitte ankreuzen   ..... Zutreffendes bitte ausfüllen

A. **Zu Ihrem Haushalt** (die Fragen beziehen sich auf den Haushaltsvorstand)

Sie wohnen in der Gemeinde .... seit 19....
Ihr Haushalt besteht aus ...... Personen, darunter sind jünger als 18 ....
Der Haushaltsvorstand ist im Jahre 19.... geboren.
Sein Beruf ist/war ....
Seine Ausbildung schloß ab mit ☐ Hauptschule ☐ Abitur
                                ☐ Mittelschule ☐ Hochschule

B. **Zu Ihren Informationseinrichtungen**

Welche der nachgenannten Dinge gibt es in Ihrem Haushalt, ungefähr seit welchem Jahr? Welche Kosten entstehen Ihnen monatlich dadurch und gab es diese Dinge schon im Haushalt Ihrer Eltern?

	vorhanden seit	Kosten/Gebühren pro Monat	hatten schon die Eltern
☐ Tageszeitung (Abonnement)	19...	...... DM	
☐ Kaufzeitung (BILD u.ä.)	19...	...... DM	
☐ Illustrierte/Fernsehzeitung	19...	...... DM	
☐ Rundfunkgerät	19...	...... DM	
☐ Fernsehgerät	19...	...... DM	
☐ mit Kabelanschluß	19...	...... DM	
☐ mit Bildschirmtext (Btx)	19...	...... DM	
☐ mit Videotext	19...	–	
☐ Video-Rekorder	19...	...... DM	
☐ Telefon	19...	...... DM	
☐ Home Computer	19...	–	
☐ Personal Computer	19...	–	

B.W.

C. **Zur Kommunikationsreichweite des Haushalts**

Wenn Sie einmal einen Blick in Ihr Adressnotizbuch werfen, an welchen Orten wohnen jene Bekannte und Verwandte, mit denen Sie häufiger als viermal im Jahr Kontakte haben?

Wieviele
WOHNORT von Bekannten/Verwandten   KONTAKTE pro Jahr durch:
mit mehr als 4 Kontakten pro Jahr   BRIEFE TELEFON BESUCHE

1. _____   _____ _____ _____
2. _____   _____ _____ _____
3. _____   _____ _____ _____
4. _____   _____ _____ _____
5. _____   _____ _____ _____
6. _____   _____ _____ _____
7. _____   _____ _____ _____
8. _____   _____ _____ _____
9. _____   _____ _____ _____
10. Wieviele weitere? ....   _____ _____ _____

D. **Zur Nutzung der Informationsmöglichkeiten**

1. Als Sie Ihre Wohnung/Haus gemietet, gekauft oder gebaut haben, welche Informationsquellen waren für Sie wichtig? (Bitte die Reihenfolge der Bedeutung durch 1,2,3.. angeben)
☐ Zeitungsanzeigen ☐ Makler ☐ Bekannte ☐ sonstige

2. Falls Sie in den letzten drei Jahren Urlaubsreisen unternommen haben, wo waren Sie gewesen? ....

Woher haben Sie Anregungen für die Urlaubsziele bekommen?
☐ Zeitung/Illustrierte
☐ Reiseprospekt   ☐ Fernsehen
☐ Reisebüro   ☐ Rundfunk
☐ sonstige   ☐ Bekannte

3. Welche Themen sind in Zeitungen und im Fernsehen für Sie von besonderem Interesse? (Bitte Reihenfolge der Bedeutung mit 1,2,3.. angeben)

                    ZEITUNG   FERNSEHEN
Nachrichten   ☐   ☐
Politik   ☐   ☐
Lokales/Regionales ☐   ☐
Anzeigen/Werbung   ☐   ☐
Sport   ☐   ☐
Unterhaltung   ☐   ☐
Kulturelles   ☐   ☐

4. In Ihrem Briefkasten bzw. in Zeitungen finden Sie häufig Werbebeilagen. Lesen Sie diese ☐ immer ☐ meistens ☐ selten ☐ nie ?

5. Wie häufig achten Sie bei folgenden Warengruppen auf Werbeangebote?
Lebensmittel   ☐ nie ☐ selten ☐ meistens ☐ immer
Schuhe/Kleidung ☐ nie ☐ selten ☐ meistens ☐ immer
Möbel   ☐ nie ☐ selten ☐ meistens ☐ immer

VIELEN DANK FÜR IHRE MÜHE!

INSTITUT FÜR WIRTSCHAFTSGEOGRAPHIE
UNIVERSITÄT MÜNCHEN
VORSTAND: Prof. Dr. K. RUPPERT
Prof. Dr. H.-D. HAAS

8000 MÜNCHEN 22, im Dezember 1986
Ludwigstraße 28
Tel.: 0 89/21 80-2231
Telex: 529 860 univmd

WIE INFORMIERT MAN SICH IN PFEDELBACH?

Sehr geehrte Damen und Herren,

Zeitungen, Rundfunk und Fernsehen sowie teilweise auch Vereine gehören zu wichtigen Informationseinrichtungen, die auch das Leben innerhalb einer Gemeinde unmittelbar beeinflussen. Ihre Antwort auf die wenigen hier gestellten Fragen sollen helfen, bessere Kenntnisse über die Nutzung dieser Informationsquellen am Beispiel der Gemeinde Pfedelbach zu gewinnen. Die Erhebung ist völlig anonym und ihre Ergebnisse sind Teil einer wissenschaftlichen Forschungsarbeit an der Universität München.

Die Durchführung erfolgt mit freundlicher Unterstützung durch die Gemeinde Pfedelbach (siehe auch Hinweis in den 'Pfedelbacher Nachrichten' vom 23. 12. 1986).
Bitte geben Sie den auf Vorder- und Rückseite ausgefüllten Bogen in einem verschlossenen Umschlag beim Bürgermeisteramt ab oder senden ihn per Post an obige Adresse.

Herzlichen Dank für Ihre Mithilfe!

Mit freundlichen Grüßen   Zutreffendes eintragen
P. Gf   ☒ Zutreffendes ankreuzen
Dr. Peter Gräf

1. Sie wohnen im Ortsteil _____ seit _____
   Falls Sie zugezogen sind: aus der Gemeinde _____

2. Ihr Haushalt umfaßt _____ Personen, davon sind unter 12 Jahren _____ Personen
   und zwischen 12 und 17 Jahren _____ Personen

3. Der Haushaltsvorstand ist im Jahr 19___ geboren.

4. Berufstätig ☐ sind ☐ waren _____ Personen als _____ in der Gemeinde _____

5. Ihr Haushalt verfügt ungefähr seit welchem Jahr über:
   ☐ Rundfunkgerät seit 19___   ☐ Telefon seit 19___
   ☐ Fernsehgerät seit 19___   ☐ Home Computer seit 19___
   ☐ Videorekorder seit 19___   ☐ PC-Personal Computer seit 19___

6. Falls Sie ein Telefon haben, wird es überwiegend
   ☐ beruflich oder ☐ privat genutzt?
   Wie hoch sind die durchschnittlichen Gebühren (einschl. Grundgebühr) pro Monat? _____ DM

7. Welche Zeitungen bzw. Werbeblätter liest wer in Ihrem Haushalt?

	Erwachsene Mann	Erwachsene Frau	Jugendliche Junge	Jugendliche Mädchen
Hohenloher Zeitung	☐	☐	☐	☐
Kaufzeitung (z. B. BILD)	☐	☐	☐	☐
Andere Tageszeitungen	☐	☐	☐	☐
Pfedelbacher Nachrichten	☐	☐	☐	☐
Vereinszeitungen	☐	☐	☐	☐
Anzeigenblätter	☐	☐	☐	☐
Werbung im Briefkasten	☐	☐	☐	☐

BITTE WENDEN!

8. Neuigkeiten aus Ihrer Gemeinde bzw. Region erfahren Sie überwiegend wodurch?
   (Beantwortung durch den Haushaltsvorstand)
   ☐ Tageszeitung   ☐ Gespräche mit Nachbarn
   ☐ Amtsblatt   ☐ Gespräche im Verein
   ☐ Regionalfunk   ☐ Gespräche am Stammtisch
   ☐ Regionalfernsehen   ☐ Gespräche am Arbeitsplatz

9. Als aktive Vereinsmitglieder sind in Ihrem Haushalt _____ Erwachsene und _____ Jugendliche
   Art des Vereins? _____

10. In welcher Gemeinde tätigen Sie überwiegend folgende Einkäufe bzw. Dienstleistungen?
    Lebensmittel in _____   Friseur in _____
    Haushaltswaren in _____   Auto-Reparaturen in _____
    Bekleidung in _____

    Kreuzen Sie bitte an, was überwiegend den Ausschlag für die Wahl des Ortes gibt:

	Angebot	Preis	Werbung	Stammkunde	Sonstiges
Lebensmittel	☐	☐	☐	☐	☐
Haushaltswaren	☐	☐	☐	☐	☐
Bekleidung	☐	☐	☐	☐	☐
Friseur	☐	☐	☐	☐	☐
Auto-Reparat.	☐	☐	☐	☐	☐

11. Fehlen nach Ihrer Meinung noch Geschäfte in Pfedelbach?
    ☐ nein
    ☐ ja, welche? _____

12. Bitte schätzen Sie einmal, wieviele Einzelhandelsgeschäfte bzw. Gaststätten gibt es in Pfedelbach bzw. Öhringen?
    Einzelhandelsgeschäfte _____ in Pfedelbach und _____ in Öhringen
    Gaststätten _____ in Pfedelbach und _____ in Öhringen

13. Falls Sie Einkäufe auch außerhalb des Hohenlohekreises tätigen, wohin gehen Sie dann meistens?
    ☐ Heilbronn   Sonstige Orte: _____
    ☐ Schwäbisch Hall
    ☐ Neckarsulm (Kaufland)

    Wie häufig im Monat fahren Sie dorthin? _____
    Was gibt für Sie einen besonderen Anreiz, um dort einzukaufen?
    ☐ Werbung in der Zeitung   ☐ Werbematerialien im Briefkasten
    ☐ Werbung im Rundfunk   ☐ Tips von Bekannten
    ☐ Anzeigenblätter
    Was kaufen Sie dort bevorzugt? _____

14. Woher erhalten Sie Anregungen für Wochenenderholung bzw. Urlaubsreise?

	Wochenende	Urlaub
Zeitung	☐	☐
Rundfunk/Fernsehen	☐	☐
Verein	☐	☐
Freunde/Bekannte	☐	☐
Reisebüro	☐	☐

VIELEN DANK FÜR IHRE MÜHE!

Literaturverzeichnis

ABLER R. (1968)
The Geography of intercommunications systems: the post office and telephone systems in the United States, Minnesota (zitiert nach Bakis H., 1982)

ders. (1981)
The Telephone and the Evolution of American Metropolitan System, in: Ithiel de Sola Pool (Hrsg.), The Social Impact of Telephone, Cambridge, Mass., S. 318-341

ders. (1987)
The Geography of Telecommunications in the United States, in: Le bulletin de l'IDATE, Nr. 26, Montpellier, S. 120-125

ABLER R., FALK T. (1981)
Public Information and the Changing Role of Distance in Human Affairs, in: Economic Geography, Worcester, Mass., S.10-21

AERNI K. (1987)
A survey of telecommunications in Switzerland, in: Le bulletin de l'IDATE, Nr. 26, Montpellier, S. 162-168

AERNI M. (1986)
Telekommunikation und Verkehr - Mögliche Auswirkungen von ausgewählten Anwendungen, MANTO-Arbeitspapier 3.12.4, Zürich

AFAG-Ausstellungsgesellschaft Nürnberg (1986)
Besucher-Befragung zur Verbraucher-Ausstellung "Unterland-Schau" Heilbronn, 24. Mai - 1. Juni 1986, Nürnberg

AJO H. (1962)
Telephone Call Markets, in: Fennia, Nr. 86, Teil 4, Helsinki, S. 1-34

AKADEMIE FÜR RAUMFORSCHUNG UND LANDESPLANUNG (Hrsg.) (1970)
Handwörterbuch der Raumforschung und Raumordnung, Hannover

ders. (1981, 1983)
Daten zur Raumplanung, Teil A 1981, Teil B 1983, Hannover

ders. (1987)
Räumliche Wirkungen der Telematik, Forschungs- und Sitzungsberichte Bd. 169, Hannover

ALBENSÖDER A. (Hrsg.) (1987)
Telekommunikation. Netze und Dienste der Deutschen Bundespost, Heidelberg

ALTKRÜGER-ROLLER H., FRIEDRICH K. (1982)
Regionale Identität und Bewertung in ländlich peripheren Gebieten, in: Darmstädter Geographische Studien, H. 3, Darmstadt, S. 17-67

AMANN K. (1984)
Markgräfler Heimatpresse, Studien zu ihrer Geschichte und zur Kontinuität der Lokalteile in den Jahren 1925-1955, Frankfurt/M. et al.

ANTE U. (1980)
Zum räumlichen Gefüge des Einkäuferbereichs von Würzburg, in: Arbeitsmaterial der Akademie für Raumforschung und Landesplanung, Nr. 35, Hannover, S. 87-98

APRILE G., HOTZ-HART B., MÜDESPACHER A. (1984)
Raumwirtschaftliche Konsequenzen neuer Kommunikationstechnologien, in: DISP, Heft 74, Zürich, S. 13-19

ARNET M., BUCHER J. (1986)
Die regionalen Wirkungen der PTT-Tarifpolitik, in: Die Region, Heft 3, Bern, S. 1-10

ARNOLD F. (1982)
Technik und Entwicklungsdynamik neuer Medien, in: Informationen zur Raumentwicklung, Heft 3, Bonn, S. 187-200

AUFERMANN J. (1985)
Tagespresse in Südniedersachsen - Zeitungsangebot und Marktstrukturen 1981, in: Neues Archiv für Niedersachsen, Heft 1, Göttingen, S. 5-25

AUTISCHER A., MAIER-RABLER U. (1984)
Kommunikation im Stadtteil - Kommunikationsstrukturen, -formen und -verhalten in städtischen Teilgebieten. Eine Fallstudie am Beispiel des Salzburger Stadtteils Taxham, Salzburg

BACHELARD P. (1972)
Flux téléphonique et influence urbaine: L'Exemple de la région centre, in: L'espace Géographique, Heft 3, Paris

BACKHAUS K., ERICKSON B., PLINKE W., SCHUCHARD-FICHER, CHR., WEIBER R. (1987)
Multivariate Analysemethoden, 4. Auflage, Heidelberg

BAHRENBERG G., LOBODA J. (1973)
Einige raumzeitliche Aspekte der Diffusion von Innovationen am Beispiel der Ausbreitung des Fernsehens in Polen, in: Geographische Zeitschrift, Wiesbaden, S. 165-194

BAKIS H. (1980)
Eléments pour une géographie des télécommunications, in: Annales de Géographie, Nr. 496, Paris, S. 657-688

ders. (1982)
Histoire de la géographie des télécommunications, in: Le bulletin de l'IDATE, Nr. 7, Montpellier, S. 55-68

ders. (1983)
Télécommunication et organisation de l'espace, Bd. I, II, III, Paris

BAKIS H. (1984)
Géographie des télécommunications, Paris

ders. (1987a)
Formation et dévelopement du réseau téléphonique francais, L'Information Historique, 49, Paris, S. 31-43

ders. (1987b)
La communication dans le secteur des assurances et ses possibles incidences spatiales en France, in: Le bulletin de l'IDATE, Nr. 26, Montpellier, S. 169-187

BALKHAUSEN D. (1985)
Die elektronische Revolution, Düsseldorf

BALLERSTEDT E. (1985)
Telearbeit, in: Die Neue Gesellschaft, in: Frankfurter Hefte 3, Frankfurt/Main, S. 219-226

BARTELS D. (1968a)
Zur wissenschaftlichen Grundlegung einer Geographie des Menschen, in: Geographische Zeitschrift, Beiheft 18, Wiesbaden

ders. (1968b)
Türkische Gastarbeiter aus der Region Izmir. Zur raumzeitlichen Differenzierung der Bestimmungsgründe ihrer Aufbruchsentschlüsse, in: Erdkunde, Bonn, S. 313-324

ders. (1970a)
Geographische Aspekte sozialwissenschaftlicher Innovationsforschung, in: Deutscher Geographentag Kiel 1969, Tagungsbericht und wissenschaftliche Abhandlungen, Wiesbaden, S. 283-298

ders. (Hrsg.) (1970b)
Wirtschafts- und Sozialgeographie, Köln/Berlin

BASSE G. (1977)
Die Ausbreitung des Fernsprechers in Europa und Nordamerika, in: Archiv für deutsche Postgeschichte, Heft 1, Frankfurt/M., S. 58-103

BAUSINGER H. (1980)
Heimat und Identität, in: Köstlin K., Bausinger H. (Hrsg.), Heimat und Identität, Probleme regionaler Kultur, Neumünster, S. 9-24

BAYERISCHES LANDESAMT FÜR STATISTIK UND DATENVERARBEITUNG (1987)
Bergbau und Verarbeitendes Gewerbe in Bayern nach Landkreisen und kreisfreien Städten (Serie EI1/S-2-j/86), München

BAYERISCHES STAATSMINISTERIUM FÜR LANDESENTWICKLUNG UND UMWELTFRAGEN (1986)
8. Raumordnungsbericht 1983/84, München

BAYERISCHE STAATSREGIERUNG (Hrsg.) (1984)
Landesentwicklungsprogramm Bayern, Teil A, München

BAYERISCHE STAATSREGIERUNG (1985)
Gesamtverkehrsplan Bayern 1985, München

BAZAN B. (1980)
El servicio telefonico en Zaragoza, in: Geographicalia Espania, Nr. 7/8, S. 61-95

BEAUJEU-GARNIER J. (1983)
L'informatique et la ville, in: Cahier CREPIF, Nr. 2, Paris, S. 119-227

BECK H. (1952)
Kulturzusammenstoß zwischen Stadt und Land in einer Vorortgemeinde, Zürich

BECKER H., BURDACK J. (1987)
Amerikaner in Bamberg. Eine ethnische Minorität zwischen Segregation und Integration, in: Bamberger Geographische Schriften, Sonderfolge Nr. 2, Bamberg

BEHM F. (1867)
Die modernen Verkehrsmittel: Dampfschiffe, Eisenbahnen, Telegraphen, in: Geographische Mitteilungen, Ergänzungsheft 19, Gotha, S. 41-47

BELL D. (1975)
Die nachindustrielle Gesellschaft, Frankfurt/New York

BELL W.H. (1965)
The Diffusion of Radio and Television Broadcasting Stations in the United States, The Pennsylvania State University

de BENS E. (1985)
L'influence de la cablodiffusion sur le comportement télévisuel des Belges et sur les stratégies de programmation, in: Le bulletin de l'IDATE, Nr. 21, Montpellier, S. 311-329

BENSE M. (1979)
Informationstheorie, in: Wissenschaftstheoretisches Lexikon, hrsg. v. Braun E., Radermacher H., Graz, Sp.267-271

BERG K., KIEFER M.-L. (Hrsg.) (1987)
Massenkommunikation III. Eine Langzeitstudie zur Mediennutzung und Medienbewertung 1964-1985, in: Schriftenreihe Media-Perspektiven, Bd. 9, Frankfurt/M.

BERGLER R. (1984)
Werbung als Untersuchungsgegenstand der empirischen Sozialforschung, 3. Auflage, Bonn

BERNDT W., HEFEKÄUSER W. (1985)
"Medien" und Telekommunikation - Ein Beitrag zur Begriffserklärung, in: Perspektiven der Fernmeldepolitik, Sonderdruck aus dem Jahrbuch der Deutschen Bundespost 1985, Bad Windsheim, S. 105-135

BERRY B.J., BARNUM H.G., TENNANT R.J. (1962/1972)
Retail Location and Consumer Behaviour, in: Papers and Proceedings of the Regional Science Association, Vol. 9, Philadelphia 1962, Wiederabdruck in: Schöller P. (Hrsg.) Zentralitätsforschung, Darmstadt, S. 331-381

BERTHEL R. (1975)
Information, in: Handwörterbuch der Betriebswirtschaft, hrsg. v. Grochla E. und Wittmann W., 4. Aufl., Stuttgart, Sp.1866-1873

BERTRAM H. (1986)
Veränderung von zwischenbetrieblichen Verflechtungsmustern durch neue Informations- und Fertigungssysteme. Referat zu Rundgespräch Telekommunikation, Koblenz 5.12.1986 (Konzeption zu einer laufenden Dissertation unter Betreuung von Prof. Dr. E.W. Schamp, Göttingen)

BESSLER H. (1987)
Mediennutzungsforschung und Wirkungsforschung, in: Medienwirkungsforschung in der Bundesrepublik Deutschland, hrsg. v. Deutsche Forschungsgemeinschaft, Weinheim, S. 117-128

BIERHALS R., STEPPAT U. (1985)
Telekommunikation - Bedarf und Lösungskonzepte für Verlage und Druckereien, in: nachrichten elektronik + telematik 2, Heft 8, Heidelberg

BIRKENHAUER J. (1983)
Analyse der Zeitungswerbung mitteleuropäischer Fremdenverkehrsgebiete zwecks Indikation der Geltung dieser Räume im Indidividualtourismus, in: Mitteilungen der Geographischen Gesellschaft in München, Bd. 68, München, S. 93-105

v. BISSING W.M. (1956)
Verkehrspolitik - Eine Einführung, Berlin

BLAUT J.M. (1987)
Diffusionism: A Uniformitarian Critique, in: Annals of the Association of American Geographers, Nr. 1, Washington, D.C., S. 30-47

BLOTEVOGEL H.H. (1984)
Zeitungsregionen in der Bundesrepublik Deutschland. Zur räumlichen Organisation der Tagespresse und ihren Zusammenhängen mit dem Siedlungssystem, in: Erdkunde, Bonn, S. 79-93

BLOTEVOGEL H.H., HEINRITZ G., POPP H. (1966)
Regionalbewußtsein. Anmerkungen zum Leitbegriff einer Tagung, in: Berichte zur deutschen Landeskunde, Bd. 60, Heft 1, Trier, S. 103-114

BLUMENWITZ D. (1978)
Freedom of Information in the light of international law, in: Freedom of Information - a Human Right. Symposium, Hanns-Seidel-Stiftung und IBZ, München, S. 13-39

BOBEK H. (1962)
Über den Einbau der sozialgeographischen Betrachtungsweise in die Kulturgeographie, in: Deutscher Geographentag Köln 1961, Tagungsbericht und wissenschaftliche Abhandlungen, Wiesbaden, S. 148-165

ders. (1966)
Aspekte der zentralörtlichen Gliederung Österreichs, in: Berichte zur Raumforschung und Raumplanung, Heft 10, Köln et al., S. 114-129

ders. (1969)
Die Theorie der Zentralen Orte im Industriezeitalter, in: Deutscher Geographentag Bad Godesberg 1967, Tagungsbericht und wissenschaftliche Abhandlungen, Wiesbaden, S. 199-213

BÖSSMANN E.(1978)
Information, in: Handwörterbuch der Wirtschaftswissenschaften, hrsg. v. Albers W. et al., Stuttgart, S. 184-200

BONFADELLI H. (1986)
Befunde zum Freizeitverhalten und zur Mediennutzung der 12-29jährigen in der Bundesrepublik Deutschland, in: Media-Perspektiven, Heft 1, Frankfurt/M., S. 1-21

BORCHERDT CHR. (1961)
Die Innovation als agrargeographische Regelerscheinung, in: Arbeiten aus dem Geographischen Institut der Universität des Saarlandes, Band VI, Saarbrücken, S. 13-50

BORCHERDT CHR., SCHNEIDER H. (1976)
Innerstädtische Geschäftszentren in Stuttgart. Vorläufige Mitteilungen über einen methodischen Ansatz, in: Stuttgarter Geographische Studien, Bd. 90, Stuttgart, S. 1-38

BORCHERDT CHR., GROTZ R., KULINAT K., MAHNKE H.P., PACHNER H., RAU E. (1977)
Versorgungsorte und Versorgungsbereiche, Zentralitätsforschung in Nordwürttemberg, in: Stuttgarter Geographische Studien, Bd. 92, Stuttgart

BORTZ J. (1984)
Lehrbuch der empirischen Forschung für Sozialwissenschaftler, Berlin et al.

BOUSTEDT O. (1962)
Die zentralen Orte und ihre Einflußbereiche. Eine empirische Untersuchung über die Größe und Struktur der zentralörtlichen Einflußbereiche, in: Proceedings of the IGU-Symposium in Urban Geography, Lund Studies in Geography, Serie B., Malmö, S. 201-226

BOUWMAN H., MUSKENS G. (1986)
Information Needs, Information-seeking behaviour with public-consulting media. The case of Ditzitel, Odense, hektogr.

BRABET B., BRABET J., GASSOT Y. (1982)
Le télétravail, in: Le bulletin de l'IDATE, Nr. 7, Montpellier, S. 147-154

BRAUN E. (1979)
Kommunikation, in: Wissenschaftstheoretisches Lexikon, hrsg. v. Braun E. und Radermacher H., Graz, Sp.315-321

BROOKER-GROSS S.R. (1980)
Usage of Communication Technology and Urban Growth in the American Metropolitan System, in: Present and Future (hrsg. v. Brunn S. und Wheeler J.O, New York, S. 157f

ders. (1983)
News and metropolitan hinterland and hierarchy, in: Urban Geography, Nr. 2, S. 138-155

BROSI W.H., HEMBACH K., PETERS G. (1981)
Expertengespräche - Vorgehensweise und Fallstricke, Arbeitspapier Nr. 1, Diskussionspapier

BROWN L.A. (1981)
Innovation Diffusion - A New Perspective, London/New York

BROWN L.A., MOORE E.G. (1969)
Diffusion research in geography: a perspective, in: Progress in Geography, London, S. 119-157

BROWN L.A., MALECKI E.J., GROSS S.R., SHRESTHA M.N., SEMPLE R.K. (1974)
The diffusion of cable-television in Ohio. A case study of diffusion agency location. Patterns and process of the polynuclear type, in: Economic Geography, Nr. 4, Worcester, Mass., S. 285-312

BRÜGGEMANN B., RIEHLE R. (1986)
Das Dorf. Über die Modernisierung einer Idylle, Frankfurt

BRÜNNE M., ESCH F.R., RUGE H.-D. (1987)
Berechnung der Informationsüberlastung in der Bundesrepublik Deutschland, Bericht des Instituts für Konsum- und Verhaltensforschung, Saarbrücken

BUCHHOLZ H.G. (1966)
Formen städtischen Lebens im Ruhrgebiet, in: Bochumer Geographische Arbeiten, Heft 8, Bochum

BUNDESFORSCHUNGSANSTALT FÜR LANDESKUNDE UND RAUMORDNUNG (1976)
Atlas zur Raumentwicklung, Bd. 3, Bonn - Bad Godesberg

BUNDESMINISTERIUM FÜR FORSCHUNG UND TECHNOLOGIE (BMFT) (1986)
Sozialräumliche Auswirkungen der neuen Informations- und Kommunikationstechniken - Bestandsaufnahme und Forschungsorientierung, Forschungsbericht PLI 1315 (unveröffentlichtes Gutachten des IMU-Instituts München)

BUNDESMINISTER FÜR DAS POST UND FERNMELDEWESEN (1985)
Konzept der Deutschen Bundespost zur Weiterentwicklung der Fernmeldeinfrastruktur, Bonn

BUNDESMINISTERIUM FÜR DAS POST- UND FERNMELDEWESEN (Hrsg.) (1976)
KtK-Kommission für den Ausbau des technischen Kommunikationssystems: Telekommunikationsbericht, Bonn - Bad Godesberg

dass. (1987)
Statistisches Jahrbuch 1986, Bonn

BUNDESREGIERUNG (1984)
Konzeption der Bundesregierung zur Förderung der Entwicklung der Mikroelektronik, der Informations- und Kommunikationstechniken, Bundetagsdrucksache 10/1281, Bonn

BUNDESVERWALTUNGSGERICHTSHOF (1987)
Urteil des BVerG 7C 2585, VGH 9B82A. 948 und 949 vom 20. Februar, Berlin

BURDA (1987)
Blickaufzeichnung. Anzeigenkontakte in "Bunte", Burda Marktforschung, 5/1987, Offenburg

BUSCH A. (1986)
Die Gebührenpolitik der Deutschen Bundespost im Telekommunikationssektor auf dem Prüfstand. Ein Beitrag zur Deregulierungsdiskussion in der Bundesrepublik Deutschland, in: Die Weltwirtschaft, Heft 1, Tübingen, S. 106-120

BUSH K. (1982)
Retail prices in Moscow and four Western Cities in March 1982, in: Osteuropa-Wirtschaft, Heft 4, Stuttgart, S. 298-320

BUSS M., MALETZKE G. (1981)
Kurpfalz-Radio, in: Rundfunk und Fernsehen, Heft 4, Hamburg, S. 451-436

BUTZIN B. (1986)
Zentrum und Peripherie im Wandel, Erscheinungsformen und Determinanten der "Counterurbanization" in Nordeuropa und Kanada, in: Münstersche Geographische Arbeiten, Heft 23, Paderborn

CAPURRO R. (1978)
Information. Ein Beitrag zur etymologischen und ideengeschichtlichen Begründung des Informationsbegriffs, München et al.

CASTELLS M. (1984)
Towards the Informational City? High Technology, Economic Change and Spatial Structure. Some Exploratory Hypotheses. Working Paper No. 4, Institute of Urban and Regional Development, University of California, Berkeley

CAVAILLES H. (1940)
Introduction à une Géographie de la circulation, in: Annales de Géographie, Paris, S. 170-182

CELESTIN M. (1987)
La presse régionale francaise et sa diffusion, in: netcom 1, Issy-les-Moulineaux, S. 150-183

CENTLIVRES P., FURNER R., KRUKER H.P., MEIER-DALLACH P., PELLEGRINO P. (Hrsg.) (1983)
Identité régionale - Formes, Structures, Processus, in: Nationale Forschungsprogramme, Bd. 18, Bern

CHARLIER J. (1987)
Les flux téléphoniques interzonaux belges en 1982. Une approche multivariée, in: Le bulletin de l'IDATE, Nr. 26, Montpellier, S. 126-130

CHATELAIN A. (1948)
Le journal, facteur géographique de régionalisme, in: Revue de Géographie de Lyon, Lyon, S. 55-59

ders. (1949)
Les donnés actuelles de la géographie des journaux lyonnais, in: Revue de Géographie de Lyon, Lyon, S. 189-200

ders. (1955)
La Géographie du journal, in: Annales de Géographie, Paris, S. 554-558

ders. (1957)
Géographie sociologique de la Presse et régions francaises, in: Revue de Géographie de Lyon, Lyon, S. 127-134

CHERRY C. (1970)
Electronic communication: a force for dispersal, in: Official Architecture and Planning, S. 733-776

CHRISTALLER W. (1933)
Die zentralen Orte in Süddeutschland, Jena. Wiederabdruck: Darmstadt 1968

ders. (1950)
Das Grundgerüst räumlicher Ordnung in Europa. Die Systeme der europäischen zentralen Orte, in: Frankfurter Geographische Hefte, Heft 1, Frankfurt/M.

CLARK D. (1973)
Communications and the urban future: A study at trunk telephone call patterns in Wales, in: Regional Studies, Vol. 7, Nr. Sept., Elmsford, New York

CLAVAL P. (1973)
Principes de Géographie Sociale, Paris

ders. (1985)
Nouvelle géographie, communication et transparence, in: Annales de Géographie, Nr. 522, Paris, S. 129-144

v. CLEEF (1937)
Trade Centers and Trade Routes, D. Appleton - Century, New York (zitiert nach Bakis H., 1982)

COATES J.F. (1982)
New technologies and their urban impact, in: Cities in the 21st century, Urban Affairs Annual Reviews, hrsg. v. Gappert G. und Knight R.V., Beverly Hills

COHEN Y.S. (1972)
Diffusion of an innovation in an urban system. The spread of planned regional shopping centers in the United States 1949 - 1968, The University of Chicago, Department of Geography, Research Paper 140, Chicago

COMPAGNON MARKTFORSCHUNGS-INSTITUT (1972)
Meßverfahren der Anzeigenwirkungen und die Faktoren, die die Anzeigenwirkung beinflussen, Hamburg

dass. (1984)
Die kommunikative Bedeutung von Werbedruckschriften für gewerbliche und private Kaufentscheidungen, Ergebnisbericht einer Untersuchung für den Bundesverband Druck e.V., Stuttgart

CONTEST/IFAS/GETAS (1984)
Stadtregion München. Basisdaten 1984. Leser Münchner Tageszeitungen, München (Süddeutsche Zeitung)

CORNA-PELLEGRINI G. (1978)
Actualité de l'indice de centralité téléfonique, in: L'Espace géographique, Heft 1, Paris, S. 59f

CREDNER W. (1930)
Verkehrswege und Gütertransport in Nord-Kwangtung, in: Beiträge zur Wirtschaftsgeographie, E. Thiessen zum 60. Geburtstag, hrsg. v. A. Winkler, Nachdruck in: Handels- und Verkehrsgeographie, hrsg. v. E. Otremba, U. v.d. Heide (1975), Wege der Forschung CCCXLIII, Darmstadt, S. 310-339

DAHL S. (1957)
The contacts of Västeras with the rest of Sweden, in: Lund Studies in Geography, Serie B., Bd. 13, Malmö, S. 206-243

DAHLKE J. (1972)
Die Intensität der Anzeigenwerbung als Kriterium der Geschäftsgebietsdifferenzierung am Beispiel von Freiburg im Breisgau, in: Berichte zur deutschen Landeskunde, Bd. 46, H. 2, Trier, S. 215-222

DANGSCHAT J., DROTH W., FRIEDRICHS J., KIEHL K. (1982)
Aktionsräume von Stadtbewohnern, Opladen

DATEV (1986)
Datenverarbeitungsorganisation des steuerberatenden Berufes in der Bundesrepublik Deutschland, eingetragene Genossenschaft, Geschäftsbericht 1985, Nürnberg

DATZER R. (1983)
Informationsverhalten von Urlaubsreisenden. Ein Ansatz des verhaltenswissenschaftlichen Marketing, Schriftenreihe für Tourismusforschung, Studienkreis für Tourismus, Starnberg

DECKER H. (1984)
Standortverlagerungen der Industrie in der Region München, in: Münchner Studien zur Sozial- und Wirtschaftsgeographie, Bd. 25, Kallmünz/Regensburg

DEGENHARDT W. (1986)
Akzeptanzforschung zu Bildschirmtext. Methoden und Ergebnisse, in: Schriftenreihe der Studiengruppe Bildschirmtext e.V., Bd. 10, München

DEMMLER-MOSETTER H. (1982)
Wahrnehmung in Wohngebieten, in: Angewandte Sozialgeographie, Nr. 3, Augsburg

DESCUBES O., MARTIN J.-P. (1982)
La régionalisation fonctionelle à partir des flux téléphoniques: exemple du Grand Est francais, in: Le bulletin de l'IDATE, Nr. 7, Montpellier, S. 163-176

DEUTSCHE BUNDESPOST (Hrsg.) (1985)
Perspektiven der Fernmeldepolitik, Beiträge zur ordnungspolitischen Diskussion um die Zukunft der Telekommunikation in der Bundesrepublik Deutschland, Sonderabdruck einer Aufsatzreihe aus dem Jahrbuch der Deutschen Bundespost, Bad Windsheim

dies. (1987)
Statistisches Jahrbuch, hrsg. v. Bundesministerium für das Post- und Fernmeldewesen, Bonn

DEUTSCHE FORSCHUNGSGEMEINSCHAFT (1987)
Medienwirkungsforschung in der Bundesrepublik Deutschland, Teil I u. II, Weinheim

DICKEN P., LLOYD P.E. (1984)
Die moderne westliche Gesellschaft. Arbeit, Wohnung und Lebensqualität aus geographischer Sicht, New York

DIETRICH W. (1987)
Der Einfluß von neuen Informationstechnologien auf den Arbeitsmarkt und regionale Dynamik der Arbeitsmobilität, in: Neue Informationstechnologien und Regionalentwicklung, hrsg. v. Hotz-Hart B., Schmid W.A., Schriftenreihe zur Orts-Regional- u. Landesplanung, ETH Zürich, Nr. 37, S. 147-166

DÖPPING F. (1981)
Der Einfluß der neuen Informationstechnologien auf Stadt- und Siedlungsstrukturen, in: Sonderdruck zum Geschäftsbericht 1981 der Frankfurter Aufbau AG, Frankfurt/M., S. 13-22

DORE P.-Y. (1982)
Etude du résaux urbain breton, les zones d'influence des villes d'après les flux téléphoniques, in: Le bulletin de l'IDATE, Nr. 7, Montpellier, S. 189-220

DORSCH P.E. (1978)
Lokalkommunikation, Ergebnisse und Defizite der Forschung, in: Publizistik, Konstanz, S. 189-201

ders. (1981)
Zur Lage der lokalen Pressemedien unterhalb der traditionellen Lokalzeitung, in: Kommunikationspolitische und kommunikationswissenschaftliche Forschungsprojekte der Bundesregierung 1974-1978, hrsg. v. Presse- und Informationsamt der Bundesregierung, Bearbeitung: Schütz W.J., Bonn

ders. (1982)
Die Alternativzeitung - ihr Markt und ihre Macher, in: Media Perspektiven, Heft 10, Frankfurt/M., S. 660-667

DORSCH-JUNGSBERGER P. E. (1985)
Zur Werbeträgerfunktion der Tageszeitung, Gutachten Oktober 1985, München

DOSTAL W. (1985)
Telearbeit. Anmerkungen zur Arbeitsmarktrelevanz dezentraler Informationstätigkeit, in: Mitteilungen aus der Arbeitsmarkt- und Berufsforschung, Heft 4, Nürnberg, S. 467-480

ders. (1986a)
Telearbeit. Beispiel, Definitionen, Bewertungen, in: Materialien aus der Arbeitsmarkt- und Berufsforschung, Heft 4, Nürnberg

ders. (1986b)
Informationstechnik und Informationsbereich im Kontext aktueller Prognosen, in: Mitteilungen aus der Arbeitsmarkt- und Berufsforschung, Heft 1, Nürnberg, S. 134-144

ders. (1986c)
Auswirkungen der neuen Techniken auf Beschäftigung und Arbeitsmarkt, in: Auswirkungen neuer Technologien auf den Raum unter besonderer Berücksichtigung der Informations- und Kommunikationstechnik, ARL-Arbeitsmaterial Nr. 111, Hannover, S. 118-161

ders. (1987)
Telearbeit - Phänomen, Bedeutung, Probleme, in: Räumliche Wirkungen der Telematik, Forschungs- und Sitzungsberichte der Akademie für Raumforschung und Landesplanung, Bd. 169, Hannover, S. 111-134

DOWNS R.M. (1970)
Geographic space perception: past approaches and future aspects, in: Progress in Geography London, S. 65-108

DOWNS R.M., STEA D. (1973)
Image and environment. Cognitive mapping and spatial behaviour, Chicago. Übersetzung: Kognitive Karten. Die Welt in unseren Köpfen, New York, 1982

DÜRR A. (1980)
Weltblatt und Heimatzeitung, die "Süddeutsche Zeitung", in: Porträts der deutschen Presse, Politik und Profil, hrsg. v. Thomas M.W., Berlin

DÜRR H. (1972)
Empirische Untersuchungen zum Problem der sozialgeographischen Gruppe. Der aktionsräumliche Aspekt, in: Bevölkerungs- und Sozialgeographie, Münchner Studien zur Sozial- und Wirtschaftsgeographie, Bd. 8, Kallmünz/Regensburg, S. 71-81

DUMITRIU P. (1985)
Die neuen Medien, Heidelberg

DUPUY G. (1981)
Le téléphone et la ville, Le téléphone: technique urbaine?, in: Annales de Géographie, Nr. 500, Paris, S. 387-400

DURAND D. (1969)
Géographie des Airs. Les Airs et le Transport de l'information, P.U.F., Paris

ECKERT-GREIFENDORFF M. (1902)
Das Verhältnis der Handelsgeographie zur Anthropogeographie, in: Bericht über die Öffentliche Handelslehranstalt zu Leipzig für das 71. Schuljahr, Leipzig, S. 3-40. Nachdruck in: Handels- und Verkehrsgeographie, hrsg. v. Otremba E., v.d. Heide U. (1975), Wege der Forschung CCCXLIII, Darmstadt, S.71-122

ECKEY H.F., KLEMMER P. (1975)
Die Clusteranalyse und ihre Anwendungsmöglichkeiten im Rahmen der Regionalforschung, in: Methoden der empirischen Regionalforschung (2. Teil), Forschungs- und Sitzungsberichte der Akademie für Raumforschung und Landesplanung, Bd. 105, Hannover, S. 145-155

EICKELBERG G., PRINZ H., BERGER P. (1986)
Strukturuntersuchung Heilbronn, Eine Untersuchung im Auftrage der Aktionsgemeinschaft Heilbronner Kaufleute e.V. und der Stadt Heilbronn, in Zusammenarbeit mit der Industrie- und Handelskammer Heilbronn, Econ-Consult, Köln

EIFLER D. (1978)
Kontakt- und Interaktionsfeld des Hauses Siemens in Erlangen, in: Wirth, Brandner, Prösl, Eifler, Die Fernbeziehungen der Stadt Erlangen, Erlanger Geographische Arbeiten, Heft 40, Erlangen, S. 342-361

ELIAS D. (1980)
Die Nutzung der Fernmeldedienste, in: Witte (Hrsg.), Telekommunikation für den Menschen, Telecommunications, Bd. 3, Berlin et al., S. 99-106

ders. (1982)
Telekommunikation in der Bundesrepublik Deutschland, Heidelberg

ELKINS T.H. (1986)
German social geography with particular reference to the "Munich School", in: Progress in Human Geography, Nr. 3, London, S. 313-343

ELSASSER H. (1986)
Telekommunikation und Tourismus, in: Die Region, Heft 3, Bern, S. 31-38

ELSASSER H., SCHMID W.A. (1986)
Einsatzmöglichkeiten und Wirkungen der Telekommunikation im Tourismus, MANTO 4.27, Zürich/Lausanne

ENNEMANN H. (1980)
Die "Provinz" und ihre Zeitungsleser, in: Langenbucher W.R. (Hrsg.), Lokalkommunikation, München

ERNSTE H. (1987)
Bürostandorte und Informationstechnik, in: Neue Informationstechnologien und Regionalentwicklung, hrsg. v. Hotz-Hart B., Schmid W.A., Schriftenreihe zur Orts-, Regional- und Landesplanung, ETH Zürich, Nr. 37, S. 99-124

ESCHER A., JURCZEK P., POPP H. (1982)
Zum aktionsräumlichen Verhalten und zur Ortsintegration von Alt- und Neubürgern am Rand von Verdichtungsräumen, in: Mitteilungen der Fränkischen Geographischen Gesellschaft, Band 27/28, Erlangen, S. 351-415

EURICH C. (1982)
Entspricht das Kommunikationsangebot dem gesellschaftlichen Bedarf?, in: Informationen zur Raumentwicklung, Heft 3, Bonn, S. 221-231

ders. (1983)
Gegen- oder Komplementär-Medien? Zu Gegenstand, Funktion und Ursache "Alternativer" Kommunikation, in: Stadtteilzeitung und lokale Kommunikation, Jarren O. (Hrsg.), Dortmunder Beiträge zur Zeitungsforschung, Bd. 32, München u.a., S. 13-37

EWERS, H.J. (1983)
Räumliche Innovationsdisparitäten und räumliche Diffusion neuer Technologien, in: Brugger, E.A. (Hrsg.), Regionale Innovationsprozesse und Innovationspolitik, Diessenhofen, S. 9-118

EXPERTENKOMMISSION NEUE MEDIEN BADEN-WÜRTTEMBERG, STUTTGART (EKM) (Hrsg.) (1981)
Kommunikationsatlas - Medien in Baden-Württemberg (Teil III des Gesamtberichts), Stuttgart

FACHBEIRAT "DORFENTWICKLUNG" (1983)
Für das Dorf, Gestaltung des ländlichen Lebensraums durch Dorfentwicklung, Stellungnahme des Fachbeirats "Dorfentwicklung" des Instituts für Kommunalwissenschaften der Konrad-Adenauer-Stiftung e.V., Köln u.a.

FESTINGER L. (1957)
A theory of cognitive dissonance, Evanston

FEUDEL W. (1983)
Zum 100-jährigen Jubiläum des Telefons in Bayern, in: Archiv für Postgeschichte in Bayern, Heft 1, München, S. 1-19

FISCHER K. (1979)
Telekommunikation verändert die Stadt, in: VDI-Nachrichten, Düsseldorf, Heft 7

ders. (1981)
Telekommunikation und Siedlungsstruktur. Fakten, Spekulationen und mögliche Konsequenzen, in: Der Landkreis, Heft 5, Stuttgart, S. 305-311

ders. (1984a)
Telekommunikation, Raumordnung und regionale Strukturpolitik, Schriften des Deutschen Landkreistages, Band 7, Stuttgart

ders. (1984b)
Neue Informations- und Kommunkationstechniken - Vermutete Auswirkungen auf die Stadtstruktur und erforderliche Konsequenzen für die Stadtentwicklungsforschung, in: Der Städtetag, Heft 7, Stuttgart, S. 475-480

ders. (1987)
Die neuen Informations- und Kommunikationstechniken - Raumordnerische Auswirkungen, raumplanerische Konsequenzen und regionalpolitischer Handlungsbedarf, in: Räumliche Wirkungen der Telematik, Forschungs- und Sitzungsberichte der Akademie für Raumforschung und Landesplanung, Bd. 169, Hannover, S. 177-216

FISCHER U.P. (1985)
Regionale Inzidenz von PTT-Leistungen, Brief- und Paketpost, in: Brugger E., Frey R. (Hrsg.), Sektoralpolitik versus Regionalpolitik, Bern, S. 205-223

FLECHTNER H.J. (1970)
Grundbegriffe der Kybernetik. Eine Einführung, Stuttgart

FLEMMING M. (1985)
Regionales Bewußtsein und neue Regionalpolitik untersucht am Beispiel der Gemeinde Neuenstein/Region Franken, unveröffentlichte Diplomarbeit unter Anleitung von Prof. Dr. J. Maier an der Universität Bayreuth

FORSSTRÖM A., LORENTZON S. (1986)
Geographie und Telekommunikation. Stand der Forschung in Schweden unter besonderer Beachtung einiger aktueller Studien, in: SMASKRIFTER Nr. 6, University of Gothenburg

dies. (1987)
Delta communication and settlement structure. The use of modems within Gothenburg telecommunication region, in: Le bulletin de l'IDATE, Nr. 26, Montpellier, S. 139-151

FRANK K. (1984)
Bildschirmtext im Tourismus, in: Städte- und Gemeindebund, Heft 1, Göttingen, S. 20-27

FREIST R. (1977)
Sozialgeographische Gruppen und ihre Aktionsräume - dargestellt am Beispiel Moosburg a.d. Isar, München (Dissertation Universität München)

FREMONT A., CHEVALIER J., HERIN R., RENARD J. (1984)
Géographie Sociale, Paris

FRIEDRICH E. (1926)
Allgemeine und spezielle Wirtschaftsgeographie, 3. Aufl., Erster Band, Berlin/Leipzig

FRIEDRICHS J. (1985)
Die Zukunft der Städte in der Bundesrepublik, in: ders. (Hrsg.), Die Städte in den 80er Jahren, demographische, ökonomische und technologische Entwicklungen, Opladen, S. 2-22

FRITSCH M. (1987a)
Frühe Nutzer der Telematik, Charakteristikum von Adoptoren im Vergleich zu (noch) Nichtadoptoren neuer Telekommunikationstechniken, in: Neue Informationstechnologien und Regionalentwicklung, hrsg. v. Hotz-Hart B., Schmid W.A., Schriftenreihe zur Orts-, Regional- und Landesplanung, ETH Zürich, Nr. 37, S. 65-80

ders. (1987b)
Räumliche Unterschiede der Telematik-Adoption in Industriebetrieben der Bundesrepublik Deutschland, in: Räumliche Wirkungen der Telematik, Forschungs- und Sitzungsberichte der Akademie für Raumforschung und Landesplanung, Bd. 169, Hannover, S. 301-336

FRITSCH M., EWERS H.J. (1985)
Telematik und Raumentwicklung. Mögliche Auswirkungen neuer Telekommunikationstechniken auf die Raumstruktur und Schlußfolgerungen für die raumbezogene Politik, Bonn

FRÜH W. (1983)
Der aktive Rezipient - neu besehen, Zur Konstruktion faktischer Information bei der Zeitungslektüre, in: Publizistik, Konstanz, S. 327-342

FUCHS W. (1984)
Presse und Organisationen im lokalen Kommunikationsraum, Eine empirische Analyse publizistischer Aussagengenese, Augsburg

FUCHS W., SCHENK M. (1984)
Der Rezipient im lokalen Kommunikationsraum, in: Media Perspektiven, Heft 3, Frankfurt/M., S. 211-218

FÜRST D. (1975)
Kommunale Entscheidungsprozesse. Ein Beitrag zur Selektivität politisch-administrativer Prozesse. Schriften zur öffentlichen Verwaltung und öffentlichen Wirtschaft, Bd. 8, Baden-Baden

GAEBE W. (1987)
Die Dynamik nationaler und internationaler Bankzentren. Das Beispiel London. Vortrag am 46. Deutschen Geographentag München (Kurzfassung im Druck)

GAIDIS W.C., GAULDEN C.F., RAZZOUK N.Y., SCHLACTER J. L. (1986)
Decision Making in the Household, A Comparison between Married and Cohabitating Couples, in: Akron Business and Ecnomic Review, Nr. 3, Fall, Akron, Ohio, S. 72-84

GALIBERT G. (1965)
Introduction à une géographie des télécommunications de la France. Thèse complementaire, Université de Toulouse, Faculté des Lettres et Sciences Humaines (zitiert nach Bakis H., 1982, S. 63)

GASSOT Y.(1981)
Réflexions générales sur l'habitat et la télématique "grand public", in: Le bulletin de l'IDATE, Nr. 4, Montpellier, S. 25-26

GATZWEILER H.P., RUNGE L. (1984)
Aktuelle Daten zur Entwicklung der Städte, Kreise und Gemeinden 1984, in: Bundesforschungsanstalt für Landeskunde und Raumordnung. Seminare - Symposien - Arbeitspapiere, Heft 17, Bonn - Bad Godesberg

GEIPEL R. (1984)
Regionale Fremdbestimmtheit als Auslöser territorialer Bewußtseinsprozesse, in: Berichte zur deutschen Landeskunde, Bd. 58, Heft 1, Trier, S. 37-46

ders. (1987)
Münchens Images und Probleme, in: Geipel R., Heinritz G. (Hrsg.), München. Ein sozialgeographischer Exkursionsführer, in: Münchener Geographische Hefte, Nr. 55/56, Kallmünz/Regensburg, S. 17-42

GEORG H.J. (1986)
Die steuerbaren Umsätze in Bayern 1984, in: Bayern in Zahlen, Heft 7, München, S. 241-245

GID GESELLSCHAFT FÜR INFORMATION UND DOKUMENTATION (1986)
Telekommunikation in Hessen, eine Bedarfsanalyse im Auftrage des Hessischen Ministers für Wirtschaft und Technik, Frankfurt, (Langfassung: Gensch et al.)

GIESE E., NIPPER J. (1984)
Die Bedeutung von Innovation und Diffusion neuer Technologien für die Regionalpolitik, in: Erdkunde, Bonn, S. 202-215

GILLESPIE E. (1985)
Telecommunications and the development of less-favoured regions of Europe, in: Le bulletin de l'IDATE, Nr. 21, Montpellier, S. 471-477

GLATZ H., SCHEER C. (1981)
Autonome Regionalentwicklung - Eine Dimension des Regionalismus?, in: Österreichische Zeitschrift für Politikwissenschaft, Heft 3, Wien/München, S. 333-346

GLÜCK W. (1985)
Entwicklungslinien der Telekommunikation, in: Ziele und Wege der Entwicklung dünn besiedelter ländlicher Räume, in: Beiträge der Akademie für Raumforschung und Landesplanung, Bd. 90, Hannover, S. 149-152

GMA (1980)
Die Stadt Künzelsau als Standort für Einzelhandel, Ladenhandwerk und ausgewählte Dienstleistungen, Ludwigsburg

ders. (1987)
Die Stadt Neckarsulm (LK Heilbronn) als Standort für Ladeneinzelhandel und Ladenhandwerk, Ludwigsburg

GODDARD J.B. (1986)
The Impact of New Information Technology on Urban Structure in Europe, in: Land Development Studies, Bd. 3

GODDARD J., GILLESPIE A.E. (1986)
Advanced Telecommunications and Regional Economic Development, in: The Geographical Journal, Nr. 3, London, S. 383-397

GOFFMAN E. (1983)
The interaction order, in: American Sociological Review 48, S. 1-17 (zitiert nach Wirth E., 1984)

GOODEY B., GOLD J.R. (1985)
Behavioural and perceptual geography: from retrospect to prospect, in: Progress in Human Geography, Nr. 4, London, S. 585-595

GOUEDARD-COMTE O., BONNEPART C.P. (1987)
Nouvelles technologies de communication et organisation des firmes, in: netcom 2, Issy-les-Moulineaux, S. 248-290

GOULD P. (1975)
People in Information Space. The Mental Maps and Information Surfaces in Sweden, Lund Studies in Geography, Serie B, Nr. 42, Malmö

GOULD P., TÖRNQVIST G. (1971)
Information, Innovation and Acceptances, in: Hägerstrand T., Kuklinski A.R. (Hrsg.), Information Systems for Regional Development, Lund Studies in Geography, Serie B., Nr. 37, Malmö, S. 148-168

GOTTMANN J. (1981)
Megalopolis and Antipolis: The Telephone and the Structure of the City, in: Ithiel de Sola Pool (Hrsg.), Cambridge/ Mass., S. 303-317

ders. (1983)
The Coming of the Transactional City, University of Maryland

GRABOW B., HENCKEL D. (1987)
Räumliche Verteilung von Unternehmen der Informationstechnologie, in: Räumliche Wirkungen der Telematik, Forschungs- und Sitzungsberichte der Akademie für Raumforschung und Landesplanung, Bd. 169, Hannover, S. 245-272

GRABOWSKI H. (1987)
Verkehrsmittelwerbung und ihre Standorte in Münster, in: Köhler E., Wein N., Natur- und Kulturräume, Ludwig Hempel zum 65. Geburtstag, Münstersche Geographische Arbeiten, Bd. 27, Paderborn, S. 327-334

GRADMANN R. (1931)
Süddeutschland, Bd. 1, Allgemeiner Teil, Bd. 2, Die einzelnen Landschaften, Stuttgart

GRÄF P. (1978)
Zur Raumrelevanz infrastruktureller Maßnahmen, in: Münchner Studien zur Sozial- und Wirtschaftsgeographie, Bd. 18, Kallmünz/Regensburg

ders. (1985)
Telematik - Analyse räumlicher Verteilungsmuster von Anwendern in der Bundesrepublik, in: Raumforschung und Raumordnung, Heft 6, Köln et al., S. 288-291

ders. (1986a)
Bildschirmtext - Implementation as a Social Geographical Issue - Empirical Studies in the Federal Republic of Germany, in: FAST - Social Experiments with Information Technology, Nr. 83, Vol. I, Brussels, S. 259-274

ders. (1986b)
Kommunikation und Medientechnologie als Elemente der Freizeitinfrastruktur - Ansätze raumwirksamer Zusammenhänge, Angewandte Sozialgeographie, Karl Ruppert zum 60. Geburtstag, Schaffer F., Poschwatta W. (Hrsg.), Augsburg, S. 279-302

ders. (1987a)
Telecommunication - Spatial Patterns and Impacts in the Federal Republic of Germany, in: Le bulletin de l'IDATE, Nr. 26, Montpellier, S. 152-154

ders. (1987b)
Telematik - Analyse räumlicher Verflechtungsmuster von Anwendern in der Bundesrepublik Deutschland, in: Räumliche Wirkungen der Telematik, Forschungs- und Sitzungsberichte der Akademie für Raumforschung und Landesplanung, Bd. 169, Hannover, S. 337-366

ders. (1987c)
Mikroelektronik und Telematik in der Region München - raumstrukturelle Zusammenhänge von Produktion, Dienstleistung und Anwendung, in: Region München. Zusammengestellt von Ruppert K., mit Beiträgen von Gräf P., Haas H.-D., Lintner P., Metz R., Paesler R., Ruppert K., WGI-Berichte zur Regionalforschung, Heft 18, München, S. 121-140

ders. (1987d)
München - kommunikationsstarke Großstadt. Telekommunikation in der Region München, in: Industrie und Handel, Heft 1, München, S. 22-24

ders. (1987e)
Neue Kommunikationsmedien und Stadtstrukturen. Innovationsansätze und Illusionen eines Strukturwandels in der Bundesrepublik Deutschland (Kurzfassung), in: Verhandlungen des 45. Deutschen Geographentages Berlin 1985, Wiesbaden, S.283-290

GRÄF P., BORSCH R. (1987)
Bayern - Aktuelle Raumstrukturen im Kartenbild (hrsg. v. K. Ruppert), in: Münchner Studien zur Sozial- und Wirtschaftsgeographie, Band 33, Kallmünz/Regensburg, S. 134-148 (Karten zu Kommunikationsstrukturen).

GREIPL E. (1972)
Einkaufszentren in der Bundesrepublik Deutschland, in: Schriftenreihe des Ifo-Instituts für Wirtschaftsforschung, Nr. 79, Berlin et al.

ders. (1978)
Wettbewerbssituation und -entwicklung des Einzelhandels in der Bundesrepublik Deutschland, in: Schriftenreihe des Ifo-Instituts für Wirtschaftsforschung, Nr. 90, Berlin et al.

GREWE-PARTSCH M. (1983)
Überlegungen zur Auswirkung der neuen Telekommunikations-Medien auf die Familie, in: ARCHIV PF, Heft 1, S. 15-17

GRIMMEAU J.P. (1987)
Analyse régionale des flux téléphoniques de la Belgique vers l'etranger, in: Le bulletin de l'IDATE, Nr. 26, Montpellier, S. 131-138

GROSSHERZOGLICHES MINISTERIUM DES INNERN (1887)
Erhebungen über die Lage des Kleingewerbes im Amtsbezirk Adelsheim 1885, veranstaltet durch das großherzogliche Ministerium des Innern, Karlsruhe

GROTZ R. (1979)
Räumliche Beziehungen industrieller Mehrbetriebsunternehmen, ein Beitrag zum Verständnis von Verdichtungsprozessen, in: Festschrift für W. Meckelein, hrsg. v. Borcherdt Ch. und Grotz R., Stuttgart, S. 225-243

GUMPERZ J.J. (1975)
Sprache, lokale Kultur und soziale Identität, Düsseldorf

HAAS H.-D. (1970)
Junge Industrieansiedlung im nordöstlichen Baden-Württemberg, Tübinger Geographische Studien, Heft 35, Tübingen

ders. (1983)
Die wirtschaftliche Entwicklung unter dem Einfluß neuer Technologien, in: Der Fischer Weltalmanach, Frankfurt/M., S. 123-130

ders. (1986)
Dezentralisierung von Arbeitsplätzen über Tele-Heimarbeit. Referat zu Rundgespräch Telekommunikation, Koblenz 5.12.1986

ders. (1987)
Der Raum München als Industriestandort. Zunehmende Technologieorientierung, in: Region München, zusammengestellt von Ruppert K., WGI-Berichte zur Regionalforschung, Bd. 18, München, S. 95-109

HAAS H.-D., FLEISCHMANN R. (1985)
München als Industriestandort, in: Geographische Rundschau, Braunschweig, S. 607-615

HABITAT (1983)
The role of communication in human settlement development, London

HÄGERSTRAND T. (1967)
Innovation Diffusion as a Spatial Process, Chicago/London

ders. (1970)
Aspekte der räumlichen Struktur von sozialen Kommunikationsnetzen und der Informationsausbreitung, in: Bartels D. (Hrsg.), Wirtschafts- und Sozialgeographie, Köln, S. 367-379

ders. (1978)
On Monte Carlo Simulation of Diffusion, in: Blunden J., Haggett P., Hamnett C., Sarre P. (Hrsg.), Fundamentals of Human Geography, A Reader, London et al., S. 181-194

HÄGERSTRAND T., KUKLINSKI A.R. (Hrsg.) (1971)
Information Systems for Regional Development - A Seminar, Lund Studies in Geography, Serie B., Nr. 37, Malmö

HAGGETT P. (1983)
Geographie - Eine moderne Synthese, New York

HALDENWANG H. (1986a)
Anwendungen neuer Informations- und Kommunikationstechnologien in Ostbayern, in: Telematik Trier, hrsg. v. Spehl H., Messerig-Funk B., Beiträge aus Forschung und Praxis, Heft 1, Trier, S. 62-90

ders. (1986b)
Auswirkungen der neuen Techniken, inbesondere der Telekommunikation, auf strukturschwache Gebiete, Beispiel: Ostbayerisches Grenzland, in: Auswirkungen neuer Technologien auf den Raum unter besonderer Berücksichtigung der Informations- und Kommunikationstechniken, in: Arbeitmaterial der Akademie für Raumforschung und Landesplanung, Bd. 111, Hannover, S. 89-113

HALLER M. (1985)
Der "Möchtegern-Leser". Über Widersprüche in der Reichweitenbestimmung von Tageszeitungen und den Versuch ihrer Auflösung, in: Media Perspektiven, Heft 2, Frankfurt/M., S. 148-155

HARKNESS R.C. (1973)
Communication innovations, urban form and travel demand: some hypotheses and a bibliography, in: Transportation 2, Menlo Park, Stanford Research Institute, S. 153-193

HARSCH G. (1986)
Struktur und Entwicklung des Zeitbudgets der Privathaushalte unter besonderer Berücksichtigung der Haushaltsarbeit, in: Baden-Württemberg in Wort und Zahl, Heft 12, Stuttgart, S. 514-521

HARTIG W. (1983)
Kommunikation, in: Management-Enzyklopädie, Landsberg, S. 360-371

HARTKE W. (1952)
Die Zeitung als Funktion sozialgeographischer Verhältnisse im Rhein-Main-Gebiet, in: Rhein-Mainische Forschungen, Frankfurt/M., S. 7-18 und S. 26-32

ders. (1959)
Gedanken über die Bestimmung von Räumen gleichen sozialgeographischen Verhaltens, in: Erdkunde, Bonn, S. 426-436

HARVEY D. (1969)
Conceptual and measurement problems in the cognition-behavioural approach to location theory, in: Cox K., Golledge R. (Hrsg.), Behavioural problems in Geography, Evanston

HASSERT K. (1913)
Allgemeine Verkehrsgeographie, 1. Aufl., Berlin/Leipzig

ders. (1931)
Allgemeine Verkehrsgeographie, 2. völlig umgearbeitete Aufl., Berlin/Leipzig

HAUGHTON J.P. (1950)
Irish Local Newspapers - A Geographical Study, in: Irish Geography, Dublin, S. 52-57

HAX H. (1975)
Kommunikation, in: Grochla E., Wittmann W. (Hrsg.), Handwörterbuch der Betriebswirtschaft, 4. Aufl., Stuttgart, Sp.2170-2176

HECKL F.X. (1981)
Standorte des Einzelhandels in Bayern - Raumstrukturen im Wandel, in: Münchner Studien zur Sozial- und Wirtschaftsgeographie, Band 22, Kallmünz/Regensburg

HEIL K. (1971)
Kommunikation und Entfremdung. Menschen am Stadtrand - Legende und Wirklichkeit, Stuttgart/Bern

HEIMERAN S. (1980)
Der Einsatz neuer Telekommunikationssysteme, ein Handbuch für kommende Entscheidungsträger, München

HEINEBERG H. (1980)
Einkaufszentren in Deutschland, Entwicklung, Forschungsstand und -probleme mit einer annotierten Auswahlbibliographie, in: Münstersche Geographische Arbeiten, Bd. 5, Paderborn

HEINEBERG H., DeLANGE N. (1983)
Die Cityentwicklung in Münster und Dortmund seit der Vorkriegszeit - unter besonderer Berücksichtigung des Standortverhaltens quartärer Dienstleistungsgruppen, in: Weber P., Schreiber K.F. (Hrsg.), Westfalen und angrenzende Regionen, Festschrift zum 44. Deutschen Geographentag in Münster, Teil 1, Münstersche Geographische Arbeiten, Bd. 15, Paderborn, S. 221-285

HEINEMANN M. (1976)
Einkaufsstättenwahl und Firmentreue der Konsumenten, in: Unternehmensführung und Marketing, Bd. 6, Wiesbaden

HEINEN E. (Hrsg.) (1972/1985)
Industriebetriebslehre, Entscheidungen im Industriebetrieb, Wiesbaden, 1. Aufl. 1972, 6. Aufl. 1985

HEINEN E. et al. (1987)
Unternehmenskultur. Perspektiven für Wissenschaft und Praxis, München

HEINRITZ G. (1978)
Weißenburg in Bayern als Einkaufsstadt. Zur zentralörtlichen Bedeutung des Einzelhandels in der Altstadt und der außerhalb der Altstadt gelegenen Verbrauchermärkte, München

ders. (1979)
Zentralität und zentrale Orte, Stuttgart

HEINRITZ G., POPP H. (1974/75)
Sommerkeller in Franken - die Retraktion eines Kulturlandschaftselements, in: Jahrbuch für fränkische Landesforschung, Bd.34/35, Erlangen, S. 212-244

HEINRITZ G., KUHN W., MEYER G., POPP H. (1979)
Verbrauchermärkte im ländlichen Raum, in: Münchener Geographische Hefte, Nr. 44, Kallmünz/Regensburg

HEINZE G.W., KILL H.H. (1987)
Chancen und Grenzen der neuen Informations- und Kommunikationstechniken - Zur Übertragung verkehrsevolutorischer Erfahrungen auf die Telekommunikation, in: Räumliche Wirkungen der Telematik, Forschungs- und Sitzungsberichte der Akademie für Raumforschung und Landesplanung, Bd. 169, Hannover, S. 21-72

HELLER E. (1985)
Wie Werbung wirkt: Theorie und Tatsachen, Frankfurt

HELLWIG H. (1970)
Der Raum um Heilbronn, Veröffentlichungen des Archivs der Stadt Heilbronn, Bd. 16, Heilbronn

HEMPEL V. (1985)
Staatliches Handeln im Raum und politisch-räumlicher Konflikt, in: Forschungen zur deutschen Landeskunde, Bd. 224, Trier

HENCKEL D., NOPPER, E., RAUCH N. (1984)
Informationstechnologie und Stadtentwicklung, Stuttgart

HENRICHSMEYER W., HAUSHOFER H., FISCHBECK G., WIEBECKE C., (Hrsg.) (1985)
Neue Informationstechniken im Agrarbereich, in: Agrarspectrum, Schriftenreihe Bd. 8, München

v. HENTIG H. (1985)
Das allmähliche Verschwinden der Wirklichkeit. Ein Pädagoge ermutigt zum Nachdenken über die Neuen Medien, München/Wien

HEPWORTH M.E. (1987)
"The information city", im Druck

HERPOLSHEIMER R. (1985)
Auswahlbibliographie, Lokaler Hörfunk in der Bundesrepublik Deutschland und im Ausland, in: Lokalradio für die Bundesrepublik Deutschland, hrsg. v. Jarren O., Widlock P., Berlin, S. 253-269

HERRMANN E. (1986)
Die Deutsche Bundespost. Kommunikationsunternehmen zwischen Staat und Wirtschaft, in: Schriften zur öffentlichen Verwaltung und öffentlichen Wirtschaft, Bd. 99, Baden-Baden

HERRMANN A., OCHEL W. (1987)
Der internationale Handel mit Dienstleistungen - Entwicklung, Wettbewerbsfaktoren, Hemmnisse, in: ifo-Schnelldienst, 14/15, München, S. 55-65

HETTNER A. (1897)
Der gegenwärtige Stand der Verkehrsgeographie, in: Geographische Zeitschrift, S. 624-634 u. S. 694-704, Nachdruck in: Otremba E., von der Heide U. (Hrsg.) (1975), Handels- und Verkehrsgeographie, Wege der Forschung CCCXLIII, Darmstadt, S. 36-70

HEUERMANN A., NEUMANN K.H., SCHNÖRING TH., WIELAND B. (1986)
Telekommunikationspolitik im Vergleich, eine problemorientierte Übersicht über die Länder USA, Großbritannien, Frankreich, Niederlande, Schweden und Japan, in: Jahrbuch der Deutschen Bundespost 1986, Bad Windsheim, S. 165-236

HILF W. (1987)
Kabel- und Satellitenfernsehen in europäischer Dimension. Rundfunk ohne Grenzen und Schranken, in: Media Perspektiven Heft 2, Frankfurt/M., S. 73-80

HOBERG R. (1987)
Zur Analyse von räumlichen Diffusionsprozessen bei der Telematikanwendung, in: Räumliche Wirkungen der Telematik, Forschungs- und Sitzungsberichte der Akademie für Raumforschung und Landesplanung, Bd. 169, Hannover, S. 73-90

HOBERG R., KUNZ D. (1985)
Zur Diffusion der neuen Medien in der Bundesrepublik Deutschland, in: Raumforschung und Raumordnung, Heft 6, Köln u.a., S. 315-323

HÖHL G. (1983)
Hohenloher Land und Keuperberge, in: Geographische Landeskunde von Baden-Württemberg, Borcherdt Ch. (Hrsg.), Stuttgart, S. 209-234

HÖHNE H. (1981)
Nachrichten im Überfluß, in: Media Perspektiven, Heft 6, Frankfurt/M., S. 487-493

HOFSTÄTTER P.R. (1966)
Einführung in die Sozialpsychologie, Stuttgart, (4. Auflage)

HOLMES J.H. (1983)
Telephone traffic dispersion and nodal regionalisation in the Australian states, in: Australian Geographical Studies (Canberra), Nr. 2, S. 231-250

HOPF CH., WEINGARTEN E. (Hrsg.) (1979)
Qualitative Sozialforschung, Stuttgart

HORN I., ECKHARDT J. (1986)
Ältere Menschen und Medien in der Bundesrepublik Deutschland, in: Media Perspektiven, Heft 2, Frankfurt/M., S. 90-112

HOTTES K. (1954)
Die zentralen Orte im oberbergischen Lande, in: Forschungen zur deutschen Landeskunde, Bad Godesberg, Bd. 69

ders. (1985)
Modernes systèmes de la télécommunication et l'effet sur les localisations et les courants de la circulations, Vortrag Montpellier, 1985, hektogr.

ders. (1987)
The impact of telematics on locations and international economic interdependencies based on the German banking systems, in: Le bulletin de l'IDATE, Nr. 26, Montpellier, S. 178-187

HOTTES K., WEVER E., WEBER H.U. (1986)
Technology and Industrial Change in Europe, in: Materialien zur Raumordnung aus dem Geographischen Institut der Ruhr-Universität Bochum, Forschungsabteilung für Raumordnung, Band XXXII, Bochum

HOTZ D., HILLESHEIM D. (1985)
Raumwirksamkeit wirtschaftsbezogener Kommunalsteuern - dargestellt am Beispiel der Gewerbesteuer, in: Raumforschung und Raumordnung, Heft 5, Köln et al., S. 186-200

HOTZ-HART B. (1987)
Diffusion von Informations- und Kommunikationstechnologien und Regionalentwicklung. Theorie und Thesen am Beispiel der Schweiz, in: Neue Informationstechnologien und Regionalentwicklung, hrsg. v. Hotz-Hart B., Schmid W., Schriftenreihe zur Orts-, Regional und Landesplanung, Nr. 37, ETH Zürich, S. 7-38

HOVLAND C.I. (1954)
Effects of the Mass Media of Communication, in: Lindzey (Hrsg.), Handbook of Social Psychology, London

HUBER J. (1987)
Telearbeit. Eine futuristische Fiktion als Politikum, in: Der Landkreis, Heft 4, Stuttgart, S. 164-167

HUCKEL G.A. (1907)
La géographie de la circulation selon Friedrich Ratzel, in: Annales de Géographie, Nr.16 Paris (zitiert nach BAKIS,1982)

HÜMMER Ph. (1980)
Der Verlust des Dorfwirtshauses und die Auswirkungen auf Kommunikations- und Freizeitverhalten der Dorfbevölkerung. Eine Fallstudie über Dörfer der nördlichen Frankenalb, in: Geowissenschaftliche Beiträge über Oberfranken, Bayreuther Geowissenschaftliche Arbeiten, Bd. 1, Bayreuth, S. 115-130

IHK WÜRZBURG-SCHWEINFURT (1986)
Die Provinz in der überregionalen Presse, Vermischtes, Kriminelles, Sekten, Skandale, in: Bericht über das Jahr 1985, Würzburg, S. 77-81

ILIEN A., JEGGLE U. (1978)
Leben auf dem Dorf. Zur Sozialgeschichte des Dorfes und zur Sozialpsychologie seiner Bewohner, Opladen

ILLERIS S., PEDERSEN P.O. (1968)
Central Places and Functional Regions in Denmark. Factor Analysis of Telephone Traffic, in: Geografisk Tidskrift, Kopenhagen, S. 1-18

INFRATEST MEDIENFORSCHUNG MÜNCHEN (1979)
Voruntersuchung - Infomationsverhalten und neue Kommunikationstechniken, Wissenschaftliche Begleituntersuchung Feldversuch Bildschirmtext, Bd. 2, Düsseldorf/Neuss, München

INFRATEST (1980)
Zeitungsnutzung und Leserverhalten - Daten zur gegenwärtigen Situation der Tageszeitungen in der Bundesrepublik Deutschland. Eine Untersuchung im Auftrag des Bundesverbandes Deutscher Zeitungsverleger, durchgeführt von Infratest Medienforschung, München

INGLEHART R. (1979)
Wertwandel in den westlichen Gesellschaften - Politische Konsequenzen von materialistischen und postmaterialistischen Prioritäten, in: Klages H., Kmieciak P. (Hrsg.), Wertwandel und gesellschaftlicher Wandel, Frankfurt, S. 279-316

INNIS D.Q. (1953)
The Geography of Radio in Canada, in: The Canadian Geographer, Heft 13, Toronto, S. 87-97

ISI (Fraunhofer Institut) (1986)
Telematik und Regionale Wirtschaftspolitik II, Köln

IVW (Informationsgemeinschaft zur Feststellung der Verbreitung von Werbeträgern e.V.) (1985)
IVW-Verbreitungsanalysen, Bonn

JACOUD CH. (1986)
L'influence des télécommunications sur les loisirs, l'habitat et la vie de quartier, MANTO papier de travail, 3.12.8, Lausanne

JAEGER C. (1987)
Informations- und Telekommunikationstechnologien als Schlüssel zu dezentralen Arbeitsformen, in: Neue Zürcher Zeitung, v. 28.10, S. 45

JAEGER C., DÜRRENBERGER G. (1987)
Zum Dezentralisierungspotential von Telearbeit, in: Neue Informationstechnologien und Regionalentwicklung, hrsg. v. Hotz-Hart B., Schmid W.A., Schriftenreihe zur Orts-, Regional- und Landesplanung, ETH Zürich, Nr. 37, S. 125-146

JÄGER H. (1987)
Entwicklungsprobleme europäischer Kulturlandschaften. Eine Einführung, Darmstadt

JAKLE J.A., BRUNN S., ROSEMANN C.C. (1976)
Human Spatial Behaviour. A Social Geography, North Scituate, Mass.

JARREN O. (Hrsg.) (1983)
Stadtteilzeitung und lokale Kommunikation, Dortmunder Beiträge zur Zeitungsforschung, Bd. 32, 2. Auflage, München et al.

ders. (1985)
Lokaler Hörfunk für die Bundesrepublik, in: Lokalradio für die Bundesrepublik Deutschland, hrsg. v. Jarren O., Widlok P., Berlin, S. 14-42

ders. (1986a)
Kommunikationsraumanalyse - ein Beitrag zur empirischen Kommunikationsforschung?, in: Rundfunk und Fernsehen, Heft 3, Hamburg, S. 310-330

ders. (1986b)
"Ländlicher Lokalismus" durch Massenkommunikation? Daten und Kommunikationsverhältnisse, in: Krise ländlicher Lebenswelten, Analysen, Erklärungsansätze und Lösungsperspektiven, Schmals K.M., Voigt R. (Hrsg.), Frankfurt/M., S. 297-319

JEGGLE U., ILIEN A. (1978)
Die Dorfgemeinschaft als Not- und Terrorzusammenhang, in: Wehling H.G. (Hrsg.), Dorfpolitik, Opladen, S. 38-53

JOHNSTON R.J. (Hrsg.) (1983)
The Dictionary of Human Geography, Oxford

KAISER A. (1980)
Werbung - Theorie und Praxis werblicher Beeinflussung, München

KARIEL H.G., KARIEL P.E. (1972)
Explorations in Social Geography, Reading, Mass.

KARIEL H.G., ROSENVALL L.A. (1978)
Circulation of newspaper news within Canada, in: The Canadian Geographer, Heft 22, Toronto, S. 85 - 111

KARIEL H.G., WELLING S.L. (1977)
A nodal structure for a set of Canadian cities using graph theory and newspaper datelines, in: The Canadian Geographer, Heft 21, Toronto, S. 148-163

KARLSSON G. (1967)
Ein mathematisches Modell der Nachrichtenverbreitung, in: Mayntz R. (Hrsg.), Formalisierte Modelle in der Soziologie, Neuried/Berlin

KASSNER U. (1987)
Kommunale Btx-Erfahrungen, in: der Landkreis, Heft 4, Stuttgart, S. 159-161

KATZ R. (1983)
Informationsquellen der Konsumenten - eine Analyse der Divergenzen zwischen der Beurteilung und Nutzung, Unternehmensführung und Marketing, Bd. 17, Wiesbaden

KELLERMAN A. (1984)
Telecommunications and the geography of metropolitan areas, in: Progress in Human Geography, Nr. 2, London, S. 222-246

KEMPER F.J. (1980)
Aktionsräumliche Analyse der Sozialkontakte einer städtischen Bevölkerung, in: Geographische Zeitschrift, Wiesbaden, S. 199-222

KERSTIENS-KOEBERLE E. (1979)
Freizeitverhalten im Wohnumfeld, Innerstädtische Fallstudien, Beispiel München, in: Münchner Studien zur Sozial- und Wirtschftsgeographie, Bd. 19, Kallmünz/Regensburg

KIEFER M.L. (1985)
Wie vielfältig ist die Presse eigentlich wirklich?, Versuch einer Bilanzaufnahme aus aktuellem Anlaß, in: Media Perspektiven, Heft 10, Frankfurt/M., S. 727-733

ders. (1987a)
Massenkommunikation 1964 bis 1985. Trendanalyse zur Mediennutzung und Medienbewertung, in: Media Perspektiven, Heft 3, Frankfurt/M., S. 137-148

ders. (1987b)
Der Werbemarkt 1986, 17 Mrd. DM für die Medien - Papier als dominanter Werbeträger, in: Media Perspektiven, Heft 6, Frankfurt/M., S. 375-380

KIM B.-S. (1987)
Die Bedeutung von Innovationsprozessen für sozialgeographische Strukturen im Freizeitraum, in: Münchner Studien zur Sozial- und Wirtschaftsgeographie, Bd. 32, Kallmünz/Regensburg

KIRSCH W. (1974)
Betriebswirtschaftslehre: Systeme, Entscheidungen, Methoden, Wiesbaden

KLEIN W. (1977)
Pioniere des Fernsprechwesens, in: Archiv für deutsche Postgeschichte, Heft 1, Frankfurt/M., S. 4-15

KLEMMER P. (1973)
Die Faktorenanalyse als Instrument der empirischen Strukturforschung, in: Methoden der empirischen Regionalforschung (1. Teil), Forschungs- und Sitzungsberichte der Akademie für Raumforschung und Landesplanung, Bd. 87, Hannover, S. 131-146

KLEMT H. (1940)
Die Stadt Hanau und ihr Umland in ihren wechselseitigen Beziehungen - Eine geographische Untersuchung, in: Rhein-Mainische Forschungen 24, Frankfurt/M.

KLINGBEIL D. (1969)
Zur Raumbedeutsamkeit von Telefonortsnetzgrenzen, in: Beiträge zur Stadtforschung und Stadtentwicklung München, H. 3, München

ders. (1978)
Aktionsräume im Verdichtungsraum. Zeitpotentiale und ihre räumliche Nutzung, in: Münchener Geographische Hefte, Nr. 41, Kallmünz/Regensburg

KLINGEMANN H.D., KLINGEMANN U. (1983)
"Bild" im Urteil der Bevölkerung, in: Publizistik, Heft 2, Konstanz, S. 239-259

KLÖPPER R. (1953)
Der Einzugsbereich einer Kernstadt, in: Raumforschung und Raumordnung, Heft 2, Köln et al., S. 73-81

KLUCZKA G. (1970)
Zentrale Orte und zentralörtliche Bereiche mittlerer und höherer Stufe in der Bundesrepublik Deutschland, in: Forschungen zur deutschen Landeskunde, Bd. 194, Bad Godesberg

KLUCZKA G., BETZ R., KÜHN G. (1981)
Nutzung und Perspektiven privater und öffentlicher Infrastruktur in peripheren ländlichen Räumen, in: Beiträge der Akademie für Raumforschung und Landesplanung, Bd. 50, Hannover

KLÜTER H. (1986)
Raum als Element sozialer Kommunikation, in: Gießener Geographische Schriften, Heft 60, Gießen

KLUTHE P. (1973)
Kommunikationsverhalten von Zeitungslesern, Frankfurt/M.

KOBI J.M., WÜTHRICH H.A. (1986)
Unternehmenskultur verstehen, erfassen und gestalten, Landsberg

KOCH M. (1987)
Neue Technologien und Stadtentwicklung. Neue Probleme - Neue Perspektiven?, in: Neue Informationstechnologien und Regionalentwicklung, hrsg. v. Hotz-Hart B., Schmid W., Schriftenreihe zur Orts-, Regional- und Landesplanung, Nr. 37, ETH Zürich, S. 193-212

KÖHLER St. (1985)
Erste regional differenzierte Bestandsaufnahme von Informations- und Kommunikationstechniken. Untersuchungsergebnisse und -perspektiven in zwei neueren Diensten der Deutschen Bundespost - Teletex und Telefax, in: Raumforschung und Raumordnung, Heft 6, Köln et al., S. 308-315

ders. (1987)
Der Diffusionsprozeß von Teletex in den Regionen der Bundesrepublik Deutschland, in: Seminarbericht 24 der Gesellschaft für Regionalforschung, Gosau, im Druck

KÖNIGLICHES STATISTISCH- TOPOGRAPHISCHES BUREAU (Hrsg.) (1865) (Königreich Württemberg, A.d.V.)
Beschreibung des Oberamtes Öhringen, Stuttgart (Nachdruck Magstadt 1973)

dass. (1883)
Beschreibung des Oberamtes Künzelsau, Bd. 1 und 2, Stuttgart (Nachdruck Magstadt 1968)

KOEPPLER K. et al. (1974)
Werbewirkungen definiert und gemessen, Heinrich-Bauer-Stiftung (Hrsg.), Hamburg/Velbert

KOERFER E. (1985)
Die Medienlandschaft Oberbayerns, in: Industrie und Handel, Heft 3, München, S. 25

KOHNERT W. (1983)
Bildschirmtext - erstes kommunales Kreisprogramm, in: der Landkreis, Heft 8/9, Stuttgart, S. 431-434

KOMATSUZAKI S. (1982)
Social impacts of new communications media, the japanese experience, in: Telecommunications policy, Nr. 4, Guildford, S. 269-275

KORDEY N. (1986)
Raumstrukturelle Wirkungen neuer Informations- und Kommunikationstechnologien, dargestellt anhand der Strategien öffentlicher Verwaltung und unternehmerischer Standortentscheidungen, Institut für Kulturgeographie der Universität Frankfurt, Materialien Bd. 10, Frankfurt/M.

KORTE W.B., STEINLE W.J. (1985)
Telearbeit - Interesse und Akzeptanz, in: Hansen H.R. (Hrsg.), Informatik Fachberichte Nr. 108, S. 959-969, Berlin et al.

KÖSTLIN H., BAUSINGER H. (1980)
Heimat und Identität. Probleme regionaler Kultur, Neumünster

KOSZYK K., PRUYS K.H. (1981)
Handbuch der Massenkommunikation, München

KOWNATZKI H.H. (1981)
Nahverkehrsmodell Hohenlohekreis, in: Informationen zur Raumentwicklung, Heft 10, Bonn, S. 701-710

KREISPLANUNGSSTELLE LANDRATSAMT HOHENLOHEKREIS (1981)
Wohnplätze, Wohnbevölkerung 1933/39, 1961, 1981, Künzelsau

KREITMAYR E., MAIER J. (1979)
Karlsfeld - Strukturbild einer Stadt-Rand-Gemeinde unter Berücksichtigung bestehender sozialräumlicher Kontakte und Konflikte, in: Arbeitsmaterialien zur Raumordnung und Raumplanung, Heft 1, Bayreuth

KRETH R. (1979)
Raumzeitliche Aspekte des Einkaufsverhaltens, in: Geographische Zeitschrift, Heft 4, Wiesbaden, S. 266-281

KRETSCHMANN R. (1980)
Auslastung der Infrastruktur und Ansprüche der Bevölkerung in schwach strukturierten ländlichen Räumen, Beiträge der Akademie für Raumforschung und Landesplanung, Bd. 43, Hannover

KRIZ J. (1972)
Statistische Signifikanz und sozialwissenschaftliche Relevanz, in: Zeitschrift für Soziologie, Stuttgart, S. 47-51

KROEBER-RIEHL W. (1984)
Konsumentenverhalten, München

ders. (1987)
Informationsüberlastung durch Massenmedien und Werbung in Deutschland. Messung - Interpretation - Folgen, in: Die Betriebswirtschaft, Heft 3, Stuttgart, S. 257-264

KROMER W. (1985)
Propagandisten der Großstadt, die Bedeutung von Informationsströmen zwischen Stadt und Land bei der Auslösung neuzeitlicher Land-Stadt-Wanderungen, illustriert an Beispielen aus dem Hohenloher Land (Baden-Württemberg) und den benachbarten Zentren Frankfurt/M., Mannheim, Nürnberg und Stuttgart, Europäische Hochschulschriften, Bd. 239, Frankfurt/M. et al.

KROMREY H. (1982)
Räumliche Wirkungen der Bildschirmtext-Nutzung durch private Haushalte, in: Informationen zur Raumentwicklung, Heft 3, Bonn, S. 233-244

KROMREY H., JANSEN D., BLUNCK J., SCHRÖDER A. (1984)
Bochumer Untersuchung im Rahmen der wiss. Begleitung des Feldversuchs Bildschirmtext Düsseldorf/Neuss; Bochum

KRÜGER U.M. (1987)
Qualitätsschere im Fensterangebot, in: Media-Perspektiven, Heft 9, Frankfurt/M., S. 549-562

KtK (Hrsg.) (Kommission für den Ausbau des technischen Kommunikationssystems) (1976)
Telekommunikationsbericht 1976 (mit 8 Anlagebänden), Bonn - Bad Godesberg

KUBICEK H. (1985)
Technikeinsatz im Dienstleistungs- und Verwaltungsbereich als Schritt zur postindustriellen Gesellschaft, in: Staehle W.H., Stoll E. (Hrsg.), Betriebswirtschaftslehre und ökonomische Krise, Wiesbaden

KUBICEK H., ROLF A. (1985)
Mikropolis, Hamburg

KÜHNE G. (1937)
Die Stadt Kamenz in den Beziehungen zu ihrem Hinterland, in: Dresdner Geographische Studien, Bd. 12, Dresden

KÜPPER J.U. (1987)
Die Innenstadt als Verwaltungsstandort. Zum Standortverhalten von öffentlichen und privaten Bürobetrieben, in: Verband Deutscher Städtestatistiker, Jahresbericht 1986, Frankfurt/M., S. 94-111

KUHLMANN F., WAGNER P. (1986)
Zur Nutzung von Informationselektronik in landwirtschaftlichen Unternehmen, in: Berichte über Landwirtschaft, Heft 3, Hamburg/Berlin, S. 408-440

KUHN E. (1986)
Überblick über die Entwicklung der ordnungspolitischen Diskussion im Bereich der Telekommunikation, in: Zeitschrift für öffentliche und gemeinwirtschaftliche Unternehmen, Heft 2, Baden-Baden, S. 169-185

KUNST F. (1985)
Räumliche Wirkungen neuer Informations- und Kommunikationstechniken, Lehren vom "Feldversuch USA", in: Raumforschung und Raumordnung, Heft 6, Köln et al., S. 323-326

ders. (1986)
Sind ländliche "Funktionsräume" noch angemessene Lebensräume?, in: der Landkreis, Heft 4, Stuttgart, S. 159-162

KUTTER E. (1973)
Aktionsbereiche des Stadtbewohners, in: Archiv für Kommunalwissenschaft, Bd. 1, Stuttgart et al., S. 69-85

LANGE B.P., PÄTZOLD U. (1983)
Medienatlas Nordrhein-Westfalen. Grundlagen der Kommunikation, 3 Bände, Bochum

LANGE S. (1984)
Chancen der Telematik für die regionale Entwicklung - wie man sie nutzt, wie man sie verspielt, in: Neue Informations- und Kommunikationstechniken und ihre räumlichen Auswirkungen, Arbeitsmaterial Nr. 81 der Akademie für Raumforschung und Landesplanung Hannover, S. 29-39

LANGE S., HARMSEN D.M., ECKERT U., BIERHALS R. (1986)
Lokale Initiativen zur Förderung der Anwendung der Telekommunikation. Das Beispiel Hamburg, Köln

LANGE S. et al. (1985)
Telematik und regionale Wirtschaftspolitik, Köln

LANGENBUCHER W.R. (Hrsg.) (1980a)
Lokalkommunikation, Analysen, Beispiele, Alternativen, in: Schriftenreihe der Deutschen Gesellschaft für Publizistik-und Kommunikationswissenschaften, Bd. 5, München

ders. (1980b)
Individuum und Haushalt als Informationssucher - Chancen für Bildschirmtext, in: Witte E. (Hrsg.), Telekommunikation für den Menschen, Telecommunications, Bd. 3, Berlin et al., S. 118-139

LANZA C. (1987)
La télématique dans l'organisation régionale italienne, in: netcom 1, Issy-les-Moulineaux, S. 131-149

LASSWELL H.D. (1948)
The structure and the function of communication in society, in: The communication of ideas, hrsg. v. Brysen L., New York

LAZARSFELD P.F., MERTON R.K. (1948)
Mass Communication, Popular Taste and Organized Social Action, New York

LEFEBRE O. (1987)
Impact des nouvelles techniques de télécommunication sur la structure des échanges internationaux, in: netcom 1, Issy-les-Moulineaux, S. 76-87

LEIBFRITZ W., THANNER B. (1986)
Berücksichtigung der zentralen Orte im kommunalen Finanzausgleich Bayern, in: ifo-Studien zur Finanzpolitik, Heft 38, München

LEITHERER E. (1985)
Betriebliche Marktlehre, 2. Aufl., Stuttgart

LEMPA S. (1987)
Gewerbliche Flächennutzung unter dem Einfluß technologischer und organisatorischer Innovationen, Konzeption zu einer laufenden Dissertation unter Betreuung von Prof. Dr. H.-D. Haas, Universität München

LENG G. (1973)
Zur "Münchner" Konzeption der Sozialgeographie, in: Geographische Zeitschrift, Heft 2, Wiesbaden, S. 121-134

LESER H., HAAS H.-D., MOSIMANN T., PAESLER R. (1984)
Diercke-Wörterbuch der Allgemeinen Geographie, Band 1, Braunschweig

LEYNAUD E. (1981)
La télématique et le désert francais, in: Le bulletin de l'IDATE, Nr. 4, Montpellier, S. 17-19

LICHTENBERGER E. (1963)
Die Geschäftsstraßen Wiens, eine statistisch-physiognomische Analyse, in: Mitteilungen der Österreichischen Geographischen Gesellschaft, Bd. 105, Heft 3, Festschrift Hans Bobek Teil 2, Wien, S. 463-504

ders. (1986)
Stadtgeographie, Bd. 1, Begriffe, Konzepte, Modelle, Prozesse, Stuttgart

LINDAUER G.
Zur sozialökonomischen Entwicklung des Kochertals zwischen Künzelsau und Sindingen, in: Württembergisch Franken Bd. 38 (N.F. 45),Schwäbisch Hall/Sigmarigen, S. 106-139

LINNEMANN M. (1987)
Raumwirksamkeit des Einsatzes neuer Informations- und Kommunikationstechnologien in Dienstleistungsunternehmen, unv. Diplomarbeit unter Anleitung von Prof. Dr. E. W. Schamp, Göttingen

LINTNER P. (1985)
Flächennutzung und Flächennutzungswandel in Bayern, Strukturen, Prozeßabläufe, Erklärungsansätze, in: Münchner Studien zur Sozial- und Wirtschaftsgeographie, Bd. 29, Kallmünz/Regensburg

LÖFFLER G., SCHRAMM M. (1987)
Zur Versorgungssituation im ländlichen Raum - dargestellt am Beispiel des Lebensmitteleinzelhandel, in: Geographie und Schule, Heft 47, Köln, S. 2-8

LÖYTÖNEN M. (1985)
Spatial development of the post office network in the Province of Mikkeli, Finnland, 1860-1980, in: Fennia, Heft 163:1, Helsinki, S. 1-112

LYNCH K. (1960)
The image of the city, Cambridge, Mass.

LUTZ T. (1983)
Informatik, in: Management-Enzyklopädie, Landsberg, S. 741-751

MAIER J. (1976)
Zur Geographie verkehrsräumlicher Aktivitäten, in: Münchner Schriften zur Sozial- und Wirtschaftsgeographie, Bd. 17, Kallmünz/Regensburg

ders. (1978)
Sozialräumliche Kontakte und Konflikte in der dynamisch gewachsenen Peripherie des Verdichtungsraums. Beispiele aus dem westlichen Umland Münchens, in: Deutscher Geographentag Mainz 1977, Tagungsbericht und Abhandlungen, S. 104-115

MAIER J. (Hrsg.) (1984)
Wohin geht die Entwicklung im peripheren Raum? Szenarien aus dem Landkreis Hof, in: Arbeitsmaterialien zur Raumordnung und Raumplanung, Heft 34, Universität Bayreuth

MAIER J., KERSTIENS-KOEBERLE E. (1979)
Auswirkungen der Stadt-Rand-Wanderung. Sozioökonomische Strukturmuster und aktivitätsräumliche Verhaltensweisen im Westen von München, in: Zum Wandel räumlicher Bevölkerungsstrukturen in Bayern, 1. Teil, Fallstudien, Forschungs- und Sitzungsberichte der Akademie für Raumforschung und Landesplanung, Bd. 129, Hannover, S. 19-58

MAIER J. et al. (1982)
Überlegungen zu einer raumordnungspolitischen Konzeption für periphere Räume, das Beispiel Oberfranken, Gutachten, veröffentlicht in: Maier J. (Hrsg.), Arbeitsmaterialien zur Raumordnung und Raumplanung der Universität Bayreuth, Sonderheft 1, Bayreuth

MAIER J., PAESLER R., RUPPERT K., SCHAFFER F. (1977)
Sozialgeographie, Braunschweig

dies. (1978)
Sozialgeographie. Zum Diskussionsbeitrag von Wirth E. in der Geographischen Zeitschrift 1977, in: Geographische Zeitschrift, Heft 4, Wiesbaden, S. 262-275

MAISTRE G. (1971)
Pour une géographie des communications de masse, in: Revue de Géographie alpine, Bd. LIX, H.2, Grenoble, S. 215-227

MARSHALL J.N. (1984)
Information Technology Changes Corporate Office Activities, in: Geo Journal, Heft 92, Dordrecht/Boston, S. 171-178

MARTI P. (1987)
Szenarien der Diffusion neuer IuK-Techniken in der Schweiz, in: Räumliche Auswirkungen der Telematik, Forschungs- und Sitzungsberichte der Akademie für Raumforschung und Landesplanung, Bd. 169, Hannover, S. 91-110

MARTI P., MEYRAT-SCHLEE E. (1986)
Diffusion neuer Telekommunikationsanwendungen, MANTO-Teilbericht 3.11, Zürich

MARTIN J.P. (1982)
Les premiers développement du téléphone en Lorraine (1885-1914), in: Revue Géographique de L'Est, Nr. 3/4, Nancy, S. 215-234,

MARX W. (1983)
Bindung an ländliche Wohnstandorte, dargestellt am Beispiel ausgewählter Gemeinden in Hessen und Rheinland-Pfalz, in: Beiträge der Akademie für Raumforschung und Landesplanung, Bd. 72, Hannover

MAST C. (1984)
Internationale Verbreitung moderner Kommunikationstechnologien, in: Publizistik, Heft 3/4, Konstanz, S. 510-526

MATHEISEN J., VOLTENAUER-LAGEMANN M. (1983)
Soziale und kulturelle Auswirkungen von Bildschirmtext in privaten Haushalten, wiss. Begleituntersuchung zur Bildschirmtexterprobung in Berlin, Anlageband 1, Socialdata GmbH München, Berlin

MAY H.-D., FRIEDRICH K., WARTWIG H. (1984)
Beiträge zum Konzept einer regionalisierten Raumordnungspolitik, in: Darmstädter Geographische Studien, Heft 5, Darmstadt

MECKELEIN W. (1969)
Der Ballungsraum Stuttgart, in: Deutscher Geographentag Bad Godesberg 1967, Tagungsberichte und wissenschafliche Abhandlungen, Wiesbaden, S. 71-85

MEDIA-ANALYSE (1985)
Berichtsband Funkmedien, Berichtsband Pressemedien, Beratungsband, Dokumentation, Frankfurt

MEDIA-PERSPEKTIVEN
Hrsg. im Auftrag der Arbeitsgemeinschaft Rundfunkwesen, Frankfurt/M., monatlich

MEDIA-PERSPEKTIVEN (Hrsg.) (1985)
Daten zur Mediensituation in der Bundesrepublik. Basisdaten 1985, Frankfurt/M.

MEFFERT H., STEFFENHAGEN H., FRETTER H. (Hrsg.) (1979)
Konsumentenverhalten und Information, Wiesbaden

MEIER R. (1977)
Croissance urbaine et théorie des communications (Original: Communication theory of urban growth, 1962), Paris

MEIER-DALLACH H.P., HOHERMUTH S., NEF R., RITSCHARD R. (1981)
Typen lokal-regionaler Umwelten im Wandel und Profile regionalen Bewußtseins, in: Bassand M. (Hrsg.), L'identité régionale, Saint-Saphorin, S. 27-60

MEISTER U. (1984)
Integration eines Kommunikationsraumes, Chancen und Grenzen einer Regionalzeitung für die Gestaltung eines gemeinsamen Bewußtseins, Nürnberg

MENSING K. (1986)
Standortwirkungen neuer Informations- und Kommunikationstechnologien in der Region Hamburg, Untersuchungskonzeption und erste Ergebnisse der Pilotstudie (hektographierte Kurzfassung), Hamburg

MERTEN K. (1987)
Methoden der Wirkungsforschung, in: Medienwirkungsforschung in der Bundesrepublik Deutschland, Teil I, Weinheim, S. 101-110

z. MERVELDT D. (1971)
Großstädtische Kommunikationsmuster. Soziologische Darstellung von Kommunikationsmustern zur Kennzeichnung des Großstädters in seiner Umwelt, in: Soziologische Studien 1, Köln

METZ R. (1982)
Die Angrenzung des ländlichen Raumes, "Positivdefinition" als Entwicklungsmöglichkeit, in: Geographical Papers, Heft 5, Zagreb, S. 169-180

ders. (1987)
Räumliche Auswirkungen von Insolvenzen auf Arbeitsmärkte in Bayern, in: Münchner Studien zur Sozial- und Wirtschaftsgeographie, Bd. 30, Kallmünz/Regensburg

MEUSBURGER P. (1980)
Beiträge zur Geographie des Bildungs- und Qualifikationswesens, in: Innsbrucker Geographische Studien, Bd. 7, Innsbruck

MEYNEN E. (Hrsg.) (1985)
Internationales Geographisches Glossarium, Stuttgart

MEYROWITZ J. (1987)
Die Fernsehgesellschaft. Wirklichkeit und Identität im Medienzeitalter, Weinheim/Basel

MILZKOTT R. (1982)
Substitutionsbeziehungen zwischen Verkehr und Kommunikation, in: Informationen zur Raumentwicklung, Heft 3, Bonn, S. 213-220

MISCHON C. (1984)
Materialien zur Insolvenzentwicklung in der Bundesrepublik Deutschland von 1976 bis 1983 - Insolvenzstatistik, in: Informationen zur Mittelstandforschung, Nr. 74, Bonn

MMA - MEDIA-MARKT-ANALYSEN (Hrsg.) (1980)
Das Einkaufs- und Informationsverhalten in Hessen und in angrenzenden Teilen von Rheinland-Pfalz, Bayern und Niedersachsen, Frankfurt

MÖGEL W. (1952)
Das Posthorn klingt ..., Kleine Chronologie des Postwesens. Die Geschichte der Post in Öhringen, Öhringen

MONHEIM H. (1972)
Zur Attraktivität deutscher Städte, Einflüsse von Ortspräferenzen auf die Standortwahl von Bürobetrieben, WGI-Berichte zur Regionalforschung, Heft 8, München

MORILL R.L., PITTS F.R. (1967)
Marriage, migration, and the mean information field. A study in uniqueness and generality, in: Annals of the Association of American Geographers, Washington D.C., S. 401-422

MOSS M.L. (1987)
Telecommunications, world cities, and urban policy, Land Development Studies, Bd. 3, S. 33-44

MOYER A.J. (1981)
Urban Growth and the Development of the Telephone: Some Relationships at the Turn of the Century, in: I. de Sola Pool, The Social Impact of the Telephone, Cambridge, Mass., S. 343-369

MÜDESPACHER A. (1986)
Informationstechnologie, räumliche Diffusionsprozesse und Adoptionsverhalten der schweizerischen Wirtschaft, in: Berichte zur Orts-, Regional- und Landesplanung, Nr. 57, ETH Zürich

ders. (1987)
Diffusionsprozesse der Neuerungen der Telematik: Die Verbreitung von EDV, Tele-Datenfernverkehr und Telefax in der Schweiz, in: Neue Informationstechnologien und Regionalentwicklung, hrsg. v. Hotz-Hart B., Schmid W.A., Schriftenreihe zur Orts-, Regional- und Landesplanung, ETH Zürich, Nr. 37, S. 81-98

MÜDESPACHER A., FREPPEL R., SCHWENGELER H. (1987)
Der zukünftige professionelle Einsatz von Innovationen der Telematik, in: DISP, Nr. 87, ETH Zürich, S. 40-43

MÜLLER J. (1986)
Wirkungen der neuen Telekommunikationsdienste bei den Anwendern, Anmerkungen zu Überlegungen von Prof. Kubicek, in: Schnöring Th. (Hrsg.), Gesamtwirtschaftliche Effekte der Informations- und Kommunikationstechnologien, Berlin, S.134-150

MÜLLER U., NEIDHARDT J. (1972)
Einkaufsorientierung als Kriterium für die Bestimmung von Größenordnungen und Struktur kommunaler Funktionsbereiche, in: Stuttgarter Geographische Studien, Bd. 84, Stuttgart

MÜLLER-FISCHER E., BRAUNS-PACKENIUS O. (1977)
Zeittafel zur Geschichte des Fernsprechers 1852 bis 1945, in: Archiv für deutsche Postgeschichte, Heft 1, Frankfurt /M., S. 16-34

MÜNCHNER KREIS (Übernationale Vereinigung für Kommunikationsforschung, München)
Schriftenreihe: Telecommunications, Bd. 1, 1977, und weitere Bände, Berlin et al.

MUSIOL A. (1984)
Glossar Bürokommunikation, 2. Auflage, Siemens Aktiengesellschaft, Berlin/München

MUSTAR P. (1982)
Histoire et géographie du bureau de poste: genèse de la première politique d'organisation des communications à distance en France, in: Le bulletin de l'IDATE, Nr. 7, Montpellier, S. 69-76

NASCHHOLD F. (1973)
Kommunikationstheorien, in: Aufermann/Bohrmann/Sülzer (Hrsg.), Gesellschaftliche Kommunikation und Information, Band 1, Frankfurt/M. S. 11-48

NEIDHART J. (1986)
Strukturgerechte Verkehrsbedienung - eine Aufgabe der Raumordnungs- und Umweltpolitik, in: Raumforschung und Raumordnung, Heft 6, Köln et al., S. 243-251

NEUMANN-BECKSTEIN W. (1984)
Freizeit und Medien - Neue Trends, ungewisse Perspektiven, in: Media-Perspektiven, 3, Frankfurt/M., S. 192-201

NEUMANN H., KRÖNERT R. (1980)
Zur Konzeption der Sozialgeographie, in: Geographische Berichte, Nr. 95, Gotha, S. 101-112

NEUMANN K.H., WIELAND B. (1983)
Der Einfluß der neuen Informations- und Kommunikationstechniken auf die Marktstruktur, Diskussionsbeiträge zur Telekommunikationsforschung, Nr. 3, WIK, Bonn

NIEDZWETZKI K. (1984)
Möglichkeiten, Schwierigkeiten und Grenzen qualitativer Verfahren in den Sozialwissenschaften, in: Geographische Zeitschrift, Heft 2, Wiesbaden, S. 65-80

NORA S., MINC A. (1979)
Die Informatisierung der Gesellschaft, Frankfurt/M./New York

NYSTUEN J.D., DACEY M.F. (1961)
A Graph Theory Interpretation of Nodal Regions. Papers and Proceedings of the Regional Science Association, S. 29-42

OBST J. (1972)
Möglichkeiten zur Ermittlung von Aktionsreichweiten durch Nachrichtenströme im Fernsprechverkehr, in: Bevölkerungs- und Sozialgeographie, Deutscher Geographentag Erlangen 1971, Ergebnisse der Arbeitssitzung 3, Münchner Studien zur Sozial- und Wirtschaftsgeographie, Bd. 8, Kallmünz/Regensburg, S. 83-88

ders. (1985)
Banken in Bayern - regionale Unterschiede der Verteilung der Bankstellen, in: Regensburger Geographische Schriften, Heft 19/20, Regensburg, S. 283-311

v. OERTZEN J., THIEME W. (1979)
Auswirkungen der Gebietsreform auf die Deutsche Bundespost, Baden-Baden

OETTLE K. (1976)
Grundfragen öffentlicher Betriebe I, Ausgewählte Aufsätze zur Zielsetzung, Führung und Organisation öffentlicher Betriebe, in: Schriften zur öffentlichen Verwaltung und öffentlichen Wirtschaft, Bd. 14, Baden-Baden

ders. (1982)
Besondere Kontrollbedürfnisse gegenüber öffentlichen Betrieben mit Aufgaben der Monopolbewirtschaftung, in: Kontrolle öffentlicher Unternehmen, Bd. 2, Schriftenreihe der Gesellschaft für öffentliche Wirtschaft und Gemeinwirtschaft e.V., Nr. 20, Baden-Baden, S. 153-181

ders. (1986)
Zur Deregulierungsproblematik im deutschen Post- und Fernmeldewesen - Organisatorische Aspekte unter Berücksichtigung der Raumwirtschaft (Thesen), Tischvorlage zur Sitzung des Arbeitskreises "Bundespost" des Wissenschaftlichen Beirats der Gesellschaft für öffentliche Wirtschaft und Gemeinwirtschaft, hektogr., München

OPD FRANKFURT (Hrsg.) (1986)
Leitfaden Telekommunikation. Band 1: Fernmeldenetze und Dienste; Band 2: Fernmeldewesen in Hessen; Band 2 Ergänzung: Fernmeldeatlas, Frankfurt/M.

OTREMBA E. (1962)
Die Gestaltungskraft der Gruppe und der Persönlichkeit in der Kulturlandschaft, in: Deutscher Geographentag Köln 1961, Tagungsbericht und wissenschaftliche Abhandlungen, Wiesbaden, S. 166-189

ders. (1969)
Verkehrsgeographische Forschung, in: Verkehrswissenschaftliche Arbeit in der Bundesrepublik Deutschland - eine prognostische Bilanz, hrsg. v. Voigt F., S. 343-359. Nachdruck in: Handels- und Verkehrsgeographie, Otremba E., von der Heide U. (Hrsg.), 1975, Wege der Forschung CCCXLIII, Darmstadt, S. 261-284

OTTO P., SONNTAG P. (1985)
Wege in die Informationsgesellschaft, München

PACHNER H. (1985)
Raumwirksame Innovation bei der Ferkelvermarktung in Baden-Württemberg. Beiträge zur Angewandten Geographie, hrsg. vom Institut für Landeskunde und Regionalforschung der Universität Mannheim, S. 195-232

PAESLER R. (1970)
Der zentrale Ort Landsberg am Lech, in: Mitteilungen der Geographischen Gesellschaft in München, Bd. 55, München, S. 105-122

ders. (1976)
Urbanisierung als sozialgeographischer Prozeß, dargestellt am Beispiel südbayerischer Regionen, in: Münchner Studien zur Sozial- und Wirtschaftsgeographie, Bd. 12, Kallmünz/Regensburg

PARE S. (1980)
La localisation des fonctions tertiaires informatiques en France et leur role dans l'organisation de l'espace, Thèse, Lettres, Paris I

PARK R.E. (1929)
Urbanization as measured by newspaper circulation. in: American Journal of Sociology. Vol. 35, Chicago,Ill. ,S.60-79

PEDERSEN P.O. (1971)
Innovation Diffusion in Urban Systems, in: Information Systems for Regional Development, A Seminar, hrsg. v. Hägerstrand T., Kuklinski A.R., in: Lund Studies in Geography, Serie B, Nr. 37, Malmö, S. 137-147

PFEIL E. (1959)
Nachbarkreis und Verkehrskreis in der Großstadt, in: Ipsen G. (Hrsg.), Daseinsformen der Großstadt, Tübingen, S. 158-225

ders. (1985)
Integrierte Telekommunikation und Dezentralisierung in der Wirtschaft, in: Kaiser W. (Hrsg.), Integrierte Telekommunikation,Telecommunications, Bd.11, Berlin et al., S.494-498

POENSGEN O.H. (1978)
Kommunikation, in: Handwörterbuch der Wirtschaftswissenschaft, hrsg. v. Albers W. et al., Stuttgart u.a., S. 466-477

POHL J. (1987)
Zur Raumwirksamkeit neuer Technologien, in: Geographie und Schule, Heft 49, Köln, S. 13-16

POLENSKY TH. (1974)
Die Bodenpreise in Stadt- und Region München, räumliche Strukturmuster und Prozeßablaufe, in: Münchner Studien zur Sozial- und Wirtschaftsgeographie, Bd.10, Kallmünz/Regensburg

ders. (1982)
Räumliche Auswirkungen der Standortverlagerung der SUMA GmbH Einkaufsmarkt & Co. Handels KG, unveröffent. Gutachten des Instituts für Wirtschaftsgeographie der Universität München, Vorstand Prof. Dr. K. Ruppert, München

ders. (1987)
Preise für baureifes Land - Struktur und Abhängigkeit, in: Bayern - Aktuelle Raumstrukturen im Kartenbild, zusammengestellt von K. Ruppert, Münchner Studien zur Sozial- und Wirtschaftsgeographie, Bd. 33, Kallmünz/Regensburg, S. 66-67

POOL I.d.S., SALOMON R.J. (1979)
The regulation of transborder data flows, in: Telecommunication Policy, Sept., Guildford, S. 176-191

POPP K. (1987)
Standortfaktoren und Standorte der mikroelektronischen Industrie, in: Geographie und Schule, Heft 49, Köln, S. 2-8

POSCHWATTA W. (1977)
Wohnen in der Innenstadt, in: Augsburger Sozialgeographische Hefte, H. 1, Neusäß/Augsburg

POSTMAN N. (1985)
Wir amüsieren uns zu Tode. Urteilsbildung im Zeitalter der Unterhaltungsindustrie, Frankfurt/M.

POTTHOFF K., SACHS D. (1985)
Räumliche Auswirkungen der Telekommunikation, das technische Dezentralisierungspotential in seiner Bedeutung für den ländlichen Raum, in: Der Landkreis, Heft 7, Stuttgart, S. 310-313

PRED A. (1967)
Behaviour and location. Foundations for a geographic and dynamic location theory, in: Lund Studies in Geography, Serie B., Nr. 27, Malmö

ders. (1971a)
Large-City Interdependence and the Preelectronic Diffusion of Innovations in the U.S., in: Geographical Analysis, 3, Columbus, Ohio, S. 165-181

ders. (1971b)
Urban systems development and the long-distance flow of information through preelectronic newspapers, in: Economic Geography, Worcester, Mass., S. 498-524

PRED A., TÖRNQVIST G. (1973)
Systems of Cities and Information Flows, in: Lund Studies in Geography, Serie B., Nr. 38, Malmö

PRESSE- UND INFORMATIONSAMT DER BUNDESREGIERUNG (Hrsg.) (1986)
Bericht der Bundesregierung über die Lage der Medien in der Bundesrepublik Deutschland 1985, Medienbericht '85, Bundestags-Drucksache 10/5663, Bonn

PTAK H.G. (1957)
Die nordwürttembergische Industrie, Ursachen für die Entstehung und räumliche Verteilung, eine industriegeographische Untersuchung, in: Nürnberger Geographische Arbeiten, Bd. 1, Nürnberg, S. 100-133

QUENTMEIER-VIEREGGE R., STORBECK D. (1987)
Möglichkeiten und Hindernisse der Telematik am Beispiel eines Mittelzentrums: Herford, in: Räumliche Wirkungen der Telematik, Forschungs- und Sitzungsberichte der Akademie für Raumforschung und Landesplanung, Bd. 169, Hannover, S. 447-470

QVORTRUP L. (1985)
The Social Significance of Telematics: An Essay on the Information Society, Amsterdam

RAFFEE H., SAUTER B., SILBERER G. (1973)
Theorie der kognitiven Dissonanz und Konsumgüter-Marketing, Wiesbaden

RAGER G. (1982)
Publizistische Vielfalt im Lokalen, eine empirische Analyse, in: Tübinger Vereinigung für Vokskunde, Bd. 53, Tübingen

RAGER G., SCHIBRANI H. (1981)
Das lokale als Gegenstand der Kommunikationsforschung, Bericht über den Stand der Forschung in der Bundesrepublik, in: Rundfunk und Fernsehen, Heft 4, Hamburg, S. 498-508

RAISCH H. (1987)
Vom Heimatbegriff und seinen Wirkungen, in: Heimatbewußtsein und Weltkenntnis, E. Schallhorn (Hrsg.), Heinsberg

RASE W.D. (1975)
Clusteranalyse für räumliche Typisierung, in: Giese E. (Hrsg.), Symposium Quantitative Geographie, Gießen 1974, Gießener Geographische Schriften, Heft 32, Gießen, S. 47-56

RATZEL F. (1923)
Politische Geographie, 3. Aufl., durchgesehen und ergänzt von Oberhammer E., München

RAUSER J.H. (1985)
Reihe Heimatbuch Hohenlohekreis, Bd. XVIII, Künzelsau

REGIONALVERBAND FRANKEN (Hrsg.) (1980)
Regionalverband Franken, Regionalplan 1980, Heilbronn

REINHARD M. (1987)
Beschaffung von Wirtschaftsinformationen - Neue Impulse durch Datenbanken, in: ifo-Schnelldienst, Heft 7, München, S. 15-24

REINHARD M., SCHOLZ L. (1983)
Wirtschaftliche Perspektiven der Telekommunikation in der Bundesrepublik Deutschland, in: ifo-Schnelldienst, Heft 23, München, S. 3-24

REINHARD M., SCHOLZ L., THANNER B. (1983)
Gesamtwirtschaftliche und sektorale Perspektiven der Telekommunikation in der Bundesrepublik Deutschland, ifo-Studien zur Industriewirtschaft, Bd. 26, München

REINHARD M., TRÄGER U.CHR. (1986)
Auswirkungen des Einsatzes neuer Techniken im Einzelhandel in Hessen, ifo-Studien zu Handels- und Dienstleistungsfragen, Bd. 27, München

REISBECK G. (1983)
Stadtteilzeitungen in München, Eine Inhalts- und Strukturanalyse zur Funktionsbestimmung von Stadtteilzeitungen, in: Jarren O. (Hrsg.), Stadtteilzeitung und lokale Kommunikation, Dortmunder Beiträge zur Zeitungsforschung, Bd. 32, München et al., S. 51-63

RENCKSTORF K. (1987)
Lokalprogramme von Hörfunk und Fernsehen, Spiegel der Unterschiedlichkeit von Lebensräumen?, Befunde aus den Niederlanden und der Bundesrepublik Deutschland, in: Media Perspektiven, Heft 6, Frankfurt/M., S. 381-397

RENNER H. (1965)
Wandel der Dorfkultur, zur Entwicklung des dörflichen Lebens in Hohenlohe, Veröffentlichung des Staatlichen Amtes für Denkmalpflege Stuttgart, Reihe C: Volkskunde, Bd.3, Stuttgart

REST F., SIGNITZER B. (1982)
Kommunikationsräume in Österreich. Untersuchung über kommunikative Infrastruktur und Kommunikationsbedürfnisse, dargestellt am Beispiel eines Kommunikationsraumes im Bundesland Salzburg. Grundlageninformation über die Einschätzung möglicher Auswirkungen der Einführung neuer Medien, Endbericht, Salzburg

v. RICHTHOFEN F. (1891, 1897/98)
Auszug aus: Vorlesungen über Allgemeine Siedlungs- und Verkehrsgeographie, hrsg. v. Schlüter O., 1908, S. 201-203, in: Handels- und Verkehrsgeographie, hrsg. v. Otremba E., von der Heide U. (1975), Wege der Forschung, Band CCCXLIII, Darmstadt, S. 33-35

RIDDER-AAB CH.-M. (1985)
Anzeigenblätter 1985 - gebremstes Wachstum, in: Media-Perspektiven, Heft 8, Frankfurt/M., S. 634-643

RIEDNER P. (1980)
Die Geschäftsfunktion in ausgewählten Münchner Subzentren unter besonderer Berücksichtigung des Einzelhandels, WGI- Berichte zur Regionalforschung, Bd. 15, München

RIEHL W.H. (1870)
Elsässische Kulturstudien, in: Handels- und Verkehrsgeographie, hrsg. v. Otremba E., von der Heide U. (1975), Wege der Forschung, Band CCCXLIII, Darmstadt, S. 287-301

RING W.-D., ROTHEMUND CH. (1985)
Die Gewährleistung von Meinungsvielfalt nach dem bayerischen Medienerprobungs- und -entwicklungsgesetz, in: Media Perspektiven, Heft 1, Frankfurt/M., S. 39-44

ROCHOW D. (1985)
München als bedeutende Medienstadt, in: Industrie und Handel, Heft 11, München, S. 16-17

ROEGELE O.B., BOCK J., MAST C. (1987)
Kommunikation, in: Staatslexikon, hrsg. v. Görres-Gesellschaft, 7. völlig neu bearbeitete Aufl., Bd. 3, Freiburg et al., Sp.582-588

ROGERS E.M. (1962)
Diffusion of Innovation, New York

ROGERS E.M., SHOEMAKER E. (1971)
Communication of Innovations, Second Edition, New York/London

ROHWEDDER D. (1987)
Das Automatenspiel, Moderne Freizeit-Gestaltung, München/Vaduz

ROMBACH TH. (1983)
Lokalzeitung und Partizipation am Gemeindewesen, eine empirische Untersuchung, Berlin

RONNEBERGER F. (1980)
Kommunikationspolitik, Mainz

ders. (1986)
Nutzung und Akzeptanz von Fernsehen und Hörfunk in München, in: Media Perspektiven, Heft 4, Frankfurt/M., S. 223-236

ROSZAK T. (1986)
Der Verlust des Denkens. Über die Mythen des Computerzeitalters, München

ROTACH M. et al. (1984)
Szenarien künftiger Entwicklungen, ETH-Forschungsprojekt MANTO, Spezialstudie 2.21, Zürich

RÜTTINGER R. (1986)
Unternehmenskultur, Erfolge durch Vision und Wandel, Düsseldorf/Wien

RUHL G. (1971)
Das Image von München als Faktor für den Zuzug, in: Münchener Geographische Hefte, Heft 35, Kallmünz/Regensburg

RUPPERT K. (1958)
Zur Definition des Begriffes "Sozialbrache", in: Erdkunde, Bonn, S. 226-231

ders. (1968)
Die gruppentypische Reaktionsweite. Gedanken zu einer sozialgeographischen Arbeitshypothese, in: Zum Standort der Sozialgeographie, W. Hartke zum 60. Geburtstag, hrsg. v. Ruppert K., Münchner Studien zur Sozial- und Wirtschaftsgeographie, Bd. 4, Kallmünz/Regensburg

ders. (1972)
Regionalgliederung und Verwaltungsgebietsreform als gesellschaftspolitische Aufgabe, Geographie im Dienste der Umweltgestaltung, Festvortrag, Deutscher Geographentag, Erlangen-Nürnberg 1971, in: Tagungsbericht und wissenschaftliche Abhandlungen, Wiesbaden, S. 53-64

ders. (1979)
Raumplanung unter veränderten Rahmenbedingungen, in: Stadt und Land - Humane Gestaltung von Lebensräumen, Politische Studien, Bd. 244, München, S. 117-121

ders. (1984)
Agrargeographie im Wandel, in: Geographica Helvetica, Heft 4, Zürich, S. 168-172

ders. (1987)
Die Region München - eine Einführung, in: Region München, zusammengestellt von Ruppert K., WGI-Berichte zur Regionalforschung, Bd. 18, München, S. 9-19

RUPPERT K., PAESLER R. (1983)
Raumorganisation in Bayern - neue Strukturen durch Verwaltungsgebietsreform und Regionalgliederung, in: WGI-Berichte zur Regionalforschung, Bd. 16, München

RUPPERT K., SCHAFFER F. (1969)
Zur Konzeption der Sozialgeographie, in: Geographische Rundschau, Braunschweig, S. 205-214

dies. (1970)
Sozialgeographie, in: Handwörterbuch der Raumforschung und Raumordnung, Bd. I (2. Aufl.), Hannover, Sp.978-985

dies. (1973)
Sozialgeographische Aspekte urbanisierter Lebensformen, in: Abhandlungen der Akademie für Raumforschung und Landesplanung, Bd. 68, Hannover

RUPPERT K., ESTERHAMMER H., LINTNER P., POLENSKY TH. (1981)
Zum Wandel räumlicher Bevölkerungsstrukturen in Bayern, 2. Teil, Die Entwicklung der Nahbereiche, in: Forschungs- und Sitzungsberichte der Akademie für Raumforschung und Landesplanung, Bd. 130, Hannover

RUPPERT K., GRÄF P., HECKL F.X., LINTNER P., METZ R., PAESLER R., POLENSKY TH. (1987)
Bayern. Eine Landeskunde aus sozialgeographischer Sicht, Darmstadt

RUPPERT K. et al. (1987)
Bayern - Aktuelle Raumstrukturen im Kartenbild, in: Münchner Studien zur Sozial- und Wirtschaftsgeographie, Bd. 33, Kallmünz/Regensburg

SAENGER W. (1957)
Die bäuerliche Kulturlandschaft der Hohenloher Ebene und ihre Entwicklung seit dem 16. Jahrhundert, in: Forschungen zur Deutschen Landeskunde, Bd. 101, Remagen

SÄTTLER M., WETTMANN R. (1983)
Einführung neuer Medien in den Kommunen. Aussichten und Probleme, in: Städte- und Gemeindebund, Göttingen, S. 359-362

SAX E. (1878)
Die Verkehrsmittel in der Volks- und Staatswirtschaft, I. Band, Wien

SAXER U. (1980)
Lokale Kommunikation - Bilanz der Forschung, in: Langenbucher W.R. (Hrsg.), Lokalkommunikation, Analysen, Beispiele, Alternativen, München, S. 33-40

SCHÄFERS B. (1982)
Raumbewußtsein, Struktur der Öffentlichkeit und politisch-institutionelle Einbindung der Raumordnung als Bedingung ihrer Verwirklichung, in: Forschungs- und Sitzungsberichte der Akademie für Raumforschung und Landesplanung, Bd. 145, Hannover, S. 229-246

SCHAFFER F. (1968a)
Prozeßhafte Perspektiven sozialgeographischer Stadtforschung - erläutert am Beispiel von Mobilitätserscheinungen, in: Zum Standort der Sozialgeographie - W. Hartke zum 60. Geburtstag, Beiträge zusammengestellt von Ruppert K., Münchner Studien zur Sozial- und Wirtschaftsgeographie, Bd. 4, Kallmünz/Regensburg, S. 185-207

ders. (1968b)
Untersuchungen zur sozialgeographischen Situation und regionalen Mobilität in neuen Großwohngebieten am Beispiel Ulm-Eselsberg, in: Münchener Geographische Hefte, Heft 32, Kallmünz/Regensburg, S. 12-18

SCHAFFER F. (1986)
Zur Konzeption der Angewandten Sozialgeographie, in: Angewandte Sozialgeographie, K. Ruppert zum 60. Geburtstag, Schaffer F., Poschwatta W., (Hrsg.), Augsburg, S. 461-499

SCHAMP E.W. (1972)
Das Instrumentarium zur Beobachtung von wirtschaftlichen Funktionalräumen, in: Kölner Forschungen zur Wirtschafts- und Sozialgeographie, Bd. XVI, Wiesbaden

ders. (1983)
Grundsätze der zeitgenössischen Wirtschaftsgeographie, in: Geographische Rundschau, Heft 2, Braunschweig, S. 74-81

SCHMALEN H. (1985)
Schaufensterwerbung, theoretische Betrachtung und empirische Analyse, in: Die Betriebswirtschaft, Heft 6, Stuttgart, S. 703-709

SCHMEISSER C. (1985)
Was München zum Elektronikzentrum machte, in: Industrie und Handel, Heft 9, München, S.19-21

SCHMIDL N. (1986)
Bedeutung der Tageszeitung als Kommunikationsmittel zwischen Bürger und planender Verwaltung, Arbeitsmaterialien zur Raumordnung und Raumplanung, Heft 39, Bayreuth

SCHMIDT C., TONNEMACHER J. (1987)
Kabeltext und Videotext: Am liebsten lokal?, der Kabeltext Dortmund in Nutzung und Beurteilung durch die Teilnehmer des Kabelpilotprojektes, in: Media Perspektiven, Heft 6, Frankfurt/M., S. 366-374

SCHMIDT U. (1977)
Der Fernsprechdienst der Deutschen Bundespost, eine Verkehrsgeographische Untersuchung mit Anwendung der Graphentheorie, in: Nürnberger Wirtschaft- und Sozialgeographische Arbeiten, Bd. 26, Nürnberg

SCHMIED W. (1985)
Ortsverband und Lebensqualität, hrsg. von der Forschungsgesellschaft für Agrarpolitik und Agrarsoziologie e.V., Bonn

SCHNEIDER G. (1977)
Der "Bauländer Bote", eine Tageszeitung aus dem Badischen Frankenland (1875-1941), in: Württembergisch Franken, Bd. 51, Schwäbisch Hall, S. 139-155

SCHNEIDER W. (1987)
Privater Hörfunk in Schwaben, Wettbewerb und lokale Vielfalt, in: Bayerisch-Schwäbische Wirtschaft, Heft 4, Augsburg, S. 5

SCHNÖRING TH. (1984)
Beschäftigungswirkungen von Fernmeldeinnovationen, widersprüchliche Aussagen in der Diskussion, in: Zeitschrift für das Post- und Fernmeldewesen, Heft 19, Bonn

ders. (1985)
Innovationen im Telekommunikationssektor und gesamtwirtschaftliche Entwicklung, in: Diskussionsbeiträge zur Telekommunikationsforschung, Nr. 12, WIK, Bonn

ders. (Hrsg.) (1986)
Gesamtwirtschaftliche Effekte der Informations- und Kommunikationstechnologien, Berlin

ders. (1987)
Telekommunikationsgebühren und Raumordnung, in: Räumliche Wirkungen der Telematik, Forschungs- und Sitzungsberichte der Akademie für Raumforschung und Landesplanung Hannover, Bd. 169, Bad Honnef, S. 135-156

SCHNORR-BÄCKER S. (1986)
Typisierung von Regionen mit Hilfe der Clusteranalyse, in: Wirtschaft und Statistik, Heft 9, Stuttgart/Mainz, S. 697-702

SCHÖLLER P. (1955)
Einheit und Raumbeziehungen des Siegerlandes. Versuch einer funktionalen Abgrenzung, in: Das Siegerland, Münster, S. 75-122

ders. (1968)
Leitbegriffe zur Charakterisierung von Sozialräumen, in: Zum Standort der Sozialgeographie, W. Hartke zum 60. Geburtstag, zusammengestellt von K. Ruppert, Münchener Studien zur Sozial- und Wirtschaftsgeographie, Bd. 4, Kallmünz/Regensburg, S. 177-184

ders. (1984)
Traditionsbezogene räumliche Verbundenheit als Problem der Landeskunde, in: Berichte zur deutschen Landeskunde, Bd. 58, Heft 1, Trier, S.31-36

SCHÖNBACH K. (1978)
Die isolierte Welt des Lokalen, Tageszeitungen und ihre Berichterstattung über Mannheim, in: Rundfunk und Fernsehen, Heft 3, Hamburg, S. 260-277

SCHOLZ L. (1985)
Auf dem Weg in die Informationsgesellschaft?,in:ifo-Schnelldienst,Heft 20,München, S.7-13

SCHRENK CHR. (1987)
Mit dem Dampfross vom Neckar zum Kocher, 125 Jahre Eisenbahnlinie Heilbronn-Schwäbisch Hall, in: Kleine Schriften des Archivs der Stadt Heilbronn, Bd. 18, Heilbronn

SCHRÖDER K.T. (1984)
Telearbeit - Ein Problemaufriß, ISI Karlsruhe

SCHRUMPF H. (1985)
Die Auswirkungen der Telekommunikationstechnik auf das Ruhrgebiet, Ruhr-Forschungsinstitut für Innovations- und Strukturpolitik e.V., Bochum

SCHÜTTE G. (1985)
Regionale Technologieförderung in der Bundesrepublik Deutschland, in: Zeitschrift für Wirtschaftsgeographie, Heft 3/4, Frankfurt/M., S. 145-166

SCHÜTTE G., TÜRKE K. (1987)
Empirische Untersuchungen in ausgewählten Regionen, Daten und Indikatoren zur regionalen Verteilung und zu regionalen Wirkungen der IuK-Techniken, in: Räumliche Wirkungen der Telematik, Forschungs- und Sitzungsberichte der Akademie für Raumforschung und Landesplanung, Bd. 169, Hannover, S. 367-392

SCHÜTZ W.J. (1985)
Die redaktionelle und verlegerische Struktur der deutschen Tagespresse 1985, in: Media Perspektiven, Heft 7, Frankfurt/M., S. 564-578

SCHÜZ M. (1986)
Die Einheit des Wirklichen. Carl Friedrich von Weizsäckers Denkweg, Pfullingen

SCHULZ W. (1987)
Wirkungsmodelle der Medienwirkungsforschung, in: Deutsche Forschungsgemeinschaft (Hrsg.), Medienwirkungsforschung der Bundesrepublik Deutschland, Teil I und II, Weinheim, S. 83-116

SCHWAB R. (1967)
Une méthode d'étude des reseaux urbains: les statistiques téléphoniques, in: Bulletin de la Faculté des Lettres de Strasbourg, Straßburg, S. 494-505

ders. (1968)
Le réseau urbain de l'alsace d'après les statistique téléphonique, in: Revue Géographique de L'Est, Nr. 2, Nancy, S. 58-72

SCHWANINGER M. (1983)
Szenario - Freizeit und Tourismus im Zeithorizont 2000-2010, in: Zeitschrift für Fremdenverkehr, Nr. 3, Bern, S. 16-21

SCHWEMMER O. (1976)
Theorie der rationalen Erklärung. Zu den methodischen Grundlagen der Kulturwissenschaften, München

SCHWONKE M. (1974)
Kommunikation in städtischen Gemeinden, in: Pehnt W. (Hrsg.), Die Stadt in der Bundesrepublik Deutschland, Stuttgart, S. 45-63

SHANNON G.E., WEAVER W. (1949)
The Mathematical Theory of Communication, Champaign, Ill.

SIEGFRIED A. (1937)
Une géographie de l'opinion publique est-elle possible?, in: Nouvelle Revue Francaise, Novembre, Paris

SIEWERT H.J. (1978)
Der Verein - zur lokalpolitischen und sozialen Funktion der Vereine in der Gemeinde, in: Wehling H.-G. (Hrsg.), Dorfpolitik, Opladen, S. 65-83

SONDERMANN G. (1978)
Lokale Wochenblätter und Anzeigenblätter im Wettbewerb mit lokalen/regionalen Tageszeitungen, in: Kommunikationspolitische und kommunikationswissenschaftliche Forschungsprojekte der Bundesregierung (1974-1978), Bonn, S. 181-187

SOZIALINSTITUT KATHOLISCHES LANDVOLK e.V. STUTTGART (1983)
Veränderungen von Werten und Normen im ländlichen Raum, Stuttgart

SPEHL H. (1985)
Räumliche Wirkungen der Telematik, Stand der Diskussion und Programm des Arbeitskreises des Akademie für Raumforschung und Landesplanung, in: Raumforschung und Raumordnung, Heft 5/6, Köln et al., S. 254-269

ders. (1987)
Einführung zu "Räumliche Wirkungen der Telematik", in: Räumliche Wirkungen der Telematik, Forschungs- und Sitzungsberichte der Akademie für Raumforschung und Landesplanung, Bd. 169, Hannover, S. 1-20

SPEHL H., MESSERIG-FUNK B. (1987)
Chancen und Probleme der wirtschaftlichen Nutzung der Telematik in einer ländlichen Region, in: Räumliche Wirkungen der Telematik, Forschungs- und Sitzungsberichte der Akademie für Raumforschung und Landesplanung, Bd. 169, Hannover, S. 417-446

SPIEGEL E. (1983)
Die Stadt als soziales Gefüge, in: Albers et al., Grundriß der Stadtplanung, Hannover

SPINDLER M. (1969)
Bayerischer Geschichtsatlas, München

SPITZER H. (1984)
Landgebundenheit, Folgerungen aus Untersuchungen ländlicher Gemeinden in Hessen und Rheinland-Pfalz, in: Berichte zur deutschen Landeskunde, Bd. 58, Heft 2, Trier, S. 271-293

STAATSMINISTERIUM BADEN-WÜRTTEMBERG (1961/1968)
Der Landkreis Öhringen, Amtliche Kreisbeschreibung, Bd. 1, Bd. 2, Stuttgart

dass. (1987)
Pressemitteilungen 69 vom 17.03., Staatssekretär Matthias Kleinert: Region Franken insgesamt kein Sorgenkind mehr

STATISTISCHES LANDESAMT BADEN-WÜRTTEMBERG
Statistiken von Baden-Württemberg
Bd. 90: Gemeindestatistik 1960/61, Teill, Bevölkerung und Erwerbstätigkeit
Bd.108: Historisches Gemeindeverzeichnis von Baden-Württemberg, Bevölkerungszahlen der Gemeinden von 1871 bis 1961 nach dem Gebietsstand von 1961
Bd.185: Gemeindestatistik 1972, Heft 3, Bevölkerung und Erwerbstätigkeit, Arbeitsstätten und Beschäftigte. Ausgewählte Ergebnisse der Volks- und Arbeitsstättenzählung 1970 in der Gliederung nach den neuen Kreisen und Regionalverbänden

STAUFER W.R.W., GRÄNING J., GESCHKA H. (1982)
Einzelhandelsstandorte, Untersuchungen zum Standortverhalten ausgewählter Einzelhandelsbranchen in München, in: Münchener Geographische Hefte, Heft 48, Kallmünz/Regensburg

STEA D., BLAUT J.M. (1973)
Some preliminary observations on spatial learning in school children, in: Downs R.M., Stea D. (Hrsg.), Image and environment, Chicago, S. 226-334

STEFFENHAGEN H. (1984)
Kommunikationswirkungen. Kriterien und Zusammenhänge, Hamburg

STEINBERG H. (1984)
Sozialempirische Leserforschung, Ein kritischer Bericht über aufschlußreiche Untersuchungen, in: Media Perspektiven, Heft 7, Frankfurt/M., S. 536-543

STEINER M. (1985)
Computerization in Travel and Tourism - Lessons from a small country, in: Zeitschrift für Fremdenverkehr, Nr. 2, Bern, S. 15-21

STEINLE W.J. (1987)
Regionale Aspekte des Dezentralisierungspotentials der Anwendung neuer Kommunikationstechnologien, in: Räumliche Wirkungen der Telematik, Forschungs- und Sitzungsberichte der Akademie für Raumforschung und Landesplanung, Bd. 169, Hannover, S. 273-300

STERNBERG R. (1987)
Innovationsimpulse durch Technologiezentren. Referat am 46. Deutschen Geographentag München, 15.10.

STIENS C. (1980)
Zur Wiederkunft des Regionalismus in den Wissenschaften, in: Informationen zur Raumentwicklung, Heft 5, Bonn, S. 315-330

STORBECK D. (1984)
Telekommunikation und Siedlungsstruktur, in: Arch+ 75/76, Aachen, S. 53-55

STRÄTER D. et al. (1986)
Sozialräumliche Auswirkungen der neuen Informations- und Kommunikationstechniken, Bestandsaufnahme und Forschungsorientierung, BMFT Forschungsbericht PLI 1315, Technologiefolgeabschätzung, Band I u. II, IMU Institut für Medienforschung und Urbanistik GmbH, München

STRAUB J. (1964)
100 Jahre Post in Sindringen, in: Postgeschichtliche Blätter aus Württemberg, Nr. 9, Stuttgart, S. 7-9

STROEBEL K. (1982)
Die Residenzorte in Hohenlohe, ihre Entwicklung seit dem 18. Jahrhundert und ihre heutigen Funktionen aus geographischer Sicht, Tübingen

STUIBER H.-W. (1975)
Kommunikationsräume der lokal informierenden Tagespresse. Pressestatistische Typenbildung und raumstrukturelle Analyse, Nürnberg

TADDEY G. (Red.) et al. (1987)
Pfedelbach 1037-1987. Aus Geschichte und Gegenwart, Pfedelbach/Sigmaringen

TAFT S. (1985)
Zur Neuberechnung der Indizes der Post- und Fernmeldegebühren auf Basis 1980, in: Wirtschaft und Statistik, Bd. 8, Stuttgart, S. 690-694 (328-332 im Anhang)

TAUBERT W. (1984)
Anzeigenblätter 1982, in: Wirtschaft und Statistik, Heft 9, Stuttgart, S. 789-790

TAUBMANN W. (1968)
Bayreuth und sein Verflechtungsbereich, in: Forschungen zur deutschen Landeskunde, Bd. 163, Bad Godesberg

TEICHERT W. (1979)
Region als Bedarfskategorie - zur Bedeutung und Karriere eines medienpolitischen Konzepts, in: Rundfunk und Fernsehen, Hamburg, S. 184-202

ders. (1982)
Die Region als publizistische Aufgabe, Studien zur Massenkommunikation, Bd. 11, Hans Bredow-Institut, Hamburg

ders. (1986)
Rezipientenforschung zwischen theoretischem Anspruch und praktischer Realisierbarkeit, in: Media Perspektiven, Heft 7, Frankfurt/M., S. 421-427

TETSCH F. (1985)
Zur regionalpolitischen Bedeutung der neuen Techniken zur Individualkommunikation (Telematik), in: Raumforschung und Raumordnung, Heft 6, Köln et al., S. 270-27

THIEME G. (1985)
Sozialindikatoren in der Geographie. Möglichkeiten und Probleme der Analyse regionaler Disparitäten, in: Colloquium Geographicum, Bd. 18, Bonn, S. 213-241

THOMALE E. (1972)
Sozialgeographie. Eine disziplingeschichtliche Untersuchung zur Entwicklung der Anthropogeographie, in: Marburger Geographische Schriften, Heft 53, Marburg

THOMAS K., SCHNÖRING TH. (1985)
Regionalpolitische Aspekte beim Angebot von Telekommunikationsdiensten, in: Perspektiven der Fernmeldepolitik, hrsg. v. der Deutschen Bundespost, Bad Windsheim, S. 77-103

THORNGREN B. (1970)
How Do Contact Systems Affect Regional Development?, in: Environment and Planning, Heft 2, London, S. 409-427

TOFFLER A. (1981)
The third wave, London

TÖRNQVIST G. (1970)
Contact Systems and Regional Development, in: Lund Studies in Geography, Serie B., Nr. 35, Malmö

TREINEN H. (1965)
Symbolische Ortsbezogenheit. Eine soziologische Untersuchung zum Heimatproblem, in: Kölner Zeitschrift für Soziologie und Sozialpsychologie, Köln, S. 73-97 und S. 254-297

TSANG-KING-TSANG J. (1987)
l'évolution du réseau téléphonique des régions francaises, in: netcom 1, Issy-les-Moulineaux, S. 103-130

TÜRKE K. (1983a)
Zum Stand der Diskussion über die räumlichen Wirkungen neuer Medien, in: Der Landkreis, Heft 8/9, Stuttgart, S. 455-460

ders. (1983b)
Urban and regional impacts of the new information and communication technologies, in: Ekistics, Nr. 302, Athen, S. 370-373

ders. (1984)
Die Herausforderung neuer Informations- und Kommunikationstechniken in der Raumplanung: Das elektronische Dorf - Die verkabelte Stadt, in: Neue Informations- und Kommunikationstechniken und ihre räumlichen Auswirkungen, Arbeitsmaterial der Akademie für Raumforschung und Landesplanung, Nr. 81, Hannover, S. 5-28

UNGER F. (Hrsg.) (1986)
Konsumentenpsychologie und Markenartikel, Würzburg/Wien

VERBAND DEUTSCHER STÄDTESTATISTIKER (1983)
Städte in Zahlen. Ein Strukturbericht zum Thema Finanzen, Hamburg

VERBAND DEUTSCHER STÄDTESTATISTIKER (1984)
Städte in Zahlen. Ein Strukturbericht zum Thema Wirtschaft, Hamburg

VERLAQUE C. (1979)
L'interpretation des flux téléphoniques: le cas de Languedoc-Roussillion, in: Bulletin de la Société languedocienne de Géographie, Fascicula 1, Montpellier

ders. (1982a)
Dossier Géographique et Télécommunications (Einführung), in: Le bulletin de l'IDATE, Nr. 7, Montpellier, S. 45-310

ders. (1982b)
Régression linéaire et interprétation des flux téléphoniques, in: Le bulletin de l'IDATE, Nr. 7, Montpellier, S. 175-188

ders. (1983)
Informatique et activités urbaines, plus spécialement les parcs informatiques urbains: l'exemple du Bas-Languedoc, Cah. CREPIF, Nr. 2, Paris, S. 184-193

ders. (1985)
Pour une Géographie de la Communication, in: Revue Géographique de L'Est, Nr. 1, Nancy, S. 13-32

VOGEL H. (1987)
Fehleinschätzungen durch "rosarote Durchschnittszahlen", in: Hohenloher Zeitung vom 15.07., S. 13

VOGEL T. (1987)
München - Zentrum der mikroelektronischen Industrie in der Bundesrepublik, in: Geographie und Schule, Heft 49, Köln, S. 8-12

VOGELS P. (1980)
Die Stadt Künzelsau (Hohenlohekreis) als Standort für Einzelhandel, Ladenhandwerk und ausgewählte Dienstleistungen (Gutachten), GMA - Gesellschaft für Markt- und Absatzforschung mbH, Ludwigsburg

VOIGT F. (1965)
Verkehr. Zweiter Band, Die Entwicklung des Verkehrssystems, Berlin

WACKER W.H. (1971)
Das Informationsverhalten in Entscheidungsprozessen, Tübingen

WACKERMANN G. (1982)
Role des télécommunications et décentralisation des entreprises dans divers types d'espaces européens, in: Le bulletin de l'IDATE, Nr. 7, Montpellier, S. 87-92

WAGNER H.G. (1972)
Der Kontaktbereich Sozialgeographie - Historische Geographie als Erkenntnisfeld für eine theoretische Kulturgeographie, in: Würzburger Geographische Arbeiten, Heft 37, Würzburg, S. 29-52

WAGNER U. (1985)
Tauberbischofsheim und Bad Mergentheim, eine Analyse der Raumbeziehungen zweier Städte in der frühen Neuzeit, in: Heidelberger Geographische Arbeiten, Heft 74, Heidelberg

WALLA W. (1979)
Die Versorgung mit Telefonanschlüssen, in: Baden-Württemberg in Zahlen, Heft 3, Stuttgart, S. 94-96

ders. (1986)
Datenbankkataloge im Dienste der Regionalstatistik, in: Raumforschung und Raumordnung, Heft 4/5, Köln u.a., S. 141-143

WEBER K. (1986)
Das Vereinswesen in Öhringen, Manuskript, Öhringen

WEIGAND K. (1966)
Stadt-Umlandverflechtungen und Einzugsbereiche der Grenzstadt Flensburg und anderer zentraler Orte im nördlichen Landesteil Schleswig, in: Kieler Geographische Schriften, Bd. 25, Kiel

WEIHRICH D. (1982)
Das flimmernde Rathaus. Neue Medientechnologien - Herausforderungen für die Kommunalpolitik, Recklinghausen

WEITZEL G., ARNOLD M., RATZENBERGER R. (1983)
Post- und Fernmeldegebühren in ausgewählten Wirtschaftsbereichen - Eine Untersuchung ihrer Kostenanteils- und Nutzungsstrukturen, in: Ifo-Studien zur Verkehrswirtschaft, Nr. 15, München

v. WEIZSÄCKER C.F. (1982)
Die Einheit der Natur, Pfullingen

WERSIG G. (Hrsg.) (1983)
Informatisierung und Gesellschaft, München et al.

ders. (1984)
Informationsgesellschaft, Informationskultur und Veränderung des Raumkonzepts als kommunikative Herausforderung, in: Publizistik, Heft 3/4, Konstanz, S. 387-400

WIENER N. (1948)
Cybernetics or Control and Communication in the Animal and the Machine, New York/Paris

WIESSNER R. (1978)
Verhaltensorientierte Geographie. Die angelsächsische behavioural geography und ihre sozialgeographischen Ansätze, in: Geographische Rundschau, Heft 11, Braunschweig, S. 420-426

WILKING TH. (1984)
Lokale Medien: Perspektiven für die Forschung. Eine kritische Bilanz, in: Publizistik, Heft 1/2, Konstanz, S. 181-197

WINDHORST H.W. (1983)
Geographische Innovations- und Diffusionsforschung, in: Erträge der Forschung, Bd. 189, Darmstadt

WIRTH E. (1977)
Die deutsche Sozialgeographie in ihrer theoretischen Konzeption und in ihrem Verhältnis zur Soziologie und Geographie des Menschen. Zu dem Buch Sozialgeographie von Maier J., Paesler R., Ruppert K., Schaffer F., in: Geographische Zeitschrift, Heft 3, Wiesbaden, S. 161-187

ders. (1979)
Theoretische Geographie. Grundzüge einer theoretischen Kulturgeographie, Stuttgart

ders. (1981)
Kritische Anmerkungen zu den wahrnehmungszentrierten Forschungsansätzen in der Geographie. Umweltpsychologisch fundierter "behavioural approach" oder Sozialgeographie auf der Basis moderner Handlungstheorien?, in: Geographische Zeitschrift, Wiesbaden, S. 161-198

ders. (1984)
Geographie als moderne theorieorientierte Sozialwissenschaft?, in: Erdkunde, Heft 2, Bonn, S. 73-79

WIRTH E., BRANDNER J., PRÖSL H., EIFLER D. (1978)
Die Fernbeziehungen der Stadt Erlangen. Ausgewählte Aspekte überregionaler Verflechtung im Interaktionsfeld einer Universitäts- und Industriestadt, in: Mitteilungen der fränkischen Geographischen Gesellschaft, Bd. 23/24, Erlangen, S. 283-340

WISE A. (1971)
The impact of electronic communications on metropolitan form, in: Ekistics, Nr. 188, Athen, S. 22-31

WISWEDE G. (1985)
Eine Lerntheorie des Konsumverhaltens, in: Die Betriebswirtschaft, Heft 5, Stuttgart, S. 544-557

WITT J. (1982)
Neue Medientechnologie - Chancen für die Gemeinden?, in: Städte- und Gemeindebund, Göttingen

WITTE E. (1972)
Das Informationsverhalten in Entscheidungsprozessen, Tübingen

ders. (1975)
Die Bedeutung neuer Kommunikationssysteme für die Willensbildung im Unternehmen, in: Die Bedeutung gesellschaftlicher Veränderungen für die Willensbildung im Unternehmen, Albach H., Sadowski D. (Hrsg.), Schriften des Vereins für Socialpolitik, Neue Folge 88, Berlin, S. 305-320

ders. (Hrsg.) (1980)
Telekommunikation für den Menschen, Telecommunications, Bd. 3, Berlin et al.

ders. (Hrsg.) (1984a)
Bürokommunikation, Telecommunications, Bd. 9, Berlin

ders. (1984b)
Neue Fernsehnetze im Medienmarkt, Heidelberg

ders. (1986)
Entwicklung sozialer Indikatoren zur Beschreibung und als Entscheidungsgrundlage für das künftige Mediensystem, in: Kommunikationspolitische und kommunikationswissenschaftliche Forschungsprojekte der Bundesregierung (1978-1985) (Bearbeitung W.J. Schütz), Teil 2, Presse- und Informationsamt der Bundesregierung (Hrsg.), Bonn, S. 419-427

ders. (Vorsitz) (1987)
Neuordnung der Telekommunikation. Bericht der Regierungskommission Fernmeldewesen, Heidelberg

WITTE E., SENN J. (1984)
Zeitungen im Medienmarkt der Zukunft - eine betriebswirtschaftliche Untersuchung, Stuttgart

WITZEL A. (1982)
Verfahren der qualitativen Sozialforschung. Überblick und Alternativen, Frankfurt/M., New York

WÖSTE M. (1982)
Anzeigenblätter - Überlegungen zu ihrer Expansion und Rolle im Bereich lokaler Kommunikation, in: Media Perspektiven, Heft 6, Frankfurt/M., S. 373-383

WOLF K. (1985)
Informationstechnologisch bedingte raumstrukturelle Veränderung im südlichen Frankfurter Umland (mit besonderer Berücksichtigung der Funktion des Flughafens Frankfurt), in: Raumforschung und Raumordnung, Köln et al., Heft 6, S. 302

WOLF K., BÖRDLEIN R. (1987)
Informationstechnisch bedingte raumstrukturelle Veränderungen im Frankfurter Umland - mit besonderer Berücksichtigung der Funktion des Frankfurter Flughafens, in: Räumliche Wirkungen der Telematik, Forschungs- und Sitzungsberichte der Akademie für Raumforschung und Landesplanung, Bd. 169, Hannover, S. 471-501

WOLPERT J. (1970)
Eine räumliche Analyse des Entscheidungsverhaltens in der schwedischen Landwirtschaft, in: Bartels D. (Hrsg.), Wirtschafts- und Sozialgeographie, Köln/Berlin, S. 380-456

WÜRTH M. (1986)
Telematik im schweizerischen Bankgewerbe, eine raumbezogene Analyse, in: DISP, Nr. 85, ETH Zürich, S. 15-21

ZAW (Zentralausschuß der Werbewirtschaft) (Hrsg.)
Werbung '86, Bonn

ZIETZ J. (1985)
Nichttarifäre Handelshemmnisse in der EG. Der Bereich der Telekommunikation, in: Die Weltwirtschaft, Heft 2, Tübingen, S. 149-165

ZUREK E. (1985)
Lebensverhältnisse und sozialer Wandel im Dorf, Bestandsaufnahme und Entwicklungstendenzen. Leben im Dorf, Loccumer Protokolle 5/85, Rehburg, Loccum, S. 22-32

Verzeichnis der Münchner Studien zur Sozial- und Wirtschaftsgeographie:

Band 1 Paul Meienberg: Die Landnutzungskartierung nach Pan-, Infrarot- und Farbluftbildern. Ein Beitrag zur agrargeographischen Luftbildinterpretation und zu den Möglichkeiten der Luftbildphotographie. 133 Seiten mit 43 Abbildungen, 7 Tabellen und 1 Bildmappe. 1966, DM 58.—.

Band 2 Ludwig Schätzl: Die Erdölwirtschaft in Nigeria. Eine wirtschaftsgeographische Sektoralanalyse. 215 Seiten mit 26 Abbildungen und 105 Tabellen. 1967, DM 38.—.

Band 3 Wolf-Dieter Bopst: Die arabischen Palästinaflüchtlinge, ein sozialgeographischer Beitrag zur Erforschung des Flüchtlingsproblems. Erich Thiel zum 70. Geburtstag gewidmet. 202 Seiten mit 16 Karten, 4 Abbildungen, 58 Tabellen und 9 Lichtbildern. 1968, DM 30.—.

Band 4 Zum Standort der Sozialgeographie. — W. Hartke zum 60. Geburtstag. 1968. *Vergriffen.*

Band 5 Almgeographische Studien in den slowenischen Alpen. Mit Beiträgen von K. Ruppert und M. Vojvoda. 55 Seiten mit 3 Farbkarten, 1 Abbildung und 5 Tabellen. 1969, DM 25.—.

Band 6 Zur Geographie des Freizeitverhaltens. 1970. *Vergriffen.*

Band 7 Sozialgeographische Probleme Südosteuropas. 1973. *Vergriffen.*

Band 8 Bevölkerungs- und Sozialgeographie. Deutscher Geographentag in Erlangen 1971. Ergebnisse der Arbeitssitzung 3. 123 Seiten, 72 Abbildungen in separatem Kartenband. 1972, DM 42.—.

Band 9 J. Maier und K. Ruppert: Geographische Aspekte kommunaler Initiativen im Freizeitraum, der „Verein zur Sicherstellung überörtlicher Erholungsgebiete in den Landkreisen um München, e. V." als Beispiel. 32 Seiten und 3 Abbildungen. 1974, DM 8.—.

Band 10 Thomas Polensky: Die Bodenpreise in Stadt und Region München — Räumliche Strukturmuster und Prozeßabläufe — 100 Seiten und 14 Faltkarten. 1974. DM 58.—.

Band 11 Rolf Levedag: Industrialisierungstendenzen in den Kibbuzim. Wirtschafts- und sozialgeographische Aspekte. 252 Seiten, 9 Karten, 40 Tabellen und 4 Abbildungen. 1974, DM 48.—.

Band 12 Reinhard Paesler: Urbanisierung als sozialgeographischer Prozeß, dargestellt am Beispiel südbayerischer Regionen. XI, 198 Seiten und 51 Seiten im Anhang, 9 Kartenbeilagen. 1976, DM 38.—.

Band 13 Edit Lettrich: Urbanisierungsprozesse in Ungarn. Sozialgeographische Analysen. 129 Seiten mit 38 Karten und Abbildungen. 1975, DM 26.—.

Band 14 Margret Szymanski: Wohnstandorte am nördlichen Stadtrand von München. Sozialgeographische Planungsgrundlage. XV, 173 Seiten und 29 Seiten im Anhang, 9 Abbildungen, 20 Karten und 17 Tabellen. 1977, DM 29.—.

Band 15 Hugo Penz: Die Almwirtschaft in Österreich. Wirtschafts- und sozialgeographische Studien. 1978. 211 Seiten mit 6 Karten, 18 Abbildungen und 49 Tabellen. DM 39.—.

Band 16 Gerhard Thürauf: Industriestandorte in der Region München. Geographische Aspekte des Wandels industrieller Strukturen. XIII, 183 Seiten, 21 zum Teil farbige Karten, 12 Tabellen und 37 Seiten im Anhang. 1975, DM 44.—.

Band 17 Jörg Maier: Zur Geographie verkehrsräumlicher Aktivitäten. Theoretische Konzeption und empirische Überprüfung an ausgewählten Beispielen in Südbayern. 192 Seiten, 28 Karten, 30 Abbildungen, 9 Tabellen. 1976, DM 42.20.

Band 18 Peter Gräf: Zur Raumrelevanz infrastruktureller Maßnahmen. Kleinräumliche Struktur- und Prozeßanalyse im Landkreis Miesbach — ein Beitrag zur sozialgeographischen Infrastrukturforschung. 259 u. XXXVII Seiten, 34 Tabellen, 26 Karten, 12 Abbildungen. 1978, DM 39.—.

Band 19 Editha Kerstiens-Koeberle: Freizeitverhalten im Wohnumfeld. Innerstädtische Fallstudien, Beispiel München. XXXV, 228 Seiten, 24 Tabellen, 19 Karten, 14 Graphiken. Übersicht über die Veröffentlichungen des Instituts für Wirtschaftsgeographie der Universität München zum Thema „Geographie des Freizeitverhaltens". 1979, DM 45.—.

Band 20 Räumliche Struktur- und Prozeßmuster in der SR Makedonien. Zusammengestellt von K. Ruppert, 138 Seiten, 16 Karten, 4 Skizzen und 1 Abbildung. 1980, DM 35.—.

Band 21 Industrialisierung und Urbanisierung in sozialistischen Staaten Südosteuropas. 152 Seiten, 20 Tabellen, 22 Karten und 7 Abbildungen. 1981, DM 35.—.

Band 22 Franz Xaver Heckl: Standorte des Einzelhandels in Bayern — Raumstrukturen im Wandel. 242 und LVII Seiten, 42 Tabellen, 15 Karten und 23 Abbildungen. 1981, DM 44.—.

Band 23 Beiträge zur Landeskunde Jugoslawiens. Zusammengestellt von K. Ruppert. 230 Seiten, 58 Tabellen, 37 Karten und 24 Abbildungen. 1983, DM 47.—.

Band 24 H.-D. Haas, W. Hess und G. Scherm: Industrielle Monostrukturen an Mikrostandorten. Ansätze zur Arbeitsplatzsicherung im Rahmen der Stadtentwicklungsplanung, dargestellt am Beispiel Albstadt. 102 und XXVI Seiten, 39 Tabellen, 11 Karten und 14 Abbildungen. 1983, DM 35.—.

Band 25 Hedwig Decker: Standortverlagerungen der Industrie in der Region München. 92 und XXVI Seiten, 36 Tabellen, 13 Karten und 3 Abbildungen. 1984, DM 45.—.

Band 26 Geographische Strukturen und Prozeßabläufe im Alpenraum. Zusammengestellt im Auftrag des Verbandes Deutscher Hochschullehrer der Geographie von K. Ruppert. 193 Seiten, 40 Tabellen, 18 Karten und 38 Abbildungen. 1984, DM 56.—.

Band 27   Raumstrukturen der randalpinen Bereiche Bayerns und Sloweniens. 135 Seiten, 20 Tabellen, 9 Karten und 4 Abbildungen. 1984, DM 36.—.

Band 28   H.-D. Haas und G. Scherm: Der Bauxitbergbau als Entwicklungsfaktor — untersucht am Beispiel der lateinamerikanischen Rohstoffländer. 144 und XX Seiten, 36 Tabellen, 8 Karten und 24 Abbildungen. 1985, DM 37.—.

Band 29   Peter Lintner: Flächennutzung und Flächennutzungswandel in Bayern. Strukturen, Prozeßabläufe, Erklärungsansätze. 145 und XXXIV Seiten, 20 Tabellen, 12 Abbildungen und 12 Karten. 1985, DM 49.—.

Band 30   Roland Metz: Räumliche Auswirkungen von Insolvenzen auf Arbeitsmärkte in Bayern. 210 und XXXIV Seiten, 16 Tabellen, 2 Zusammenstellungen, 26 Abbildungen und 40 Karten. 1987, DM 43.—.

Band 31   Walter Becker: Messen und Ausstellungen — eine sozialgeographische Untersuchung am Beispiel München. 120 und XXXI Seiten, 47 Tabellen, 13 Abbildungen und 24 Karten. 1986, DM 38.—.

Band 32   Kim, Boo-Sung: Die Bedeutung von Innovationsprozessen für sozialgeographische Strukturen im Freizeitraum. 130 und XXII Seiten, 24 Tabellen, 18 Abbildungen und 9 Karten. 1987, DM 39.—.

Band 33   Bayern — Aktuelle Raumstrukturen im Kartenbild. Zusammengestellt von K. Ruppert. 153 Seiten, Tabellen und 80 Karten. 1987, DM 40.—.

Band 34   Peter Gräf: Information und Kommunikation als Elemente der Raumstruktur, 204 und LIII Seiten, 46 Tabellen, 35 Abbildungen und 57 Karten. 1988, DM 56.–.

Bestellungen von „Münchner Studien zur Sozial- und Wirtschaftsgeographie" bitte an den Kommissionsverlag, Buchdruckerei Michael Laßleben, 8411 Kallmünz über Regensburg, Postfach 20, zu richten.